국어과 수업 지도안 작성의 방법과 사례

국어과 수업 지도안 작성의 방법과 사례

2023년 7월 25일 초판 1쇄 인쇄
2023년 8월 4일 초판 1쇄 발행

**지은이** 조진수·이종원·박성석·양경희·이주영·황혜지
**편집** 이소영·김혜림·조유리
**디자인** 김진운
**본문 조판** 토비트
**마케팅** 정하연·김현주

**펴낸이** 권현준
**펴낸곳** (주)사회평론아카데미
**등록번호** 2013-000247(2013년 8월 23일)
**전화** 02-326-1545
**팩스** 02-326-1626
**주소** 03993 서울특별시 마포구 월드컵북로6길 56
**이메일** academy@sapyoung.com
**홈페이지** www.sapyoung.com

**ISBN** 979-11-6707-115-6 93370

# 국어과 수업 지도안 작성의 방법과 사례

조진수·이종원·박성석·양경희·이주영·황혜지 지음

사회평론아카데미

# 머리말

교육 실습 과정에서 수업 지도안을 작성하기 위해 하얀 컴퓨터 화면을 마주했을 때의 막막함을 잊을 수 없다. 수업 지도안을 작성하는 것도 어려웠지만 무엇보다 힘들었던 것은 내가 계획한 활동이 다른 선생님들이 보시기에도 타당한 활동인가 하는 것이었다. 이런 고민은 교대와 사대 등에서 공부하고 있는 예비 교사들과 발령받은 지 얼마 안 된 초임 선생님들도 가지고 있을 것이다. 매년 교육 실습생을 지도하는 국어 선생님들 역시 이렇게 지도하면 될까 하는 고민이 얼마쯤은 있으리라 생각한다.

이러한 고민을 떠올릴 때마다 실제로 작성한 국어 수업 지도안을 놓고, 국어 선생님들과 국어 교육 연구자들이 한자리에 모여 지도안에 대한 이야기를 나누어 보면 좋겠다는 생각을 했다. 그때 나온 이야기들을 묶어 지도안 사례와 함께 제시하면, 국어 수업 지도안을 바라보는 안목을 이해할 수 있는 좋은 자료가 될 것이라는 생각이 들었다. 더하여 지도안의 개선 사례까지 제시한다면 예비 교사들과 선생님들에게 실제적인 도움을 줄 수 있을 거라는 기대가 생겼다.

이러한 고민과 기대를 공유하는 분들과 함께 이 책은 시작되었다. 초등학교, 중학교, 고등학교 선생님과 교대, 사대, 연구 기관에서 근무하는 연구자들이 학생들이 실제 작성했던 지도안을 놓고 많은 이야기를 나누었다. 책의 특성상 주로 수정해야 할 부분을 중심으로 기술하기는 하였으나, 검토 과정에서 예비 교사들이 수업에 대해 가지는 많은 고민과 의미 있는 시도들을 읽어 낼 수 있었다. 그러한 고민과 시도들이 국어 교육학적 관점, 국어 수업의 현장 차원에서 보다 타당한 방식으로 수업에서 실현될 수 있도록 하는 방법을 함께 고민하였다.

이 책은 학생들이 실제 작성했던 수업 지도안을 분석했다는 점에서 일종의 사례집이라 할 수 있다. 하지만 수업 지도안만을 모아 놓은 것이 아니라, 그 지도안들을 어떻게 이해하고 평가할 수 있을지, 개선하는 방안은 무엇인지에 대한 국어 선생님과 국어 교육 연구자들의 고민을 함께 제시하고 있다는 점에서 이론과 실제를 연계하는 성격을 지닌다. 각 사례를 분석한 후에 '국어 교육 이론과 연결하기'라는 항목에서 지도안 분석에 사용된 이론적 관점을 소개했다는 점에서도 이러한 성격이 잘 드러난다.

예비 교사가 국어 교사로서 전문성을 갖추기 위해서는 많은 수업 사례에 대한 학습이 필요하다. 그러한 점에서 실제 국어 수업 지도안 사례들에 대해 국어 선생님들과 연구자들이 머리를 맞대고 나눈 이야기를 담은 이 책은 국어 수업과 수업 지도안 작성에 대한 안목을 기르는 데 소중한 밑거름이 되리라 생각한다.

무엇보다 지도안 사용을 흔쾌히 허락해 준 강자윤, 김민경, 김예림, 김유성, 김유진, 최민국, 강혜승, 김수민, 김지혜, 김현진, 박하은, 오유리, 오정환, 정현주, 최현선 학생에게 감사의 마음을 전하고 싶다. 이 책에 사용된 지도안 사례는 모두 교대와 사대 학생들이 재학 중에 실제로 작성했던 것들이다.

이 지도안들에는 초등학교에서의 국어 수업, 중학교와 고등학교에서의 국어 수업을 어떻게 설계해야 할지 예비 교사들이 고민했던 과정이 오롯이 담겨 있다. 앞서도 언급한 대로 이 책의 특성상 주로 수정해야 할 부분을 지적했으나, 이 지도안에 담긴 고민들은 앞으로 더 좋은 국어 수업으로 꽃피울 꽃봉오리와 같다. 저자들은 지도안을 읽고 검토하는 과정에서 학생들에게 더 많은 것을 배웠음을 밝힌다. 그만큼 지도안 사례들에는 국어 수업의 미래를 위해 소중한 고민과 의미 있는 시도들이 많이 담겨 있었다. 국어 수업에 대한 소중한 고민들을 예비 국어 교사들, 국어 선생님들과 함께 논의할 수 있도록 해 준 학생들에게 고마울 따름이다. 아울러 이 학생들이 지도안을 작성하는 과정을 지도하고 도와주셨던 선생님들께도 이 자리를 빌려 감사함을 전하고자 한다. 출판을 맡아 주신 사회평론아카데미 권현준 대표와 지도안 사례와 분석 결과를 쉽게 비교하며 볼 수 있도록 편집해 주신 편집부에도 감사드린다.

이 책의 저자들은 선생님들의 수만큼 다양한 국어 수업이 존재한다고 믿는다. 국어 수업은 그만큼 다양한 형태와 빛깔을 가질 수 있고, 그러한 다양성이 국어 수업의 현재와 미래를 더욱 풍요롭게 한다. 이 책에서 지도안 수정 예시로 제시한 것은 하나의 정답을 제시한 것이 아니라 말 그대로 하나의 예시를 제시한 것이라는 점도 밝혀 두고자 한다. 이 책이 하나의 국어 수업이 아니라 다양한 국어 수업을 위한 마중물이 되기를 기원한다.

2023년 5월 30일
집필진 일동

# 이 책의 구성과 활용법

## 책의 전체 구성과 활용

**1부** 국어과 수업 지도안 작성 방법 → 국어과 수업 지도안 작성의 방법을 이해할 수 있게 하였다.

**2부** 초등학교 국어 수업 지도안 사례 분석
**3부** 중·고등학교 국어 수업 지도안 사례 분석
→ 예비 교사들이 실제로 작성한 지도안 사례를 분석하고 있어 지도안을 비평하고 실제로 작성해 내는 역량을 향상시킬 수 있다.

## 2부와 3부의 구성과 활용 방안

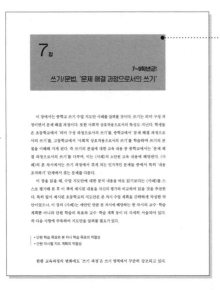

### 도입부

▶ 각 장에서 다루는 수업 지도안 사례를 어떠한 맥락에서 이해해야 하는지 설명하였다.

▶ 지도안 사례를 검토할 때, 어떤 부분에 주목해야 하는지 상자에 정리하여 제시하였다.

▶ 도입부 안내를 통해 지도안 사례를 어떤 관점에서 검토해야 하는지 이해할 수 있게 하였다.

### 1. 수업 지도안 〈사례〉

▶ 예비 교사가 직접 작성한 수업 지도안을 이 책의 성격에 맞게 일부 편집하여 제시하였다.

▶ 지도안 분석 결과를 보기 전에, 독자 스스로 도입부 안내를 참고하여 지도안 사례를 분석해 보는 것을 권장한다.

▶ 다양한 맥락에서 작성된 지도안이므로 형식과 용어가 다양하다. 통일된 형식은 후반부에 제시한 지도안 수정 예시를 참조하면 된다.

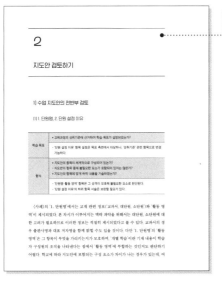

## 2. 지도안 검토하기

▶ 지도안 분석 결과는 다음과 같은 구조로 제시하였다.

1) 수업 지도안의 전반부 검토

2) 교수·학습 단계별 검토

3) 수업 지도안의 후반부 검토

※ 1)~3)의 세부 형식은 지도안 사례별 특성에 따라 차이가 있으며, 지도안 사례의 특성에 따라 3)이 제시되지 않은 경우도 있다.

▶ 1부에서 소개한 지도안 점검표에 따라 분석 결과를 간략히 제시한 후, 그 아래 분석 결과를 자세히 설명하였다.

▶ 지도안 사례의 형식이 다양하므로 세부 분석 결과를 제시하는 방식은 사례에 따라 차이가 있음에 유의한다.

## 3. 지도안 다시 작성해 보기

[지도안의 수정 방향]

▶ '지도안 다시 작성해 보기'는 독자 스스로 지도안 사례를 재구성해 보는 활동이다.

▶ 본문의 분석 결과를 토대로 지도안의 수정 방향을 제시하여, 지도안을 재구성할 때 참고할 수 있도록 하였다.

[단원 설계]

▶ 본 차시 지도안을 작성하기 전, 단원 학습 목표와 차시별 지도 계획을 수립해 보도록 하였다.

▶ 차시별 지도 계획을 먼저 수립해 봄으로써 본 차시 수업의 위상을 명확히 인식할 수 있도록 하였다.

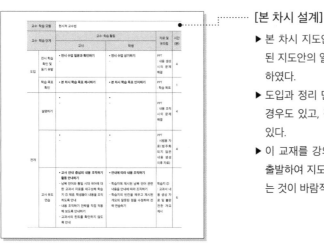

[본 차시 설계]

▶ 본 차시 지도안 수정의 경우, 독자들의 부담을 줄이고자 수정된 지도안의 일부만 빈칸으로 두어 해당 부분을 작성해 보도록 하였다.

▶ 도입과 정리 단계를 제시하고, 전개 단계만 수정해 보도록 한 경우도 있고, 정리 단계의 일부까지 수정해 보도록 한 경우도 있다.

▶ 이 교재를 강의에서 활용할 경우, 부분적인 재구성 활동에서 출발하여 지도안 전체를 재구성하는 활동으로 심화, 확장해 가는 것이 바람직하다.

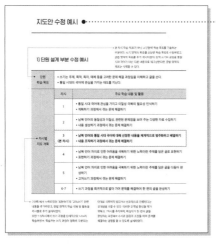

## 4. 지도안 수정 예시

▶ 지도안 수정 예시에서는 본문의 분석 결과를 바탕으로 지도안 사례를 재구성한 결과를 제시하였다.

▶ 단, 지도안은 수업 맥락에 따라 다양한 방식으로 구성할 수 있으므로, 수정 예시로 제시한 지도안은 가능한 여러 지도안 중 하나라는 점에 유의하여야 한다.

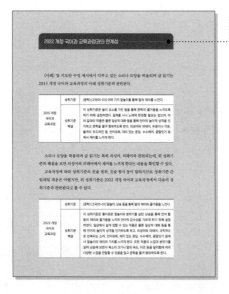

## 2022 개정 국어과 교육과정과의 연계성

▶ 지도안 사례에서 다룬 성취기준이 2022 개정 국어과 교육과정에서는 어떤 성취기준과 관련되는지 설명하였다. 교육과정 변화에 따라 관련 성취기준들이 어떠한 공통점, 차이점을 지니는지 파악할 수 있도록 하였다.

▶ 2022 개정 교육과정의 관련 성취기준을 제시함으로써, '지도안 다시 작성해 보기' 활동 시 새로운 교육과정의 관련 성취기준을 활용하여 지도안을 구성해 볼 수도 있도록 하였다.

## 지도안과 국어 교육 이론 연결하기

▶ 지도안에서 다루고 있는 학습 내용이나 수정 과정에서 언급한 내용이 국어 교육 이론과 어떤 관련을 맺고 있는지 설명하였다.

▶ 국어 수업의 설계 원리를 국어 교육 이론 차원에서 조망함으로써, 국어 교육 이론에 부합하는 지도안을 작성할 수 있는 힘을 기르도록 하였다.

▶ 본문에서 국어 교육 이론과 직접 연결된 부분에는 위첨자로 [▶국어 교육 이론]이라고 표기했다.

# 차례

# 1<sub>부</sub>

국어과 수업 지도안 작성 방법

●

수업 지도안(이하 '지도안') 작성은 수업 설계의 한 단계이면서 동시에 수업 설계의 전체 모습을 문서화하는 작업이다. 그러므로 지도안 작성의 방법은 단순히 지도안이라는 문서의 형식에 국한되지 않는다. 지도안에는 수업 설계의 전체 모습이 담기기 때문에, 지도안 작성의 방법은 수업 설계의 과정과 분리될 수 없다. 따라서 지도안 작성의 방법을 이해하기 위해서는 지도안의 형식적 구조가 수업 설계의 어떤 측면을 반영하고 있는지를 잘 생각해 보아야 한다.

국어과에서 사용하는 지도안은 지도안으로서의 보편성과 국어 교육이라는 교육 분야 차원의 특수성을 동시에 지닌다. 지도안 작성의 일반적 원리를 적용하면서도, 화법 교육, 독서 교육, 작문 교육, 문법 교육, 문학 교육 등 국어 교육의 하위 영역들이 지닌 특성을 고려해서 지도안 내의 각 항목을 기술해야 한다.

지도안 작성의 힘은 무엇보다 많은 지도안을 검토하고 작성해 보는 과정에서 길러진다. 수업 설계의 전 과정을 생각하면서 동시에 국어 교과의 특수성도 고려해야 하기 때문에 실제 사례에 대한 검토 경험이 중요하다. 지도안 사례 검토는 2부부터 다루게 되는데, 1부에서는 2부와 3부의 내용을 이해하기 위하여 꼭 알고 있어야 하는 지도안 작성 방법에 대해 설명한다.

# 1

## 용어에 대하여

본격적인 설명에 앞서 용어에 대한 정리가 필요하다. 수업을 위해 작성하는 지도 안을 가리키는 데 매우 다양한 용어가 혼용되고 있기 때문이다. 많이 사용되는 용어를 몇 가지 나열해 보면 다음과 같다.

- 수업 지도안
- 수업 과정안
- 교수·학습 지도안
- 교수·학습 과정안

같은 대상을 가리키는 총 네 가지 용어를 나열하였다. 자세히 살펴보면 '수업/교수·학습', '지도안/과정안' 두 차원의 용어 선택 과정이 담겨 있다.

'수업'과 '교수·학습'은 지시 대상은 동일하지만, 그 대상을 드러내는 표상 방식에 차이가 있다. 최지현 외(2007: 27)에서는 '교수·학습'이 "교수 활동과 학습 활동의 상호작용을 강조"하는 용어임을 지적하였다. '지도안'과 '과정안'도 가리키는 대상 자체에 차이가 있다고 보기는 어렵다. '지도안'의 '지도'는 교수 활동에 초점을 둔 용어이고, '과정안'의 과정은 수업에서 일어나는 교수 활동과 학습 활동의 과정적 측면에 초점을 둔 용어이다. 최지현 외(2007), 최미숙 외(2016: 90)에서는 '교수·학습 과정안'과 같이 '과정안'이라는 용어를 사용하였고, 박재현(2021)에서는 '수업 지도안'과 같이 '지도안'이라는 용어를 사용하였다. 위의 네 용어는 강조점이 다를 뿐 동일한 대상을 가리키는 것이므로 어느 하나가 절대적으로 옳다고 볼 수는 없다. 대상을 보는 관점에 따라 그에 적합한 용어를 선택하여 사용하면 된다.

이 책에서는 '수업 지도안'이라는 용어를 사용하되, 줄여 부를 때에는 편의상 '지도안'으로 명명한다. '교수·학습'이라는 용어가 교수 활동과 학습 활동의 상호작용을 강조하는 맥락에서 사용되는 것은 맞지만, 그렇다고 '수업'이라는 용어에 상호작용의 의미가 담겨 있지 않은 것은 아니다. 수업의 사전적 정의는 "기술이나 학업의 가르침을 받음. 또는 그런 일"인데, 이 정의에서도 '가르침'과 '받음'이라는 두 활동이 서로 얽혀 있는 것이 확인된다. 이 책에서는 '수업'이라는 용어가 가리키는 개념에 이미 상호작용의 의미가 전제되어 있다고 보고 보다 간명하고 학교 현장에서 널리 사용되어 익숙한 표현인 '수업'이라는 용어를 선택하였다. 이러한 선택이 '교수·학습'이라는 용어의 선택을 비판하거나 배제하고자 함은 아니다. 그보다는 수업이라는 용어를 사용하면서도 상호작용의 의미를 충분히 담아낼 수 있음을 보이고자 한 것에 가깝다.

'지도안'과 '과정안' 중에는 '지도안'을 선택하였다. '지도'에 일방적 의미가 담겨 있다는 지적도 있으나, 어떻게 지도할 것인가 하는 고민 속에는 가르치는 활동뿐 아니라 학습 활동에 대한 예상도 포함된다. 학습 활동에 대한 예상 없이 가르치는 방식의 선택이 타당하게 이루어질 수 없기 때문이다. 이런 점에서 '지도'라는 용어를 꼭 일방적 의미로 수용해야 하는 것은 아니라고 보고 '지도안'이라는 용어를 선택하였다.

'과정안'은 교수 활동과 학습 활동의 과정적 측면을 강조하려는 의도가 있을 때 사용할 수 있다. 단, '과정안'이라는 용어는 기본적으로 지도안 전체를 가리키지만 현실적 용법에서는 지도안에서 교수 활동과 학습 활동을 표로 나타낸 부분만을 가리키는 경우도 있다. 전자를 광의의 개념, 후자를 협의의 개념이라 할 수 있다. 이에 비해 '지도안'이라는 용어는 좁은 의미로 쓰이는 경우가 거의 없다. 이러한 점들을 종합적으로 고려하여 이 책에서는 '수업 지도안'이라는 용어를 사용한다. 물론 이러한 용어들 사이에 우열이 있는 것은 아니므로, 대상을 바라보는 관점에 따라 다른 용어를 선택하는 것도 가능할 것이다.

# 2

## 수업 지도안 이해하기

### 1) 수업 지도안 작성의 맥락

지도안은 수업을 어떻게 해야 할지에 대한 계획이므로 교사는 수업 전에 지도안을 작성하게 된다. 하지만 실제 교사들이 수업 준비를 하면서 작성하는 지도안은 그 형식이 매우 다양하여 일정한 형식적 틀에서 다루기 어렵다.

완전히 표준화되어 있지는 않지만 어느 정도 일관된 형식적 틀을 갖춘 지도안이 사용되는 맥락을 생각해 볼 수 있다. 먼저, 교사의 공개 수업, 연구 수업이다. 이러한 수업에서는 교사와 학생의 예상 발화 등 세부적인 내용까지 작성된 세안(細案) 형식의 지도안이 사용되는 경우가 많다. 다음으로 교사가 되기 위한 준비 과정에서 지도안을 작성하는 맥락을 떠올릴 수 있다. 교육 실습에서 지도안을 작성하는 상황이나, 교대나 사범대 학생들이 수강하는 전공 과목의 수업에서 모의 수업 실연을 하는 경우이다. 모의 수업 실연의 경우 실제 수업을 기준으로 지도안을 작성하지만 실연은 15분 내외의 시간으로 하는 경우도 많다.

어떤 경우든 국어 수업 계획이라는 본질적 측면은 변하지 않는다. 다만, 맥락에 따라 지도안 작성의 세부적 방법에는 약간의 차이가 생길 수 있다. 실제 수업을 하는 교사라면 어떤 학교급의 어떤 학생들을 대상으로 하는지, 다음 수업에서 다루어야 할 부분이 어디인지가 어느 정도 정해진 상황에서 지도안을 작성한다. 하지만 예비 교사는 어떤 맥락에서 지도안을 작성하는지에 따라 지도안 작성에서 선택해야 할 것들이 달라진다. 예를 들어, 모의 수업 실연을 위한 지도안 작성이라면 어떤 부분을 수업 내용으로 삼을지부터 결정해야 한다. 수업 내용을 결정할 때에도 교과서의 단원 선택

후 관련 교육과정 성취기준을 확인하는 방법도 있지만, 교육과정 성취기준을 먼저 선택하고 그 성취기준을 구현한 교과서 단원을 찾는 방법도 있다.

이 책에서는 지도안 작성 방법을 익히는 과정에 있는 예비 교사들이 모의 수업 실연이나 교육 실습 등의 맥락에서 참고할 수 있도록 지도안 작성 방법을 설명한다.

## 2) 수업 지도안 작성의 방법

지도안은 수업 설계의 결과를 문서화한 것이기 때문에 수업 설계의 방식에 따라 작성의 방법도 달라진다. 최근 백워드 설계에 대한 논의가 많이 이루어지고 있지만, 이 책에서는 특별히 백워드 설계를 염두에 두고 국어 수업 지도안 작성 방법을 설명하지 않았다. 교육과정의 성취기준과 교과서를 분석하여 학습 목표를 설정하고, 수업의 맥락을 고려하여 학습 목표를 구현할 수 있는 도입, 전개, 정리 단계로 이루어진 교수·학습 과정을 수립하고, 그 내용을 지도안에 제시하도록 하였다. 전통적인 방식으로 지도안 작성 과정을 설명하되, 지도안 작성 차원에서 백워드 설계의 원리를 의도적으로 반영하지도 의도적으로 배제하지도 않고자 하였다.

국어 수업 설계는 백워드 설계가 포함되었는지 포함되지 않았는지를 이분적으로 판단하기 어려울 정도로 다양한 양상을 띤다. 예를 들어, 교육과정에 제시된 일반화된 지식을 바탕으로 본원적 질문에 가까운 물음을 만들어 수업 시간에 활용하면서도, 평가 계획을 교수·학습 과정에 대한 계획보다 나중에 세울 수도 있다. 또는 학기 초 수립한 수행평가 계획을 고려하여 교수·학습 과정을 설계하면서, 이해 중심 교육과정에 대한 명시적인 인식 없이 평가 계획을 교수·학습 과정보다 먼저 수립하게 될 수도 있다.

국어 수업의 설계가 이와 같이 다양한 양상을 띤다는 점을 고려할 때, 국어 수업 지도안 작성의 방식도 좀 더 유연하게 이해하는 것이 바람직하다. 물론 이해 중심 교육과정에 대한 명시적 인식에서 출발하여 백워드 설계가 철저하게 반영된 지도안도 있을 것이고, 백워드 설계의 원리가 거의 반영되지 않은 지도안도 있을 것이다. 하지만, 수업 설계의 양상이 다양하기 때문에 현실에 존재하는 대부분의 지도안들은 이러한 양 극단 중 하나에 속하기보다는 그 사이에 놓여 있다.

이러한 점을 고려하여 이 책에서는 기본적으로 오랫동안 사용되어 온 지도안의 형식을 따르되, 백워드 설계를 비롯하여 다양한 교육과정 이론에서 제안된 수업 설계의 원리를 필요에 따라 반영하여 지도안의 형식을 변용할 수 있다는 관점을 취한다. 전통적 형식의 지도안은 오랫동안 현장에서 널리 사용되어 왔다는 점에서 체계성, 소통성 측면의 상점이 있다. 더하여 구성 요소의 조정이나 제시 순서의 변화를 통해 수업 설계의 새로운 관점을 부분적으로 반영할 수 있다는 점에서도 유연성이 있다. 이런 점들을 고려하여 백워드 설계에 특화된 지도안 형식을 새로 제시하기보다는, 오랫동안 널리 사용되어 온 지도안 형식을 준용하였다.

---

( 더 알아보기 )

## 백워드 설계란

백워드 설계는 교육과정 차원, 수업 설계 차원, 지도안 작성 차원으로 구분하여 이해할 수 있다.

> 〈백워드 설계의 차원〉
> - 교육과정 차원: 이해 중심 교육과정(Understanding by Design)(Wiggins & McTighe, 2005)
> - 수업 설계 차원: 백워드 설계(backward design)
> - 지도안 작성 차원: 백워드 설계의 철학과 과정이 드러나는 지도안

백워드 설계의 차원을 위와 같이 구분해 보면, 백워드 설계가 단순히 평가 계획을 교수·학습 과정보다 먼저 수립하는 방식을 가리키는 것이 아님을 알 수 있다. 백워드 설계는 이해 중심 교육과정이라는 특정한 교육과정 철학을 바탕으로 이루어지는 일련의 수업 설계 전체를 가리킨다(강현석 외, 2019: 25-31).

백워드 설계는 특정한 교육과정 철학을 바탕으로 하고 있으므로, 수업 설계 시 이 방법을 사용할지는 선택의 문제가 된다. 만약 백워드 설계 방식에 따라 국어 수업을 설계한다면 백워드 설계의 철학과 과정이 잘 드러나도록 지도안을 작성하는 것이 바람직할 것이다. 국어과에서 백워드 설계를 어떻게 해야 할지는 박재현(2021)에서 구체적 수업 설계 사례를 들어 상세히 설명하고 있어 좋은 참고가 된다.

한편, 백워드 설계 방식을 명시적으로 사용하지 않고 국어 수업을 설계하는 것이 가능함을 특기할 필요가 있다. 물론, 2015 개정 교육과정의 경우 교육과정에 이미 이해 중심 교육과정의 철학이 반영되어 있다. 예를 들어 내용 체계의 '핵심 개념'과 '일반화된 지식'이라는 용어는 이해 중심 교육과정의 독특한 관점이 반영되었음을 보여 준다(남가영, 2017: 32). 따라서 교육과정 차원에서 보면 백워드 설계와 철저히 무관하게 국어 수업을 계획하기는 어렵다. 하지만 수업 설계 차원에서

보면 백워드 설계의 세부 절차를 그대로 따르지 않고 수업을 설계하는 것은 가능하며, 이 경우 지도안의 형식과 작성 과정도 전통적 방식에 가깝게 될 것이다.

---

지도안을 작성하기 위해서는 지도안의 형식을 이해해야 한다. 지도안의 형식을 단순히 암기해야 할 대상으로 생각해서는 안 된다. 지도안의 형식적 요소들은 수업 설계에서 반드시 고려해야 할 사항들을 담고 있다. 따라서 지도안의 형식적 구조를 제대로 이해하기 위해서는 이를 수업 설계의 각 국면과 연계하여 생각할 수 있어야 한다.

절대적인 지도안 형식이 있는 것은 아니지만, 지도안에 담겨 있어야 하는 요소에 대해서는 어느 정도 합의가 이루어져 있다. 다음은 이 책의 저자들이 지도안 형식에 대한 기존 연구들과 현장에서 쓰이는 다양한 지도안을 검토하여, 간략한 형식의 지도안인 약안(略案)이 기본적으로 갖추어야 할 형식적 요소들을 제시한 것이다. 즉, 교사 혹은 학교에 따라, 연구자에 따라 사용하는 지도안 형식에 약간의 차이는 있으나, 아래의 형식적 장치는 많은 지도안에서 공통되는 부분이다. 아래의 교수·학습 지도안 (약안) 형식을 기본으로 하여 지도안(약안)의 활용 맥락에 따라 항목의 추가와 삭제, 변형 등이 가능할 것이다.[1]

### 1. 단원 학습 목표와 차시별 지도 계획

| 단원 학습 목표 | | |
|---|---|---|
| 차시별 지도 계획 | 차시 | 주요 학습 내용 및 활동 |
| | 1 | |
| | 2 | |
| | 3 (본 차시) | |
| | 4 | |

---

1  세부적인 내용까지 담은 지도안인 세안의 경우 당연히 약안보다 더 많은 형식적 항목이 필요하다.

## 2. 본 차시 교수·학습 계획[2]

| 교과명 | 국어 | 교사 | |
|---|---|---|---|
| 교재 | | 대상 학급 | |
| 일시 | | 장소 | |
| 단원 | | 차시 | |
| 본 차시 학습 목표 | | | |
| (교수·학습 모형) | | | |

| 교수·학습 단계 | 교수·학습 활동 | | 자료 및 유의점 | 시간 (분) |
|---|---|---|---|---|
| | 교사 | 학생 | | |
| 도입 | | | | |
| 전개 | | | | |
| 정리 | | | | |

## 3. 평가 계획

| 평가 요소 | |
|---|---|
| 평가 방식 | |

위에 제시한 지도안 형식을 보면, 본 차시의 계획을 제시하기 전에 단원 전체에 대한 계획을 작성하도록 되어 있음을 알 수 있다. 하나의 소단원을 한 차시에 다 다루는

---

2 이 표는 최지현 외(2007: 407)에서 제시한 약안의 형식을 기반으로 하되, '지도 교사→교사, 학습 목표→본 차시 학습 목표, 교수·학습 방법→(교수·학습 모형), 교수·학습 과정→교수·학습 단계, 정리 및 평가→정리, 단계/형태→삭제, 학습의 흐름(학습 내용)→삭제, 학생/교사→교사/학생' 등의 항목을 수정한 것이다. 이러한 변경의 이유와 의의 등에 대한 자세한 내용은 '[더 알아보기] 기존 약안 형식과 비교하기' 참조.

경우는 거의 없기 때문에, 본 차시 수업 전후에 어떤 수업이 이루어질 것인지를 제시해야 한다. 실제 수업을 계획할 때에도 이러한 과정이 필요하며, 이를 지도안으로 작성할 때에도 단원 전체의 학습 목표와 차시별 지도 계획을 제시해야 한다.[3] 그래야 수업을 계획하는 교사가 본 차시 수업이 어떤 위상에서 이루어지는지 분명히 인식할 수 있다. 또 수업을 참관하는 다른 교사도 지도안에 담긴 차시별 지도 계획을 통해 본 차시의 수업이 어떤 맥락에서 진행되는지 이해할 수 있다.

'차시별 지도 계획'을 작성할 때에는 차시별 주요 학습 내용 및 활동을 개조식으로 간략히 적는 것이 일반적이다. 본 차시의 경우 '(본 차시)'와 같이 적어 본 차시임을 알 수 있게 하고, 테두리를 진하게 하여 본 차시임이 시각적으로도 분명히 드러나도록 할 수 있다.

'본 차시 교수·학습 계획'에는 '교과명, 교사, 교재, 대상 학급, 일시, 장소'를 먼저 적을 수 있도록 되어 있다. 국어 교과 내에서만 소통되는 지도안의 경우 국어라는 교과명을 따로 적지 않아도 되지만, 교육 실습과 같이 여러 교과의 지도안이 만들어지는 맥락에서는 교과명을 기재하는 것이 바람직하다. 교재에는 주 교재로 사용하는 교과서를 적는데, 주 교재 외에 보조적으로 사용하는 교재가 있다면 추가적으로 적을 수 있다. 검인정 교과서인 경우 출판사 등의 정보까지 적는 것이 바람직하며, 필요에 따라 본 차시에 해당하는 교과서 쪽수를 기입할 수도 있다. 대상 학급, 일시, 장소는 수업이 이루어지는 맥락으로, 이 수업이 어떠한 상황을 염두에 두고 계획되었는지를 알 수 있게 한다.

다음으로 '단원, 차시'를 적게 되어 있다. 단원과 차시는 수업의 내용적 맥락과 관련된다. '단원' 칸에는 본 차시가 어떠한 단원 내에 위치하는지 제시한다. '차시'의 경우 전체 몇 차시 중 본 차시가 몇 번째인지가 드러나게 작성한다. 예를 들어 차시별 지도 계획에서 단원 전체를 4차시에 지도하겠다고 계획을 세웠고 본 차시가 세 번째 차시라면 '3/4차시'와 같이 작성한다.

'본 차시 학습 목표'는 단원 전체의 학습 목표와 구분된다. 물론 경우에 따라 단원의 학습 목표와 거의 유사한 진술이 이루어지는 경우도 있으나, 본 차시 학습 목표는

---

3 박재현(2021: 233)에서는 "차시 학습 목표는 단원 학습 목표에 상응하는 교육과정의 성취기준보다 진술 범위가 좁다"는 점을 설명하며, 둘을 혼동하여 "차시 학습 목표에 성취기준의 진술을 그대로 사용하는 경우"가 많이 발생함을 지적하였다.

단원의 학습 목표의 한 부분인 경우가 많다.

다음은 '(교수·학습 모형)'인데 위의 지도안 형식에서 괄호로 표시했음에 유의해야 한다. 괄호로 표시한 것은 생략이 가능하다는 의미이다. 본 차시 수업에 어떠한 교수·학습 모형을 사용할지 분명한 경우에는 제시할 수 있으나, 분명하지 않은 경우에는 제시하지 않을 수도 있다. 수업은 학습 목표를 중심으로 계획하기 때문에, 특정한 유형의 교수·학습 모형 혹은 모형들이 명시적으로 사용되는 경우도 있으나 그렇지 않은 경우도 있다(신헌재 외, 2015: 61). 후자의 경우 지도안에서 생략이 가능하다. 교수·학습 모형은 활용 가능하지만 필수적인 것은 아님에 유의해야 한다.

'교수·학습 단계'는 '교수·학습 과정'이라고 부르는 경우도 있으나 여기에서는 수업 진행상의 단계를 가리킨다는 점을 고려하여 '단계'라는 용어를 사용하였다. 수업의 성격에 따라 단계를 설정하는 방식도 여러 가지가 있겠지만, '도입, 전개, 정리'의 단계를 설정하는 것이 일반적이다.[4] '전개'는 상황에 따라 '전개 1', '전개 2'와 같이 더 세분화하기도 한다.

도입, 전개, 정리의 바로 옆에 빈칸으로 제시된 부분에는 각 단계에서 어떤 유형의 교수·학습 활동이 이루어지는지 적는다. 도입 단계에서는 일반적으로 전 차시 확인, 동기 유발, 학습 목표 제시와 같은 유형의 활동이 이루어진다. 전개 단계에서 이루어지는 활동의 유형은 학습 목표의 성격에 따라 다양하여 특정하기 어렵다. 정리 단계에서는 학습 내용 정리, 차시 예고와 같은 유형의 활동이 이루어진다. 본 차시의 평가는 단원 전체의 평가 계획 속에서 이루어지는 것이고, 정리 단계에서만 이루어지는 것이 아니라 전개 단계에서 진행 중인 활동 자체를 평가하는 것도 가능하다는 점에 유의해야 한다.

'교수·학습 활동'은 교사 부분과 학생 부분을 나누어 작성할 수도 있고 나누지 않고 작성할 수도 있다. 두 부분을 나누어 작성할 경우 학교에 따라 학생 부분을 교사 부분보다 먼저 제시하는 사례도 있으나, 수업에서 교사의 안내에 따라 학생들이 활동하는 것이 일반적이라는 점을 고려할 때 교사 부분을 먼저 제시하는 것이 합리적이다. 교사 부분과 학생 부분에 들어갈 내용이 동어 반복에 가깝거나, 교사 활동과 학생

---

**4** 교수·학습 단계를 '도입, 전개, 정리'로 구분하는 깃은 국어과 고유의 방식이 아니라 여러 교과에서 일반적으로 사용하는 방식이다. 교육공학적 관점에서 수업을 다룬 박성익 외(2021: 340)에서도 '도입, 전개, 정리'를 일반적인 교수·학습 단계로 보았다.

활동을 통합하여 기술하는 것이 효과적이라고 판단될 경우 두 부분으로 나누지 않고 작성할 수 있다. 위의 표에서 교사 활동과 학생 활동을 나누는 선을 점선으로 표시한 것은 두 부분을 통합할 수 있음을 의미한다. 단, 두 부분을 나누지 않고 교수·학습 활동을 작성할 때에는 교사 활동 위주로만 작성하여 학생 활동을 파악하기 어려워지지 않도록 유의해야 한다.

지도안은 계획을 적는 것이므로 학생 부분에는 예상되는 학생의 활동을 적는다. 예상한 내용이 실제와 다를 수 있으나, 수업 전에 교사가 학생의 활동을 예상하는 것이 필요하다는 점에서 실제와 다르더라도 학생 활동을 적는 것은 유의미하다. 학생 활동을 기술해 봄으로써 수업 내용과 관련하여 학생들이 어려워할 만한 부분을 예상할 수 있고, 그에 맞는 피드백을 준비하는 것도 가능하다. 또한, 지도안에 작성한 학생 활동이 실제 수업에서의 학생 활동과 크게 달랐다면, 수업 후 그 이유를 분석할 때에도 지도안이 유의미하게 활용된다.

교수·학습 활동을 작성할 때에는 '■, •'와 '–'와 같은 기호를 사용하여 가독성을 높이는 것도 좋은 방법이다. 다음은 이 책의 3부에서 제시한 지도안 수정 예시의 일부인데, 앞서 언급한 기호를 적절히 활용하여 어떠한 교수·학습 활동이 이루어지는지를 알아보기 쉽게 적고 있다.

| 교수·학습 활동 | |
| --- | --- |
| 교사 | 학생 |
| • **교사 안내 중심의 내용 조직하기 활동 안내하기**<br>- 남북 언어와 통일 시대 국어에 대한 교과서 자료를 재구성해 학습지 ① 제공, 학생들이 내용을 조직하도록 안내하기<br>- 내용 조직하기 전략을 직접 적용해 보도록 안내하기 | • **안내에 따라 내용 조직하기**<br>- 학습지에 제시된 남북 언어 관련 내용을 안내에 따라 조직하기<br>- 학습지의 빈칸을 채우고 제시된 개요의 잘못된 점을 수정하며 전략 연습하기 |

'자료 및 유의점'에는 학습지, PPT 등 어떠한 자료를 활용하는지 적는다. 활용하는 자료만 적을 수도 있고 필요에 따라 자료를 어떻게 활용할지, 혹은 자료를 활용할 때 유의점이 무엇인지까지 적을 수 있다.

'시간(분)'에는 각 세부 단계에 어느 정도의 시간을 할애할지 적는다. 단, 짧은 시간에 이루어지는 모의 수업 실연을 위해 지도안을 작성하는 경우라 할지라도 지도안에는 해당 부분의 수업을 하는 데 실제로 걸리는 시간을 적어야 한다. 지도안에 실제 수업에서 소요되는 시간이 적혀 있어야, 모의 수업을 참관하는 다른 사람들이 지도안에 적힌 시간을 보고 모의 수업 실연에서 이루어지는 수업이 실제 수업에서는 어느 정도의 시간 동안 이루어지는지 이해할 수 있기 때문이다.

'평가 계획'은 평가의 성격에 따라 다양한 방식으로 제시할 수 있으나, 여기서는 평가 계획의 기본적 요소인 '평가 요소'와 '평가 방식'을 나누어 적도록 하였다. 평가 요소에는 본 차시에서 학습자의 어떠한 역량을 평가할 것인지를 제시해야 하며, 이때 평가 요소는 본 차시의 학습 목표와 유기적으로 관련되어야 한다. 평가 방식 부분에서는 평가 요소를 어떠한 방법과 절차로 평가할지 구체적으로 설명한다. 다음은 이 책의 2부 〈사례 7〉에서 제시한 수정 지도안 중 평가 계획 부분을 발췌한 것이다.

**2부 〈사례 7〉 지도안 수정 예시 중 평가 계획 부분**

| 평가 요소 | - 내용 조직하기 단계에서 겪는 문제 해결하기 | | |
|---|---|---|---|
| 평가 방식 | - 전개 단계의 적용 활동에서 이루어지는 수행 활동과 그 결과물을 평가한다.<br>(1) 적용 활동 중 순회 지도하며 학생들에게 즉각적인 피드백을 줌.<br>(2) 적용 활동 결과 산출된 수행 결과물을 걷어 수업 후 평가하여, 다음 수업 시간에 피드백을 함.<br><br>- 적용 활동과 그 결과물은 다음의 평가 기준에 근거하여 평가한다. | | |

| 평가 항목 | 평가 기준 | | |
|---|---|---|---|
| | 상 | 중 | 하 |
| 내용 조직하기 단계에서 부딪히는 문제에 대한 이해 | 내용 조직하기 단계에서 부딪힌 문제를 잘 이해한다. | 내용 조직하기 단계에서 부딪힌 문제를 부분적으로 이해한다. | 내용 조직하기 단계에서 부딪힌 문제를 거의 이해하지 못한다. |
| 내용 조직하기 전략의 활용을 통한 문제 해결 | 내용 조직하기 전략을 적절히 활용하여 문제를 적절하고 능동적으로 해결한다. | 내용 조직하기 전략을 활용하여 문제를 부분적으로 해결한다. | 내용 조직하기 전략을 적절히 활용하지 못하여 문제를 해결하지 못한다. |

앞의 사례는 '내용 조직하기 단계에서 겪는 문제 해결하기'를 평가 요소로 삼아, (1) 수업 중 피드백이 이루어진다는 점과 (2) 수행 산출물을 대상으로 수업 후 평가와 피드백이 이루어진다는 점을 명시적으로 기술하였다. 수행 산출물을 평가하는 기준도 제시하여, 평가가 어떠한 기준에서 이루어지는지 파악할 수 있도록 하였다. 단, 위의 사례는 약안에 들어갈 수 있는 평가 계획을 제시한 것이기 때문에, 본 차시 평가 계획만 기술되어 있다. 만약 세안에 가까운 형식으로 지도안을 작성한다면 단원의 평가 계획 속에서 본 차시의 평가 계획이 어떤 위상을 차지하는지가 드러나도록 평가 계획을 작성해야 할 것이다.

---

( 더 알아보기 )

## 기존 약안 형식과 비교하기

국어과 지도안의 형식은 최지현 외(2007: 407)에서 제시된 사례가 많이 논의되어 왔고, 이를 통해 국어과 지도안 형식의 체계화가 이루어졌다. 이 책에서 제시한 약안 형식이 최지현 외(2007: 407)의 약안 형식과 갖는 공통점과 차이점은 다음과 같다.

우선, 약안의 구성 요소로 교과명, 대상 학급, 교재, 일시, 단원, 차시, 학습 목표, 교수·학습 활동(교사, 학생), 시간, 자료 및 유의점을 설정했다는 점은 공통된다. 하지만 다음과 같은 차이점이 있다.

우선 '지도 교사'라는 용어는 교육 실습과 같은 상황에서 수업을 준비하는 예비 교사를 지도하는 교사가 있을 수 있어 혼동이 발생하는 경우를 방지하기 위해 '교사'로 수정하였다. 물론 혼동이 발생할 가능성이 별로 없다면 지도 교사라는 용어를 사용해도 무방하다.

다음으로 교수·학습 과정은 교수·학습 단계로 바뀌었고, '도입, 전개, 정리 및 평가'는 '도입, 전개, 정리'로 바뀌었다. 도입, 전개, 정리가 단계라는 점을 명시적으로 드러내기 위해 '교수·학습 단계'라는 용어를 사용하였고, 평가가 수업의 마지막 단계에서만 이루어지는 것이 아니라는 점을 고려하여 '정리 및 평가'는 '정리'로 수정하였다. '평가 계획'은 별도의 항목으로 설정하였다.

'교수·학습 방법'은 '교수·학습 모형'으로 수정하고 괄호 표시를 하였다. 실제 수업에 적용된 교수·학습 방법이 다양하고 특정 방법으로 규정하기 어려운 경우도 있다는 점을 고려한 결과이다. 교수·학습 모형은 수업 적용 전 이론적 층위에 존재하는데, 특정 모형이 활용된 경우 명시적으로 언급 가능하다는 점에서 선택하였고, 괄호를 사용하여 특정 모형이 사용되었다고 단정하기 어려운 경우 생략할 수 있도록 하여 유연성을 높였다.

학습 목표를 제시한다는 점은 동일하지만 학습 목표 앞에 '본 차시'라는 말을 붙였다는 점에 차이가 있다. 일반적으로 약안이 특정 차시를 기준으로 작성된다는 점을 고려할 때, '본 차시'라는 말을 붙임으로써 단원의 학습 목표와 본 차시의 학습 목표가 개념적으로 구분된다는 점을 명확히 드러내고자 하였다. 또한 교수·학습 활동에서 '학생, 교사' 순으로 제시되었던 것을 '교사, 학생' 순으로 바꾸었다. 일반적으로 교사의 발화 및 활동에 따라 학생의 발화 및 활동이 이루어진다는 점을 고려한 결과이다.

무엇보다 큰 차이는 약안에서도 '단원 학습 목표와 차시별 지도 계획'을 필수 요소로 설정하였다는 점이다. 본 차시의 수업을 설계할 때 본 차시가 단원 전체의 학습 목표 및 차시별 수업 속에서 어떤 위상을 차지하는지에 대한 명확한 이해가 바탕이 되어야 한다. 그간 '단원 학습 목표와 차시별 지도 계획'은 약안의 요소보다는 세안의 요소로 인식되는 경향이 강했는데, 이 책에서는 '단원 학습 목표와 차시별 지도 계획'을 약안에도 꼭 포함되어야 하는 요소로 설정하였다.

약안의 형식은 수업을 실시하는 교사가 수업 맥락에 따라 조정할 수 있으므로, 연구자들에 의해 제시된 다양한 형식을 살펴보고 적절히 조정하여 활용하는 것이 바람직하다. 예컨대 교사 활동과 학생 활동의 구분 칸이 없는 형식인데 구분하여 기술하는 것이 필요하다면 지도안을 작성하는 교사가 구분 선을 그어 사용하면 된다. 반대로 구분 칸이 있는 형식인데 통합하여 기술하는 것이 효율적인 상황이라면 통합하여 기술할 수도 있다. 즉, 고정된 형식에 얽매이기보다는 수업 맥락에 맞게 지도안의 형식을 조정하여 사용하는 유연한 태도가 필요하다.

---

# 3

# 수업 지도안 작성하기

## 1) 단원 학습 목표 확인과 차시별 지도 계획 작성

지도안을 작성할 때는 교과서에서 출발할 수도 있고, 교육과정 문서에서 출발할 수도 있다.[5] 교과서에서 출발할 경우 교과서에서 수업을 할 단원을 정하는 데에서부터 수업 설계가 시작되고, 이러한 과정이 이루어져야 지도안에도 수업을 할 단원을 기재할 수 있다. 예비 교사를 대상으로 한 대학 강의에서는 교육과정 문서에서 모의 수업 실연을 할 성취기준을 선택하는 방식으로 수업 준비가 시작될 수도 있다. 교과서에서 시작하든, 교육과정에서 시작하든 교과서와 교육과정을 연계하여 이해하는 것이 수업 설계의 첫걸음이고, 동시에 수업 지도안 작성의 첫걸음이다. 여기서는 교과서에서 출발하는 경우를 가정하고 설명한다.

교과서에서 수업을 할 단원을 선택했다면, 그 단원이 교육과정의 어떠한 성취기준들을 구현한 것인지 분석해야 한다. 교과서는 교육과정의 성취기준을 구현한 교재이기 때문에, 무엇보다 먼저 교육과정 차원에서 교과서를 이해하는 작업이 이루어져야 한다(정혜승, 2002ㄱ, 2002ㄴ; 주세형, 2014; 주세형·남가영, 2014).

이 책의 3부 〈사례 7〉에 제시된 내용을 예로 들어 교육과정의 성취기준을 분석하는 과정을 살펴보자. 〈사례 7〉에서는 먼저 해당 소단원과 관련된 2015 개정 국어과 교육과정의 성취기준이 다음의 두 가지임을 확인한다.

---

**5** 교육과정 문서는 국가교육과정 정보센터(ncic) 홈페이지(http://ncic.re.kr)에서 확인할 수 있다. 교육과정 자료실에 들어가면 교육과정 원문 및 해설서를 개정 시기별, 학교급별, 교과별로 내려받을 수 있다.

| 영역 | 2015 개정 국어과 교육과정 성취기준 |
|---|---|
| 쓰기 | [9국03-01] 쓰기는 주제, 목적, 독자, 매체 등을 고려한 문제 해결 과정임을 이해하고 글을 쓴다. |
| 문법 | [9국04-09] 통일 시대의 국어에 관심을 가지는 태도를 지닌다. |

성취기준을 분석할 때 교육과정에 담긴 다양한 정보도 함께 활용할 수 있다. 다음은 성취기준 해설과 교수·학습 방법 및 유의사항이다.

| 영역 | 성취기준 해설 |
|---|---|
| 쓰기 | [9국03-01] 이 성취기준은 쓰기가 글을 쓰는 과정에서 부딪히는 인지적인 문제를 해결하는 과정임을 이해하고 글을 쓰는 자세를 기르기 위해 설정하였다. 쓰기가 문제 해결 과정이라는 것은 글쓰기가 글을 쓰는 과정에서 부딪히는 여러 문제를 해결해 가는 과정이라는 의미이다. 필자는 글을 쓸 때 화제와 관련된 배경지식의 부족 문제, 떠올린 내용을 옮길 적절한 단어나 표현의 생성 문제, 독자의 이해를 돕기 위한 문단 배열 문제 등을 효과적으로 해결해야 한 편의 글을 완성할 수 있다. 학습자에게 글을 썼던 경험을 떠올려 보게 한 다음, 쓰기 과정에서 겪었던 문제와 그 해결 방법에 대해 생각해 보도록 함으로써 쓰기가 문제 해결의 과정임을 이해하도록 한다. |
| 문법 | [9국04-09] 이 성취기준은 남북 언어의 동질성과 이질성을 살펴보고, 이질성을 극복할 수 있는 방안을 탐구하며 바람직한 방향을 모색해 보는 태도를 기르기 위해 설정하였다. 통일 시대의 국어에 왜 관심을 가져야 하는지, 현재의 남북 언어는 무엇이 다른지, 통일 과정에서 남북 언어의 차이로 어떠한 어려움이 있거나 예상되는지 등을 비롯하여 남북한 언어의 차이를 극복하기 위해서는 어떤 노력을 해야 하는지에 관한 문제를 다룰 수 있다. |

| 영역 | 교수·학습 방법 및 유의 사항 |
|---|---|
| 쓰기 | 쓰기 지식이나 기능, 전략만을 따로 떼어 지도하기보다는 글을 쓰는 가운데 지식, 기능, 전략을 숙달할 수 있도록 지도한다. 세세한 지식, 기능, 전략에 집중하기보다는 한 편의 글을 완성하는 데 중점을 두어 지도한다. |
| 문법 | 통일 시대의 국어에 대한 관심을 갖도록 지도할 때에는 남북한 언어 문제를 어휘 차이와 같은 지식으로만 접근하기보다는 통일 시대를 대비하려는 태도 형성에 중점을 둔다. |

위의 자료들을 종합적으로 활용하여 성취기준을 분석할 수 있다. 다음에 제시된 〈사례 7〉 관련 내용을 보면, 성취기준을 바탕으로 학습자가 갖추어야 할 지식, 기능,

태도 측면의 학습 목표를 구체화하고 있다. 또한, 문법 영역의 성취기준과 쓰기 영역의 성취기준이 해당 단원에서 어떤 관계를 맺으며 통합되는지를 파악하고, 이를 교수·학습 설계에 활용해야 함을 지적한다.[6]

| 학습자가 갖추어야 할 지식, 기능, 태도 측면의 목표 구체화 | • 쓰기 영역을 학습하며 학습자는 '쓰기가 문제 해결 과정이라는 본질에 대한 이해', '쓰기 과정에서 부딪히는 문제에 대한 이해'를 갖추어야 한다. 또한 한 편의 글을 완성해 가면서 '쓰기 과정의 문제 해결에 대한 전략 및 기능'을 익혀 나갈 수 있다. 그리고 학습자는 '자신의 쓰기 과정에 이러한 이해와 기능을 적용해 문제를 해결하려는 태도'를 갖추어야 한다.<br>• 문법 영역에서는 '남북 언어의 동질성과 이질성에 대한 지식', '문제 발견, 자료 수집 등 이질성 극복 방안 탐구를 위한 기능', '통일 시대를 대비하려는 태도 및 바람직한 방향을 모색해 보는 태도'를 형성하고자 함을 알 수 있다. |
| --- | --- |
| 교수·학습 방향 설정 | • 〈사례 7〉의 교과서 소단원에서는 쓰기와 문법 영역을 통합해 문법 영역의 문제 해결을 위한 글을 쓰면서 쓰기 문제를 해결하도록 구성하고 있다. 그렇다면 문법 영역에서 제시하는 문제들은 쓰기 과정에서 활용할 주요 내용이 된다는 점도 고려할 필요가 있다. 예컨대 문법 성취기준 해설에서 제시하는 문제들(남북 언어의 동질성과 이질성, 차이로 인해 예상되는 문제점, 극복을 위한 방안)은 쓰기 내용 생성 및 조직에서 고려할 주요 사항들이 된다. 즉 목표 정련 측면뿐 아니라 학습 내용이나 방법을 숙고하기 위해서도 교육과정은 반드시 살펴보아야 한다. |

한편, 교과서에 제시된 학습 목표는 학습자의 수준을 고려하여 성취기준을 다시 진술한 것이다. 따라서 교육과정의 성취기준과 교과서의 단원 학습 목표가 거의 일치하는 경우도 있고, 이해하기 쉽게 표현된 경우도 있다. 지도안 작성 시 단원의 학습 목표는 교과서의 단원 학습 목표를 그대로 옮겨 적을 수도 있고 필요에 따라 재구성하여 제시할 수도 있다. 어떠한 경우든 이 과정에서 단원의 학습 목표가 교육과정의 성취기준을 어떤 방식으로 반영하고 있는지 이해하는 것이 중요하다.

차시별 지도 계획을 작성할 때에도 교육과정의 해당 성취기준을 고려하는 것이 중요하다. 교과서는 성취기준을 구현한 교재이므로, 교과서의 모든 항목을 하나도 빠짐없이 다루어야 하는 것은 아니다. 교사는 수업 상황에 맞게 교과서를 재구성하여

---

6　교육과정의 성취기준 분석에 관한 보다 구체적인 내용은 〈사례 7〉을 포함하여 2부와 3부에 제시된 지도안 사례 분석을 참고할 수 있다.

수업에서 활용한다. 교과서의 내용이나 항목을 선별적으로 다룰 수도 있고, 수업 상황에 맞게 변형할 수도 있다. 학습 목표에 부합하는 제재를 활용하여 새로운 활동을 구안하여 수업에서 활용할 수도 있다. 이러한 모든 과정에서 핵심적 기준으로 작용하는 것이 교육과정의 성취기준이다. 교과서는 재구성할 수 있으나, 재구성의 결과 교육과정의 성취기준에 담긴 학습 요소가 누락되어서는 안 된다.

이러한 점 때문에 차시별 지도 계획을 세울 때 단순히 교과서만 확인하고 교과서에 제시된 분량을 기계적으로 나누어서 차시별 교육 내용을 배정해서는 안 된다. 교육과정의 성취기준에 대한 이해를 바탕으로 교과서를 어떻게 재구성하여 다룰지를 결정하고, 학습자의 수준과 수업 상황 등을 종합적으로 고려하여 차시별 지도 계획을 수립하여야 한다. 지도서에 각 단원의 차시별 지도 계획이 제시되어 있는 경우도 있으나, 참고 사항일 뿐 절대적 기준은 아니다. 개별 교사가 처한 수업 상황이 동일하지 않기 때문에 차시별 지도 계획은 교사가 교육과정의 성취기준, 교과서의 재구성 방향, 학습자의 수준, 수업 상황 등을 종합적으로 고려하여 세우는 것이 바람직하다.

## 2) 본 차시 학습 목표 설정

차시별 지도 계획을 수립한 후 본 차시를 선택하게 된다. 본 차시를 선택하면 차시별 지도 계획의 해당 차시에 본 차시임을 명시하고, 테두리를 굵게 표시하는 등의 방식으로 본 차시를 한눈에 알아볼 수 있게 하는 것이 좋다.

본 차시 학습 목표는 차시별 지도 계획을 수립하는 과정에서 설정된다. 단원 전체의 학습 목표를 교육과정의 성취기준 차원에서 이해한 후, 차시별로 지도할 내용을 배분하기 위해서는 결국 차시별 학습 목표를 명확히 설정하는 과정이 필요하기 때문이다. 학습 내용은 학습 목표에 따라 도출되는 것이므로, 차시별 지도 계획을 세울 때 차시별 학습 목표도 수립해야 하는 것이다.

본 차시 학습 목표는 단원 전체의 학습 목표가 차시별로 어떻게 달성되도록 할 것인가 하는 거시적 맥락을 고려한 가운데 설정해야 한다. 예를 들어, 단원의 학습 목표가 '쓰기는 주제, 목적, 독자, 매체 등을 고려한 문제 해결 과정임을 이해하고 글을 쓴다.'이고, 이 단원을 총 7차시에 걸쳐 지도하기로 한 경우를 생각해 보자. 1차시와 2차시에서 각각 계획하기 과정에서 겪는 문제 해결하기와 내용 생성하기 단계에서 겪는 문제 해결하기를 다루었다면, 본 차시인 3차시에서는 '내용 조직하기 단계에서 겪는 문제를 해결할 수 있다.'와 같은 학습 목표를 설정할 수 있다. 이는 단원의 학습 목표가 차시별로 어떻게 달성되는지를 고려하여 설정한 것이다.

물론 단원의 학습 목표가 항상 차시별로 단계적으로 나누어지는 것은 아니다. 학습 목표의 성격에 따라 본 차시의 학습 목표가 단원의 학습 목표와 유사하거나 약간 상세화한 정도로 표현되는 경우도 있다. 어떠한 경우든 본 차시의 학습 목표가 단원 전체의 학습 목표와 차시별 지도 계획이라는 틀 속에서 설정되어야 한다는 점을 인식하는 것이 중요하다.

## 3) 도입 단계의 교수·학습 활동 작성

본 차시의 도입 단계에서는 전 차시 확인, 동기 유발, 학습 목표 제시, 학습 활동 안내와 같은 유형의 활동을 하는 것이 일반적이다.

본 차시의 수업은 전 차시의 수업에 이어 진행되는 것이므로, 도입 시 전 차시의 수업 내용을 환기하여 학생들이 차시별 수업 간의 흐름을 인식할 수 있도록 하는 것이 바람직하다. 전 차시 수업 내용 중 본 차시 수업과 연계성이 높은 내용을 선별하여, 학생들에게 그 내용을 설명해 보도록 하고 교사가 보충 설명을 하여 전 차시 내용을 정리하는 것도 많이 사용하는 방법이다.[7]

전 차시 내용에 대한 확인뿐 아니라 복습이 필요한 경우도 있다. 이런 경우 확인보다 많은 시간을 할애하여 필요한 만큼 복습을 하는 방법도 있다. 이러한 유형의 활동은 전 차시 확인 및 복습이라고 부를 수 있을 것이다.

단, 전 차시 확인이든 복습이든 교사 주도의 설명만으로 진행하는 것은 교사와 학생 간 상호작용 측면에서 바람직하지 않다. 전 차시 확인의 경우 교사의 질문과 학생의 답변, 그리고 그에 대한 교사의 질문이나 보충 설명 등이 적절히 이어져 언어적 상호작용이 활발히 일어날 수 있도록 수업을 설계하여 지도안을 작성하는 것이 필요하다. 복습의 경우도 학습자의 이해 수준에 대한 파악이 선행되어야 하고 복습 과정에서의 점검도 필요하므로 교사와 학생 간의 상호작용이 요구된다.

---

**7** 단, 수업 상황에 따라 직전 차시 수업 내용이 아니라 이전 학기, 이전 학년에서 다루었던 내용을 환기할 수 있도록 다루어야 하는 경우도 있다. 이런 경우 '전 차시 확인'보다는 '선수 학습 확인'이 더 적합한 용어이다.

본 차시 동기 유발은 '생각 열기' 등의 이름으로 교과서 단원의 시작 부분에 제시된 동기 유발 활동과는 구분하여 이해하는 것이 필요하다. 물론 본 차시가 단원의 첫 번째 수업이라면 교과서 단원의 시작에 제시된 생각 열기를 활용하여 동기 유발 활동을 구성할 수 있다. 그러나 동기 유발 활동은 단원의 첫 번째 수업에만 있는 것은 아니다. 본 차시가 단원의 첫 번째 수업이 아니라도 본 차시 활동을 시작하는 도입 단계에서 다양한 방식의 동기 유발 활동이 이루어진다. 따라서 본 차시의 동기 유발 활동은 본 차시의 학습 목표, 학습 내용, 학습자 특성 등 본 차시의 여러 요인들을 종합적으로 고려하여 구성해야 한다.

학습 목표 제시는 전개 단계로 가기 전 도입 단계에서 꼭 이루어져야 하는 활동이다. 학습 목표를 분명히 제시하여 학습자들이 도입 단계에서뿐 아니라 수업의 전 과정에서 학습 목표를 염두에 두고 활동할 수 있도록 해야 한다. 이런 이유로 학습 목표는 슬라이드의 한 화면에 잠깐 보여 주고 넘어가기보다는, 일반적으로 칠판의 왼쪽 상단에 적어 두고 수업의 전 과정에서 학습자들이 항상 확인할 수 있도록 하는 것이 효과적이라고 본다.

학습 목표를 확인한 후에는 일반적으로 본 차시에서 이루어지는 학습 활동을 학생들에게 안내하게 된다. 활동 안내는 학습자의 수준과 특성, 전개 단계에서 하는 활동의 성격 등에 따라 상세하게 할 수도 있고 간략하게 할 수도 있다. 전개 단계에서 하는 활동이 복잡하고 학습자들이 혼란을 느낄 가능성이 있는 경우 활동 안내를 체계적으로 할 필요가 있고, 그렇지 않은 경우 간략히 하고 전개 단계로 넘어갈 수 있다.[8]

## 4) 전개 단계의 교수·학습 활동 작성

전개 단계에서 이루어지는 활동은 도입 단계나 정리 단계처럼 그 유형을 일반화하기 어렵다. 전개 단계의 활동을 계획하기 위해서는 화법 교육, 독서 교육, 작문 교육, 문법 교육, 문학 교육 등 국어 교육의 하위 영역별 특성을 고려해야 한다. 어떤 영역의 성취기준을 다루느냐에 따라 전개 단계를 구성하는 방식에 차이가 생긴다. 물론

---

[8] 국어 수업의 도입 단계에서 이루어지는 예비 교사 발화에 대한 실증적 연구로 김승현(2022)이 좋은 참고가 된다.

영역별 통합 단원도 있으므로 그 경우 영역별 특성과 함께 통합의 양상도 함께 고려해야 한다.

　다른 단계와 마찬가지로 전개 단계의 활동을 구성할 때에도 학습 목표를 달성하는 데 적합한 활동인지를 우선적으로 생각해야 한다.[9] 예를 들어 '글을 읽고 글의 특성에 따라 요약할 수 있다.'를 본 차시의 학습 목표로 설정했다면 학생들이 글의 특성에 따라 요약할 수 있는 역량을 기를 수 있도록 하는 교수·학습 활동을 구안해야 한다. 만약 글을 읽고 사실적 이해를 하는 활동만 하고 학생들이 직접 요약하고 교사의 피드백을 받는 활동이 전혀 없다면 학습 목표를 달성하기 어렵다.

　학습 목표를 달성하는 데 적합한 교수·학습 활동을 대략적으로 구상한 후에는 활동의 세부적 측면을 결정해야 한다. 예를 들어, 교수·학습 활동을 구성하는 하위 활동 간 순서를 결정해야 한다. 문장 성분 간의 호응을 고려하여 정확한 문장 쓰기를 본 차시의 학습 목표로 정하여, 학생들이 자신이 썼던 문장을 고쳐 쓰는 활동을 계획했다고 가정해 보자. 전개 단계의 앞부분을 전개 1, 뒷부분을 전개 2라 하자. 전개 1에서 바로 학생들이 자신이 썼던 문장을 바르게 고쳐 써 보게 할 수도 있고, 전개 1에서는 문장의 호응에 대해 설명하고 몇 개의 사례로 연습해 보게 한 후 전개 2에서 학생들 자신이 쓴 문장을 활용하여 고쳐 쓰기 활동을 할 수도 있다.

　학습 목표와 관련된 내용을 설명한 후 활동 안내와 연습 활동을 거쳐 점진적으로 본격적 활동에 이르게 하는 것이 일반적 방식이라 생각할 수 있다. 하지만, 본 차시의 전개 활동은 앞 차시에 어떤 활동을 하였고 그다음 차시에 어떤 활동을 할 것인지 고려하여 설계해야 한다. 이미 전 차시에 교사의 설명과 학생들의 연습이 충분이 이루어졌다면, 그다음 차시의 전개 단계에서는 전개 1에서부터 발산적인 활동이 이루어지도록 설계할 수도 있다. 나아가 전 차시에서 다루지 않았더라도, 학생의 수준에 따라 자신이 실제 국어생활에서 작성했던 문장을 활용한 고쳐쓰기 활동을 먼저 하도록 하고 이를 바탕으로 문장 성분 간 호응을 고려한 올바른 문장을 어떻게 써야 하는지 탐구하여 이해해 가도록 수업을 설계할 수도 있다.

---

**9**　학습 활동의 적합성을 판단하는 일은 그 활동을 통해 학습자가 어떠한 '학습 경험'을 할 수 있을지를 고려하는 것과 긴밀히 연관되어 있다. 학습 활동이 보다 가시적으로 드러난다는 점을 고려하여 본문에서는 학습 활동 위주로 설명하였으나, 그 과정에서 학습 경험이 고려된다는 점을 기억해야 한다. '학습 경험'에 대한 고전적 정의는 타일러(Tyler)에서 찾을 수 있다. 타일러는 학습 경험을 "학습자와 그가 반응할 수 있는 환경의 외부적 조건 사이의 상호작용"(Tyler, 1949/1996: 72)이라고 설명하였다.

활동 간 순서 외에도 결정해야 할 사항이 많다. 교과서 활동을 그대로 사용할 것인지 재구성해서 사용할 것인지, 재구성을 한다면 어떠한 방향으로 어느 정도 재구성을 할 것인지 결정해야 한다. 문장 고쳐쓰기 활동을 한다면 개별 활동을 할 것인지, 모둠 활동을 할 것인지 결정해야 한다. 모둠 활동의 경우 모둠 내 세부 활동은 어떻게 구성할 것인지도 생각해 봐야 한다. 각자 자신이 썼던 문장을 고쳐 쓰게 한 후, 모둠 내에서 고쳐 쓴 결과를 돌려 읽으며 동료 평가를 하게 할 수 있다. 모둠 활동 후에는 발표 등을 어떤 방식으로 하도록 하여 활동 결과를 공유하고 피드백할지도 생각해야 한다.

전개 단계의 학습 활동은 수업의 맥락을 고려하지 않고 탈맥락적으로 특정한 방식이 옳고 그르다고 단정하기 어렵다. 다른 단계도 마찬가지지만 특히 전개 단계는 하위 활동 유형을 일반화하기 어렵기 때문에, 전개 단계의 교수·학습 활동을 잘 설계하려면 많은 지도안 사례를 검토해 보는 경험이 꼭 필요하다. 다양한 유형의 지도안 사례를 보고, 이에 대한 현장 교사와 국어 교육 분야 연구자들의 검토 의견을 보면서 수업 맥락과 교사의 의도에 맞게 교수·학습 활동을 설계하는 역량이 길러진다. 이 책의 2부와 3부에서 다양한 지도안 사례를 분석한 것도 이러한 이유에서이다.

---

( 더 알아보기 )

## '교수·학습 모형'과 '교수·학습 방법'

'교수·학습 모형'과 '교수·학습 방법'이라는 용어의 개념 차이는 최지현 외(2007)에서 명확하게 논의되었다. 최지현 외(2007: 29-32)에 따르면, 모형은 "연구자의 손에 의해 이론적으로 정립된 형태"이고 방법은 "모형의 적용과 관련"된 것으로 "교수자에 의해 모형이 실제 적용되었거나 혹은 적용될 모형의 구체적인 계획"이다. 박재현(2021: 16-18)에서도 교수·학습 모형과 교수·학습 방법을 구분하면서 "직접 교수 모형은 '설명, 시범, 질문, 활동'의 절차로 되어 있는데, 이 모형을 적용해서 교사가 '요약하기'라는 특정 기능을 가르치면 '직접 교수 모형을 적용한 요약하기 교수·학습 방법'이 된다."라고 하였다.

이와 같이 두 용어 간의 개념 차이가 명확히 규정되었음에도 불구하고, 지도안에서 '교수·학습 방법'이라는 용어를 쓸 것인지 '교수·학습 모형'이라는 용어를 쓸 것인지는 판단하기 쉽지 않은 문제이다. 모형을 적용하여 방법이 되는 경우도 있지만, 특정한 모형이 적용되었다고 단정하기 어려운 방법도 있기 때문이다. 예를 들어 전개 단계에서 학습 목표 달성을 위해 다양한 학습 활동이 이루어졌으나, 이러한 활동들을 특정한 모형의 적용으로 간주하기 어려운 경우가 있다. 실제로 최지현 외(2007: 31)에서도 교수·학습 방법을 모형의 적용 측면에서 언급할 뿐 아니라 "다양한 모형과 활동을 적용한"이라는 표현을 사용하여 모형뿐 아니라 활동의 적용이라는 차원에서도 언급하였다.

학습 활동에 의해 수업이 이루어졌다면 모종의 교수·학습 방법이 사용되었다고 보아야 한다. 단, 경우에 따라 사용된 교수·학습 방법을 특정할 수도 있고 특정하기 어려울 수도 있다. 교수·학습 방법을 특정할 수 있는 경우는 대체로 교수·학습 모형을 적절히 변용하여 교수·학습 방법으로 사용한 경우이다. 그렇지 않은 경우 교수·학습이 이루어졌고 그 과정에서 교수·학습 방법이 사용되었으나 그 방법에 특정한 이름을 붙이기 어렵다. 즉, 교수·학습 방법에 특정한 이름을 붙이기 어렵더라도 교수·학습은 일어날 수 있다.

이런 점에서 이 책에서 제시한 약안 형식에서 '교수·학습 방법' 대신 '(교수·학습 모형)' 항목을 설정하였다. '교수·학습 방법'이라는 항목을 설정할 경우 특정한 방법을 언급할 수 있는 경우도 있지만 특정한 명칭을 언급하기 어려운 경우도 있어 지도안 작성에 어려움이 생긴다. 특히 교수·학습 방법은 명칭을 제시하기 어렵더라도 사용되지 않았다고 볼 수는 없기 때문에 어려움이 더욱 크다. 이에 비해 '(교수·학습 모형)'이라는 항목을 설정하면, 특정 모형이 적용된 경우 모형의 명칭을 제시하면 되고 특정 모형이 적용된 것이 아니라면 칸을 채우지 않아도 되기 때문에 작성에 부담이 적다. 물론, 특정 교수·학습 모형을 적더라도 해당 모형에서 제시하는 절차가 그대로 적용되었음을 의미하는 것은 아니다. 모형은 실제 수업에 적용될 때 수업 맥락에 맞게 적절히 변용된다는 점을 고려하여 이해해야 한다.

## 5) 정리 단계의 교수·학습 활동 작성

본 차시의 정리 단계에서는 학습 내용 정리, 차시 예고와 같은 유형의 활동을 하는 것이 일반적이다. 학습 내용 정리는 전개 단계에서 학습한 내용을 정리하는 활동이다. 학습 내용을 정리하는 방법은 학습 목표, 학습 내용의 특성과 난도, 학습자의 수준과 태도, 수업 환경 등의 요인에 따라 달라질 수 있다. 단, 학습 내용을 정리할 때에도 교사와 학습자 간의 적절한 상호작용을 고려하는 것이 필요하다. 학습자가 어떤 활동을 할지 고려하지 않고 교사가 일방적으로 내용을 정리하고 넘어가는 것은 적절하지 않다. 앞서 지적한 고려 요인에 따라 그 비중은 달라지겠지만 학습 내용을 정리할 때에도 교사 활동과 학생 활동을 상호작용적 측면에서 고려하는 것이 바람직하다.

차시 예고는 다음 차시에서 어떤 내용을 다룰지 학생들에게 알려 주는 활동이다.

다음 차시에서 어떤 내용을 다룰지, 그 내용이 본 차시에서 다룬 내용과 어떤 관련을 맺고 있는지 설명한다. 다음 차시 수업을 위해 학생들이 미리 읽거나 해 와야 하는 과제가 있다면 차시 예고에서 안내한다.

## 6) 평가를 어떤 단계에서 해야 할까

평가가 정리 단계에서만 이루어져야 한다는 것은 오래된 편견이다. 평가는 정리 단계뿐 아니라 전개 단계에서도 이루어질 수 있다. 최미숙 외(2016: 128-129)에서는 '수업 과정 중에 이루어지는 평가'라는 항목에서 "학생의 발표, 토론 과정, 표현 과정 등을 교사가 직접 관찰하면서 실시하는 평가 방식은 교사가 평가의 중요한 축이 되는 것을 의미"한다고 지적하였다. 이런 경우 평가는 수업의 전개 단계에서 이루어지며, "수업 상황에서 즉각적인 피드백을 줄 수 있는 평가를 하게 되면 학습 과정 자체가 평가 과정"(최미숙 외, 2016: 129)이 된다. 신헌재 외(2017: 340)에서도 "교사가 쓰기를 지도하면서 동시에 학생의 쓰기 상황에 대하여 진단"하는 "쓰기의 관찰 평가"를 사례로 들며 "교수·학습 시기와 평가 시기가 통합"되고 있음을 지적하였다.

수업의 전 과정이 평가와 밀접한 관련을 맺는다는 점은 최근 연구들에서도 지속적으로 강조되고 있다. 백워드 설계 이론에서는 교육과정, 수업, 평가의 관계를 심도 있게 고찰하며 "학습 결과에 대한 평가에서 학습을 위한 평가, 학습으로서의 평가"(강현석 외, 2019: 31)로 전환할 것을 제안하였다. 국어과 평가론을 전개하고 있는 류수열 외(2021: 40-61)에서는 '국어과 교육과정-수업-평가'의 일치 문제를 다각도로 고찰한 후, 일체화(alignment)라는 용어가 경직된 어감을 준다는 점을 지적하면서 '교-수-평의 연계성 강화'라는 표현을 제안하기도 하였다. 연계라는 용어를 씀으로써 교육과정과 수업, 평가 간의 관련성을 보다 유연하게 이해하고자 한 것이다.

수업과 평가의 연계는 백워드 설계와 깊은 관련을 맺지만, 특정한 관점에 한정된 개념은 아니다(류수열 외, 2021: 45). 백워드 설계를 명시적으로 표방하지 않더라도, 수업을 설계할 때 수업과 평가가 연계되도록 해야 한다고 말할 수 있다. 이때 수업과 평가가 연계되는 방식은 매우 다양하다. 즉, 평가의 종류에 따라 평가가 실시되는 방식과 시기는 다를 수 있다. 중요한 것은 다양한 유형의 평가들이 어떤 경우든 수업과 긴밀한 관련을 맺으며 이루어져야 한다는 점이다.

예를 들어, 교육과정 성취기준에 근거하여 토론의 입론을 작성하는 활동을 하는 수업을 가정해 보자. 전개 단계에서 학습자들이 입론을 작성하였고 교사가 그 과정을 관찰하며 즉각적인 피드백을 주었다고 하자. 이 경우 전개 단계에서 평가가 이루어졌다고 할 수 있다. 교사의 피드백을 받으며 입론을 작성해 가는 것은 학습 목표에 부합하는 학습 과정이므로, 이 경우 학습으로서의 평가가 이루어졌다고도 볼 수 있다.

물론 반드시 전개 단계에서 평가가 이루어져야 하는 것은 아니다. 또한, 전개 단계에서 평가가 이루어졌다고 하여 수업의 다른 단계 혹은 수업 후 평가가 이루어지지 못하는 것도 아니다. 앞서 가정한 수업이 끝난 후 학습자들이 작성한 입론 활동지를 교사가 걷어서 수업 후에 읽어 보며 피드백을 작성한 상황을 생각해 보자. 이 경우 평가는 수업 후에 이루어졌다. 학습 목표가 입론을 적절히 세우는 것이었고 수업에서 입론 작성 활동을 하였으며, 교사는 학생들이 수업 시간에 작성한 입론 활동지를 평가하였으므로 수업과 평가가 연계되었다고 볼 수 있다.

이처럼 평가는 다양한 양상을 띤다. 따라서 평가는 수업의 정리 단계에서만 이루어지는 것이 아니다. 그런데 모의 수업 지도안을 작성할 때 정리 단계에서 간단한 오엑스(OX) 퀴즈를 하는 것으로 평가 계획을 세우는 경우가 종종 있다. 이러한 현상은 평가를 본 차시의 정리 단계에서 꼭 해야 하는 것으로 오인하기 때문에 생긴다. 평가가 본 차시의 정리 단계에서 꼭 이루어져야 한다고 오해하면, 정리 단계에 할당된 시간이 매우 적기 때문에 오엑스 퀴즈와 같이 짧은 시간에 마칠 수 있는 방법을 선택하게 되는 것이다. 그러나 학습 목표의 도달 정도를 오엑스 퀴즈로 확인하기 어려운 경우가 많기 때문에 이러한 방식은 대부분 심각한 문제를 안고 있다.

그렇다면 본 차시에서 평가를 어떻게 해야 할까? 본 차시 평가는 단원 전체의 평가 계획 속에서 이루어지는 것임에 유의해야 한다. 예를 들어, 단원 평가 계획을 수립할 때 3차시 전개 단계에서 토론 활동지 작성을 수행평가의 항목에 넣었다면, 미리 학생들에게 그러한 사실을 공지하고 수업 후 토론 활동지를 수합하여 평가할 수 있다. 이 경우 수업 후 교사가 수합한 토론 활동지를 평가하므로, 해당 차시의 수업 정리 단계에서 별도의 평가를 하지 않을 수 있다. 물론, 토론 활동지를 걷을 예정이라고 하더라도, 수업 중 활동에서 교사가 학생들의 수행 과정에 적절한 피드백을 줄 수 있다.

단원의 평가 계획을 수립할 때, 해당 단원의 수업에서 사용한 평가 방법이 타당한지도 함께 점검해야 한다. 타당성 점검은 평가 계획이 학습 목표 달성 여부를 확인하는 데 적절한지 확인하는 데에서 시작한다. 본 차시만을 생각하고 평가 계획을 세우면 교수·학습 단계별 시간 제약에 쫓기게 되어 타당한 평가 계획을 세우기 어렵다. 단원 전체의 평가 계획을 세운다는 관점에서 접근하면 이러한 문제에 유연하게 대처하여 보다 타당한 평가 계획을 세울 수 있다.

예를 들어 시간의 제약으로 본 차시의 정리 단계에서 자신이 계획한 평가를 실시하기 어렵다면, 전개 단계에서 활동한 내용을 관찰하거나 활동지를 수합하여 수업 후 평가하는 방법을 생각해 볼 수 있다. 본 차시 수업 후 활동지를 평가할 경우, 다음 차시에서 평가 결과를 피드백하며 이와 연계하여 교수·학습이 이루어지도록 수업을 설계할 수 있다. 또는 단원의 차시 계획에 의해 특정한 차시에서는 평가에 많은 시간을 할애하는 것도 가능하다. 이 경우 진단 평가, 형성평가, 총괄 평가와 같은 평가의 유형을 고려하여 단원의 차시별 평가 계획을 수립해야 한다.

# 4

# 약안과 세안의 이분법 넘어서기

지금까지 주로 약안 형식의 지도안을 기준으로 지도안 작성 방법을 설명하였다. 약안보다 더 많은 항목을 상세하게 다루는 형식의 지도안을 흔히 세안이라고 부른다. 그러나 지도안의 형식이 약안과 세안으로 이분화되는 것은 아니다. 약안을 기준으로 필요에 따라 다른 항목들을 지도안에 추가하고 상세히 기술하게 되는데, 추가와 상세화의 정도가 어떠하느냐에 따라 약안과 세안 사이에도 다양한 지도안이 성립할 수 있다. 따라서 모든 지도안이 약안과 세안 둘 중 하나로 분류된다고 생각하기보다는, 약안과 세안을 양 극단으로 하여 그 중간에 상세화의 정도가 다양한 지도안들이 많이 성립할 수 있다고 보는 것이 합리적이다.

약안에 어떤 항목을 추가하고 어떤 부분에 대한 기술을 상세화할 것인지는 지도안을 작성하는 맥락과 필요에 따라 달라질 것이다.[10] 학습 목표, 학습 내용, 교수·학습 방법, 교수·학습에서의 언어적 소통, 교수·학습 자료, 상세 평가 계획 등 여러 항목 중 필요한 것들이 선별적으로 추가될 수 있을 것이다. 단, 앞서 지적한 대로 아래 제시한 항목들은 필요에 따라 선별적으로 추가되는 것이지 항상 모두 지도안에 포함되도록 해야 하는 것은 아님에 유의해야 한다.

우선 학습 목표와 관련하여 지도안에 추가하거나 상세화할 수 있는 항목들을 살펴보자.

---

**10** 국어과에서 그간 많이 사용해 온 세안 형식은 최지현 외(2007: 403)를 참고할 수 있다. 최지현 외(2007: 402)에서도 해당 세안 형식이 "관습적으로 사용되어 온 형식으로서 교과의 성격이나 수업 상황 등에 따라 교사가 수정하여 사용할 수 있는 것"임을 밝히고 있다.

- 학습 목표와 성취기준의 관련성
- 학습 목표 설정의 이론적 근거
- 학습 목표의 위계성
- 학습 목표 세분화

학습 목표에 대한 교육과정 차원의 분석, 학문적 차원의 분석 결과를 지도안에 담는 경우도 있다. 앞서 지적한 대로 학습 목표를 교육과정 차원에서 이해하는 것은 수업 설계 과정에서 필수적이다. 따라서 본 차시 수업을 설계한 교사가 학습 목표를 교육과정 성취기준과 관련하여 어떻게 이해했는지 지도안에 제시할 수 있다. 나아가 필요에 따라 해당 학습 목표에 대해 국어 교육학 차원에서 어떠한 이론적 논의가 이루어지고 있는지까지 분석하여 제시할 수도 있다.

학습 목표의 위계성에 대한 분석도 필요에 따라 지도안에 담을 수 있다. 해당 수업에서 다룰 학습 목표가 교육과정 차원에서 앞서 다루었던 학습 목표, 차후 다루게 될 학습 목표와 종적으로 어떻게 연계되는지를 분석하면, 수업에서 다룰 학습 내용의 폭과 깊이가 보다 명확해진다.[11] 그 외에도 학습 목표를 지식, 기능, 태도 등과 같은 기준으로 세분화하여 기술할 수도 있다. 이때 학습 목표와 관련된 이러한 작업들은 모두 단원의 학습 목표와 본 차시 학습 목표 모두를 대상으로 할 수 있다.

다음은 단원의 구성과 관련하여 지도안에 추가되거나 상세화될 수 있는 항목들을 살펴보자.

- 대단원의 전체 구조
- 소단원별 구성 방식

교과서 단원의 구성과 관련해서는 대단원의 전체 구조, 소단원별 구성 방식 등을 분석하여 지도안에 기술할 수 있다. 지도안에 수업과 관련된 단원을 분석하는 이유는 해당 단원이 학습 목표를 달성하는 데 어떻게 활용될 수 있는지를 살피기 위해서이다. 따라서 단원의 분석은 학습 목표, 나아가서는 교육과정의 성취기준에 대한 이해

---

11 통합 수업이나 융합 수업이라면 국어과 내 다른 영역 혹은 다른 교과 학습 목표와의 횡적 연계성까지 밝힐 수도 있을 것이다.

와 안목을 바탕으로 이루어져야 한다.[12]

학습 목표 및 단원의 구성과 관련된 항목들이 모두 포함되도록 수업 지도안을 작성한다면 아래와 같은 형식이 될 것이다. 단, 앞서도 언급했듯이 이러한 상세화 작업은 수업 맥락에 따라 필요하다고 판단되는 항목들을 선별하여 실시하면 된다. 약안과 세안은 이분적으로 구분되는 것이 아니라 상세화 정도에 따라 약안과 세안 사이에

## 국어과 수업 지도안

| 일시 | | 장소 | |
|---|---|---|---|
| 대상 학년/학급 | | 교사 | |

### I. 단원 및 교재

ㅇ 단원명: *(예) 4. 글자를 만들어요*
ㅇ 교재: *(예) 초등학교 국어 1-1 ㉮ 교과서 / 초등학교 국어 활동 1-1 교과서*

### II. 학습 목표 분석

1. 교육과정 성취기준과의 관련성

2. 학습 목표 설정의 이론적 근거

3. 학습 목표의 위계성

4. 학습 목표 세분화
   1) 지식 측면
   2) 기능 측면
   3) 태도 측면

### III. 단원의 구성

1. 대단원의 전체 구조

2. 소단원별 구성 방식

---

[12] 교과서를 교육과정에 대한 안목에서 분석하고 이해해야 하는 이유와 구체적 사례는 주세형·남가영(2014) 참조.

다양한 형식의 지도안이 있음에 유의해야 한다.

그간 많이 사용되어 온 지도안 세안의 형식의 경우 'II. 단원 설정의 이유'를 먼저 제시한 다음 'III. 단원 학습의 목표'를 제시하고 있다(최지현 외, 2007: 403). 물론 관습적으로 사용되어 온 이러한 방식도 의미는 있지만, 이 책에서는 교과서 단원을 학습 목표 및 성취기준을 기준으로 분석해야 한다는 관점에서 'II. 학습 목표 분석'을 먼저 제시하고 'III. 단원의 구성'을 그다음에 제시하였다.

순서 외에 세부 내용에도 차이가 있다. 우선, 'II. 학습 목표 분석'의 경우 학습 목표를 몇 가지 측면에서 세분화하는 것 외에 교육과정과 국어 교육 이론, 위계성에 대한 분석 항목을 추가하였다. 이렇게 함으로써 수업 지도안 작성에서 학습 목표에 대한 분석이 중요함을 강조하고 학습 목표 분석을 어떻게 해야 하는지를 구체화하였다.

'III. 단원의 구성'의 경우 그간 '단원 설정의 이유'라는 명칭으로 다루어져 오던 내용과 성격을 달리한다. 그간 관습적으로 사용해 온 세안에서는 '단원 설정의 이유'라는 장을 설정하고 그 하위 항목으로 '1. 학습 심리상, 2. 학습 경험상, 3. 사회적 요구'를 제시하였다. 그런데 이러한 형식을 제시한 최지현 외(2007: 403-404)에서도 이미 정해진 교과서 단원을 가르치는 경우 이러한 항목은 생략될 수 있음을 밝히고 있다. 그럼에도 불구하고 예비 교사들이 작성한 세안에서 이러한 항목이 등장하는 사례가 적지 않다.

교과서 단원이 교육과정에 기반을 두어 구성된다는 점을 고려할 때, 교육과정과 별개로 단원 설정의 이유를 설명하기 어려우며, 그 이유를 '학습 심리, 학습 경험, 사회적 요구'로 구분하여 기술하는 것도 쉬운 일이 아니다. 이 책에서는 이러한 점을 종합적으로 고려하여, '단원 설정의 이유'와 그 하위 항목을 없애고, '단원의 구성'이라는 항목이 세안에 포함될 수 있도록 하였다. 이렇게 함으로써 단원 설정의 이유 작성의 혼란과 어려움을 줄이고, 단원의 구성 방식을 학습 목표와 교육과정 성취기준의 관점에서 분석할 수 있도록 하였다.

다음으로 교수·학습 방법과 관련하여 지도안에 추가되거나 상세화될 수 있는 항목들을 살펴보자.

- 교수·학습 방법 선택 시 고려 사항
- 교수·학습 방법 적용상의 유의점

교수·학습 방법을 선택할 때 학습 목표를 비롯하여 학습자 특성, 교수·학습 환경 등을 종합적으로 고려해야 한다. 학습 목표는 앞서 다루었으므로, 여기서는 학습자 특성과 환경 요인을 살펴보자.

수업 상황은 매우 다양하다. 한 반에 있는 학생 간 학업성취도의 편차가 큰 경우도 있고, 학업성취도의 편차가 크지 않은 경우도 있다. 경우에 따라 한 반 학생들이 수학이나 과학 등 특정한 과목군에 관심이 많은 경우가 있을 수도 있다. 학습자의 특성이 수업을 설계할 때 중요한 고려 요인이었다면 지도안에 학습자 특성에 대한 분석을 추가하는 것이 바람직하다.

교수·학습 활동의 구조를 어떻게 설정할지에 대해서도 교수·학습 방법 선택 단계에서 고려할 필요가 있다. 예를 들어, 학습자들이 개별적으로 활동하도록 할 것인지, 모둠을 구성하여 활동하도록 할 것인지 등에 따라 교수·학습 방법의 세부적 양상이 달라진다. 개별 활동과 모둠 활동을 입체적으로 연계하여 구성하는 경우도 있어 보다 복잡한 교수·학습 방법 설계가 필요한 경우도 있다. 원격 수업인지, 등교 수업인지에 따라 활용 가능한 매체, 자료 및 활동도 큰 폭으로 달라질 것이다. 교수·학습 방법 선택 시에 이러한 환경 요인을 충분히 고려하여야 한다.

교수·학습 모형은 앞서도 언급한 바와 같이 필수적 요소는 아니다. 단, 특정한 교수·학습 모형이 수업에 활용되었다면 그 내용을 밝히고, 해당 모형을 활용하는 이유와 활용 방식에 대해 설명해 주는 것이 바람직하다. 교수·학습 모형에 대한 설명이 필요한 경우 교수·학습 방법 선택 시 고려 사항에 제시할 수도 있고, 모형을 별도의 항목으로 둘 수도 있다.

교수·학습 방법을 선택할 때 어떤 점을 고려했는지와 별도로 그 방법을 수업에 적용할 때 어떤 점에 유의해야 하는지 설명할 필요가 있을 수 있다. 예를 들어 문법 수업에서 탐구 학습을 교수·학습 방법으로 선택했는데, 학습자들이 탐구 과정에서 겪을 어려움을 고려하여 다양한 방식의 비계를 마련해 두었다고 하자. 이 경우 적용 상의 유의점에서 탐구 학습이라는 방법을 적용할 때, 학생들의 어려움을 고려하여 다양한 비계를 어떻게 활용하고자 하는지 설명할 수 있다.

정리하면 교수·학습 방법 항목에는 교수·학습 방법에 대한 일반적 설명을 적기보다는 이 수업에서 왜 이와 같은 교수·학습 방법을 선택했는지, 해당 교수·학습 방법을 어떻게 적용할지에 대한 설명을 적어야 한다. 이러한 설명이 지도안에 추가되면 지도안을 보며 수업을 참관하는 사람들이 해당 수업에서 왜 이와 같은 교수·학습 방법이 사용되는지, 어떻게 이 방법을 적용하는지 이해하는 데 도움이 된다.

다음으로 교수·학습에서의 언어적 소통과 관련된 부분도 지도안 상세화와 관련된다. 약안의 경우 일반적으로 교사 발화와 학생의 예상 발화를 발화 형식으로 작성하지는 않는다. 교수·학습 과정에서 이루어지는 언어적 소통을 발화 형식으로 작성하게 되면 세안에 가까워지게 된다. 교사 발화와 학생의 예상 발화를 작성함으로써 교수·학습 과정에서 교사와 학생이 어떤 방식으로 언어적 상호작용을 할지 구체적으로 계획할 수 있다.[13]

다음은 이 책 2부 〈사례 6〉에서 지도안 수정 예시로 제시된 내용 중 일부를 제시한 것이다. 아래 사례를 보면 교사와 학생의 예상 발화가 구체적으로 기술되어 있음을 확인할 수 있다.

**2부 〈사례 6〉 지도안 수정 예시 중 일부**

| 교수·학습 단계 | 교수·학습 활동 | | 자료 및 유의점 | 시간 (분) |
|---|---|---|---|---|
| | 교사 | 학생 | | |
| 활동 2- 비유하는 표현을 사용하여 대상을 표현하기 | • **비유하는 표현을 사용하여 '뻥튀기'를 다양하게 표현하기** | | 학습 자료: 뻥튀기가 날리는 모습을 보여주는 동영상 자료 교과서 | 15 |
| | ▶ 동영상을 보고 '뻥튀기'를 다른 사물에 비유하여 표현해 봅시다. 자기가 쓴 것을 발표해 보아요. | ▶ 솜사탕이요./구름이요./불꽃놀이요./폭탄이요. | | |
| | ▶ 왜 그 사물에 비유하여 표현하였나요? '뻥튀기'와 어떤 점이 비슷하다고 생각했나요? ▶ 네. 비유하여 표현할 때에는 먼저 비유하고자 하는 대상의 특성에 주목하고, 비슷한 특성을 가지고 있는 다른 대상을 찾아야 합니다. 이제 비유하는 표현을 활용하여 수수께끼를 만들어 보기로 해요. | ▶ 뻥튀기 만들 때 연기 나는 것이 구름 같아서요./뻥튀기 만들 때 폭탄 터지는 것 같은 소리가 나서요. | PPT: [비유하여 표현하기] 1) 대상의 특성에 주목하기 2) 비슷한 대상 찾기 3) 표현하기 | |

---

**13** 박재현(2021: 229-230)은 "교실에서 수업 중에 이루어지는 교사와 학생, 학생과 학생의 상호작용"을 '교육적 의사소통'이라고 명명하고 '도입과 동기 유발 계획', '설명과 시범 계획', '질문과 피드백 계획', '수업 실연 준비'에서 교육적 의사소통을 어떻게 계획하고 실행하는지 구체적으로 설명하고 있어 좋은 참고가 된다.

다음으로 교수·학습 자료와 관련하여 지도안에 추가되거나 상세화될 수 있는 항목들을 살펴보자.

- 학습지
- 판서 계획
- PPT
- 기타

학습지, PPT, 판서 계획을 지도안에 제시하면 지도안을 보며 수업을 참관하는 사람들이 수업에서 이루어지는 활동을 구체적으로 이해하는 데 도움이 된다. 학습지를 보면 교사가 교과서를 어떻게 재구성하여 본 차시 수업에서 교수·학습 활동을 하는지 구체적으로 이해할 수 있다. PPT와 판서 계획을 모두 제시하면 PPT에 담은 내용과 판서를 할 내용이 어떻게 구분되는지 이해할 수 있고, 이러한 구분이 효과적인 교수·학습 활동을 위해 적절한 것인지도 판단할 수 있다.

그 외에도 평가 계획을 상세화할 수 있다. 약안의 경우 본 차시의 평가 계획만 간략히 제시하는 경우가 많은데, 지도안을 상세화할 경우 평가 계획을 보다 체계적, 구체적으로 밝혀 주는 것이 바람직하다. 이는 앞서도 지적한 '교육과정 – 수업 – 평가의 연계성 강화'(류수열 외, 2021: 61) 흐름과도 관련된다.

- 대단원 평가 계획
- 소단원 평가 계획
- 본 차시 평가 계획

평가 계획은 수업 맥락에 따라 여러 층위에서 세울 수 있다. 가장 이상적인 것은 대단원 전체 수준의 평가 계획을 제시한 후, 그 안에서 소단원, 본 차시 평가 계획을 제시하는 것이다. 이렇게 하면 본 차시 평가가 어떠한 맥락에서 이루어지는지가 지도안에 체계적으로 드러난다. 단, 현실적으로 대단원 평가 계획까지 제시하기 어려울 경우 본 차시 평가 계획을 제시하면서, 본 차시의 평가가 소단원 평가, 대단원 평가와 어떤 관련을 맺고 있는지 기술하는 것도 가능하다. 한편, 이 책에서는 평가 계획을 가장 아래 제시하였으나, 평가 계획은 수업 맥락과 교사의 의도에 따라 본 차시 교육·학습 단계의 앞에 제시할 수도 있고 뒤에 제시할 수도 있다.

교수·학습 방법, 교수·학습 자료를 추가하고, 평가 계획을 체계화한 세안의 형식을 제시하면 다음과 같다. 여기에는 약안에 있던 단원 학습 목표와 차시별 지도 계획, 본 차시 교수·학습 계획도 포함되어 있다. 단, 교수·학습에서의 언어적 소통은 실제 지도안 작성 과정에서 기술되는 것이므로 아래 형식에는 별도로 제시하지 않았다.

## IV. 교수·학습 방법

1. 교수·학습 방법 선택 시 고려 사항

2. 교수·학습 방법 적용상의 유의점

## V. 단원 학습 목표와 차시별 지도 계획

| 단원 학습 목표 | | |
|---|---|---|
| 차시별 지도 계획 | 차시 | 주요 학습 내용 및 활동 |
| | 1 | |
| | 2 | |
| | 3 (본 차시) | |
| | 4 | |

## VI. 본 차시 교수·학습 계획

| 단원 | | 차시 | |
|---|---|---|---|
| 본 차시 학습 목표 | | | |
| (교수·학습 모형) | | | |

| 교수·학습 단계 | | 교수·학습 활동 | | 자료 및 유의점 | 시간 (분) |
|---|---|---|---|---|---|
| | | 교사 | 학생 | | |
| 도입 | | | | | |
| 전개 | | | | | |
| | | | | | |
| 정리 | | | | | |

## VII. 교수·학습 자료

1. 학습지

2. PPT

3. 판서 계획

4. 기타

## VIII. 평가 계획

1. 대단원 평가 계획

2. 소단원 평가 계획

3. 본 차시 평가 계획

지금까지 다룬 항목들은 수업을 설계할 때 모두 필요한 과정이다. 단, 그 결과를 지도안에 담을지는 선택적 문제이다. 여기서 제시한 항목들을 지도안에 추가하거나 상세화하여 기술할수록 세안에 가까워질 것이고, 지도안에 제시하지 않을수록 약안에 가까워질 것이다. 지도안 작성에 다양한 맥락이 있으므로, 자신이 작성하는 지도안에 어떠한 항목들을 추가하고 상세화하여 기술할지 지도안 작성의 맥락을 고려하여 판단해야 한다.

# 5

## 수업 지도안의 점검과 평가

지도안을 작성한 후 수업을 하기 전에 지도안이 잘 작성되었는지 점검하고 평가해야 한다. 물론, 실제 수업에서 하나의 지도안을 바탕으로 여러 수업을 할 수도 있으므로 지도안의 점검과 평가는 반별로 해당 차시 수업이 이루어지는 과정에서도 이루어지며, 나아가 해당 차시의 모든 수업이 마무리된 후에도 이루어질 수 있다.

국어과 수업 또는 수업 지도안에 대한 점검표는 그간 여러 연구에서도 제안된 바 있으며(임찬빈·노은희, 2006: 3-6; 최지현 외, 2007: 396; 최미숙 외, 2016: 118; 박재현, 2021: 227), 현장 선생님들도 상황에 맞게 다양한 형태의 점검표를 사용하고 있다. 이 책에서는 특히 지도안에 초점을 맞추어, 국어과 수업 지도안을 점검하고 평가하는 기준으로 보편적으로 언급되면서 동시에 꼭 필요하다고 생각하는 것들을 여러 차례에 걸친 저자들 간 협의를 통해 다음과 같이 정리하였다. 특히, 여기에 소개하는 점검표는 2부와 3부에 제시된 실제 지도안 사례들을 검토하는 과정에서 점검 항목으로 꼭 필요하다고 판단되는 것들을 추가하고, 기존 항목들을 조정하는 과정을 여러 차례 거친 결과라는 점에서 실제성을 띤다.

# 수업 지도안 점검표

■ **지도안의 내용**

| | |
|---|---|
| 학습 목표 | □ 교육과정의 성취기준에 근거하여 학습 목표가 설정되었는가?<br>□ 전체 차시 계획을 고려할 때 본 차시 학습 목표가 적절히 설정되었는가? |
| 학습 내용 | □ 교육과정의 성취기준 간 연계성을 고려하여 학습 내용의 범위와 수준이 적절히 설정되었는가?<br>□ 대단원 또는 소단원의 차시별 지도 계획이 적절히 수립되었는가?<br>□ 학습 목표 도달에 적합한 학습 내용을 선정하였는가?<br>□ 학습자의 수준과 흥미를 고려하여 학습 내용을 선정하였는가?<br>□ 학습 내용상의 오류는 없는가?<br>□ 필요한 학습 내용이 누락된 것은 없는가?<br>□ 학습 내용의 흐름이 자연스러운가? |
| 교수·학습<br>방법 | □ 학습 목표에 적합한 교수·학습 방법을 사용하였는가?<br>□ 학습 내용의 특성에 부합하는 교수·학습 방법을 사용하였는가?<br>□ 학습자의 특성에 맞는 교수·학습 방법을 선택하였는가?<br>□ 교사와 학생 간, 학생과 학생 간 상호작용이 적절히 일어날 수 있도록 지도안을 작성하였는가?<br>□ 학습 목표 달성에 적합한 활동을 구성하였는가?<br>□ 교수·학습 단계에 맞는 활동을 구성하였는가?<br>□ 학습 활동이 유기적으로 연결되어 있는가?<br>□ 학습자의 수준과 흥미를 고려하여 활동을 구성하였는가?<br>□ 구성된 활동의 시간을 적절히 배분하였는가?<br>□ 지도안의 교수·학습 상황이 실제 현장의 모습을 반영하고 있는가? |
| 교수·학습<br>자료 및 환경 | □ 학습 목표, 학습 내용, 교수·학습 방법, 학습자를 적절히 고려하여 교재를 선정/구성/재구성하였는가?<br>□ 매체 자료를 적절히 선정/구성/재구성하였는가?<br>□ 교재와 매체 자료의 활용 방식이 적절한가?<br>□ 등교 수업/원격 수업, 교실, 학생 수 등 교수·학습 환경을 적절히 고려하였는가? |
| 평가 | □ 학습 목표 달성 여부를 점검하는 방법이 적절한가?<br> - 평가 기준을 적절하게 구성하였는가?<br> - 평가 도구를 적절하게 제작 및 활용하였는가?<br>□ 평가 결과를 적절히 활용하였는가?<br> - [진단 평가] 학습자의 수준을 진단하고 그 결과를 수업 계획에 활용하였는가?<br> - [형성평가] 평가 결과를 교수·학습에 적절히 환류하고 있는가?<br> - [총괄 평가] 학습자가 학습 목표에 어느 정도 도달했는지 평가하고 있는가? |

| | |
|---|---|
| 형식 | ☐ 지도안의 항목이 체계적으로 구성되어 있는가?<br> - 지도안의 항목이 균형 있게 다루어지고 있는가?<br> - 지도안에서 나누어야 하는 항목 숭에 누락되어 있는 것은 없는가?<br> - 지도안의 항목 중에 불필요한 요소가 포함되어 있지는 않은가?<br>☐ 지도안의 항목에 맞게 하위 내용을 기술하였는가?<br>☐ 지도안의 서술이 의미하는 바가 명료한가?<br>☐ 지도안의 서술이 어문 규정을 준수하고 있는가?<br>☐ 인용 표기와 출처 표기가 적절하게 이루어졌는가? |

위의 점검표를 보면 내용과 형식을 분리하여 지도안의 점검 기준을 제시하고 있음을 알 수 있다. 내용 측면에는 학습 목표, 학습 내용, 교수·학습 방법, 교수·학습 자료 및 환경, 평가가 대항목으로 설정되어 있고, 형식 측면에서는 형식이라는 항목 안에 세부적인 기준이 제시되어 있다.

학습 목표 항목에서는 주로 교육과정 성취기준과의 연계성과 전체 차시 계획 속에서 본 차시가 지닌 위상을 점검한다. 여기서 학습 목표는 주로 본 차시 학습 목표를 가리키는데, 맥락에 따라 단원의 학습 목표를 가리킬 때도 있다는 점에 유의해야 한다.

학습 내용 항목에서는 교육과정 성취기준 간의 연계성을 고려하여 학습 내용의 범위와 수준을 점검하고, 차시 계획에서 학습 내용이 적절히 배분되었는지를 점검한다. 아울러 학습 내용 선정의 타당성, 학습 내용의 정확성, 학습 내용의 흐름 등을 점검한다.

교수·학습 방법 항목에서는 교수·학습 방법이 학습 목표, 교육 내용, 학습자 특성에 부합하는지 점검한다. 이에 더하여 상호작용, 학습 활동, 현장성 등도 함께 점검한다. 즉, 위의 점검표에서 교수·학습 방법 항목은 어떤 방법이 사용되었고 그것이 적절한지만 점검하는 것이 아니라 사용한 교수·학습 방법과 직접적으로 관련되어 있는 교수·학습 주체 간 상호작용과 학습 활동도 점검한다. 아울러 교수·학습 방법과 상호작용, 학습 활동이 실제 교육 현장에서 실행될 수 있는 현장성을 갖추고 있는지도 점검한다.

교수·학습 자료 및 환경 항목은 교재와 매체 차원과 수업 환경 측면을 포괄한 점검 항목이다. 교재의 경우 '재구성'이라고만 표현하지 않고 '선정/구성/재구성'이라고 표현한 것은 교과서를 바탕으로 수업 교재를 재구성하는 경우가 많지만, 그와 별개로 교재 자체를 선정하거나 선정된 교재 없이 교재를 완전히 새롭게 구성하는 경우도 있을 수 있기 때문이다. 매체 자료 역시 기존 매체 자료 중에서 선정하는 경우, 새롭게 매체 자료를 구성하는 경우, 기존 매체 자료를 재구성하는 경우 모두 가능하므로 '선정/구성/재구성'이라고 표현하였다.

교실, 학생 수 등을 가리키는 교수·학습 환경은 최근 들어 그 중요성이 더욱 커진 점검 항목이다. 학생들이 실제로 등교하여 물리적 실체가 있는 학교 교실에서 수업에 참여하는지, 온라인 환경에서 수업에 참여하는지에 따라 수업의 양상은 크게 달라진다. 이러한 환경 차이를 구분하기 위해 다양한 용어가 사용되는데, 이 책에서는 '등교 수업/원격 수업'이라는 용어를 사용하였다. 등교 수업 상황인지 원격 수업 상황인지는 수업 설계 전반에 큰 영향을 끼치는 중요한 고려 사항이다. 그 외에도 수업이 학급 교실에서 이루어지는 경우, 교과 교실에서 이루어지는 경우, 도서실에서 이루어지는 경우 등 다양한 상황이 가능하므로 이를 고려하는 일은 꼭 필요하다. 학생 수 역시 모둠의 구성 방식, 활동 구성 및 시간 안배 등에 영향을 끼치므로 교수·학습 환경 차원에서 꼭 점검해야 한다.

평가 항목에서는 학습 목표 달성 여부를 점검하는 방법의 적절성과 평가 결과를 활용하는 방법의 적절성을 점검한다. 물론 앞서도 지적한 바와 같이 평가 활동이 수업의 정리 단계에서 이루어져야 하는 것은 아니다. 평가 계획은 단원 전체의 수업을 설계할 때 체계적으로 수립되어야 하고, 그 계획에 따라 본 차시의 평가가 이루어진다. 평가 계획의 수립 방식에 따라 전개 단계에서 이루어지는 수업 활동 자체가 평가 대상이 될 수도 있고, 전개 단계에서 이루어진 활동과 연계하여 정리 단계에서 평가가 이루어질 수도 있다. 따라서 이 평가 항목의 점검 사항은 모든 차시의 수업에 대해 기계적으로 적용하기보다는 단원 전체의 평가 계획을 고려하여 본 차시의 성격에 맞게 적용해야 할 것이다.

형식 항목에는 지도안에 담겨야 할 항목의 체계성, 서술의 명료성, 서술의 정확성, 항목 간 정합성을 점검한다. 지도안에서 어떤 항목을 다루는가는 형식적 차원의 문제이면서 농시에 내용상의 문제이기도 한다. 따라서 지도안 항목이 균형 있게 다루어졌는지, 누락된 항목은 없는지, 불필요한 요소가 포함되어 있지는 않은지는 형식적 차원에서 점검하고 문제가 있다면 형식과 내용 차원에서 종합적으로 판단하여 수정, 보완해야 한다. 아울러 인용 표기와 출처 표기도 철저히 하고, 저작권이 있는 자료를 사용할 때에는 저작권법을 사전에 확인하여 저작권을 침해하지 않도록 해야 한다.

---

**더 알아보기**

## 다양한 '국어 수업 점검표'

국어 수업을 평가할 때 사용할 수 있는 점검표는 연구자에 따라 다양한 방식으로 제시되어 왔다. 예를 들어, 최미숙 외(2016: 117-118)에서는 국어 수업 실천의 평가 요소로 다음의 12가지를 제시하고 있어 국어 수업의 설계와 관련된 사항을 포괄적으로 점검하는 데 참고가 된다.

(1) 배경지식 활성화와 동기 유발
(2) 국어 학습 목표와 학습 활동 관련성
(3) 국어 교수·학습 모형 및 절차의 적절성
(4) 다양하고 적절한 국어 수업 전략
(5) 언어적 상호작용 촉진
(6) 국어 교과서 및 자료 활동
(7) 국어 평가 실행 및 평가 결과 활용
(8) 국어 수업의 통합적 실천 관련
(9) 국어 수업 실천에서의 유연한 상황 대처
(10) 효과적인 국어 수업을 위한 시·공간 환경 조성
(11) 자율적이고 효율적인 소통의 규칙과 절차
(12) 교사의 언어적 표현 능력

박재현(2021: 227)에서는 수업 지도안의 요건에 초점을 맞추어, 수업 지도안의 평가 항목으로 다음의 여섯 가지를 제시하였다.

(1) 학습 목표를 적절하고 명료하게 진술하였는가?
(2) 학습 내용의 양과 수준을 적절하게 설정하였는가?
(3) 교수·학습 방법을 적합하게 선택하였는가?

(4) 교수·학습 활동을 체계적이고 효과적으로 구성하였는가?

(5) 교수·학습 자료를 적합하고 효과적으로 제시하였는가?

(6) 교육적 의사소통을 적절하게 계획하였는가?

국어 수업과 수업 지도안 점검에 절대적 기준이 있는 것은 아니므로, 여러 연구자가 제시한 평가 기준을 두루 참고하여 자신의 수업 맥락에 맞게 활용하는 것이 바람직하다.

---

# 2부    초등학교 국어 수업 지도안 사례 분석

**일러두기**

1. 2부와 3부 각 장의 지도안 〈사례〉는 예비 교사들이 직접 작성한 지도안을 동의를 받아 실은 것이다. 단, 책의 성격과 지면의 한계 등을 고려하여 개인 정보는 삭제하고 일부 내용을 생략하거나 편집하였다.

2. 지도안 〈사례〉는 다양한 맥락에서 작성되어 형식이 다 다르고 상세화 정도도 다르다. 통일된 지도안의 형식은 '수정 예시'를 참고하면 된다.

3. 다양한 수업 설계가 가능하므로 '지도안 수정 예시'는 가능한 하나의 안일 뿐이다. '지도안 다시 작성해 보기'를 통해 스스로 검토한 내용을 바탕으로 직접 지도안을 수정한 다음 수정 예시와 비교해 보는 것을 추천한다. 같은 이유로 '지도안 다시 작성해 보기' 또한 조건을 최소화하였다.

4. 〈사례〉에 평가 계획이 포함되지 않은 경우도 있으나, '수정 예시'에서는 평가 계획을 모두 제시하였다. 또한 '수정 예시'는 약안에 가까우므로 대단원, 소단원 전체의 평가 계획이 아니라 본 차시 평가 계획만 제시하였다.

# 1장

## 1~2학년군:
## 읽기/쓰기/문법, 한글 익히기

이 장에서는 여러 가지 모음자 알기를 주제로 한 수업 지도안 사례를 살펴볼 것이다. 여러 가지 모음자 알기는 'ㅐ, ㅔ, ㅚ, ㅟ, ㅘ, ㅝ, ㅙ'와 같은 모음자를 배워 읽고 쓰는 활동을 하는 수업으로, 한글 교육의 한 단계에 해당한다. 한글 교육은 초기 문해력 단계에 있는 초등학교 1학년 학생들에게 필수적인 교육으로, 체계적이고 단계적인 방식으로 이루어져야 한다.[▶ 국어 교육 이론]

여러 가지 모음자를 주제로 한 수업 지도안을 검토하기 위해서는 한글 교육이라는 큰 틀 속에서 해당 수업이 어떤 지점에 놓여 있는지를 잘 살펴야 한다. 본 차시 이전의 학습 내용과 본 차시 이후의 학습 내용을 잘 살펴보아야, 본 차시 수업에서 어떤 내용을 어떠한 방식으로 다루어야 할지 판단할 수 있다. 이러한 작업이 충분히 이루어져야 한글 교육, 나아가 초기 문해력 교육이라는 큰 틀에서 본 차시의 수업이 지니는 위상을 올바르게 이해할 수 있다.

여러 가지 모음자를 배우기 전에 학생들은 다음과 같은 순서로 한글을 배운다. 우선 자음자를 학습하고, 그다음 모음자 'ㅏ, ㅑ, ㅓ, ㅕ, ㅗ, ㅛ, ㅜ, ㅠ, ㅡ, ㅣ'를 학습한다. 그다음 글자의 짜임을 살펴보며 자음자와 모음자를 결합하여 글자를 만들어 본다. 여러 가지 모음자는 이러한 내용을 학습한 다음에 다루게 된다. 여러 가지 모음자를 학습한 이후에는 받침이 있는 글자를 배우게 된다. 본 차시 이전과 이후에 한글 교육 차원에서 어떠한 내용이 다루어지는지 알고 있어야 학습 단계에 맞게 수업을 설계하고 지도안을 작성할 수 있다.

이 장을 읽을 때는 1부에 제시된 지도안 점검표를 활용하여 스스로 지도안을 평가해 본 후 책의 내용과 자신의 평가 결과를 비교하며 읽는 것이 바람직하다. 특히, 〈사례〉의 경우 지도안 작성 의도가 제시되어 있으므로, 교사의 의도를 고려하여 지도 안을 점검할 수 있다. 또한 무엇보다 초기 문해력 단계에 있는 초등학교 1학년 학생 들을 대상으로 한 한글 교육이라는 점을 고려하여, 본 차시의 수업이 적절하게 설계 되었는지도 점검해 보아야 한다. 아울러 수업 지도안의 형식 차원에서 보완이 필요한 부분에 대해서도 생각해 보도록 한다.

- 수업 설계 방향의 적절성
- 초기 문해력 단계에서 이루어지는 한글 교육 차원의 적절성
- 수업 지도안의 형식
  - 차시별 지도 계획의 필요성

# 1

## 수업 지도안 〈사례 1〉

### I. 수업의 소개

#### 1. 수업자의 의도
이 차시는 기본 학습으로 여러 가지 모음에 대해 알고 여러 가지 모음이 사용된 낱말을 익히는 것입니다. 이 학습은 문제 해결 학습 모형을 기본으로 하여 스토리텔링의 수업의 흐름을 선택하여 구성하였습니다. 캐릭터로 ○○를 설정해 여러 가지의 모음을 이용한 두 개의 관문(첫 번째 관문 – 내 눈은 레이저 눈! / 두 번째 관문 – 낱말을 말해라!)을 헤쳐 나가는 흐름으로 설계하였습니다. 1학년 아이들의 특성상 한글 교육에 관련해서 지루해하거나 흥미가 낮아 어려워하는 학생들이 많기 때문에 하나의 이야기, 흐름 안에서 여러 가지 모음을 최대한 많이 접할 수 있도록 예시 낱말을 많이 제공하려고 하였습니다.

#### 2. 지도상의 유의점
- 앞 차시에서 자음자와 모음자를 학습하면서 받침이 없는 글자를 읽고 쓰는 학습을 했습니다. 따라서, 여러 가지 모음자를 학습하지만 앞 차시와 동일하게 받침이 없는 글자를 제시해야 합니다. 활동 1의 본문에서는 받침이 있는 글자가 나오지만 학생들이 비교적 읽기 쉬운 홑받침 위주의 단어를 선택해야 합니다.
- 저학년 학생 중에는 글 읽기를 어려워하는 학생들이 많습니다. 따라서 활동 1의 본문에서는 먼저 교사의 읽기 시범을 통해 학생들이 여러 가지 모음이 들어간 글자를 정확하게 읽을 수 있도록 지도해야 합니다.
- 활동 2는 모둠 활동으로 소회의실을 활용해야 하는데, 초등학교 1학년 학생이라 컴퓨터 조작에

어려움이 있을 수 있습니다. 따라서 교사가 소모임실에 들어가는 방법, 나오는 방법을 사전에 알려 주고, 소회의실에서 5분간 모둠별로 의논을 할 때, 교사가 모둠 소회의실을 돌면서 잘되고 있는지 끊임없이 지도해야 합니다. (우리 반의 상황을 고려해서 교사는 활동 2를 모둠 활동이 아니라 개인 활동으로도 대체할 수 있습니다.)

- 활동 2에서 천천히 배우는 학생들을 위해 예시 단어를 제공합니다.

## 3. 평가 계획

| 영역 성취기준 | 내용 성취기준 | 평가 방법 |
|---|---|---|
| [2국02-01] 글자, 낱말, 문장을 소리 내어 읽는다. | 여러 가지 모음자를 알고 여러 가지 모음자가 들어간 낱말을 말할 수 있다. | 관찰 평가 |

## 4. 참조(출처)

초성퀴즈(오리, 치타, 사자), 숨겨진 퀴즈(개구리, 가위) 사진

- [○○○○] https://○○○○

캐릭터(○○) 사진

- ○○○ 블로그 [○○○ ○○] https://○○○○

- ○○○ 블로그 [○○○ ○○○] https://○○○○

# II. 수업의 전개

## 국어과 교수·학습 과정안

| 일시 | 20○○.○.○.○요일 1교시 | | 학년 | 1 | 장소 | Zoom | 지도 교사 | | ○○○ |
|---|---|---|---|---|---|---|---|---|---|
| 수업 주제 | 여러 가지 모음자를 알고 읽을 수 있다. | | 단원 및 차시 | | | 4. 글자를 만들어요 (8/10) 여러 가지 모음자를 안다. | | | |
| 수업 문제 | ◆ 여러 가지 모음자가 들어간 낱말을 말할 수 있다. | | | | | | | | |
| 교과 역량 | 의사소통 역량, 공동체 역량 | | | | | | | | |
| 수업 모형 | 문제 해결 학습 모형 | | | | 학습 형태 | | 전체-모둠-전체 | | |

| 교수·학습 과정 | | 교수·학습 활동 | 시간 | 자료(■)및 유의점(☞) |
|---|---|---|---|---|
| 단계 | 학습 내용 | | | |
| 도입<br><br>학습 문제 제시 | 전 차시 복습 | ⊙ **초성 게임**<br>▶ 모음을 활용해 3종류의 동물 이름 맞히기(ㅇㄹ, ㅅ, ㅅㅈ)<br>- 전 시간에 배웠던 모음을 활용해 초성퀴즈를 맞히며 모음을 복습한다.<br><br>- 퀴즈를 풀고, 전 시간에 배웠던 모음의 종류를 제시하며 함께 읽고 복습한다. | 10′ | ■ 초성 게임<br>☞ 학생들의 답변을 줌의 댓글로도 받을 수 있도록 한다. |
| | 동기 유발 | ⊙ **○○가 훔쳐 간 우리 반의 쉬는 시간을 빼앗자!**<br>▶ ○○가 훔쳐 간 쉬는 시간을 빼앗으러 가는 여정을 소개하기 | | |
| | 학습 문제 파악 | ♣ **학습 문제 확인**<br><br>여러 가지 모음자가 들어간 낱말을 말할 수 있다. | | ☞ 교사가 학생들과 함께 읽되, 아직 글 읽기가 익숙하지 않은 학생이 많은 점을 주의하며 천천히 함께 따라 읽도록 한다. |
| | 학습 활동 안내 | ⊙ **학습 활동 안내**<br>[첫 번째 관문] 내 눈은 레이저 눈!<br>[두 번째 관문] 낱말을 말해라! | | |
| 전개 | 활동 1 | ⊙ **내 눈은 레이저 눈!**(여러 가지 모음 찾기)<br>▶ ○○의 편지를 보고 새롭게 등장하는 여러 가지 모음 찾기<br>- 학생들은 교사와 함께 ○○의 편지를 읽는다.<br>- ○○의 편지를 읽으면서 새롭게 등장하는 모음의 위치를 찾는다.<br>T: 지난 시간에 배웠던 모음과는 다른 이상하게 생긴 모음들이 있죠? 몇 번째 줄, 몇 번째 단어에 등장하나요?<br>S1: ~번째 줄에 ~ 단어요! / S2: ~ 단어에 새로운 모음이 있어요.<br>- 여러 가지 모음이 들어간 단어를 따로 빼서 제시하고 모음의 생김새를 관찰한다.<br>T: 네, ○ 단어, ○ 단어에 새로운 모음이 보이네요, 모음이 어떻게 생겼나요?<br>S1: 여러 모음이 합쳐진 것 같아요. / S2: 복잡해 보여요.<br>T: 맞아요, 전 시간에 배웠던 모음 중 몇 개가 합쳐진 것처럼 보이네요, 그렇다면 선생님이 비슷하게 생긴 모음을 순서대로 모아 놨으니 함께 읽어 봅시다. | 10′ | |
| 전개 | 활동 2 | ▶ 여러 가지 모음 읽기<br>- 새로 등장한 모음(ㅐ, ㅔ, ㅚ, ㅟ, ㅘ, ㅝ, ㅙ)을 중심으로 읽는 방법과 쓰는 방법을 배운다.<br>- 여러 가지 모음을 한 번 더 읽으며 복습한다. | 15′ | ☞ 천천히 여러 번 반복하며 읽고, 학생들이 이해가 되었는지 중간마다 확인한다. |

| | | | | |
|---|---|---|---|---|
| 전개 | 활동 2 | ⊙ **낱말을 말해라!**(여러 가지 모음을 활용한 낱말 생각하기)<br>▶ 여러 가지 모음이 들어간 낱말 떠올리기<br>- (한 학급에 정원이 28명이라고 가정했을 때) 4명씩 한 모둠으로 구성한다.<br>- 두 번째 관문의 규칙을 소개한다(여러 가지 모음이 들어간 낱말을 3개 이상 생각하고 말하기).<br>- 교사가 여러 가지 모음(ㅐ, ㅔ, ㅚ, ㅟ, ㅘ, ㅝ, ㅙ)을 한 모둠당 한 개씩 배정한다.<br>T: ○○가 사실 모둠별로 미리 모음을 준비해 두었어요! 1모둠은 ㅐ, 2모둠은 ㅔ, ……입니다.<br>- 5분간 소모임실을 열어 모둠별로 해당되는 모음이 들어가는 단어를 4개 떠올리도록 한다.<br>- 5분이 지나면 모두 전체 회의실로 오게 한 뒤, 모둠별로 발표하도록 한다. | | ☞ 학급의 상황에 따라 교사의 판단하에 모둠 활동이 아니라 전체(개인) 활동으로 대체 가능하다.<br>☞ 학생들이 소모임실에서 잘 이야기해 볼 수 있도록 교사가 소모임실을 계속 돌아다니며 지도한다.<br>☞ 학생들이 발표하는 과정을 통해 수업 진행 동안 관찰 평가를 실시한다.<br>☞ 천천히 배우는 학생들을 위해 예시 단어를 제시해 준다. |
| 마무리 | 활동 정리<br><br>차시 예고 | ⊙ **정리하기**(여러가지 모음 찾기)<br>▶ 모두 통과한 학생들에게 ○○가 마지막으로 낸 여러 가지 모음에 관련된 문제들을 맞히도록 한다.(2~3문제)<br><br>⊙ **차시 예고**<br>▶ 착한 ○○가 들려줄 동화책의 제목을 소개하며 4단원의 마지막 차시를 예고한다. | 5′ | |

| 평가 유형 | 평가 주체 | 교사 평가 | 평가 방법 | 관찰 평가(수행평가) |
|---|---|---|---|---|
| 성취기준 | 평가 기준 | | | 피드백 |

| 성취기준 | | | 평가 기준 | 피드백 |
|---|---|---|---|---|
| [2국02-01]<br>글자, 낱말, 문장을 소리 내어 읽는다. | 도달 | 잘함 | 여러 가지 모음을 읽을 수 있고, 여러 가지 모음이 들어간 낱말을 생각하고 말할 수 있다. | 여러 가지 모음자 찾기 놀이를 통해 자연스럽게 여러 가지 모음에 익숙해질 수 있도록 한다. |
| | | 보통 | 여러 가지 모음을 읽을 수 있고, 여러 가지 모음이 들어간 낱말을 읽을 수 있다. | |
| | 미도달 | 노력 요함 | 여러 가지 모음을 읽을 수 없으며, 여러 가지 모음이 들어간 낱말을 말하지 못한다. | 오엑스 퀴즈를 통하여 직관적으로 지도한다. |

# 2

# 지도안 검토하기

## 1) 수업 지도안의 전반부 검토

### [1] I. 수업의 소개 - 1. 수업자의 의도, 2. 지도상의 유의점

| | |
|---|---|
| 교수·학습<br>방법 | • 학습 목표에 적합한 교수·학습 방법을 사용하였는가?<br>• 학습 내용의 특성에 부합하는 교수·학습 방법을 사용하였는가?<br>• 학습자의 특성에 맞는 교수·학습 방법을 선택하였는가?<br>• 학습자의 수준과 흥미를 고려하여 활동을 구성하였는가? |
| | - 학습자의 흥미를 고려하여 활동을 구성하였고, 지도상의 유의점을 보면 이전 차시 학습 내용과 학생의 수준도 고려하고 있다.<br>- 초등학교 1학년 학생을 대상으로 한 초기 문해력 단계의 한글 교육이라는 점과 어려운 모음자 학습이라는 점을 고려하여, 새로 나온 모음자 및 이러한 모음자가 들어간 낱말 읽기와 쓰기가 보다 체계적인 방식으로 충분히 이루어지도록 수정해야 한다. |
| 교수·학습<br>자료 및<br>환경 | • 등교 수업/원격 수업, 교실, 학생 수 등 교수·학습 환경을 적절히 고려하였는가? |
| | - 원격 수업이라는 점을 고려하여 학생들에게 사전에 안내해야 할 사항을 지도상의 유의점에 제시하였다.<br>- 초등학교 1, 2학년은 특수한 경우를 제외하면 원격 수업보다는 등교 수업을 하는 경우가 많다는 점을 고려할 필요가 있다. |
| 형식 | • 지도안의 서술이 의미하는 바가 명료한가? |
| | - '수업의 소개'라는 표현은 적절하지 않다. |

이 지도안은 크게 'I. 수업의 소개'와 'II. 수업의 전개'로 구분되어 있다. '수업의 소개'는 일반적으로 잘 사용되지 않는 표현이고, 이러한 상위 항목 없이도 지도안 작성이 가능하므로 삭제하는 것이 바람직하다. '1. 수업자의 의도'는 지도안 형식에 따라 사용 가능한 표현이다. 수업 설계의 의도를 밝히는 과정에서 자연스럽게 결국 수업 설계의 방향이 드러나므로, 이 부분은 '수업 설계의 방향' 정도로 수정하는 것도 가능하다.

| 사례 | 수정안 |
|---|---|
| I. 수업의 소개<br> 1. 수업자의 의도<br> 2. 지도상의 유의점<br>(하략) | I. 수업 설계의 방향<br>II. 지도상의 유의점<br>(하략) |

'1. 수업자의 의도'를 보면 학생의 흥미를 고려하여 수업을 설계했다는 점을 확인할 수 있다. 또 '2. 지도상의 유의점'을 보면 이전 차시의 학습 내용과 학생의 수준을 고려하고 있다는 점도 확인할 수 있다. 수업을 설계할 때 이전 차시의 학습 내용과 학생의 수준과 흥미를 고려하는 것은 꼭 필요하고, 지도안에 수업 설계 시 고려한 사항을 제시하는 것도 가능하다. 단, 이와 관련된 구체적 내용의 경우 수정과 보완이 필요하다.

우선, 학습자의 흥미를 고려하면서도 학습 목표와 학생의 수준에 맞게 수업을 설계해야 한다. 첫 번째 관문인 '내 눈은 레이저 눈!'에서 새로 등장한 모음자를 읽고 쓰도록 한 것은 필요한 활동이고, 지도상의 유의점에서 교사의 읽기 시범과 정확하게 읽기를 강조한 것도 적절하다. 하지만 두 번째 관문인 '낱말을 말해라!'에서 새로 배운 모음자가 들어간 낱말을 떠올리게 한 것은 학습 목표와 학생의 수준을 고려할 때 적절한 활동이라고 보기 어렵다.

'ㅐ, ㅔ, ㅚ, ㅟ, ㅘ, ㅝ, ㅙ'는 초기 문해력 단계에 있는 학습자들이 한글을 배울 때 어려움을 느끼는 모음자이므로 정확하게 읽고 쓰는 데 초점을 두어야 한다.[1] 읽고 쓰는 것을 넘어 이러한 모음자가 들어간 낱말을 떠올리게 한 것은, 이러한 모음자를 처

---

**1** 참고로 표준 발음법 제4항에 따르면 'ㅚ, ㅟ'는 단모음 대신 이중 모음으로 발음하는 것도 허용된다. 국어 활동 교과서 해당 부분에서는 'ㅚ'와 관련하여 '최고, 열쇠, 참외'를, 'ㅟ'와 관련하여 '귀, 가위, 바위'를 제시하고 있다(교육부, 2017ㄴ: 54-55).

음 다루는 수업에서 하기에 적절하지 않다. 물론, 지도상의 유의점을 보면 활동 2에서 어려움을 겪는 학습자들을 위해 예시 낱말을 제공한다고 되어 있으나, 학습 목표와 학습자의 수준 고려는 일부 학습자에게만 국한된 문제가 아니므로 전체 활동을 보완하는 것이 필요하다.

한편 이 지도안은 실시간 화상 수업 형태의 원격 수업을 염두에 두고 작성되었다. 지도상의 유의점을 보면 원격 수업에서 초등학교 1학년 학생들이 겪을 수 있는 어려움을 예상하고 있고, 어려움을 고려한 지도 방안도 제시되어 있다. 단, 초등학교 1~2학년은 다른 학년에 비해 원격 수업보다는 등교 수업을 하는 경우가 많다. 따라서 초등학교 1~2학년을 대상으로 한 모의 수업 실연을 하는 경우라면, 일차적으로는 등교 수업 상황을 가정하고 수업을 설계해 보는 것이 바람직하다. 물론, 초등학교 1~2학년이라 할지라도 특수한 경우 원격 수업을 할 수 있으므로 원격 수업으로 수업 설계를 하여 지도안을 작성하는 것도 가능하다.

### [2] I. 수업의 소개 – 3. 평가 계획, 4. 참조[출처]

| 형식 | • 지도안의 항목이 체계적으로 구성되어 있는가?<br>  - 지도안에서 다루어야 하는 항목 중에 누락된 것은 없는가?<br>  - 지도안의 항목 중에 불필요한 요소가 포함되어 있지는 않은가? |
| --- | --- |
| | - 단원의 차시별 지도 계획을 제시할 필요가 있다.<br>- 평가 계획이 중복적으로 제시되어 있다. |
| | • 인용 표기와 출처 표기가 적절하게 이루어졌는가? |
| | - 출처 표기 방식에 맞게 참고한 자료의 출처를 표시해야 한다.<br>- 교수·학습 자료로 캐릭터 활용 시 저작권법에 위배되지 않는지 점검해야 한다. |

평가 계획은 수업 설계의 관점과 방식에 따라 지도안의 앞부분에 제시할 수도 있고 뒷부분에 제시할 수도 있다. 따라서 〈사례〉의 지도안과 같이 평가 계획을 본 차시의 교수·학습 과정 앞에 제시하는 것은 가능한 방식이다. 단, 〈사례〉에서는 평가 계획이 앞부분과 뒷부분에 모두 제시되어 있고, 앞에 제시한 평가 계획에는 평가 방법이 관찰 평가라는 점만 간략히 나와 있다. 이러한 점을 고려할 때 평가 계획을 한눈에

파악할 수 있도록 한 항목으로 제시하는 것이 바람직하다.

평가 계획은 수업 설계에서 매우 중요한 요소라는 점이 계속 강조되고 있다. 따라서 평가 계획을 지도안에 제시했다면, 보다 구체적인 정보가 담기도록 보완해야 한다. 특히, 평가 계획이 타당하게 수립되었는지를 파악하기 위해서는 본 차시의 평가 계획만을 제시하기보다는 단원 전체의 평가 계획을 수립하여 제시하는 것이 바람직하다. 그렇게 해야 단원 전체의 평가 계획 속에서 본 차시 평가 계획이 갖는 위상을 파악할 수 있다.

물론, 모의 수업 실연과 같이 수업 지도안 작성의 맥락에 따라 단원 전체의 평가 계획을 수립하기 어려운 상황이라면, 본 차시 평가 계획만을 수립할 수도 있을 것이다. 단, 이러한 경우에도 본 차시 이전과 이후 학습 내용 및 평가 방식에 대한 고려가 충분히 이루어져야 한다.

이와 관련하여 본 차시 교수·학습 과정을 제시하기에 앞서 단원 전체의 차시별 지도 계획을 제시할 필요가 있다는 점도 특기할 만하다. 단원 전체의 평가 계획 속에서 본 차시의 평가 계획이 갖는 위상을 이해할 수 있듯이, 단원 전체의 차시별 지도 계획이 제시되어야 본 차시 교수·학습 계획이 어떤 위상을 지니는지 이해할 수 있다. 즉, 본 차시 이전 차시에서는 어떤 수업이 이루어졌고 그다음 차시에는 어떤 수업이 이루어지는지 알아야 본 차시의 교수·학습 과정을 온전히 이해하고 타당성을 평가할 수 있다.

'4. 참조(출처)'의 경우 인용한 자료의 출처를 밝힌다는 점에서 필요한 항목이다. 단, 인용한 자료의 출처를 목록화하여 제시하는 경우 '참고문헌'이 더 일반적으로 쓰이는 용어이다. 또한, 참고문헌은 문서의 가장 뒤에 제시하는 것이 일반적이라는 점도 고려할 수 있다.

참고문헌을 제시할 때에는 저자명, 출판 연도, 책 제목, 출판사명을 모두 제시해야 하고, 인터넷 자료를 인용할 경우에는 사이트명과 인터넷 주소를 함께 제시한다. 인터넷 자료가 수시로 수정된다는 점을 고려하여 검색일까지 제시하는 경우도 있다. 참고한 자료가 무엇인지 분명히 밝히고, 인용한 부분은 본문에서도 분명히 밝혀야 한다.

한편 이 지도안은 '○○'라는 캐릭터를 교수·학습 자료로 활용하고 있는데, 이 캐릭터를 수업에서 활용하기 위해 저작권법상 어떠한 절차를 거쳐야 하는지 사전에 확인할 필요가 있다. 사진의 출처를 제시했으나 저작권자의 출처인지도 확인해야 하고,

출처를 밝히는 것 외에도 저작권법상 어떠한 절차를 거쳐야 저작권법을 준수하면서 수업에서 활용할 수 있는지 확인해야 한다.

😊 도움말 ------------------------------------------------------------

- 수업에서 활용하는 자료가 저작권법에 위배되지 않도록 하기 위해서는 저작권법을 잘 확인해야 한다. 특히, 학교 교육 목적으로 이용하는 경우에 대해서는 "저작권법 제25조 학교교육 목적 등에의 이용"을 참고할 수 있다.
- 한국저작권위원회 누리집(https://www.copyright.or.kr)에 가면 저작권에 관한 다양한 상담 자료가 있어 도움을 받을 수 있다. 또한, 교육저작권지원센터(https://copyright.keris.or.kr)에서는 학교 수업과 관련된 저작권 정보를 제공하고 있어 참고할 수 있다.

------------------------------------------------------------

## [3] II. 수업의 전개

| | |
|---|---|
| 학습 목표 | • 교육과정의 성취기준에 근거하여 학습 목표가 설정되었는가?<br>• 전체 차시 계획을 고려할 때 본 차시 학습 목표가 적절히 설정되었는가? |
| | - 수업 주제에는 읽기만, 수업 문제에는 말하기만 제시되어 있다. 수업 주제, 수업 문제를 통합하여 여러 가지 모음자 읽기와 쓰기가 학습 목표로 함께 제시되도록 수정할 필요가 있다. |
| 교수·학습 방법 | • 학습 목표에 적합한 교수·학습 방법을 사용하였는가?<br>• 학습 내용의 특성에 부합하는 교수·학습 방법을 사용하였는가?<br>• 학습자의 특성에 맞는 교수·학습 방법을 선택하였는가? |
| | - 적합한 교수·학습 모형에 대한 탐색이 더 필요하고, 특정 모형의 적용에 초점을 두기보다는 초기 문해력 단계의 한글 교육이라는 점에 초점을 둔 수업 설계가 필요하다. |
| 형식 | • 지도안의 항목이 체계적으로 구성되어 있는가?<br>　- 지도안의 항목이 균형 있게 다루어지고 있는가?<br>　- 지도안에서 다루어야 하는 항목 중에 누락된 것은 없는가?<br>• 지도안의 서술이 의미하는 바가 명료한가? |
| | - 교수·학습 활동에서 교사 활동과 학생 활동을 통합하여 기술하는 것은 가능하다. 단, 그 경우에도 가능한 교사 활동뿐 아니라 학생 활동도 잘 드러나도록 기술하는 것이 바람직하다.<br>- '수업 주제'와 '수업 문제'를 통합하여 '본 차시 학습 목표'를 제시하는 것으로 수정할 수 있다. |

〈사례〉의 지도안에서는 수업 주제로 "여러 가지 모음자를 알고 읽을 수 있다."를, 수업 문제로 "여러 가지 모음자가 들어간 낱말을 말할 수 있다."를 제시하였다. 수업 주제에서는 여러 가지 모음자를 알고 읽는 것을 언급했는데 수업 문제에서는 그러한 모음자가 들어간 낱말을 말하는 것을 언급하여, 수업 주제와 수업 문제가 상이하다. 부가적인 설명이 제시되어 있지 않으면 수업 주제와 수업 문제의 차이가 무엇이고, 상이한 내용이 제시된 이유가 무엇인지 알기 어렵다.

'수업'과 '주제/문제'를 분리해 보면, '수업/학습', '주제/문제/목표'가 여러 가지 방식으로 결합될 수 있다. 즉, '수업 주제, 수업 문제, 수업 목표', '학습 주제, 학습 문제, 학습 목표'와 같은 여섯 가지 용어를 생각해 볼 수 있다. 각 용어는 유사한 개념을 담고 있으면서도 초점을 두는 부분에 미묘한 차이가 있다. '수업'이 교수·학습이 함께 이루어지는 과정을 포괄한다면, '학습'은 학습자에 초점이 놓여 있다. '주제'는 수업 혹은 학습에서 무엇을 다루는지에 초점이 있다면, '문제'는 학습자가 해결해야 하는 과제를 제시한다는 의미가 강하다. 지도안을 작성하는 교사의 의도나 지도안 작성의 맥락에 따라 이러한 용어를 섬세하게 구분하여 사용하는 것도 가능할 것이다. 단, 여러 용어를 혼용할 경우 용어 간의 의미 차이에 대한 명확한 인식이 필요하다. 그렇지 않을 경우 지도안을 보는 사람들에게 불필요한 혼란을 야기할 수 있기 때문이다.

이 글의 지도안 수정 예시에서는 보다 일반적 용어라 판단되는 '학습 목표'를 사용하였다. '학습 목표'는 학습해야 할 목표가 무엇인지를 명확히 드러낸다는 점에서 학습자 중심, 목표 중심 용어라 할 수 있다. 물론, 학습자가 해결해야 할 과제라는 점을 부각하려는 의도가 있다면 '학습 문제'와 같은 용어를 선택할 수도 있을 것이다.

이 수업의 성격을 고려할 때 학습 목표는 '여러 가지 모음자를 읽고 쓸 수 있다.'와 '여러 가지 모음자가 들어간 낱말을 읽을 수 있다.' 정도로 설정해 볼 수 있다. 이 단원은 아래와 같이 여러 영역의 성취기준이 복합적으로 구현되어 있다.

한 차시의 수업에서 단원에 구현된 성취기준을 모두 달성할 수는 없으므로, 수업 맥락에 따라 본 차시 학습 목표를 여러 가지 모음자를 읽고 쓰는 것까지로 설정할 수도 있고 또는 이러한 모음자가 들어간 낱말을 읽는 것까지 포함하여 설정할 수도 있다. 물론, 개별 수업이 놓인 맥락이 모두 다르기 때문에 본 차시 학습 목표 설정에 정답이 있는 것은 아니라는 점에 유의해야 한다.

| 학습 목표 | 영역 | 관련 성취기준<br>(2015 개정 국어과 교육과정) |
|---|---|---|
| • 여러 가지 모음자를 읽고 쓸 수 있다.<br>• 여러 가지 모음자가 들어간 낱말을<br>읽을 수 있다. | 문법 | [2국04-01] 한글 자모의 이름과 소릿값을 알고<br>정확하게 발음하고 쓴다. |
| | 읽기 | [2국02-01] 글자, 낱말, 문장을 소리 내어 읽는다. |
| | 쓰기 | [2국03-01] 글자를 바르게 쓴다. |

〈사례〉의 경우 수업 모형으로 문제 해결 학습 모형을 제시하였다. 수업 모형은 '교수·학습 모형'이라고도 하는데, 교수·학습에 적용할 때 유연한 사고를 가지는 것이 무엇보다 중요하다(최지현 외, 2007: 76-79). 따라서 교수·학습 모형을 선택하여 적용할 때에는, 학습 목표와 학생의 수준과 흥미, 학습 여건 등을 종합적으로 고려하여 모형을 적절히 재구성하는 것이 바람직하다.

〈사례〉의 경우 학생의 흥미 등을 고려하여 문제 해결 학습 모형을 적용하는 것은 불가능한 것은 아니지만, 이 수업이 초기 문해력 단계에 있는 초등학교 1학년 학생을 대상으로 한 한글 교육이라는 점에 유의해야 한다. 따라서 문제 해결 학습 모형이라는 특정 모형을 고수하기보다는 학습 목표와 학생 특성을 고려할 때 어떠한 모형을 활용하는 것이 적합할지 충분히 탐색해 보는 과정이 필요하다. 또한, 특정 모형의 적용 여부보다는 학습 목표와 학생에 대한 고려가 중요하므로, 어떠한 모형을 활용하든 'ㅐ, ㅔ, ㅚ, ㅟ, ㅘ, ㅝ, ㅙ'와 같이 학생들이 읽고 쓰는 데 어려움을 겪을 수 있는 모음자의 경우 바르게 읽고 쓰는 데 많은 시간을 할애하는 것이 필요하다.

교수·학습 활동을 보면 교사 활동과 학생 활동이 구분되어 있지 않다. 지도안 작성 시 교사 활동과 학생 활동을 구분하여 기술할 수도 있고, 구분하지 않고 통합하여 기술할 수도 있다. 어떤 방식을 선택할지는 상황에 따라 다르다. 교사 활동과 학생 활동을 구분하여 기술하면 각 단계별로 교사가 어떤 활동을 할 때 학생이 어떠한 활동을 하는지를 명료하게 파악할 수 있다는 장점이 있다. 하지만 교수·학습 활동의 성격에 따라 교사 활동과 학생 활동을 구분할 경우 거의 같은 표현이 반복하여 제시되는 경우도 있다. 이런 경우에는 교사 활동과 학생 활동을 통합하여 기술하는 것이 효과적이다.

## 2) 교수·학습 단계별 검토

### (1) 도입 단계

| | |
|---|---|
| 학습 내용 | • 학습 내용의 흐름이 자연스러운가? |
| | - 교과서를 기준으로 할 때, 직전 차시 내용은 글자의 짜임 익히기와 관련된 것이다. 그런데 전 시간에 모음자를 배운 것으로 설정하고 복습 활동을 하고 있어 조정이 필요하다. |
| 교수·학습 방법 | • 교수·학습 단계에 맞는 활동을 구성하였는가?<br>• 학습자의 수준과 흥미를 고려하여 활동을 구성하였는가? |
| | - 이전 차시 내용의 확인과 복습, 동기 유발, 학습 목표 확인, 학습 활동 안내는 도입 단계에 맞는 유형의 활동이다.<br>- 초성퀴즈는 학생의 흥미를 고려한 활동이다. 단, 이전 차시의 확인과 복습이라는 점을 고려하여 자음자와 모음자를 결합하는 과정에 초점을 둔 활동이 필요하다. 본 차시 학습 내용과의 연계를 고려하면 이 과정에서 이전 시간까지 배운 모음자를 활용하는 것이 바람직하다. |
| 형식 | • 지도안의 서술이 의미하는 바가 명료한가? |
| | - '학습 문제'는 '학습 목표'로 수정할 수 있다. |

도입 단계에서 전 차시 복습과 동기 유발, 학습 문제 파악, 학습 활동 안내를 설정하였다. 이러한 활동은 도입 단계에 맞는 유형의 활동이다. '학습 문제'와 '학습 목표'는 앞서 설명한 대로 교사의 의도에 따라 모두 사용 가능한 용어이다. 단, "여러 가지 모음자가 들어간 낱말을 말할 수 있다."는 학습 목표를 진술한 것이므로, 여기서는 '학습 목표'가 더 적합하다.

도입 단계는 전 차시 복습으로 시작하였다. 이전 차시 내용을 확인하는 수준으로 가볍게 다룰 수도 있고 조금 더 많은 시간을 할애하여 복습을 하는 방식으로 다룰 수도 있다. 초기 문해력 단계에서 이루어지는 한글 학습이라는 점을 고려할 때, 가볍게 확인만 하기보다는 복습을 하여 연속성을 확보하는 것은 바람직한 방법이라고 평가할 수 있다.

이전 차시 복습 활동으로 초성 게임을 계획하였고, 이를 통해 전 시간에 배웠던 모음자를 복습하도록 하였다. 이전 차시의 복습 활동이 적절한지 판단하기 위해서는 이전 차시의 교육 내용을 확인해야 하는데, 단원 전체의 차시별 지도 계획이 제시되어 있지 않아 이전 차시에 어떤 내용을 다루었는지 파악하기 어렵다. 지도안에 담긴 "전시간에 배웠던 모음을 활용해"라는 표현이 모음자 'ㅏ, ㅑ, ㅓ, ㅕ, ㅗ, ㅛ, ㅜ, ㅠ, ㅡ, ㅣ'를 직전 차시에 배웠음을 의미하는 것인지, 이전 단원에서 배웠음을 의미하는 것인지 판단하기 어렵다. 따라서 이 부분의 적절성을 판단하기 위해서는 단원 전체의 차시별 지도 계획이 필요하다.

다만 교과서를 기준으로 할 경우, 본 차시에 해당하는 '여러 가지 모음자 알기' 직전에는 글자의 짜임을 익히는 활동이 이루어진다. 물론 교사가 교과서를 재구성할 수 있으므로 단원의 차시별 지도 계획이 제시되어 있지 않은 상황에서 교과서를 기준으로 이전 차시의 내용을 예측하기는 어렵다. 하지만 교과서의 구성에 따라 차시별 수업을 한 상황이라면 직전 차시에는 글자의 짜임을 익히는 활동을 하였고, 모음자 'ㅏ, ㅑ, ㅓ, ㅕ, ㅗ, ㅛ, ㅜ, ㅠ, ㅡ, ㅣ'는 이전 단원에서 다루었다.

따라서 직전 차시의 내용을 복습하면서, 본 차시의 내용과 관련하여 이전 단원에서 배웠던 모음자를 다시 확인하는 활동을 구성하는 것이 바람직하다. 예를 들어, 글자의 짜임에 대한 이해를 바탕으로 글자를 읽고 쓰는 직전 차시의 활동을 일부 활용하되, 특히 모음자 'ㅏ, ㅑ, ㅓ, ㅕ, ㅗ, ㅛ, ㅜ, ㅠ, ㅡ, ㅣ'에 주목해 보도록 하는 방향으로 활동을 구성해 볼 수 있다.

〈사례〉의 초성 게임의 경우 이전 단원에서 학습했던 모음자를 활용하여 낱말을 만든다는 점에서 가능한 활동이다. 단, 자음자만 보고 낱말을 떠올리는 데 어려움을 느끼는 학생들이 있을 것으로 예상되므로, 복습 활동이라는 점을 고려하면 이전 학습 내용을 바탕으로 한 보다 쉬운 활동을 구성하는 것이 바람직하다.

예를 들어 앞서 배운 자음자와 모음자를 모두 제시한 후 초성과 함께 동물 사진을 제시해 볼 수 있다. 동물 사진을 함께 제시하므로 초성만 제시했을 때보다 쉽게 낱말을 떠올릴 수 있다.[2] 만일 동물 사진 없이 'ㅅ'과 같이 초성만 제시했을 때에는 '소'뿐 아니라 '새'라고 답하는 학생도 있을 수 있어, 아직 배우지 않은 모음자인 'ㅐ'가 복습

---

2   〈사례〉의 경우 도입 단계의 초성 게임에서 동물 사진을 활용한다는 설명은 없지만, 참조(출처)에는 초성 퀴즈에 사용되는 동물의 사진 출처가 제시되어 있다. 이러한 점을 고려하면 〈사례〉의 도입에도 사진이 활용될 가능성이 있다. 단, 동물 사진이 초성과 함께 제시되는지 아니면 정답 확인 시 제시되는 것인지는 확인하기 어렵다.

과정에서 언급될 수도 있다. 동물 사진을 함께 제시하면 낱말을 떠올리기도 쉬울 뿐 아니라 앞서 배웠던 모음자로 답변을 한정하는 효과도 있다. 또한 자음자와 모음자도 제시되어 있으므로 이를 활용하여 결합하는 활동을 하면, 직전 차시의 내용을 복습하는 효과도 있다. 자음자와 모음자를 결합하여 만든 낱말을 소리 내어 읽어 보게 하고, 이전 단원에서 배웠던 모음자를 함께 읽으며 정리하면 본 차시 학습 내용과의 연계성도 높일 수 있다.

물론 이는 수정 방법의 하나일 뿐이므로 실제로는 다양한 방식의 활동 구성이 가능하다. 예컨대, 글자의 짜임 복습에 조금 더 초점을 둔다면 동물의 이름을 구성하는 자음자와 모음자를 학생들에게 주고 이를 조합하여 동물의 이름을 만들도록 하는 활동도 가능하다. 이렇게 할 경우 활동 시 특히 모음에 주목하도록 하면, 본 차시 학습 내용과 연계성을 높일 수 있다.

동기 유발은 도입 단계에서 필요한 활동이다. 캐릭터를 활용하여 문제를 해결해 나가는 형식을 소개하여 흥미를 유발하는 것은 가능한 방법이다. 단, 이 과정에서 학생들의 흥미를 유발하면서도 학습 목표와의 관련성이 잘 드러나도록 안내하는 것이 바람직하다.

더하여 동기 유발에서 학생들에게 제시한 문구를 보면 '쉬는', '빼앗자'와 같은 낱말에 아직 학습하지 않은 모음자인 'ㅟ'와 'ㅐ'가 포함되어 있다. 물론 학습 대상이 되는 문장이 아니고 활동 안내를 위한 문장이므로 불가피하게 아직 배우지 않은 모음자가 포함될 수도 있으나, 가능하면 학습 순서를 고려하여 도입 단계의 활동 안내 문구는 이미 학습한 모음자만으로 작성하는 것이 바람직하다. 만약 불가피하게 아직 배우지 않은 모음자가 활동 안내 문구에 포함되었다면, 교사가 먼저 소리 내어 읽은 후 이러한 모음자를 이번 시간에 배우게 될 것임을 설명하는 등의 추가적인 안내가 필요하다.

## (2) 전개 단계

| 교수·학습 방법 | • 학습 목표에 적합한 교수·학습 방법을 사용하였는가? <br> • 학습 내용의 특성에 부합하는 교수·학습 방법을 사용하였는가? <br> • 학습자의 특성에 맞는 교수·학습 방법을 선택하였는가? |
| --- | --- |

| | |
|---|---|
| 교수·학습<br>방법 | • 학습 목표 달성에 적합한 활동을 구성하였는가?<br>• 학습자의 수준과 흥미를 고려하여 활동을 구성하였는가?<br>• 구성된 활동의 시간을 적절히 배분하였는가? |
| | - 초기 문해력 단계에 있는 초등학교 1학년 학생들을 대상으로 한 한글 교육이라는 점을 고려하여 학습 목표와 교육 내용, 학습자 특성에 맞게 교수·학습 방법을 적절히 조정할 필요가 있다.<br>- '첫 번째 관문'에서 새로 등장한 모음자를 읽고 쓰도록 한 것은 학습 목표 달성을 위해 꼭 필요한 활동이다.<br>- '두 번째 관문'에서 새로 배운 모음자가 들어간 낱말을 떠올리게 한 것은 학습 목표와 학생의 수준을 고려할 때 적절한 활동이라고 보기 어렵다.<br>- 40분 수업임을 고려할 때 전개 단계의 학습 활동이 많아 줄일 필요가 있다. |
| 교수·학습<br>자료 및<br>환경 | • 교재와 매체 자료의 활용 방식이 적절한가?<br>• 등교 수업/원격 수업, 교실, 학생 수 등 교수·학습 환경을 적절히 고려하였는가? |
| | - 화상 수업에서 소회의실을 열어 모둠별 활동을 진행할 수 있으나, 과제의 난도와 학생의 수준, 시간 제약에 따른 순회 지도의 제한 등을 고려할 때 매체 활용 방식을 조정할 필요가 있다. |

전개 단계는 크게 활동 1과 활동 2로 구성되어 있고, 전체적으로 문제 해결 학습 방법을 사용하였다. 지도안에 사용된 교수·학습 방법을 점검할 때, 핵심은 특정한 교수·학습 방법을 사용했는가에 있는 것이 아니라 사용된 교수·학습 방법이 학습 목표, 교육 내용의 특성, 학습자의 특성에 맞게 사용되었는가에 있다. 따라서 〈사례〉를 검토할 때 먼저 문제 해결 학습 방법을 적용할 수 있는 수업인지 판단하고, 만약 적용 가능한 수업이라면 학습 목표, 교육 내용의 특성, 학습자의 특성에 부합하는 방식으로 사용되었는지를 점검해야 한다.

우선 교수·학습 모형은 수업 맥락에 맞게 교사가 조정하여 적용할 수 있는 것이므로, 특정 모형의 선택을 옳고 그름이라는 이분법적 잣대로 평가하기는 어렵다. 문제 해결 학습 모형도 다른 모형과 마찬가지로 학습 목표, 학습 내용, 학습자의 수준에 따라 다양한 방식으로 변용이 가능하므로, 수업 맥락에 맞게 적절한 변용 과정을 거친다면 활용할 수 있을 것이다. 그러나 〈사례〉의 학습 목표가 특정한 교수·학습 모형에 의해 실현되어야 하는 것은 아니라는 점에 유의해야 한다. 따라서 〈사례〉의 전개 단계 활동을 점검할 때에도 특정 모형의 선택 문제나 모형의 형식적 절차에 초점을 두기보다는, 학습 목표를 달성하기에 적합한 활동이 계획되었는지에 초점을 두는 것이 바람직하다.

전개 단계의 활동 1에서는 편지에 등장하는 여러 가지 모음자를 찾아 모음자의 생김새를 관찰하고 읽는 방법과 쓰는 방법을 배우도록 설계되어 있다. 새로 나온 모음자가 들어간 낱말을 바로 읽게 하는 것이 아니라, 'ㅐ, ㅔ, ㅚ, ㅟ, ㅘ, ㅝ, ㅙ'와 같이 새로 나온 모음자에 주목하도록 하고 이를 관찰하는 단계를 거쳐 읽고 쓰는 방법을 배우도록 하였다는 점은 긍정적으로 평가할 수 있다.

또한, 유의점에서 밝힌 바와 같이 학생들의 이해 정도를 확인하며 여러 번 반복해서 읽도록 한 것도 학습자들이 초기 문해력 단계에 있고 한글 학습의 수준에 편차가 존재할 수 있다는 점을 고려할 때 유의미한 방법이라 할 수 있다. 하지만 지도안을 보면 전개 단계의 활동 1에 10분이 배정되어 있어서, 지도안에 계획된 내용을 실제 수업에서 온전하게 하기 어려울 것으로 판단된다.

전개 단계의 활동 1과 활동 2의 관계에 대해서도 살펴볼 필요가 있다. 활동 1을 보면 'ㅐ, ㅔ, ㅚ, ㅟ, ㅘ, ㅝ, ㅙ'와 같이 새로 나온 모음자가 사용된 낱말을 찾는 데에서 출발하여 해당 모음자를 읽고 쓰는 데에까지 나아가고 있으나, 해당 모음자가 자음자와 결합하여 초성과 중성의 결합으로 이루어진 낱말을 읽는 것까지 연습하고 있지는 않다. 그런데 활동 2에서는 학생들이 여러 가지 모음자가 사용된 낱말을 바로 떠올리도록 하고 있어 어려움을 겪는 학생들이 있을 것으로 예상된다.

따라서 활동 1 이후에 새로 배운 모음자와 초성의 자음자가 결합하여 만들어진 글자를 읽고, 그러한 글자가 사용된 낱말을 읽고 쓰는 활동이 필요하다. 그러나 이러한 활동을 한 차시의 수업에서 모두 하기는 어렵다. 교과서를 기준으로 보면 '여러 가지 모음자 알기'에 한 차시, '이야기를 듣고 낱말 읽기'에 두 차시가 배정되어 있다. '이야기를 듣고 낱말 읽기'에 새로 배운 모음자가 사용된 낱말 읽기와 쓰기 활동이 담겨 있다. 물론 교과서 차시 배정은 절대적인 것이 아니므로 개별 수업의 상황에 따라 조정할 수는 있으나, 〈사례〉와 같이 활동 1 직후 바로 활동 2를 진행하고, 활동 1과 2에 각각 10분, 15분을 배정하여 한 차시 수업에서 모두 하는 데에는 많은 어려움이 따를 것으로 예상된다.

그런데 활동 2에서는 학생들이 여러 가지 모음자가 들어간 낱말을 떠올리도록 하고 있다. 이 활동은 두 가지 점에서 재고가 필요하다. 우선 여러 가지 모음자가 들어간 낱말을 읽고 쓰는 것을 넘어 떠올리게 하는 것이 학습 목표와 학생의 수준을 고려할 때 적절한가 생각해 보아야 한다. 단원 전체의 학습 목표와 초기 문해력 단계에 있는 학생의 수준을 고려할 때, 'ㅐ, ㅔ, ㅚ, ㅟ, ㅘ, ㅝ, ㅙ'를 새로 배우는 차시의 수업에서 해당 모음자가 들어간 낱말을 읽고 쓰는 것을 넘어 떠올리게 하는 것은 적절하다고 보기 어렵다.

더하여 활동 1에서 모음자 'ㅐ, ㅔ, ㅚ, ㅟ, ㅘ, ㅝ, ㅙ'를 읽고 쓰는 활동을 했을 뿐, 앞서도 언급했듯이 이러한 모음자가 초성의 자음자와 결합하여 이루어진 낱말을 읽고 쓰는 연습은 하지 않았다. 따라서 활동 1 직후 활동 2와 같은 활동을 할 경우 학생들이 어려움을 느낄 가능성이 높다. 학습 목표와 학습의 단계성을 고려하여 학습 활동을 설계할 필요가 있다.

한편 원격 수업이므로 모둠 활동을 할 때 소회의실과 같은 기능을 활용하는 것은 가능하다. 하지만 과제의 성격상 모둠별 활동이 효과적인지 다시 생각해 볼 필요가 있다. 또한 소회의실을 사용하면 학생들의 학습 활동을 교사가 한눈에 파악하기 어렵다는 한계가 있다는 점도 고려해야 한다. 그 외에도 "5분간 소모임실을 열어 모둠별로 해당되는 모음이 들어가는 단어를 4개 떠올리도록 한다."에서 확인할 수 있는 바와 같이 모둠 활동에 5분이 배정되어 있어 시간 조정이 필요하다. 매체 활용 차원에서도 5분 동안 교사가 소회의실을 순회 지도하며 의미 있는 피드백을 하기도 어렵다고 판단된다. 따라서 활동 2를 수정·보완할 경우 매체 활용 측면의 조정도 필요하다.

## [3] 마무리 단계

| 교수·학습 방법 | • 학습 목표 달성에 적합한 활동을 구성하였는가?<br>• 교수·학습 단계에 맞는 활동을 구성하였는가?<br>• 학습 활동이 유기적으로 연결되어 있는가? |
|---|---|
| | - 정리 단계에서 정리하기 활동과 차시 예고를 할 수 있으나, 전개 단계의 두 관문을 모두 통과한 학생들에게만 추가 문제를 제시한 것은 정리 활동의 취지에 맞지 않다.<br>- 학습 목표 및 전개 단계 활동과의 연계성을 고려할 때 정리 단계에서는 본 차시에 새로 배운 모음자 또는 해당 모음자가 들어간 낱말을 읽어 보는 활동이 필요하다. |

| 형식 | • 지도안의 서술이 의미하는 바가 명료한가? |
|---|---|
| | - '마무리'는 '정리 단계'로 표현하는 것이 일반적이다. |

〈사례〉의 '마무리'는 '정리 단계'에 해당한다. 지시 대상이 동일하므로 '마무리 단계'라고 표현하는 것도 가능하지만, '정리 단계'라는 용어가 보다 널리 사용된다. 정리 단계에서는 일반적으로 학습 내용 정리와 차시 예고를 한다. 〈사례〉는 활동 정리와 차시 예고를 설정했다는 점에서는 정리 단계에 맞는 유형의 활동을 구성했다고 할 수 있으나, 정리 단계 활동에서 이루어지는 내용을 구체적으로 살펴보면 수정이 필요함을 확인할 수 있다.

〈사례〉의 정리 단계 활동과 관련하여 두 가지 측면을 점검해 보아야 한다. 〈사례〉에서는 전개 단계의 두 관문을 모두 통과한 학생들을 대상으로 한 활동만 구성하였다. 이렇게 할 경우 두 관문을 모두 통과한 학생들은 추가적인 학습 기회를 갖게 되지만 그렇지 못한 학생들은 어떠한 학습을 하게 되는지 알 수 없다. 정리 단계에서도 다른 단계와 마찬가지로 수업에 참여하는 모든 학생들의 학습을 고려한 교수·학습 설계와 지도안 작성이 필요하다.[▶국어 교육 이론]

정리 단계에서 어떤 활동을 해야 할지도 점검해야 할 부분이다. 정리 단계에서는 학습 목표 달성에 꼭 필요한 내용을 다루어야 한다. 앞서 이 지도안의 학습 목표를 조정해야 한다고 하였는데, 만약 '여러 가지 모음자를 읽고 쓸 수 있다.'를 학습 목표로 설정한다면 정리 단계에서 여러 가지 모음자를 읽고 써 보며 수업에서 새로 배운 내용을 정리하도록 할 수 있다. 만약 학습 목표에 '여러 가지 모음자가 들어간 낱말을 읽을 수 있다.'까지 추가한 상황이라면 정리 단계에서 수업 시간에 배운 낱말 중 여러 가지 모음자가 들어간 것을 함께 읽으며 정리하는 활동을 할 수도 있을 것이다. 물론, 정리 단계에서의 활동은 학습 목표와 더불어 학습자의 태도와 수준, 수업 시간 등을 종합적으로 고려하여 판단해야 한다.

# 3) 수업 지도안의 후반부 검토

## [1] 평가 유형, 평가 기준, 피드백

| | |
|---|---|
| 평가 | • 학습 목표 달성 여부를 점검하는 방법이 적절한가?<br> - 평가 기준을 적절하게 구성하였는가?<br>• 결과를 적절히 활용하였는가?<br> - [형성평가] 평가 결과를 교수·학습에 적절히 환류하고 있는가? |
| 평가 | - 평가 기준에 여러 가지 모음이 들어간 낱말을 "생각하고 말할 수 있다"까지 제시한 것은 수정이 필요하다.<br>- 관찰 평가를 어떻게 실시할지 알 수 있도록 평가 계획을 더 구체적으로 제시해야 한다.<br>- 관찰 평가 결과를 어떻게 교수·학습에 환류할 것인지를 평가 계획에 제시해야 한다. 현재 제시된 피드백은 평가 결과에 따른 피드백이라기보다는 수업 방향에 가깝다.<br>- '오엑스 퀴즈'가 학습 목표와 학습 내용을 고려할 때 적절한 방식인지 재고해야 하고, "직관적으로 지도"하기보다는 근거에 바탕을 두고 지도해야 한다. |

우선 평가 기준은 교육과정 성취기준에서 바로 도출되지 않는다. 학습 목표를 설정한 후 이를 고려하여 수립해야 한다. 교육과정의 성취기준에 따라 해당 단원 혹은 본 차시에서 어떤 학습 목표를 세웠는지가 분명해져야 이를 바탕으로 평가 기준을 수립할 수 있다.

〈사례〉의 경우 앞서 학습 목표를 '여러 가지 모음자를 읽고 쓸 수 있다.'와 '여러 가지 모음자가 들어간 낱말을 읽을 수 있다.' 정도로 설정해 볼 수 있다고 지적하였다. 만약 학습 목표를 이와 같이 설정한다면, 평가 기준 '잘함'에 도달하기 위해 여러 가지 모음이 들어간 낱말을 생각해 낼 수 있어야 한다고 기술한 것은 적절하지 않다. 특정 모음이 들어간 단어를 생각해 내는 것은 학습 목표의 범위를 넘어선 활동이기 때문이다.

'평가 방법' 칸에는 '관찰 평가(수행평가)'라고 작성되어 있다. 학생의 수행 과정을 교사가 관찰하여 평가하는 것은 가능하며, "수업 과정 중에 이루어지는 평가"(최미숙 외, 2016: 128)라는 점에서도 의의가 있다. 단, 학생의 수행을 어떤 방식으로 관찰하여 기록할 것이며, 관찰의 결과를 어떻게 평가에 반영하며 교수·학습에 환류할 것인지에 대한 구체적 계획 수립이 필요하다. 더하여 평가 계획 수립 시 이 수업이 원격 수업이라는 점도 고려되어야 한다. 또한, 관찰 평가는 일회적이라기보다는 지속성을 띠는 것이 일반적이므로 특히 관찰 평가 계획은 단원 전체의 평가 계획 속에서 수립하는 것이 바람직하다. 물론, 이 지도안은 약안의 형식을 취하고 있어 상세한 평가 계획 기술을 요구하기는 어렵지만, 지도안 포함 여부와는 별개로 수업 설계 시 단원 전체의 평가 계획을 구체적 수준에서 수립해 놓아야 한다.

평가 계획에 제시된 '피드백'은 평가 결과를 교수·학습에 어떻게 환류할 것인지를 제시하려는 의도라고 생각된다. 특히 형성평가의 경우 평가 결과를 교수·학습에 어떻게 환류할 것인지에 대한 구체적 계획이 필요하다. 하지만 〈사례〉에 제시된 피드백 중 "여러 가지 모음자 찾기 놀이를 통해 자연스럽게 여러 가지 모음에 익숙해질 수 있도록 한다."는 평가 결과에 따른 환류라기보다는 일반적인 수업 방향에 가깝다. 피드백은 평가 결과 확인된 학생의 성취 수준에 맞게 이루어지도록 계획해야 한다. 단, 지도안을 약안 형식으로 작성할 경우 피드백 계획까지 제시하지 않을 수 있으므로, 지도안의 상세화 정도에 따라 관련 내용의 포함 여부를 결정한다.

피드백 두 번째 칸에 제시된 "오엑스 퀴즈를 통하여 직관적으로 지도한다."가 적절한지도 재고가 필요하다. 우선 '오엑스 퀴즈'가 본 차시 수업에서 설정한 학습 목표와 학생 특성, 학습 활동을 고려할 때 적절한 것인지 다시 생각해 볼 필요가 있다. 개별 수업이 놓인 맥락이 워낙 다양하여 수업 맥락에 대한 구체적 정보를 확인하지 않고 '오엑스 퀴즈'의 적절성을 단언하기는 어렵다. 하지만 이 수업의 목표가 초기 문해력 단계에 있는 학생들이 여러 가지 모음자를 읽고 쓸 수 있게 하는 데 있다는 점을 고려하면, '오엑스 퀴즈'보다는 이러한 모음을 정확히 읽고 쓸 수 있는지를 직접 평가하는 것이 바람직하다. 물론 이러한 방식에 더하여 수업 맥락에 따라 '오엑스 퀴즈'를 부가적으로 활용하는 것은 가능할 것이다. 또한, "직관적으로 지도한다"라고 기술된 부분도 수정이 필요하다. 직관적으로 지도하기보다는 학생의 응답이나 반응 등 구체적인 근거를 바탕으로 지도하는 것이 바람직하다.

# 3

## 지도안 다시 작성해 보기

### 1) 지도안의 수정 방향

이 지도안은 특히 단원 차시 계획, 학습 목표 설정, 교수·학습 방법의 적용 측면에서 수정·보완이 필요하다. 따라서 지도안 다시 작성해 보기에서는 본 차시가 포함된 단원 전체의 차시별 지도 계획을 먼저 수립하고, 학습 목표도 다시 설정한다. 교수·학습 방법의 경우 원 지도안에 사용되었던 방법을 학습 목표와 학습자의 수준과 특성에 맞게 수정·보완해 보도록 한다. 물론, 수업의 맥락과 교사의 의도에 따라 아예 새로운 교수·학습 방법을 적용하는 것도 가능할 것이다.

원 지도안의 경우 원격 수업 상황을 가정하고 수업을 설계하였으나, 지도안 다시 작성해 보기에서는 등교 수업 상황을 가정한다. 다른 학년이 원격 수업을 하는 상황에서도 초등학교 1·2학년은 등교 수업을 하는 경우가 많다는 현실적 상황을 고려했기 때문이다.

여기에서는 단원 전체의 차시별 지도 계획과 본 차시의 전개 단계를 다시 작성해 볼 것이다.

### 2) 단원 설계

단원 학습 목표와 단원 차시별 지도 계획을 작성해 보자.

| 단원<br>학습 목표 | | |
|---|---|---|
| 차시별<br>지도 계획 | **차시** | **주요 학습 내용 및 활동** |
| | | |

## 3] 본 차시 설계

다음은 본 차시 수정 예시의 일부이다 앞서 제시한 수정 방향을 고려하여 전개 부분의 빈칸을 작성해 보자.

| 교과명 | 국어 | 교사 | ○○○ |
|---|---|---|---|
| 교재 | 초등학교 국어 1-1 ㉮ 교과서<br>초등학교 국어 활동 1-1 교과서 | 대상 학급 | 1학년 ○반 ○○명 |
| 일시 | ○○○○년 ○월 ○일(화) ○교시 | 장소 | 1-○ 교실 |
| 단원 | 4. 글자를 만들어요 | 차시 | 7-8/10차시 |
| 본 차시<br>학습 목표 | • 여러 가지 모음자를 소리 내어 읽고 쓸 수 있다.<br>• 여러 가지 모음자가 들어간 낱말을 소리 내어 읽을 수 있다. | | |

| 교수·학습 단계 | | 교수·학습 활동 | | 자료 및 유의점 | 시간 (분) |
|---|---|---|---|---|---|
| | | 교사 | 학생 | | |
| 도입 | 전시 학습 확인 및 복습 | • **자음자와 모음자 결합하여 동물 이름 맞히기 놀이**<br>- 동물의 이름을 구성하는 자음자와 모음자를 동물 사진과 함께 칠판에 제시하기<br>- 자음자와 모음자를 결합하여 동물의 이름을 공책에 쓰고, 소리 내어 읽게 하기<br>- 동물 이름을 맞히면 어떤 모음자가 사용되었는지 말하게 하기<br>• **모음자 읽고 쓰기 복습**<br>- 앞 단원에서 배웠던 모음자 'ㅏ, ㅑ, ㅓ, ㅕ, ㅗ, ㅛ, ㅜ, ㅠ, ㅡ, ㅣ'를 칠판에 적고 소리 내어 읽고 쓰게 하기 | • **자음자와 모음자 결합하여 동물 이름 맞히기 놀이**<br>- 교사가 제시한 자음자와 모음자 사용하여 동물 이름 맞히기<br>- 공책에 동물 이름 쓰고, 소리 내어 말하기<br><br>- 동물 이름에 어떤 모음자가 사용되었는지 관찰하여 말하기<br>• **모음자 읽고 쓰기 복습**<br>- 교사가 칠판에 쓴 모음자를 소리 내어 읽고 공책에 쓰기 | 동물 사진 판서 | 10 |
| | 동기 유발 및 활동 안내 | • **보물찾기 과제를 제시하여 흥미 유발**<br>- 보물 위치가 담긴 편지를 보여 주며 흥미 유발<br>- 편지를 읽어 주며 학습 목표와 관련된 두 과제를 달성하면 학급 내 숨겨진 보물의 위치를 알 수 있다고 안내<br>• **과제 수행 방법을 구체적으로 안내**<br><br>[과제 1] 학습지 속 글에 사용된 여러 가지 모음자 소리 내어 읽기<br>[과제 2] 여러 가지 모음자가 사용된 낱말 소리 내어 읽기 | • **과제에 주목하며 흥미 갖기**<br>- 교사가 읽어 주는 편지 내용과 교사의 안내를 들으며 과제 수행에 관심을 가짐<br>- 과제 수행을 위해 새로운 모음자 학습의 필요성 인식<br><br>• **과제 수행 방법 확인**<br>- 교사의 설명을 들으며 과제 수행 방법 확인 | 편지 학습지 | 5 |
| | 학습 목표 확인 | • **본 차시 학습 목표 제시**<br>- 학습 목표를 칠판에 적기<br>- 학습 목표를 다 함께 읽게 하기 | • **본 차시 학습 목표 확인**<br>- 칠판에 적힌 학습 목표 확인<br>- 교사 안내에 따라 학습 목표 소리 내어 읽기 | 판서 | 3 |

| | | | | | |
|---|---|---|---|---|---|
| 전개 | | | | | |
| 정리 | 학습 내용 정리 | **• 학습한 내용 정리**<br>- 오늘 어떤 모음자를 배웠는지 묻기<br><br>- 칠판에 적힌 모음자를 하나씩 가리키며 소리 내어 읽게 함(과제 1 확인)<br>- 전개 단계에서 다루었던 제시문 속 낱말을 소리 내어 읽게 함(과제 2 확인)<br>- 두 과제에 모두 성공한 경우 보물 위치 알려 주기 | **• 학습한 내용 정리**<br>- 오늘 배운 모음자 소리 내어 답하기<br>- 교사가 가리키는 모음자를 보며 하나씩 소리 내어 읽기<br>- 교사가 가리키는 낱말을 소리 내어 읽기<br><br>- 교사의 안내에 따라 보물 확인 | | 10 |
| | 차시 예고 | **• 다음 차시 내용 예고**<br>- 다음 시간에 이야기를 들은 다음, 낱말을 읽고 쓰는 활동을 할 것임을 안내 | **• 다음 차시 내용 확인**<br>- 교사의 설명을 들으며 다음 시간에 배울 내용을 확인한다. | | 2 |

# 4

# 지도안 수정 예시

## 1) 단원 설계 부분 예시

교과서에서 이 단원의 제목은 "4. 글자를 만들어요"이고, 단원 학습 목표로 "글자를 읽고 써 봅시다."가 제시되어 있다. 따라서 이 단원의 학습 목표를 포괄적으로 진술한다면 '글자를 소리 내어 읽고 쓸 수 있다.' 정도가 될 것이다. 하지만 한글 교육이라는 차원에서 보면, 이 단원은 자음자와 모음자를 배운 후 글자의 짜임을 고려하여 자음자와 모음자를 결합해 보는 단계에 해당한다. 이러한 점을 보다 분명하게 드러내기 위해 '자음자와 모음자를 결합하여 글자를 만들 수 있다.'를 단원 학습 목표로 설정하였다.

| 단원<br>학습 목표 | • 자음자와 모음자를 결합하여 글자를 만들 수 있다.<br>• 글자를 소리 내어 읽고 쓸 수 있다. | |
|---|---|---|
| | 차시 | 주요 학습 내용 및 활동 |
| 차시별<br>지도 계획 | 1-2 | • 선생님을 따라 '우리 모두 다 같이' 소리 내어 읽기<br>• 글자에서 자음자와 모음자 찾아 써 보기 |
| | 3-4 | • 글자에서 모음자가 있는 곳 찾기<br>• 글자의 짜임 알아보기<br>• 자음자 카드와 모음자 카드 사용하여 글자 만들어 보기 |
| | 5-6 | • "'리' 자로 끝나는 말" 노래 부르고, 글자 찾기<br>• 몸의 각 부분 이름 말해 보기<br>• 자음자와 모음자 결합하여 글자를 만들고 읽어 보기 |
| | 7-8<br>(본 차시) | • 제시문에 사용된 여러 가지 모음자 찾기<br>• 모음자 'ㅐ, ㅔ, ㅚ, ㅟ, ㅘ, ㅝ, ㅙ' 읽고 쓰기<br>• 여러 가지 모음자가 들어간 낱말 소리 내어 읽고 쓰기 |
| | 9-10 | • 이야기를 듣고, 이야기에 사용된 낱말 읽기<br>• 글자의 짜임 생각하며 낱말 쓰기<br>• 정리 활동 |

원 지도안에는 단원의 차시별 지도 계획이 제시되어 있지 않아서 수정 예시에서 새롭게 작성하였다. 단원의 차시별 지도 계획을 제시함으로써 본 차시가 어떠한 단원에서 다루어지는지, 본 차시 전후에 어떠한 학습 활동이 이루어지는지가 명확히 드러난다. 본 차시 외 다른 차시들은 교과서의 단원 내 활동별 차시 배분을 참고하여 작성하였다. 개별 수업이 놓인 맥락이 다양하기 때문에

수정 예시는 말 그대로 하나의 예시일 뿐이다. 즉, 차시 배분과 학습 내용 및 활동 구성도 수업 맥락에 따라 달라진다.
한편, 〈사례〉의 경우 40분 한 차시로 수업을 구성하였으나, 여러 가지 모음자를 새로 익히는 것이 난도가 높은 활동임을 고려하여 수정 예시에서는 블록타임제 수업을 가정하여 총 80분의 두 차시 수업으로 구성하였다.

## 2) 본 차시 설계 부분 수정 예시

| 교과명 | 국어 | | 교사 | ○○○ |
|---|---|---|---|---|
| 교재 | 초등학교 국어 1-1 ㉠ 교과서<br>초등학교 국어 활동 1-1 교과서 | | 대상 학급 | 1학년 ○반 ○○명 |
| 일시 | ○○○○년 ○월 ○일(화) ○교시 | | 장소 | 1-○ 교실 |
| 단원 | 4. 글자를 만들어요 | | 차시 | 7-8/10차시 |
| 본 차시<br>학습 목표 | • 여러 가지 모음자를 소리 내어 읽고 쓸 수 있다.<br>• 여러 가지 모음자가 들어간 낱말을 소리 내어 읽을 수 있다. | | | |

| 교수·학습 단계 | | 교수·학습 활동 | | 자료 및<br>유의점 | 시간<br>(분) |
|---|---|---|---|---|---|
| | | 교사 | 학생 | | |
| 도입 | 전시 학습<br>확인 및<br>복습 | **• 자음자와 모음자 결합하여 동물 이름 맞히기 놀이**<br>- 동물의 이름을 구성하는 자음자와 모음자를 동물 사진과 함께 칠판에 제시하기<br>- 자음자와 모음자를 결합하여 동물의 이름을 공책에 쓰고, 소리 내어 읽게 하기<br>- 동물 이름을 맞히면 어떤 모음자가 사용되었는지 말하게 하기<br>**• 모음자 읽고 쓰기 복습**<br>- 앞 단원에서 배웠던 모음자 'ㅏ, ㅑ, ㅓ, ㅕ, ㅗ, ㅛ, ㅜ, ㅠ, ㅡ, ㅣ'를 칠판에 적고 소리 내어 읽고 쓰게 하기 | **• 자음자와 모음자 결합하여 동물 이름 맞히기 놀이**<br>- 교사가 제시한 자음자와 모음자 사용하여 동물 이름 맞히기<br>- 공책에 동물 이름 쓰고, 소리 내어 말하기<br><br><br>- 동물 이름에 어떤 모음자가 사용되었는지 관찰하여 말하기<br>**• 모음자 읽고 쓰기 복습**<br>- 교사가 칠판에 쓴 모음자를 소리 내어 읽고 공책에 쓰기 | 동물 사진<br>판서 | 10 |

여러 가지 모음자를 처음 배우는 시간이므로 수업 맥락에 따라 학습 목표로 '여러 가지 모음자를 소리 내어 읽고 쓸 수 있다.'만 설정하는 것도 가능하다. 수정 예시에서는 블록타임제 수업이라는 점을 고려하여 여러 가지 모음자가 들어간 낱말을 소리 내어 읽는 것까지 학습 목표로 삼았다.

복습할 모음자는 칠판에 적어도 되고 PPT로 보여 주어도 된다. 칠판에 쓸 경우 모음자를 어떻게 쓰는지 교사가 직접 보여 줄 수 있다는 장점이 있으므로 여기서는 해당 모음자를 판서하는 것으로 계획을 세웠다.

수업에서 놀이를 활용할 때 흥미도 중요하지만, 무엇보다 학습 목표에 초점을 둔 활동이 되도록 하는 것이 중요하다. 이 활동이 동물 이름 맞히기 놀이에 그치지 않게 하려면, 자음자와 모음자가 어떻게 결합하여 동물 이름이 만들어졌는지 파악하는 단계가 필요하다. 본 차시의 수업 내용과의 연계를 고려하여, 수정 예시에서는 낱말을 만든 후 특히 모음자에 주목해 보도록 하였다.

| | | | | 편지 학습지 | 5 |
|---|---|---|---|---|---|
| 도입 | • 동기 유발 및 활동 안내 | • **보물찾기 과제를 제시하여 흥미 유발**<br>- 보물 위치가 담긴 편지를 보여 주며 흥미 유발<br>- 편지를 읽어 주며 학습 목표와 관련된 두 과제를 달성하면 학급 내 숨겨진 보물의 위치를 알 수 있다고 안내<br>• **과제 수행 방법을 구체적으로 안내**<br><br>[과제 1] 학습지 속 글에 사용된 여러 가지 모음자 소리 내어 읽기<br>[과제 2] 여러 가지 모음자가 사용된 낱말 소리 내어 읽기 | • **과제에 주목하며 흥미 갖기**<br>- 교사가 읽어 주는 편지 내용과 교사의 안내를 들으며 과제 수행에 관심을 가짐<br>- 과제 수행을 위해 새로운 모음자 학습의 필요성 인식<br>• **과제 수행 방법 확인**<br>- 교사의 설명을 들으며 과제 수행 방법 확인 | | |
| | 학습 목표 확인 | • **본 차시 학습 목표 제시**<br>- 학습 목표를 칠판에 적기<br>- 학습 목표를 다 함께 읽게 하기 | • **본 차시 학습 목표 확인**<br>- 칠판에 적힌 학습 목표 확인<br>- 교사 안내에 따라 학습 목표 소리 내어 읽기 | 판서 | 3 |
| 전개 | 여러 가지 모음자 읽고 쓰기 | • 학습지 속 글에서 여러 가지 모음자 찾게 하기<br>- 여러 가지 모음자가 사용된 글이 포함된 학습지를 주고, 교사가 한 줄씩 소리 내어 읽어 줌<br>- 교사가 읽는 것을 들으며 글에 여러 가지 모음자가 사용된 글자를 찾아 표시하게 함 | • 학습지 속 글에서 여러 가지 모음자 찾기<br>- 학습지 속 글에 사용된 모음자에 주목하며 교사가 읽는 것 듣기<br>- 교사가 읽는 것을 들으며 글에서 여러 가지 모음자가 사용된 글자를 찾아 표시 | 학습지 판서 교과서<br>-국어<br>-국어 활동 | 25 |

아직 여러 가지 모음자를 배운 것은 아니므로 학생들에게 학습지 속 글을 바로 읽게 하기는 어렵다. 교사가 먼저 소리 내어 읽어 주고 학생들은 새로 나온 모음자에 주목해 보도록 하는 것이 바람직하다.
이 단계에서는 여러 가지 모음자를 본격적으로 배우기에 앞서 여러 가지 모음자와 해당 모음자가 사용된 글자를 관찰해 보도록 하는 데 초점을 두고 지도한다.

수정 예시에서는 〈사례〉처럼 편지를 활용하되, 캐릭터는 언급하지 않고 보물찾기라는 요소를 도입하여 동기를 유발하고자 하였다. 수정 예시는 하나의 사례일 뿐이므로, 학생들의 동기를 유발할 수 있는 다양한 방법을 찾아보는 것이 바람직하다.
동기 유발과 활동 안내는 일반적으로 별개의 단계로 구현되지만, 이 지도안에서는 활동에 대한 안내 자체가 동기 유발의 성격을 지니므로 통합하여 제시하였다.

학습지에 제시할 글을 작성할 때, 한글 학습의 위계를 고려해야 한다. 이미 배웠던 자음자와 모음자를 사용한 낱말과 새로 나온 모음자가 사용된 낱말이 함께 사용되도록 한다. 또한 아직 받침을 배우지 않은 단계이므로 받침이 있는 낱말은 포함되지 않도록 한다.

| 전개 | 여러 가지 모음자 읽고 쓰기 | • 여러 가지 모음자 소리 내어 읽게 하기<br>- 여러 가지 모음자를 'ㅐ, ㅔ, ㅚ, ㅟ, ㅘ, ㅝ, ㅙ'의 순서로 칠판에 씀<br>- 교사의 발음과 입 모양에 주목하도록 안내<br><br>- 모음자를 가리키며 교사가 먼저 소리 내어 읽고, 학생들이 여러 차례 소리 내어 따라 읽게 함<br>- 짝과 번갈아 가며 여러 가지 모음자 소리 내어 읽게 하기<br><br>• 여러 가지 모음자 쓰게 하기<br>- 여러 가지 모음자 쓰는 순서를 알려 주고, 교과서에 제시된 '쓰는 순서'를 보며 따라 쓰면서 동시에 소리 내어 읽어 보게 함<br>- 순회 지도하며 쓰는 순서와 모음자 모양이 정확한지 살펴보고 피드백함 | • 여러 가지 모음자 소리 내어 읽기<br>- 칠판을 보면서 여러 가지 모음자의 모양과 쓰는 순서에 주목함<br>- 교사의 발음과 입 모양에 주목하며 교사가 모음자를 읽는 것을 들음<br>- 여러 차례 모음자를 소리 내어 따라 읽기<br><br>- 짝과 번갈아 가며 여러 가지 모음자 소리 내어 읽기<br><br>• 여러 가지 모음자 쓰기<br>- 교사의 설명을 들은 후 교과서에 제시된 '쓰는 순서'를 보며 여러 가지 모음자를 소리 내어 읽으면서 써 봄<br>- 순회 지도하는 교사의 지도를 받고, 궁금한 것은 손을 들고 질문함 | | |
| | 여러 가지 모음자가 사용된 낱말 읽기 | • 여러 가지 모음자가 사용된 낱말 읽고 쓰게 하기<br>- 학습지 속 글에 표시해 둔 여러 가지 모음자가 사용된 글자를 소리 내어 읽어 주고 따라 읽게 하기<br>- 글자의 짜임을 설명한 후 다시 글자를 읽게 하기 | • 여러 가지 모음자가 사용된 낱말 읽고 쓰기<br>- 학습지 속 글에 표시한 글자를 읽는 것을 듣고, 소리 내어 글자 읽기<br>- 교사의 설명을 들으며 여러 가지 모음자가 사용된 글자의 짜임 파악하고 소리 내어 읽기 | 학습지<br>교과서<br>-국어 활동 | 25 |

이 활동은 수업 상황에 따라 다양한 방식으로 운영할 수 있다. 칠판에 적힌 모음자를 보며 짝과 번갈아 읽게 할 수도 있고, 모음자가 적힌 카드를 준비하여 카드에 적힌 모음자를 소리 내어 말하면 그 카드를 가져가는 방식의 놀이를 할 수도 있다. 수업 상황에 맞게 교사가 구체적인 활동 방식을 정하여 계획을 수립한다.

모음자 쓰기를 하기 전에 모음자를 읽기부터 연습할 수 있도록 한다. 학생들이 모음자를 소리 내어 읽는 데 익숙해지도록 소리 내어 읽기를 몇 차례 반복할 수 있다.

교사가 모음자를 칠판에 쓰는 것을 학생들이 보면서 쓰는 순서를 알 수 있다. 학생들에게 모음자의 모양과 쓰는 순서에 주목하면서 칠판을 보라고 안내한다.

교과서에 쓰는 순서가 나와 있고 따라 쓰기 칸이 마련되어 있으므로 교과서를 활용할 수 있다. 물론, 필요에 따라 별도의 학습지를 구성하여 사용할 수도 있다. 모음자를 쓸 때에도 소리 내어 읽게 하여 모음자를 읽는 방법과 쓰는 방법을 함께 익힐 수 있게 한다.

여러 가지 모음자를 배운 이후에는 해당 모음자가 사용된 글자를 소리 내어 읽게 하고, 그런 다음 그 글자가 사용된 낱말을 소리 내어 읽게 한다. 낱말을 쓸 때에도 소리 내어 읽으며 쓰게 하여 글자와 발음을 연계하여 활동할 수 있도록 한다.

본 차시는 글자의 짜임을 익히는 대단원에 속해 있다. 따라서 교수·학습 과정에서 새로 배운 모음자가 어떠한 위치에서 기존에 배웠던 자음자와 결합하는지에 주목해 보게 하는 것이 바람직하다. 물론 글자의 짜임에 주목하게 하지만 교수·학습 순서상 받침이 있는 글자를 다루지는 않는다.

| | 여러 가지 모음자가 사용된 낱말 읽기 | - 표시된 글자를 포함한 낱말을 소리 내어 읽고 따라 읽게 하기<br>• 학습지 및 국어 활동 교과서를 활용하여 여러 가지 모음자가 사용된 낱말을 소리 내어 읽으며 써 보게 하기 | - 교사가 읽는 것을 들은 후 낱말을 소리 내어 읽기<br>- 교사의 안내에 따라 학습지 및 국어 활동 교과서에 제시된 낱말을 소리 내어 읽으며 써 보기 | | |
|---|---|---|---|---|---|
| 전개 | | | | | |
| 정리 | 학습 내용 정리 | • 학습한 내용 정리<br>- 오늘 어떤 모음자를 배웠는지 묻기<br>- 칠판에 적힌 모음자를 하나씩 가리키며 소리 내어 읽게 함(과제 1 확인)<br>- 전개 단계에서 다루었던 제시문 속 낱말을 소리 내어 읽게 함(과제 2 확인)<br>• 두 과제에 모두 성공한 경우 보물 위치 알려 주기 | • 학습한 내용 정리<br>- 오늘 배운 모음자 소리 내어 답하기<br>- 교사가 가리키는 모음자를 보며 하나씩 소리 내어 읽기<br>- 교사가 가리키는 낱말을 소리 내어 읽기<br><br>- 교사의 안내에 따라 보물 확인 | | 10 |
| | 차시 예고 | • 다음 차시 내용 예고<br>- 다음 시간에 이야기를 들은 다음, 낱말을 읽고 쓰는 활동을 할 것임을 안내 | • 다음 차시 내용 확인<br>- 교사의 설명을 들으며 다음 시간에 배울 내용을 확인한다. | | 2 |

모든 학생들이 과제에 성공하지 않았더라도 대부분의 학생들이 성공한 경우 보물 위치를 알려 준다. 수업 상황에 따라 보물을 숨기지 않고 교사가 가지고 있다가 보여 줄 수도 있다. 이렇게 하는 이유는 단기간에 과제를 수행하는 데 어려움을 겪는 학생들이 있을 수 있기 때문이다. 이 학생들의 경우 맞춤형 한글 학습 계획을 수립하여 지도할 필요가 있다. 무엇을 보물로 제시할 것인지는 수업 맥락을 고려하여 판단해야 한다. 예를 들어, 학생들이 좋아하는 놀이 활동을 수업 내용과 관련지어 실시한다는 계획이 적힌 메모도 보물이 될 수 있다.

전개 단계의 수업 활동은 교수·학습 맥락에 따라 다양하게 설계할 수 있다. 예를 들어, 수정 예시에 제시된 활동 후 학습자들에게 여러 가지 모음자가 사용된 낱말 카드를 주고, 낱말을 소리 내어 정확히 읽으면 카드를 가져가는 놀이를 짝과 함께 해 보도록 할 수도 있다. 물론 구체적인 놀이 방법은 수업 상황에 맞게 교사가 정하여 안내해야 한다.

## 3) 평가 계획 수정 예시

| 평가 요소 | (1) 여러 가지 모음자를 소리 내어 읽기<br>(2) 여러 가지 모음자를 쓰기<br>(3) 여러 가지 모음자가 들어간 낱말을 소리 내어 읽기 |
|---|---|
| 평가 방식 | - 순회 지도를 하며 학습자들이 평가 요소에 어느 정도 도달했는지 관찰을 통해 확인한다. 이 과정에서 각 학습자의 수준에 맞는 피드백을 제공하고, 학습자의 도달 수준을 누적적으로 기록하여 이후 수업에 참고한다. 초기 문해력 교육은 단일 수업으로 완결되는 것이 아니므로, 한글 학습과 관련된 내용을 학년 초부터 지속적으로 기록하고 관리하여 학습자의 학습 상황을 확인한다.<br>- 평가 결과를 기록할 때에는, (1)~(3)의 평가 요소를 각각 확인하여 기록한다. 단, 각 평가 요소에 대한 학습자의 달성 수준이 매우 다양할 수 있으므로 '상, 중, 하'와 같이 도달 수준을 나누기보다는 각 평가 요소별 도달 수준을 '특성 진술형 서술식 보고'(최미숙 외, 2016:147) 방식으로 구체적으로 기술한다.<br><br>(예) A 학생에 대한 평가 기록 |

| (1) 여러 가지 모음자를 소리 내어 읽기 | (2) 여러 가지 모음자를 쓰기 | (3) 여러 가지 모음자가 들어간 낱말을 소리 내어 읽기 |
|---|---|---|
| 'ㅐ, ㅔ, ㅚ, ㅟ, ㅘ, ㅙ'는 발음할 수 있으나, 'ㅝ' 발음을 어려워한다. | 다른 모음자는 쓸 수 있으나, 'ㅝ'를 쓰는 것을 어려워한다. | '줘요'의 '줘' 발음을 어려워하며, '줘'를 '주어'로 발음한다. |

　〈사례〉 및 지도안 수정 예시에서 다루고 있는 여러 가지 모음자 읽고 쓰기, 여러 가지 모음자가 들어간 낱말 읽기는 2015 개정 국어과 교육과정의 아래 성취기준들과 관련된다.

| 2015 개정<br>국어과 교육과정 | (읽기) [2국02-01] 글자, 낱말, 문장을 소리 내어 읽는다.<br>(쓰기) [2국03-01] 글자를 바르게 쓴다.<br>(문법) [2국04-01] 한글 자모의 이름과 소릿값을 알고 정확하게 발음하고 쓴다. |
|---|---|

　교육과정에 따라 성취기준의 진술 범위, 진술 방식 등이 달라지므로 일대일로 대응시키기는 어렵지만, 위 성취기준들은 2022 개정 국어과 교육과정에서 대체로 다음의 성취기준들로 이어진다.

| 2022 개정<br>국어과 교육과정 | (읽기) [2국02-01] 글자, 단어, 문장, 짧은 글을 정확하게 소리 내어 읽는다.<br>(쓰기) [2국03-01] 글자와 단어를 바르게 쓴다.<br>(문법) [2국04-01] 한글 자모의 이름과 소릿값을 알고 정확하게 발음하고 쓴다. |
|---|---|

　〈사례〉에서 다루고 있는 학습 목표 및 학습 내용에 초점을 두어, 교육과정 시기에 따른 성취기준의 공통점과 차이점을 정리하면 다음과 같다. 우선, 기존 성취기준에서 다루고 있는 주요 내용이 대체로 유지되고 있다. 물론 성취기준상에서 "낱말"이 "단어"로 바뀌었고, 읽기 영역에서는 "짧은 글"이 쓰기 영역에서는 "단어"가 추가되었으나 전반적인 내용에는 큰 변화가 없다. 성취기준 기술상에서 눈에 띄는 변화는 읽기 영역에서 "정확하게"라는 표현이 추가되었다는 점이다. 기존 성취기준에서도 정확하게 읽기가 다루어졌으나, 이러한 표현을 성취기준 문면에 드러냄으로써 해당 성취기준의 위계상 특성을 보다 명시적으로 제시했다고 할 수 있다.

## 초기 문해력 단계의 학습자를 위한 한글 수업 설계하기

초등학교 1학년을 대상으로 국어 시간에 한글을 가르칠 때, 한글 수업이 초기 문해력(early literacy) 단계에 있는 학습자를 대상으로 한다는 점에 유의해야 한다. 초기 문해력에 해당하는 시기를 정하는 방식은 학자에 따라 조금씩 다른데, 엄훈(2017: 86)에서는 "유치원 교육과 초등학교 저학년 시기까지의 문해력 교육이 초기 문해력에 해당"한다고 보았다. 엄훈(2018, 2019)에서는 초기 문해력을 초기 아동기 문해력(early childhood literacy)이라고 명명하며 문해력 발달 단계를 다음과 같이 제시하였다.

**문해력 발달 단계(엄훈, 2018, 엄훈, 2019:12에서 재인용)**

초기 문해력 단계에 있는 학습자를 대상으로 한다는 점을 고려할 때 한글 수업은 어떻게 이루어져야 할까? 엄훈(2017)에서는 한글 교육에서 초기 문해력 교육으로의 관점 전환을 촉구하며 초기 문자 지도가 아이의 눈높이에 맞는 읽기 및 쓰기 교육과 연계되어야 한다는 점, 교과서 단원의 구성 시 내용의 논리적 측면뿐 아니라 학습자의 발달적 특성, 학습 과정이 고려되어야 한다는 점 등을 지적하였다.

실제로 교과서에서도 〈사례〉에서 다룬 여러 가지 모음자 알기 다음에 이야기를 듣고 낱말을 읽고 쓰는 활동을 제시하고 있다. 교과서에서 제시된 "이가 아파서 치과에 가요"라는 이야기(교육부, 2017ㄱ: 112-114)는 학생들의 수준에 맞게 그간 학습한 짜임의 글자를 주로 사용하고 있다. 이와 같이 학습자들이 한글 학습을 하면서 수준에 맞는 문해 경험을 하도록 수업을 설계하는 것이 필요하다.

한편 최선희·이관희(2021: 94-95)에 따르면 초등학교 1학년 1학기의 한글 자모 관련 내용 요소는 "기본 자음자 13개→기본 모음자 10개→받침이 없는 글자의 짜임, 복합 모음자→(기초적인) 홀받침이 있는 글자→쌍자음자가 초성에 쓰인 경우"와 같이 계열화되어 있다. 한글 수업을 설계할 때에는 이러한 계열화 양상을 고려하여 학습자가 문해력 단계에 맞게 점진적으로 한글을 학습해 나갈 수 있도록 해야 한다. 만약 학습자의 학습 과정을 고려하지 않고 모든 자음, 모든 모음을 한 번에 가르치는 방식으로 수업을 설계할 경우 한글 학습이 제대로 이루어질 수 없다. 초등학교 1~2학년 학생들을 대상으로 국어 시간에 한글을 가르칠 때에는 문해력 단계에 맞게 수업을 설계하는 것이 무엇보다 중요하다.

## 한글 교육에서 학습자 간의 편차를 고려하여 수업 설계하기

국어 시간에 한글을 가르칠 때 교사가 느끼는 어려움 중 하나가 학습자 간 편차이다. 한글을 이해하고 사용할 수 있는 수준이 다른 학습자들이 한 교실에 있을 때 국어 교사는 어떻게 수업을 설계하고 이끌어 가야 할까?

초기 문해력 단계에 있는 학습자들의 문해력 편차를 교육적으로 어떻게 다루어야 할지에 대해서 여러 연구와 교육적 실천이 이루어지고 있다. "효과적인 교실 수업과 함께 읽기에 어려움을 겪는 최하위 수준의 아이들에게 개별화 교육 프로그램을 제공하는 투 트랙 전략"(엄훈, 2017: 102)이 제안되기도 하였고, 같은 맥락에서 "한국판 리딩 리커버리(reading recovery)"라 할 수 있는 '읽기 따라잡기' 프로그램이 운영되고 있기도 하다(염은열·김미혜, 2021). 최근에는 이미 한글을 일정 수준 익힌 학생들을 수업 시간에 어떻게 지도해야 할지에 대한 논의도 이루어지고 있다. 이러한 연구 및 교육은 초기 문자 교육인 한글 교육에 한정된 것이 아니라 초기 문해력 교육이라는 보다 포괄적인 관점에서 이루어지고 있다.

한편, 교육부에서는 '한글 또박또박'이라는 한글 학습 지원 프로그램을 활용하여, 학생 각각의 한글 익힘 수준을 분석하여 학습자의 수준에 맞는 개별 학습이 이루어질 수 있도록 하고 있다. 다음은 한글 또박또박 프로그램을 통해 산출한 성장 결과지의 일부 사례이다(교육부, 2019).

| 내용 | 오반응(가형) | 보충 교재(찬찬한글) 연계 |
|---|---|---|
| 기본 모음 | 오 | 1단원 배움 1~7 [교사용, 학생용(1)] |
| 2-1. 기본 자음 | 하, 사, 나 | 2단원 배움 8~12 [교사용, 학생용(2)] |
| 2-2. 다양한 자음 | 타, 짜, 타 | 2단원 배움 8~12 [교사용, 학생용(2)] |
| 3. 복잡한 모음 | 와, 외 | 4-5단원 배움 15~20 [교사용, 학생용(3)] |
| 4. 자모 낱말(의미) | 사과 | 3단원 배움 13~14 [교사용, 학생용(4, 5)] |
| 5. 자모 낱말(무의미) | 너기, 푸버 | 3단원 배움 13~14 [교사용, 학생용(4, 5)] |
| 6. 대표 받침 글자 | 갑, 감 | 6-7단원 배움 21~26 [교사용, 학생용(6, 7, 9)] |
| 7. 대표 받침 낱말(의미) | 돋보기 | 6-7단원 배움 21~26 [교사용, 학생용(6, 7, 9)] |
| 8. 복잡한 받침 낱말(의미) | 가마솥, 벚꽃 | 8-9단원 배움 27~33 [교사용, 학생용(8)] |
| 9. 대표 받침 낱말(무의미) | 주받 | 6-7단원 배움 21~26 [교사용, 학생용(6, 7, 9)] |
| 10. 쓰기 | 여, 기, 바, 선 | 3~10단원 배움 13~24 [교사용, 학생용(10)] |

**한글 또박또박 성장 결과지 일부 예시(교육부, 2019)**

교사는 반 전체 학생들을 대상으로 국어 수업을 하면서도, 위와 같은 프로그램을 적절히 활용하여 개별화된 맞춤형 지도를 할 수 있다.

# 2장

## 1~2학년군:
## 문학, 소리와 모양을 떠올리며 글 읽기

이 장에서는 소리와 모양을 흉내 내는 말을 주제로 한 수업 지도안 사례를 살펴볼 것이다. 흉내 내는 말에 주목하며 다양한 국어 활동을 하면 말의 재미를 느낄 수 있다. 학생들은 초등학교 1~2학년군에서 의성어와 의태어에 주목하며 시나 노래 등의 작품을 감상하고 일상적 대화를 함으로써 말의 재미를 느끼고 나아가 문학의 즐거움을 느끼는 데에까지 나아갈 수 있다.

흉내 내는 말에 주목해 보는 것은 말의 재미를 통해 문학적 즐거움을 느끼게 한다는 측면에서는 문학 영역의 교육 내용으로 볼 수 있고, 특정 범주의 언어 자체에 주목하게 한다는 측면에서는 문법 영역과도 관련된다. 흉내 내는 말을 활용하여 대화하고 글을 읽고 표현하는 활동을 한다는 점에서는 듣기·말하기, 읽기, 쓰기 영역과도 관련을 맺고 있다.

따라서 소리와 모양을 흉내 내는 말을 수업에서 다룰 때에는 관련 성취기준이 교육과정의 어느 영역에 제시되어 있는지 확인하여 성취기준의 초점이 어디에 놓여 있는지 파악해야 한다. 동시에 교과서 해당 단원의 구성과 내용도 잘 살펴 성취기준이 어떤 방식으로 구현되었는지 확인하고, 성취기준의 초점을 살리면서도 관련된 영역들의 활동이 종합적으로 이루어질 수 있도록 하는 것이 바람직하다.[▶국어 교육 이론]

흉내 내는 말에 주목해 보는 것은 문학 영역에서 보면 문학에 대한 흥미와 문학적 표현으로 연결되는 기초 단계에 해당한다. 문법 영역에서는 언어 자체에 대한 흥미와 언어에 대한 메타적 인식으로 이어질 수 있는 기초 단계에 해당한다. 이러한 위계성까지 고려하면 이 지도안에서 다루는 주제가 갖는 국어 교육적 의미를 더 깊이 이해할 수 있다.

이 장을 읽을 때 먼저 지도안을 스스로 평가해 본 후 본문의 내용과 자신의 평가를 비교하며 읽는 것이 바람직하다. 특히, 〈사례〉는 약안 형식으로 되어 있는데 약안의 형식도 작성하는 사람에 따라 다양하기 때문에 형식적 차원에서 개선이 필요한 점이 무엇인지 생각해 볼 필요가 있다. 형식적 측면과 함께 교수·학습 단계에 따른 학습 활동의 구분이 잘 되었는지도 점검해 보도록 한다.

- 수업 지도안의 형식
  - 단원 차시별 지도 계획의 필요성
  - 교수 활동과 학습 활동의 제시 방식
- 도입, 전개, 정리 단계에 들어갈 학습 활동의 적절성

# イ

## 수업 지도안 〈사례 2〉

| 교과 | 국어 | 지도 일시 | 20○○. ○. ○. ○요일 | 대상 | 1학년 | 지도 교사 | ○○○ |
|------|------|-----------|----------------------|------|-------|-----------|------|
| 단원 | 2. 소리와 모양을 흉내 내요. | | | 차시 | $\frac{1}{2}$ 2 | 교과서 쪽 수(출판사) | 48 ~ 51쪽 |
| 성취기준 | [2국05-03] 여러 가지 말놀이를 통해 말의 재미를 느낀다. | | | | | 교과 역량 | 의사소통 역량 |
| 학습 목표 | 소리나 모양을 떠올리며 글을 읽을 수 있다. | | | | | 교수·학습 자료 | PPT, 낱말 카드, 학습지, 포스트잇 |
| 평가 계획 | 자기 평가, 관찰 평가 | | | | | | |

| 학습 단계 | 교수·학습 활동 | 시간 (분) | 자료(•) 및 지도상 유의점(※) |
|-----------|----------------|-----------|-------------------------------|
| 도입 | **1. 지난 차시 학습 내용 복습 및 동기 유발**<br>1) 다양한 소리 흉내 내 보기<br> - 번개가 _____ 칩니다. / 쾅쾅<br> - 바람이 _____ 붑니다. / 살랑살랑<br> - 고양이가 _____ 웁니다. / 야옹<br> - 할머니가 _____ 웃으십니다. / 하하 | 7′ | • PPT<br>※ 예상 답변을 몇 가지 생각해 가되 학생들이 다양한 소리를 스스로 생각해 보도록 유도하고, 만약 타당한 이유가 있으면 그것으로 바꿀 수 있도록 한다. |

| 도입 | **2. 학습 목표 및 활동 안내**<br>1) 학습 목표 읽기: 소리나 모양을 떠올리며 글을 읽을 수 있다.<br>2) 학습 활동 안내<br>  2-1) 선생님의 소풍<br>  2-2) 선생님의 일기<br>  2-3) 무엇이 어울릴까?<br>  2-4) 몸으로 말해요 | 2′ | |
|---|---|---|---|
| 전개 | **1. 선생님의 소풍**<br>1) 소리나 모양을 나타내는 말을 떠올리며 선생님의 소풍 사진을 봅시다.<br>  - 사진의 장소가 어디인 것 같나요?<br>  - 사진에서 발견할 수 있는 것이 무엇이 있나요?<br>  - 사진에 있는 것 중 소리가 날 것 같은 것이 있나요?<br>  - 왜 그렇게 생각했나요? | 8′ | • PPT, 학습지<br>※ 사진을 주의 깊게 관찰하도록 지도하고, 모든 친구들이 생각할 시간을 가지도록 먼저 말하지 않도록 지도한다. |
| | **2. 선생님의 일기**<br>1) 흉내 내는 말을 떠올리며 선생님이 읽어 주는 '선생님의 일기'를 들어 봅시다.<br><br> 선생님의 일기<br><br>선생님은 공원에 갔다. 바람이 불어 나뭇잎이 살랑살랑 흔들리고 있었다. 선생님은 볼펜을 꽉 쥐고 공책에 오늘 할 일을 사각사각 쓰고 있었다. 선생님을 방해할까 차도 살금살금 선생님의 뒤를 지나갔다. 선생님은 따뜻한 바람을 맞으며 여유로운 시간을 보냈다. <br>  - 선생님은 어디에 갔나요?<br>  - 선생님의 일기에는 무엇이 등장하나요?<br>2) '선생님의 일기'에서 흉내 내는 말 찾기<br>  - 선생님의 일기에서 어떤 소리나 모양을 흉내 내고 있나요?<br>  - 선생님의 일기에서 흉내 내는 말을 찾아 밑줄을 그어 봅시다. | 13′ | • PPT, 학습지<br>※ 글을 읽으면서 선생님이 보여 준 사진을 상상하며 읽도록 지도한다. |
| | **3. 무엇이 어울릴까?**<br>1) '선생님의 일기'에서 흉내 내는 말을 찾아 흉내 내기<br>  - '선생님의 일기'에서 흉내 내는 말은 무엇이 있었나요? (사각사각, 살금살금, 살랑살랑, 꽉)<br>  - 선생님의 일기에 나타나지 않은 소리나 모양을 흉내 내는 말은 무엇이 있을까요? (꿀꺽꿀꺽, 번쩍)<br>  - 흉내 내는 말을 몸으로 표현해 봅시다. | 13′ | • PPT, 학습지<br>※ 미리 정답을 몇 가지 더 만들어 놓았지만 학생들이 적절한 근거를 가지고 다른 정답을 제시하면 그 정답으로 수업을 진행함. |

| 전개 | 2) 흉내 내는 말과 어울리는 사진을 찾고 선으로 연결하기 | 7′ | • PPT, 학습지 |
|---|---|---|---|

| 전개 | 2) 흉내 내는 말과 어울리는 사진을 찾고 선으로 연결하기<br>　- 글자 쓰는 소리 / 사각사각<br>　- 나뭇잎 흔들리는 소리 / 살랑살랑<br>　- 차가 이동하는 모양 / 살금살금<br>　- 볼펜을 쥐는 모양 / 꽉<br>　- 물 마시는 소리 / 꿀꺽꿀꺽 (예상 답변)<br>　- 물을 들어 올리는 모양 / 번쩍 (예상 답변)<br><br>**4. 몸으로 말해요**<br>1) 조별로 '몸으로 말해요' 게임을 진행한다.<br><br>　　　* '몸으로 말해요' 게임 규칙<br>　　　1) 조별로 한 방향을 보고 일자로 선다.<br>　　　2) 게임이 시작되면 맨 뒤의 사람만 뒤를 돌아보고 선생님이 보여 주는 단어를 본다.<br>　　　3) 앞의 사람의 어깨를 토닥토닥 두드린다.<br>　　　4) 앞의 사람이 뒤를 돌아보면 자신이 본 말을 흉내 낸다. 말을 해서는 안 된다.<br>　　　5) 맨 앞사람에게 차례가 돌아왔을 때 정답을 알 것 같으면 앞으로 나가서 칠판에 정답을 쓴다.<br>　　　6) 정답이 아닌 경우 2)~5)의 과정을 다시 한다.<br>　　　7) 문제를 모두 맞히면 그때까지의 시간을 잰다.<br><br>　　　* 꼭 지켜 주세요!<br>　　　- 게임이 진행되는 동안 말은 하면 안 돼요~<br>　　　- 친구의 어깨는 살짝 토닥토닥~<br>　　　- 어깨를 토닥토닥 한 친구 말고는 뒤돌아보면 안 돼요~<br>　　　- 다른 친구가 게임하는 동안에 다른 친구들도 말하면 안 돼요~ | 7′<br><br><br><br><br><br><br><br>20′ | • PPT, 학습지<br>※ 3-1) 활동에서 찾은 일기에 나타나지 않은 소리 찾기에서 발견한 소리와 그림을 빈칸에 그려 보도록 하고 선으로 연결하도록 함.<br>• PPT, 낱말카드, 학습지<br>※ 아이들이 게임을 방해하지 않도록 주의사항을 정확하게 인지시킨다. 또한 많은 이동이 있는 활동이기 때문에 부상이 발생하지 않도록 주의를 많이 준다. |
| 정리 | **1. 정리하기**<br>1) 흉내 내는 말의 느낌을 살려 소리 내어 읽기<br>　- '선생님의 일기'를 소리 내어 읽어 봅시다.<br><br>2) 학습 내용 되돌아보기: 스스로 생각해요.<br>　- 포스트잇에 오늘 수업에 대한 생각을 쓰고 칠판에 붙이게 지도한다. 선생님이 몇 가지 읽어 본다. | 3′<br><br><br><br>7′ | • PPT, 학습지<br>※ 흉내 내는 말을 따라 할 때 생동감 넘치게 따라 하도록 지도한다.<br>• 포스트잇<br>※ 학생 자신과 모둠을 스스로 평가하도록 지도한다. |

## ※ 평가 계획

| 평가 내용 | 구분 | 평가 기준 | 평가 방법 |
|---|---|---|---|
| 소리나 모양을 떠올리며 글을 읽을 수 있다. | 잘함 | 소리나 모양을 흉내 내는 말을 떠올리며 생동감 있게 글을 읽을 수 있다. | 자기 평가, 관찰 평가 |
| | 보통 | 소리나 모양을 흉내 내는 말을 떠올리며 글을 읽을 수 있다. | |
| | 노력 요함 | 소리나 모양을 흉내 내는 말을 떠올리며 글을 읽는 데 어려움을 겪는다. | |

## ※ 참고 자료 및 출처

- 교육부, 『국어 교과서 1-2』
- 교육부, 『국어 교과서 1-2 지도서』

$\frac{1}{2}$

# 2

# 지도안 검토하기

## 1) 수업 지도안의 전반부 검토

### (1) 차시, 교과 역량, 학습 목표, 평가 계획

| | |
|---|---|
| 학습 목표 | • 교육과정의 성취기준에 근거하여 학습 목표가 설정되었는가?<br><br>- 교육과정의 성취기준과 교과서 단원의 성격을 종합적으로 고려하여 본 차시 학습 목표가 적절히 설정되었다.<br>- 교과서 해당 단원에 제시된 교과 역량과 지도안에 적힌 교과 역량이 다르다. 교과 역량에 비추어 학습 목표의 초점을 다시 생각해 보아야 한다. |
| 형식 | • 지도안의 서술이 의미하는 바가 명료한가?<br>• 지도안의 항목이 체계적으로 구성되어 있는가?<br>  - 지도안에서 다루어야 하는 항목 중에 누락된 것은 없는가?<br>  - 지도안의 항목 중에 불필요한 요소가 포함되어 있지는 않은가?<br><br>- '$\frac{1}{2}$2'라는 차시 표기가 의미하는 바가 명료하지 않다.<br>- 단원 차시 계획을 제시할 필요가 있다.<br>- 평가 계획이 중복적으로 제시되어 있다. |

'차시'에 '$\frac{1}{2}$2'이라고 적혀 있는데, 그 의미를 명확하게 이해하기 어렵다. 특히 '$\frac{1}{2}$'과 같은 표현은 모호함이 크므로, 특별한 경우가 아니라면 '1', '2', '3' 등과 같이 자연수로 차시를 표시하는 것이 바람직하다.

단원의 차시 계획을 제시하지 않고 본 차시의 교수·학습 활동이 제시되었다. 단원의 차시 계획이 제시되어야 본 차시의 교수·학습 활동이 단원 내에서 어떤 위상을 갖는지 이해할 수 있으므로, 약안을 작성하더라도 단원의 차시 계획은 제시하는 것이 바람직하다.

물론, 교과서를 보면 본 차시 내용 이전에 "흉내 내는 말의 재미 느끼기", "흉내 내는 말을 넣어 문장 만들기", "소리나 모양을 떠올리며 시 읽기"가 있고, 본 차시 내용 이후에 "여러 가지 받침이 있는 낱말 알기", "끝말잇기하기"가 있어 대략적인 흐름을 예측할 수 있다(교육부, 2017ㄱ: 34-59). 그러나 교사는 교과서를 재구성하여 수업하므로 교과서의 순서가 그대로 유지되었는지 변경되었는지 단원의 차시 계획이 없다면 알기 어렵다. 재구성은 순서에만 한정되지 않으므로 단원의 차시 계획이 제시되어야 본 차시 전후에 어떤 교수·학습 활동이 이루어졌는지 구체적 정보를 확인할 수 있다.

'교과 역량'은 약안 형식의 지도안에 필수적으로 담겨야 하는 요소는 아니다. 물론 필요에 따라 본 차시에서 다루는 내용이 어떠한 교과 역량과 관련되는지 제시할 수도 있다. 교과 역량은 상당히 포괄적인 용어로 표현되기 때문에, 역량만 제시해서는 학습 목표와의 관련성을 분명하게 포착하기 어렵다. 만약 세안에서 역량을 제시할 필요가 있다고 판단한 경우라면, 포괄적인 수준에서 규정된 역량이 학습 목표 차원에서 어떻게 구체화될 수 있는지를 설명하는 것이 필요하다.

〈사례〉의 경우 교과 역량 항목에 '의사소통 역량'이라고 기재하였는데, 교과서의 해당 단원을 보면 국어과 교육 역량으로 "누리며 즐기기"가 설정되어 있다. '누리며 즐기기'는 문화 향유 역량을 쉽게 풀어 쓴 것이다. 이와 같이 교과서의 해당 단원에 제시된 역량과 지도안에서 교사가 설정한 역량에 차이가 나는 것은 "소리나 모양을 떠올리며 글을 읽을 수 있다."[1]라는 학습 목표가 다양한 각도에서 이해될 수 있기 때문이다. 읽기 방식 중 하나라는 차원에서 보면 의사소통 역량을 설정할 수 있고, 말의 재미를 느끼기 위한 문학 영역의 성취기준이 구현된 것이라는 차원에서 보면 문화 향유 역량을 설정할 수도 있다.

소리나 모양을 떠올리며 글을 읽는 과정에서 의사소통 역량을 키울 수도 있지만,

---

1    "소리나 모양을 떠올리며"는 교과서 해당 단원에서 반복적으로 등장하는 표현이다. 이 수업에 해당하는 교과서 활동명이 "소리나 모양을 떠올리며 글 읽기"이고, 이 부분의 첫 번째 하위 활동이 "소리나 모양을 떠올리며 그림 살펴보기"이다. 또한, 바로 앞에는 "소리나 모양을 떠올리며 시 읽기" 활동이 제시되어 있다(교육부, 2017ㄱ: 44-49).

교육과정의 성취기준을 고려하면 이 단원은 기본적으로 말놀이를 통해 말의 재미를 느끼게 하는 것을 일차적 목표로 삼고 있음에 유의해야 한다. 따라서 해당 학습 목표가 어떠한 성취기준에 바탕을 두고 있는지 잘 살펴, 교육과정 성취기준의 취지를 살려 학습 목표를 다루는 것이 필요하다. 이러한 작업을 기본으로 하여 필요에 따라 관련된 다른 역량을 추가할 수 있을 것이다.

본 차시의 학습 목표는 적절하게 설정되었다. 앞서 언급한 대로 이 단원에는 '흉내 내는 말의 재미 느끼기', '흉내 내는 말을 넣어 문장 만들기', '소리나 모양을 떠올리며 시 읽기', '소리나 모양을 떠올리며 글 읽기', '여러 가지 받침이 있는 낱말 알기', '끝말 잇기하기'와 같이 다양한 학습 활동이 담겨 있다. "소리나 모양을 떠올리며 글을 읽을 수 있다."는 이 단원에 담긴 다양한 학습 목표 중에서 본 차시에서 목표로 하는 학습 목표이다. 지도안을 작성할 때 단원 전체의 학습 목표와 본 차시의 학습 목표를 구분하지 못하는 경우가 많은데, 〈사례〉의 경우 이러한 점을 명확히 구분하여 본 차시의 학습 목표를 적절히 설정하였다.

'평가 계획'이 지도안의 앞부분과 뒷부분에 모두 제시되어 있다. 앞부분에는 '자기 평가, 관찰 평가'로 간략히 제시되어 있고 뒷부분에는 조금 더 상세한 내용이 제시되어 있다. 지도안 형식은 학교에 따라, 교사에 따라, 상황에 따라 달라질 수 있으나, 뒷부분에 평가 계획을 상세히 제시할 것이라면 앞부분에까지 평가 계획을 제시할 필요는 없다. 여기서는 형식적 차원에서 평가 계획이 중복적으로 제시되었음을 지적한 것이고, 〈사례〉에 제시된 평가 계획의 타당성은 이후 점검 과정에서 별도로 언급한다.

## (2) 교수·학습 활동

| 형식 | • 지도안의 항목이 체계적으로 구성되어 있는가?<br> - 지도안의 항목이 균형 있게 다루어지고 있는가?<br> - 지도안에서 다루어야 하는 항목 중에 누락된 것은 없는가? |
|---|---|
| | - 교수·학습 활동이 교사 활동 위주로 작성되었다. |
| 교수·학습 방법 | • 교사와 학생 간, 학생과 학생 간 상호작용이 적절히 일어날 수 있도록 지도안을 작성하였는가?<br>• 구성된 활동의 시간을 적절히 배분하였는가? |

| 교수·학습<br>방법 | - 교사와 학생 간 상호작용이 어떻게 이루어지는지 지도안에 잘 드러나지 않는다.<br>- 80분간 이루어지는 블록타임제 수업으로 시간 배분이 대체로 적절하지만, 조별 활동의 경우 수업 상황에 따라 더 많은 시간이 필요할 수 있음에 유의해야 한다. |
| --- | --- |

'교수·학습 활동'에서 형식상 '교사'와 '학생'으로 구분하지 않았는데, 1부에서 설명한 대로 교사 활동과 학생 활동은 구분하여 작성할 수도 있고 구분하지 않고 통합하여 작성할 수도 있다. 단, 교사 활동과 학생 활동을 통합하여 지도안을 작성하는 경우에도 각 단계에서 학생이 어떤 활동을 하는지가 잘 드러나도록 기술하는 것이 바람직하다.

〈사례〉의 경우 교수·학습 참여자 간의 상호작용이 지도안 차원에서 잘 드러나지 않는다. 실제 수업을 참관한다면 교사와 학생, 학생과 학생 간의 상호작용을 직접 관찰할 수 있겠지만, 지도안에서 이러한 상호작용을 확인하기 어렵다. 교수·학습의 각 단계별로 교사 활동과 학생 활동이 어떻게 연계되는지 제시하고, 학생의 활동 구조도 구체적으로 제시하여 학생 간 상호작용이 어떻게 이루어지는지 확인하기 쉽게 지도안을 작성하는 것이 바람직하다.

이 수업은 총 80분으로 설계되었다. 두 시간 수업을 연달아 하는 블록타임제를 적용한 것이다. 크게 보아 도입에 9분, 전개에 61분, 정리에 10분을 배정하였다. 전개에서는 '선생님의 소풍' 활동에 8분, '선생님의 일기' 활동에 13분, '무엇이 어울릴까?' 활동에 20분, '몸으로 말해요' 활동에 20분을 사용할 수 있도록 시간을 배분하였다.

시간 배분은 절대적인 기준이나 정답이 있는 것이 아니므로 학습 내용의 특성과 난도, 학습자의 수준, 교실 환경 등을 종합적으로 고려하여 교사가 판단해야 한다. 도입에서 이전 차시 내용을 확인하기만 하는 것이 아니라 복습까지 하고 활동 안내도 포함되어 있으므로 9분 정도의 시간을 할애한 것은 적절하다고 판단된다. 전개에서도 활동의 특성을 고려하여 시간을 안배했다고 볼 수 있다. '몸으로 말해요'와 같이 조별로 진행되는 활동은 일반적으로 많은 시간이 필요하며, 수업에 참여하는 학생 수에 따라 시간 배분이 달라질 수도 있다. 또한 활동 후 조별로 느낀 점을 발표하는 등 추가 활동을 할지 여부에 따라서도 시간 배분이 달라질 수 있다.

## 2) 교수·학습 단계별 검토

### (1) 도입 단계

| | |
|---|---|
| 교수·학습<br>방법 | • 학습 목표 달성에 적합한 활동을 구성하였는가?<br>• 학습 활동이 유기적으로 연결되어 있는가?<br>• 학습자의 수준과 흥미를 고려하여 활동을 구성하였는가? |
| | - 전 차시 관련 활동과 동기 유발은 구분하여 작성하고, 활동 안내 방식도 구체적으로 제시해야 한다.<br>- 동기 유발의 방법을 구체적으로 제시하고 본 차시 학습 목표와의 연계성을 높여야 한다. |

　도입 단계에 이전 차시 학습 내용의 확인과 복습, 동기 유발, 학습 목표 확인 및 활동 안내와 같은 내용이 담겨 있다. 도입 단계에는 필요한 유형의 활동들이 담겨 있다고 평가할 수 있다.

　첫 번째 교수·학습 활동으로 '1. 지난 차시 학습 내용 복습 및 동기 유발'이 제시되어 있다. 이전 차시 내용의 복습과 동기 유발은 도입 단계에 모두 필요한 활동이지만 두 활동을 구분하여 지도안에 제시하는 것이 일반적이다.

　이전 차시 내용은 도입 단계에서 확인하는 정도로 다룰 수도 있고, 시간을 좀 더 할애하여 복습하는 데에까지 나아갈 수도 있다. 확인만 할 것인지 복습까지 할 것인지는 학습 내용의 난도, 학습자의 수준, 이전 차시 내용과 본 차시 내용의 연계 정도, 수업 시간 등을 종합적으로 고려하여 교사가 결정해야 한다. 이 수업의 경우 초등학교 1학년 학생들을 대상으로 하였고, 흉내 내는 말을 다룬다는 점에서 차시 간 연계성이 높다. 또, 블록타임제를 실시하여 80분간 수업이 이루어지므로 도입 단계에서 복습할 시간도 충분하다. 이런 점을 고려하면 도입 단계에서 복습은 충분히 설정할 수 있는 상황이라고 볼 수 있다.

　이전 차시 학습 내용을 복습할 때에도 바로 복습을 하기보다는 학생들과의 상호 작용을 바탕으로 이전 차시 학습 내용을 가볍게 떠올려 보는 활동부터 시작하는 것이 좋다. 예를 들어, "지난 국어 시간에 무엇을 배웠죠?"와 같이 지난 수업 내용을 떠올리게 한 후 "고양이는 어떻게 울죠?"라고 가볍게 묻고 학생들의 답을 들어 볼 수 있다. 이와 같이 이전 차시에서 배운 내용을 떠올리고 가볍게 답해 보는 데에서 출발하여, 지도안에서와 같이 PPT에 여러 문장을 주고 빈칸에 들어갈 말을 생각하고 답변해 보는 활동으로 이어 갈 수 있다.

단, 단원 차시 계획이 제시되어 있지 않아서 복습 활동으로 제시된 내용이 적절한지 이 지도안만으로 평가하기 어렵다. 복습 활동에서는 이전 차시의 핵심 내용이면서 동시에 본 차시 학습의 기초가 되거나 본 차시 활동과 연계성이 높은 내용을 다루는 것이 효과적이다.

'자료 및 지도상 유의점'에서 밝힌 바와 같이 예상 답변을 미리 추측해 보고, 학생들이 스스로 답을 생각해 보도록 유도하는 것은 바람직하다. 또한, 흉내 내는 말이 다양하고 상황에 따라 여러 표현이 가능하므로, 예상 답변을 벗어나더라도 타당하다고 판단되는 답변을 수용하는 것은 적절한 계획이라고 평가할 수 있다.

이전 차시 내용을 확인하고 복습한 후 일반적으로 동기 유발 활동을 한다. 앞서 지적한 대로 이전 차시 내용의 확인과 동기 유발 활동은 구분하여 제시하는 것이 일반적이다. 따라서 〈사례〉의 경우 이전 차시 내용의 복습과 동기 유발을 구분하여 제시하는 방식으로 수정하는 것이 바람직하다.

경우에 따라 이전 차시의 내용 확인이 동기 유발 활동이 되는 특수한 경우도 있을 수는 있다. 이 경우 해당 활동은 매우 복합적인 성격을 띤다. 이전 차시 내용의 확인이라는 점에서 전 차시 학습 목표와 관련되면서, 동시에 본 차시의 동기 유발 활동이라는 점에서 본 차시 학습 목표에 부합해야 한다.

만약 현재 지도안에 제시된 활동을 수정·보완하여 동기 유발 활동으로 활용한다면, 우선 '다양한 소리'를 '다양한 소리와 모양'으로 수정하고, 소리나 모양을 흉내 내는 말을 생동감 있게 읽어 보도록 하는 방식을 생각해 볼 수 있다. 물론 〈사례〉에서도 흉내 내는 말이 들어갈 자리를 빈칸으로 처리한 문장을 제시하고 '다양한 소리 흉내 내 보기' 활동을 구성하였으나, 설명이 부족하여 활동 방식을 구체적으로 알기 어렵다. 단순히 빈칸에 들어갈 말이 무엇인지 답하는 방식이라면 동기 유발로 충분하지 않다. 동기 유발을 하려면, 빈칸에 어떤 말이 들어가는지 답하는 것을 넘어 그 말을 가리키는 소리나 모양을 떠올리며 생동감 있게 말해 보게 하는 것이 필요하다.

예를 들어, '야옹', '살랑살랑'이라는 단어를 학생들이 각자 소리나 모양을 떠올리며 소리 내어 읽어 보도록 하면, 이러한 종류의 말을 생동감 있게 읽는 데 관심과 흥미를 가질 수 있다. 소리나 모양을 흉내 내는 말을 생동감 있게 읽어 보는 활동은 간단하면서도, 이후 전개에서 이루어질 소리나 모양을 떠올리며 글 읽기 활동으로 자연스럽게 이어질 수 있다는 점에서 동기 유발 활동으로 고려해 볼 수 있다. 따라서 이러한 활동 방식이 보다 분명하게 드러나도록 지도안을 수정할 필요가 있다.

다음으로 '2. 학습 목표 및 활동 안내'에서 학습 목표를 읽도록 한 것은 타당하다. 단, 지도안에 "학습 목표 읽기"라고만 되어 있어 학생들이 학습 목표를 어떤 방식으로 읽는지가 불분명하다. 교사가 학습 목표를 칠판에 적고 교사 안내에 따라 학생들이 학습 목표를 소리 내어 읽도록 할 계획이라면 아래와 같이 기술할 수 있다.

| 교수·학습 활동 | 교사 | 학생 |
|---|---|---|
| 학습 목표 확인 및 활동 안내 | • 본 차시 학습 목표 제시<br>- 학습 목표를 칠판에 적기<br>- 학습 목표를 다 함께 읽게 하기 | • 본 차시 학습 목표 확인<br>- 칠판에 적힌 학습 목표 확인<br>- 교사 안내에 따라 학습 목표 소리 내어 읽기 |

전개 활동에 앞서 도입 단계에서 학생들이 학습 목표를 명확히 인지할 수 있게 하는 것은 매우 중요하다. 교실 환경에 따라 다르겠지만 칠판을 사용할 수 있는 교실 환경이라면 칠판의 좌측 상단과 같이 학생들이 쉽게 확인할 수 있는 곳에 학습 목표를 판서해 놓는 것이 바람직하다. 물론 칠판의 좌측 상단과 같은 위치가 절대적인 것은 아니다. 교실 환경에 따라 학습 목표를 제시하는 위치는 달라질 수 있다. 중요한 것은 이후 교수·학습 과정에서 학생들이 학습 목표를 인식하고 수업에 참여할 수 있도록 하는 것이다.

다음으로 '2. 학습 목표 및 활동 안내'의 "2) 학습 활동 안내"에서는 네 가지 학습 활동을 안내하고 있다. 전개 단계에서 어떤 활동이 이루어질 것인지 도입 단계에서 안내하는 것은 바람직하다. 단, 현재와 같이 학습 활동의 목록을 지도안에 제시하는 것만으로는 실제 수업에서 교사가 어떤 방식으로 전개 단계에서 이루어질 학습 활동을 안내할 것인지 파악하기 어렵다. 교사 활동과 학생 활동으로 나누어 교사는 학습 활동 안내를 어떤 방식으로 하고, 그때 학생들은 어떤 활동을 하는지 제시할 필요가 있다. 예를 들어 교사가 PPT에 본 차시의 학습 활동을 순차적으로 제시하고 설명할 때, 학생들은 교사의 안내에 따라 교과서의 해당 부분을 미리 넘겨서 훑어보며 학습 내용을 대략적으로 파악해 보게 할 수 있다.

## (2) 전개 단계

| | |
|---|---|
| 교수·학습 방법 | • 학습 목표 달성에 적합한 활동을 구성하였는가?<br>• 학습 활동이 유기적으로 연결되어 있는가?<br>• 학습자의 수준과 흥미를 고려하여 활동을 구성하였는가?<br>• 지도안의 교수·학습 상황이 실제 현장의 모습을 반영하고 있는가? |
| | - 학습 목표를 달성하기 위한 활동을 단계적으로 구성하였으나, 흉내 내는 말의 느낌을 살려 소리 내어 읽기는 학습 목표와 직결되는 활동이므로 전개 단계에서 다루어 주는 것이 바람직하다.<br>- 학생들의 활동 구조가 구체적으로 드러나도록 교수·학습 활동 부분을 작성해야 한다.<br>- '선생님의 일기'와 '무엇이 어울릴까?' 활동 내의 세부 활동 간 조정이 필요하다.<br>- 짝 활동인 흉내 내기 놀이를 조별 활동으로 바꾼 것은 학습자의 흥미를 고려할 때 가능한 활동 구성이지만, 조별 활동 계획을 보다 구체적으로 제시해야 한다.<br>- 만약 학생들이 교실에서 마스크를 쓰고 있는 상황이라면 조별 활동에서 표정이 잘 전달되지 않을 수 있으므로 이러한 점까지 고려한 활동 계획을 세워야 한다. |
| 교수·학습 자료 및 환경 | • 학습 목표, 학습 내용, 교수·학습 방법, 학습자를 적절히 고려하여 교재를 선정/구성/재구성하였는가?<br>• 교재와 매체 자료의 활용 방식이 적절한가? |
| | - 교과서의 삽화 및 실린 글을 고려하여 교사의 경험이 담긴 소풍 사진과 일기를 활용한 것은 의미 있는 교재 재구성이다. 단, 전개의 세 가지 활동이 모두 재구성된 교재로만 진행되고 있어, 교과서에 제시된 삽화와 글을 활용할 필요는 없는지 점검해 볼 필요가 있다.<br>- 교실 상황에 따라 학생들이 소풍 사진을 보고 답변한 흉내 내는 말을 칠판에 적는 방안도 고려해 볼 수 있다. |

우선 전개 활동을 전체적으로 살펴보자. 전개 단계에서는 소풍 사진, 일기 등을 활용하여 흉내 내는 말을 찾고 표현해 보는 활동을 하고, '몸으로 말해요' 게임을 통해 흉내 내는 말과 관련된 재미있는 활동을 하도록 계획하였다. 학습 목표가 "소리나 모양을 떠올리며 글을 읽을 수 있다."지만 바로 글을 읽는 활동을 하지 않고 관련된 활동을 단계적으로 실시하는 것은 학습자의 수준을 고려할 때 타당한 설계이다. 또한,

말놀이를 통해 말의 재미를 느끼도록 한다는 성취기준의 취지를 고려할 때 바로 읽기 활동을 하기보다는 쉽고 재미있는 활동을 단계적으로 해 갈 수 있도록 활동들을 조직했다고 평가할 수 있다.

실제로 교과서에서도 "소리나 모양을 떠올리며 글 읽기" 부분에서 다음과 같이 단계적으로 학습 활동을 제시하고 있다.

> **[교과서 학습 활동]** (교육부, 2017ㄱ: 48-51)
> 소리나 모양을 떠올리며 그림을 살펴봅시다.
> 「즐거운 단풍 구경」에서 흉내 내는 말을 찾아 몸으로 표현해 봅시다.
> 흉내 내는 말과 어울리는 그림을 선으로 이어 봅시다.
> 짝과 흉내 내기 놀이를 해 봅시다.
> 흉내 내는 말의 느낌을 살려 「즐거운 단풍 구경」을 소리 내어 읽어 봅시다.

그러나 이러한 점을 고려하더라도 "흉내 내는 말의 느낌을 살려 소리 내어 읽기" 활동을 전개 단계에서 하지 않고 정리 단계에서만 한 것은 수정이 필요하다. 물론, 정리 단계에서 학습 목표와 직결되는 활동을 하는 것 자체는 가능하지만, 전개 단계에서 이러한 활동 없이 정리 단계로 넘어가는 것은 적절하지 않다.

〈사례〉의 구조를 유지하면서 이러한 점을 반영한다면, 조별 활동인 '몸으로 말해요'까지의 활동을 마무리한 후, 전개 단계의 말미에 흉내 내는 말의 느낌을 살려 소리 내어 글을 읽어 보는 활동을 하도록 할 수 있다. 교과서에서는 이 학습 활동이 간략히 제시되어 있지만, 교사의 판단에 따라 재구성하여 보다 구체적인 활동 구조를 만드는 것도 가능하다. 예를 들어, 교사가 활동 안내 후 흉내 내는 말의 느낌을 살려 읽는 시범을 보여 주고 학생들이 각자 읽는 연습해 본 후 발표를 해 보도록 할 수 있다. 물론, 전개 단계 말미에 이와 같은 활동을 추가한다면 현재 전개 단계에 있는 활동들을 일부 조정하고 시간 배분도 달리해야 할 것이다.

😊➕ **도움말** --------------------------------------------------------------

• 학습 활동들을 단계적으로 조직하되, 학습 목표와 직결되는 학습 활동은 전개 단계에서 충분히 다루어 주어야 한다.

--------------------------------------------------------------

전개 단계의 첫 번째 활동인 '1. 선생님의 소풍'은 선생님의 소풍 사진을 보며 소리나 모양을 나타내는 말을 떠올려 보는 것이다. 교과서에는 소풍 삽화와 함께 "소리나 모양을 떠올리며 그림을 살펴봅시다."라는 학습 활동이 제시되어 있다. 교과서의 자료를 그대로 사용할 수도 있지만, 선생님이 직접 등장하는 소풍 사진을 활용하면 학생들의 관심과 흥미를 유발하는 데 도움이 된다. 또한 이와 같이 실제성이 높은 자료를 활용하면 국어 수업 시간의 활동이 교실 밖에서의 국어 활동으로 이어지도록 하는 데에도 도움이 된다.[▶국어 교육 이론]

〈사례〉에서 소풍 사진을 바탕으로 교사가 학생들에게 어떤 질문을 할 것인지 계획을 세우고 지도안에 제시한 것은 긍정적으로 평가할 수 있다. 또한, 학생들에게 사진을 보여 준 후 바로 소리나 모양을 떠올려 보라고 하지 않고, 사진에 담긴 기본 정보를 함께 확인해 본 후 목표로 하는 질문을 한 것도 활동의 단계성이라는 측면에서 적절한 방식이다.

단, 앞서도 지적한 바와 같이 교사가 질문을 할 때 학생들이 어떤 활동을 하고 그에 대해 다시 교사는 어떤 활동을 할지 구체적으로 제시하는 것이 바람직하다. 예컨대, 교사가 질문을 던지면서 활동 방식을 안내하면 학생들은 다른 친구들이 생각할 시간을 가질 수 있도록 먼저 말하지 않고 생각하는 시간을 갖는다. 이러한 활동 구조가 드러나게 지도안을 작성하는 것이 바람직하다. 〈사례〉는 교수·학습 활동에서 이러한 활동 구조를 지도안의 교수·학습 활동 칸에서는 드러내지 못하고 대신 자료 및 지도상의 유의점 칸에서 유의사항으로 활동 구조의 일면을 제시하고 있다.

선생님의 소풍 사진을 보고 학생들이 말한 흉내 내는 말을 교사가 칠판에 적는 방법도 생각해 볼 수 있다. PPT가 미리 준비된 자료를 보여 주는 데 효과적인 매체라면, 칠판은 교사의 설명뿐 아니라 학생들의 발표 내용도 적을 수 있어 교수·학습 상황에서 이루어진 소통 결과를 바로 기록하는 데 효과적인 매체이다. 사진을 보고 학생들이 말한 흉내 내는 말을 교사가 칠판에 적어 가며 활동하면, 선생님의 일기에서 흉내 내는 말을 찾는 활동을 할 때 칠판에 적힌 흉내 내는 말과 일기에 있는 흉내 내는 말을 비교해 보는 활동도 가능하다. 물론, 현재와 같이 판서 없이 학생들의 답변을 들어 본 후 다음 활동으로 넘어가는 것도 가능하다. 수업에서 어떤 방식으로 학습 활동을 구성할지는 하나의 답이 있는 것이 아니므로 다양한 가능성을 검토해 보고 수업 의도와 수업의 상황에 가장 적합하다고 판단하는 방식을 선택하는 것이 중요하다.

• 매체 자료의 특성을 고려하여 매체를 상황에 맞게 활용한다.
  (예) PPT와 칠판의 특성이 다르므로 매체의 특성에 맞게 수업에서의 활용 계획을 수립해야 한다.

┄┄┄┄┄┄┄┄┄┄┄┄┄┄┄┄┄┄┄┄┄┄┄┄┄┄┄┄┄┄┄┄┄┄┄┄┄┄┄┄┄┄┄┄┄┄┄┄┄┄┄┄┄┄┄┄┄┄┄┄┄┄┄┄┄┄┄┄┄┄┄┄┄┄

'2. 선생님의 일기'와 '3. 무엇이 어울릴까?'는 유기적으로 연결된 학습 활동인데, 세부 활동의 조정이 필요하다. 우선 앞서도 지적했듯이 〈사례〉에서 선생님의 일기를 제시한 후 "선생님은 어디에 갔나요?", "선생님의 일기에는 무엇이 등장하나요?"[2]와 같은 질문으로 글의 기본적인 내용을 이해하도록 한 후 흉내 내는 말 찾기를 한 것은 내용 학습에서 목표 학습으로 이행하는 단계적인 활동 구조로 평가할 수 있다. 〈사례〉에서는 선생님의 일기에서 흉내 내는 말을 찾아 밑줄을 그어 보는 데에서 '2. 선생님의 일기' 활동을 끝마치고 있다. 이어서 '3. 무엇이 어울릴까?'의 '1)'에서는 선생님의 일기에서 흉내 내는 말을 찾아 몸으로 표현해 보도록 하고 있는데, 활동의 체계성을 고려할 때 '3. 무엇이 어울릴까?'의 '1)'에 제시된 활동은 '2. 선생님의 일기' 부분으로 옮기는 것이 적절하다.

'2. 선생님의 일기' 뒤에 바로 '3. 무엇이 어울릴까?'가 이어지므로, 세부 활동을 어디에 배치하든지 결과적으로 하게 되는 활동은 크게 다르지 않다. 그러나 연결된 각 활동의 내적 완결성을 위해서는, 흉내 내는 말을 찾아 밑줄을 그어 보는 것으로 '2. 선생님의 일기'를 끝마치기보다는 밑줄을 그은 말을 바탕으로 흉내 내는 말을 몸으로 표현해 보는 활동까지 하는 것이 바람직하다. '3. 무엇이 어울릴까?'는 선생님의 일기 활동과 연계되는 것이지만, '3. 무엇이 어울릴까?'의 '2)'는 일기에 제시되어 있지 않은 말도 활용하는 확장된 활동이므로 '2. 선생님의 일기'와 성격이 구분된다.

'4. 몸으로 말해요'는 교과서에 짝 활동으로 제시된 것을 교사가 재구성한 활동으로 보인다. 짝 활동보다 조별 활동에 학생들이 더 적극적으로 참여한다면 이와 같은 재구성은 충분히 가능하다. 80분 수업으로 조별 활동에 충분한 시간 할애가 가능하다는 점도 이러한 재구성의 현실성을 뒷받침해 준다. 물론 40분 수업의 경우에도 조별 활동은 가능하며, 이 경우 전체 활동이 균형 있게 이루어지도록 시간 안배에 유의

**2** 이 질문에서 '무엇'이 가리키는 바가 무엇인지 학생들이 다소 어렵게 느낄 수도 있다. "바람이 불어 무엇이 흔들리고 있었죠?", "선생님이 무엇을 쥐고 공책에 글을 쓰고 있었죠?"와 같이 조금 더 구체적으로 질문하는 방법도 고려해 볼 수 있다.

해야 한다.

단, 이 활동이 학습 목표에 부합하는 방식으로 이루어지도록 하기 위해서는 낱말 카드를 적절하게 구성하는 것이 중요하다. 교과서에는 '냠냠, 살금살금, 재깍재깍, 쿨쿨, 깔깔, 뿡뿡, 콩닥콩닥, 찰칵'이 적힌 낱말 카드가 '붙임'으로 제시되어 있다(교육부, 2017ㄱ). 이와 같이 소리나 모양을 흉내 내는 말이 적힌 낱말 카드를 사용해야 한다. 만약, 소리나 모양을 흉내 내는 말이 아닌 낱말이 적힌 낱말 카드를 사용하면, '몸으로 말해요' 활동을 할 수 있으나 학습 목표에 벗어난 활동이 될 가능성이 크다.

조별 게임 규칙을 제시하기는 하였으나, 실제로 조별 활동이 어떻게 이루어지는지 보여 주기 위해서는 교사 활동과 학생 활동을 구분하여 활동 구조를 구체적으로 제시하는 것이 바람직하다. 조별 게임 참여 순서는 어떻게 되는지, 한 조가 게임을 할 때 다른 조는 무엇을 하는지, 본격적인 게임 참여 전 조별 연습은 없는지 등 세부적인 조별 활동 계획이 수립되어야 하고 그 계획을 지도안에 제시해야 한다.

환경적 제약이 조별 활동에 영향을 끼칠 수 있을지에 대해서도 고려하고 보완 방법을 생각해 놓아야 한다. 만약 학생들이 교실에서 마스크를 쓰고 있는 상황이라면 '몸으로 말해요' 활동 중 표정이 잘 전달되지 않을 수 있다. 특히, 입을 사용해서 표현해야 하는 '깔깔', '냠냠'과 같은 단어 전달에 어려움이 클 것으로 예상된다. 이럴 경우 조별 활동에 사용할 낱말 카드에서 입을 꼭 보아야 맞힐 수 있는 단어를 최소화하는 등 교실 환경에 맞는 대책을 수립해야 한다.

전개 단계의 학습 활동을 살펴보면 대부분의 활동이 재구성된 교재를 사용하여 진행된다. 물론 교사는 교과서를 재구성하여 사용하고, 재구성 정도에 따라 교과서에 제시된 학습 자료가 얼마나 활용되는지 달라진다. 소재는 달라졌으나 학습 목표에 기반하여 교과서 활동을 재구성한 것이기 때문에, 교사가 수업에 관한 다양한 변인을 종합적으로 고려하여 판단한 것이라면 재구성된 교재를 주로 사용하여 수업을 하는 것도 가능하다. 하지만 교과서에 담긴 학습 자료는 학습 목표와 학습 난도, 학습 흥미 등을 종합적으로 고려하여 구성된 것이므로, 재구성된 교재를 사용하더라도 교과서에 담긴 학습 자료를 함께 사용할 필요가 없는지 점검해 보는 것이 바람직하다.

## (3) 정리 단계

| | • 학습 활동이 유기적으로 연결되어 있는가?<br>• 지도안의 교수·학습 상황이 실제 현장의 모습을 반영하고 있는가?<br>• 교수·학습 단계에 맞는 활동을 구성하였는가? |
|---|---|
| 교수·학습<br>방법 | - '흉내 내는 말의 느낌을 살려 소리 내어 읽기'는 목표 학습에 해당하므로 전개 단계에<br>서 우선 다루어야 한다.<br>- '포스트잇에 수업에 대한 생각을 쓰고 칠판에 붙이기'는 성찰 활동으로 유의미하다.<br>단, 수업에 참여하는 학생의 수준에 따라 수업에 대한 생각 말하기 활동으로 변경할<br>수도 있다.<br>- 정리 단계에서 다음 차시 안내를 해야 한다. |

앞서 지적한 바와 같이 '흉내 내는 말의 느낌을 살려 소리 내어 읽기'는 학습 목표와 직결되는 활동이므로 전개 단계에서 우선 다루어야 한다. 물론, 전개 단계에서 다루었다면, 정리 단계에서도 학습 내용 정리 차원에서 다시 다룰 수 있다.

정리 단계에서는 전개 단계에서 다룬 내용들을 바탕으로 정리 활동을 하는 것이 일반적이다. 전개 단계에서 다루었던 흉내 내는 말 일부를 함께 떠올려 보고, 흉내 내는 말의 느낌을 살려 그 말이 들어간 문장이나 글을 읽어 보게 하는 것도 가능한 방법 중 하나이다. 〈사례〉의 정리 단계에서도 흉내 내는 말의 느낌을 살려 소리 내어 읽기를 하였지만, 전개 단계에서 이러한 목표 학습을 하지 않았고, 전개 단계에서 다룬 흉내 내는 말 일부를 함께 떠올려 보는 과정도 지도안에 제시되어 있지 않다.

'2) 학습 내용 되돌아보기'는 수업에 대한 자기 성찰 활동이라는 점에서 정리 단계에서 할 수 있는 유의미한 활동이다. 학생들이 포스트잇에 쓴 글 중 일부를 교사가 읽어 보는 활동도 계획했다는 점에서 교사와 학생 간의 상호작용에 대한 고려도 확인된다.

단, 수업에 참여하는 학생의 수준을 고려하여 성찰적 활동을 일부 조정하는 것도 가능하다. '수업에 대한 생각 쓰기'가 학생들에게 어렵다고 판단되면, 글쓰기 대신 말하기로 변경하는 것을 고려해 볼 수 있다. 참고로 해당 교과서에서 「2. 소리와 모양을 흉내 내요」 바로 다음에 「문장으로 표현해요」 단원이 설정되어 있다. 따라서 수업에 대한 자신의 생각 쓰기는 다음 단원에서 생각을 문장으로 표현하기를 학습한 이후에

하는 것도 가능한 방법이다.

마지막으로 정리 단계에서 다음 차시에 대해 안내해야 한다는 점도 잊지 말아야한다. 물론, 다음 차시 안내를 하기 위해서는 소단원 전체에 대한 차시 계획이 수립되어 있어야 할 것이다.

## 3) 수업 지도안의 후반부 검토

### (1) 평가 계획

| | |
|---|---|
| 평가 | • 학습 목표 달성 여부를 점검하는 방법이 적절한가?<br> - 평가 기준을 적절하게 구성하였는가?<br>• 평가 결과를 적절히 활용하였는가?<br> - [형성평가] 평가 결과를 교수·학습에 적절히 환류하고 있는가? |
| | - 관찰 평가를 어떻게 실시할지 알 수 있도록 평가 계획을 더 구체적으로 제시하는 것이 바람직하다.<br>- 형성평가 결과를 어떻게 교수·학습에 환류할 것인지를 평가 계획에 제시하는 것이 바람직하다. |

〈사례〉에서는 '평가 계획'이라는 별도의 항목을 설정하여 평가 내용과 기준, 방법을 제시하고 있다. '평가 방법'으로 자기 평가와 관찰 평가를 제시하고 있다. 자기 평가는 정리 단계의 '스스로 생각해요' 부분을 가리키는 것으로 보인다. 자기 평가에도다양한 수준이 있으므로 수업에 대한 자신의 생각을 써 보는 것도 자기 평가의 한 방법이 될 수 있다. 단, 학생들이 초등학교 1학년이라는 점을 고려할 때, 본격적인 평가활동을 하기보다는 수업에 참여하면서 느낀 점을 가볍게 이야기해 보는 정도로 진행하는 것이 바람직하다.

이 단원이 말놀이를 통해 말의 재미를 느끼도록 한 성취기준을 구현한 것이라는점도 평가 계획을 수립할 때 고려해야 한다. 학습 목표인 '소리나 모양을 떠올리며 글을 읽을 수 있다.'를 기준으로 평가 기준을 세운 것은 타당하지만, 이 평가 기준에 도달하는 것만을 목표로 수업을 전개하기보다는 수업을 통해 학생들이 말의 재미를 느낄 수 있도록 수업을 운영하는 것이 바람직하다.

'평가 방법'에 자기 평가 외에 관찰 평가도 제시되어 있으나, 관찰 평가가 어떻게 실시되고 그 결과가 어떻게 교수·학습에 환류되는지에 대해서는 설명하고 있지 않다. 어떤 활동을 어떤 방식으로 관찰하고, 관찰 결과를 어떤 방식으로 기록하며, 관찰 결과를 어떻게 이후 교수·학습에 환류할 것인지 계획을 세워 필요한 정보를 지도안에 제시해야 한다.[3] 일반적으로 교사는 수업을 통해 학생들의 국어 활동과 국어 능력 발달을 일정 기간 지속적으로 관찰할 수 있으므로, 관찰 결과를 일회적으로 활용하기보다는 누적적으로 기록하여 관리하는 것이 바람직하다.

## (2) 참고 자료 및 출처

| 형식 | • 인용 표기와 출처 표기를 올바른 방식으로 하였는가? |
|---|---|
| | - 출처 표기 방식에 맞게 참고한 자료의 출처를 표시해야 한다. |

'참고 자료 및 출처'에 참고한 교과서와 지도서가 제시되어 있다. 참고한 자료의 출처를 제시할 때 출판 연도도 표시하는 것이 바람직하다. 초등학교 국어 1-2 ㉮ 교과서를 참고했다면 출처를 표기할 때 출판 연도도 확인하여, '교육부(2017), 『초등학교 국어 1-2 ㉮』.'와 같이 표기할 수 있다.

---

**3** 국어과에서 사용할 수 있는 관찰 평가지의 구체적 사례 및 관찰 평가 시 유의사항에 대해서는 박선화 외(2018:14-19) 참조.

# 3

## 지도안 다시 작성해 보기

### 1) 지도안의 수정 방향

이 지도안은 특히 단원 차시 계획, 교수·학습 활동의 형식과 내용 측면에서 수정·보완이 필요하다. 따라서 단원의 차시별 지도 계획을 수립하고, 교수·학습 활동 작성 시 교사 활동과 학생 활동이 잘 드러나도록 수정할 필요가 있다. 또한 교수·학습 활동 단계에 맞도록 학습 활동을 재배치하고, 활동 구조가 구체적으로 드러나도록 지도안을 수정해야 한다.

여기에서는 단원의 차시별 지도 계획과 본 차시의 전개 단계를 다시 작성해 볼 것이다.

### 2) 단원 설계

단원 학습 목표와 단원 차시별 지도 계획을 작성해 보자.

| 단원<br>학습 목표 | | |
|---|---|---|
| 차시별<br>지도 계획 | 차시 | 주요 학습 내용 및 활동 |
| | | |

| 차시별 지도 계획 | | |
|---|---|---|
| | | |

## 3) 본 차시 설계

다음은 본 차시 수정 예시의 일부이다 앞서 제시한 수정 방향을 고려하여 전개 부분의 빈칸을 작성해 보자.

| 교과명 | 국어 | 교사 | ○○○ |
|---|---|---|---|
| 교재 | 초등학교 국어 1-2 ㉮ 교과서 | 대상 학급 | 1학년 ○반 ○○명 |
| 일시 | 20○○년 ○월 ○일(월) ○교시 | 장소 | 1-○ 교실 |
| 단원 | 2. 소리와 모양을 흉내 내요 | 차시 | 7-8/12차시 (80분 수업) |
| 본 차시 학습 목표 | • 소리나 모양을 떠올리며 글을 읽을 수 있다. | | |

| 교수·학습 단계 | | 교수·학습 활동 | | 자료 및 유의점 | 시간 (분) |
|---|---|---|---|---|---|
| | | 교사 | 학생 | | |
| 도입 | 전시 학습 확인 및 복습 | • **전시 학습 내용 질문과 확인**<br>- 시 〈달리기〉에 나온 흉내 내는 말에 어떤 것들이 있는지 몸으로 표현하며 말해 보게 하기<br><br>• **이전 학습 내용 복습**<br>- 이전 수업들에서 학습했던 흉내 내는 말을 활용하여, 문장 빈칸을 채우며 소리나 모양을 흉내 내 보게 하기<br><br>(예) "고양이가 어떻게 울까요?"<br>- 고양이가 □□□□웁니다. | • **전시 학습 내용 떠올리기**<br>- 지난 시간에 배웠던 시 〈달리기〉를 떠올리거나 교과서를 찾아보며 흉내 내는 말 몸으로 표현하며 말하기<br>• **이전 학습 내용 복습**<br>- 교사가 PPT로 보여 주는 문장을 보며, 교사의 질문에 따라 문장의 빈칸에 들어갈 흉내 내는 말을 실감 나게 말하기 | PPT<br>: 흉내 내는 말이 빈칸 처리된 문장 제시 | 5 |

| 도입 | 동기 유발 | • **사진 보여 주며 소리나 모양 떠올려 보기**<br>- '선생님의 소풍 사진' 보여 주기<br>- 사진 함께 관찰하기<br>- 떠오르는 소리나 모양을 말해 보게 하고, 학생 답변 판서<br>- 오늘 수업에서 선생님이 사진 속 공원에 다녀온 후 직접 쓴 일기에서 흉내 내는 말을 찾아볼 것이라고 설명하며 흥미 유발 | • **사진 보며 소리나 모양 떠올리기**<br>- '선생님의 소풍 사진'을 보며 교사의 질문에 답변하게 사진 관찰하기<br>- 사진을 보고 떠오르는 소리나 모양 말하기 | PPT<br>: 선생님의 소풍 사진<br><br>판서 | 5 |
|---|---|---|---|---|---|
| | 학습 목표 확인 및 활동 안내 | • **본 차시 학습 목표 제시**<br>- 학습 목표를 칠판에 적기<br>- 학습 목표를 다 함께 읽게 하기<br><br>• **학습 활동 안내**<br>- PPT로 학습 활동 순서 제시 | • **본 차시 학습 목표 확인**<br>- 칠판에 적힌 학습 목표 확인<br>- 교사 안내에 따라 학습 목표 소리 내어 읽기<br>• **학습 활동 순서 확인**<br>- 교사의 설명을 들으며 학습 순서 확인 | PPT<br>: 선생님의 소풍 사진 | 3 |
| 전개 | | | | | |

| | | | | | |
|---|---|---|---|---|---|
| 정리 | 학습 내용 정리 | • **학습한 내용 정리**<br>- 이번 시간에 어떤 활동을 했는지 질문하기<br>- 수업 시간에 다루었던 글에서 문장 몇 개를 선별하여 흉내 내는 말의 느낌을 살려 읽어 보게 하기<br>- 오늘 수업에 대한 느낌 말해 보게 하기<br>- 학생들의 느낌 들은 후 교사의 소감도 간략히 말하기 | • **학습한 내용 정리**<br>- 이번 시간에 어떤 활동을 했는지 떠올려 보고 대답하기<br>- 흉내 내는 말의 느낌을 살려 교사가 제시한 문장 소리 내어 읽기<br>- 오늘 수업에 대한 느낌 말하기 | | 5 |
| | 차시 예고 | • **다음 차시 내용 예고**<br>- 여러 가지 받침이 있는 낱말에 대해 배울 것임을 안내 | • **다음 차시 내용 확인**<br>- 교사의 설명을 들으며 다음 시간에 배울 내용 확인하기 | | 2 |

# 4

# 지도안 수정 예시

## 1] 단원 설계 부분 예시

| 단원<br>학습 목표 | • 소리나 모양을 나타내는 말을 바르게 읽을 수 있다.<br>• 다양한 말놀이를 하며 말의 재미를 느낀다. | |
|---|---|---|
| | 차시 | 주요 학습 내용 및 활동 |
| 차시별<br>지도 계획 | 1-2 | • 동물 울음소리 떠올리며 '동물 농장' 노래 듣고 따라 부르기<br>• 물건이 움직이는 모양 흉내 내기<br>• 자신이 상상한 모양을 흉내 내는 말로 써 보기 |
| | 3-4 | • 그림과 어울리는 흉내 내는 말 쓰기<br>• 흉내 내는 말을 넣어 친구의 얼굴 표정 나타내기 |
| | 5-6 | • 흉내 내는 말을 생각하며 시 '달리기' 읽기<br>• 흉내 내는 말을 찾고 몸으로 표현하기 |
| | 7-8<br>(본 차시) | • **글을 읽고 흉내 내는 말 찾기**<br>• **흉내 내는 말을 활용한 '몸으로 말해요' 놀이**<br>• **흉내 내는 말의 느낌을 살려 글 읽기** |
| | 9-10 | • 겹받침을 살펴보며 글 읽기<br>• 겹받침이 있는 말 자음자와 모음자로 풀어서 쓰기<br>• 그림을 보고 알맞은 글자 쓰기 |
| | 11-12 | • 끝말잇기를 하며 말놀이의 재미 느끼기<br>• 단원 마무리 활동 |

## 2) 본 차시 설계 부분 수정 예시

| 교과명 | 국어 | 교사 | ○○○ |
|---|---|---|---|
| 교재 | 초등학교 국어 1-2 ㉚ 교과서 | 대상 학급 | 1학년 ○반 ○○명 |
| 일시 | 20○○년 ○월 ○일(월) ○교시 | 장소 | 1-○ 교실 |
| 단원 | 2. 소리와 모양을 흉내 내요 | 차시 | 7-8/12차시 (80분 수업) •┄┄┄┄┄ |
| 본 차시 학습 목표 | • 소리나 모양을 떠올리며 글을 읽을 수 있다. | | |

| 교수·학습 단계 | | 교수·학습 활동 | | 자료 및 유의점 | 시간 (분) |
|---|---|---|---|---|---|
| | | 교사 | 학생 | | |
| 도입 | 전시 학습 확인 및 복습 | • **전시 학습 내용 질문과 확인**<br>- 시 〈달리기〉에 나온 흉내 내는 말에 어떤 것들이 있는지 몸으로 표현하며 말해 보게 하기<br><br>• **이전 학습 내용 복습**<br>- 이전 수업들에서 학습했던 흉내 내는 말을 활용하여, 문장 빈칸을 채우며 소리나 모양을 흉내 내 보게 하기<br><br>(예) "고양이가 어떻게 울까요?"<br>- 고양이가 □□□□웁니다. | • **전시 학습 내용 떠올리기**<br>- 지난 시간에 배웠던 시 〈달리기〉를 떠올리거나 교과서를 찾아보며 흉내 내는 말 몸으로 표현하며 말하기<br>• **이전 학습 내용 복습**<br>- 교사가 PPT로 보여 주는 문장을 보며, 교사의 질문에 따라 문장의 빈칸에 들어갈 흉내 내는 말을 실감 나게 말하기 | PPT<br>: 흉내 내는 말이 빈칸 처리된 문장 제시 | 5 |

'지난 차시 학습 내용 복습'으로 되어 있던 것을 '전시 학습 확인'과 '복습'으로 구분하였다. 본 차시 학습과의 연계성 강화를 위해 복습에서는 직전 차시 내용만을 다루지 않고 해당 단원에서 배웠던 내용 중 본 차시와 관련된 것들을 포괄적으로 다룰 수 있도록 하였다.

블록타임제 수업으로 7차시와 8차시를 이어서 총 80분 수업을 하게끔 설계하였음이 드러나도록 이와 같이 기재하였다. 구체적 사항은 앞에 제시한 단원의 '차시별 지도 계획'에서 확인 가능하다.

| | | | | | |
|---|---|---|---|---|---|
| 도입 | 동기 유발 | • 사진 보여 주며 소리나 모양 떠올려 보기<br>- '선생님의 소풍' 사진 보여 주기<br>- 사진 함께 관찰하기<br>- 떠오르는 소리나 모양을 말해 보게 하고, 학생 답변 판서<br>- 오늘 수업에서 선생님이 사진 속 공원에 다녀온 후 직접 쓴 일기에서 흉내 내는 말을 찾아볼 것이라고 설명하며 흥미 유발 | • 사진 보며 소리나 모양 떠올리기<br>- '선생님의 소풍 사진'을 보며 교사의 질문에 답변하게 사진 관찰하기<br>- 사진을 보고 떠오르는 소리나 모양 말하기 | PPT<br>: 선생님의 소풍 사진<br><br>판서 | 5 |
| | 학습 목표 확인 및 활동 안내 | • 본 차시 학습 목표 제시<br>- 학습 목표를 칠판에 적기<br>- 학습 목표를 다 함께 읽게 하기<br><br>• 학습 활동 안내<br>- PPT로 학습 활동 순서 제시 | • 본 차시 학습 목표 확인<br>- 칠판에 적힌 학습 목표 확인<br>- 교사 안내에 따라 학습 목표 소리 내어 읽기<br>• 학습 활동 순서 확인<br>- 교사의 설명을 들으며 학습 순서 확인 | PPT<br>: 선생님의 소풍 사진 | 3 |
| 전개 | 일기 속 흉내 내는 말 몸으로 표현하기 | • 선생님의 일기에서 흉내 내는 말을 찾아 몸으로 표현해 보도록 안내<br>- '선생님의 일기'가 담긴 학습지 나누어 주기<br>- 흉내 내는 말을 떠올리며 듣도록 안내하고 소리 내어 일기 읽어 주기<br>- 일기 속 기본적 상황을 파악할 수 있도록 질문한 후, 소리나 모양을 흉내 내는 말 찾아 밑줄 긋게 하기<br>- 흉내 내는 말을 교사와 하나씩 찾아가며, 찾을 때마다 몸으로 표현해 보게 하기 | • 선생님의 일기에서 흉내 내는 말을 찾아 몸으로 표현하기<br>- 학습지에서 '선생님의 일기'를 확인하기<br>- 흉내 내는 말을 떠올리며 교사의 낭독 듣기<br>- 질문에 답하며 일기의 기본적 내용을 파악한 후, 소리나 모양을 흉내 내는 말 찾아 밑줄 긋기<br>- 교사의 안내에 따라 흉내 내는 말을 하나씩 찾을 때마다 자리에서 그 말을 몸으로 표현하기 | 학습지<br>: 선생님의 일기 | 20 |

학습 목표를 판서하고 함께 읽는다는 점이 분명히 드러나도록 수정하였다.

원 지도안의 전개 첫 활동이었던 '선생님의 소풍' 사진을 도입의 동기 유발 활동에서 활용하였다. 선생님의 사진이라는 점에서 학생들의 흥미를 유발할 수 있고, 사진을 보며 소리나 모양을 떠올려 보는 활동이 이어지는 전개 활동과 연계성도 크기 때문이다. 단, 동기 유발 방법에는 여러 가지가 있으므로 수정 예시에서 제안한 방법 외에도 다양한 방법을 생각해 볼 수 있다.

사진은 PPT로 보여 주고, 학생의 답변은 판서를 한다는 점을 지도안에 명확히 제시하였다.

'선생님의 일기'를 활용한 교수·학습 활동이 어떻게 이루어지는지 활동 구조가 분명히 드러나도록 교사 활동과 학생 활동을 구분하여 제시하였다. 예를 들어, 일기를 소리 내어 읽는 교사 활동과 흉내 내는 말을 떠올리며 교사의 낭독을 듣는 학생 활동을 구분하여 기술함으로써, 교사가 교수 활동을 할 때 학생들이 어떤 활동을 하는지도 분명히 드러나도록 하였다. 흉내 내는 말을 몸으로 표현해 보는 활동은 학생들이 각자 자리에서 하도록 설계하였다. 물론, 교사의 판단에 따라 학생 몇 명이 발표를 하게 하거나 조별 활동을 하게 할 수도 있다. 어떤 방식을 선택하든 구체적인 활동 구조가 지도안에 드러나도록 작성하는 것이 바람직하다.

| | | 교사 활동 | 학생 활동 | 자료 | 시간 |
|---|---|---|---|---|---|
| 전개 | ● 어울리는 그림 찾기 | ● 흉내 내는 말과 그림 연결하기<br>- 교과서 학습 활동 3번에 제시된 말이 각각 어떤 모양이나 소리를 흉내 낸 것인지 질문하기<br>- 학생들의 답변을 듣고 어떤 그림이 어울릴지 질문하기<br>- 흉내 내는 말과 그림을 이어 보도록 안내 | ● 흉내 내는 말과 그림 연결하기<br>- 교과서 학습 활동 3번을 찾아서 보기<br><br>- 교사의 질문에 답하며 흉내 내는 말에 어울리는 그림 찾기<br>- 흉내 내는 말과 그림 잇기 | 교과서,<br>PPT | 5 |
| | ● '몸으로 말해요' 놀이 | ● 흉내 내는 말을 활용한 '몸으로 말해요' 놀이 안내<br>- PPT 활용하여 '몸으로 말해요' 놀이 방법 및 안전 수칙 안내<br>- 모둠별로 모여 놀이 방법 익히도록 하기<br>- 한 모둠씩 교실 앞으로 나와 놀이를 하고, 다른 모둠은 마음속으로 응원하기 | ● 흉내 내는 말을 활용한 '몸으로 말해요' 놀이 참여<br>- 교사의 설명을 들으며 놀이 방법 이해 및 안전 수칙 인지<br>- 모둠별로 모여 연습하며 놀이 방법 익히기<br>- 교사의 안내에 따라 모둠별로 교실 앞으로 나가 놀이하기. 다른 모둠이 놀이할 때에는 소리 내지 말고 응원하기 | PPT<br>: 놀이 방법 및 안전 수칙 | 25 |
| | 소리나 모양 떠올리며 글 읽기 | ● 흉내 내는 말의 느낌을 살려 글 읽기<br>- 교과서에 제시된 「즐거운 단풍 구경」에서 흉내 내는 말을 함께 찾기<br>- 교사가 흉내 내는 말의 느낌을 살려 소리 내어 글을 읽는 시범 보이기<br>- 흉내 내는 말의 느낌을 살려 짝끼리 마주 보고 소리 내어 읽기 | | 교과서 | 10 |

교사 활동과 학생 활동을 구분하여 놀이의 각 단계에서 교사와 학생이 어떤 활동을 하는지가 잘 드러나도록 하였다. 모둠별로 연습하는 시간을 주어 놀이 방법을 익힐 수 있도록 하였고, 한 모둠이 놀이를 할 때 다른 모둠이 무엇을 하는지도 분명히 제시하였다. 수업 활동으로 놀이를 활용하는 방법은 다양하므로, 여기서 제시한 방식 외에도 다양한 방식의 운영이 가능하다.

흉내 내는 말과 어울리는 그림을 연결하는 활동은 앞 활동의 확장이면서 동시에 다음 놀이를 위한 준비 활동의 성격도 지닌다. 이 활동을 통해 흉내 내는 말을 보다 많이 접하게 되고, 흉내 내는 말과 어울리는 그림을 연결해 봄으로써 흉내 내는 말이 나타내는 상황을 보다 명확히 이해하게 된다. 교사가 이 활동에서 다룬 낱말을 이후 놀이 활동에 적절히 활용하면 활동 간 연계성이 높일 수 있다.

이 활동은 〈사례〉에서는 정리 단계에 있었으나, 학습 목표 달성을 위해 꼭 필요한 활동이라 수정 예시에서는 전개 단계 활동으로 구성하였다. 교과서에 제시된 「즐거운 단풍 구경」은 학생 관점에서 쓰인 글이고, 여기에 사용된 흉내 내는 말은 전개 단계의 '흉내 내는 말과 그림 연결하기' 활동에서 다루었으므로 새로운 글이지만 학습 부담이 크지는 않을 것으로 보았다. 흉내 내는 말의 느낌을 살려 읽으려면 교사의 시범이 필요하다고 보고 교사 시범 단계도 설정하였다. 마지막으로 소리 내어 읽기는 수업 상황에 따라 몇몇 학생들이 발표하는 과정을 포함하는 것으로 설계할 수도 있을 것이다.

| | | • **학습한 내용 정리** | • **학습한 내용 정리** | | |
|---|---|---|---|---|---|
| | | - 이번 시간에 어떤 활동을 했는지 질문하기 | - 이번 시간에 어떤 활동을 했는지 떠올려 보고 대답하기 | | |
| 정리 | • 학습 내용 정리 | - 수업 시간에 다루었던 글에서 문장 몇 개를 선별하여 흉내 내는 말의 느낌을 살려 읽어 보게 하기 | - 흉내 내는 말의 느낌을 살려 교사가 제시한 문장 소리 내어 읽기 | 5 | |
| | | - 오늘 수업에 대한 느낌 말해 보게 하기 | - 오늘 수업에 대한 느낌 말하기 | | |
| | | - 학생들의 느낌을 들은 후 교사의 소감도 간략히 말하기 | | | |
| | 차시 예고 | • **다음 차시 내용 예고** | • **다음 차시 내용 확인** | 2 | |
| | | - 여러 가지 받침이 있는 낱말에 대해 배울 것임을 안내 | - 교사의 설명을 들으며 다음 시간에 배울 내용 확인하기 | | |

┌┈ 정리 단계에서는 우선 수업 시간에 한 활동을 떠올려 보도록 하였다. 수업 시간에 한 활동을 떠올려 보고 말해 보는 것은 정리 활동이면서 동시에 성찰적 활동의 시작이다. 정리 단계라는 점을 고려하여 전개

단계에서 읽었던 글에서 문장 몇 개를 선별하여 학습 목표와 직접 관련되는 활동을 하도록 설계하였다. 〈사례〉에서는 수업에 대한 생각을 간략히 쓰도록 하였는데 수정 예시에서는 느낌 말하기로 바꾸었다.

## 3) 평가 계획 수정 예시

| 평가 요소 | - 소리나 모양을 떠올리며 글 읽기 |
|---|---|
| 평가 방식 | - 전개 단계의 '소리나 모양 떠올리며 글 읽기' 활동에서 순회 지도를 하며 학습자들이 짝끼리 마주 보고 소리 내어 읽는 것을 관찰하고 피드백한다. 단, 소리나 모양을 떠올리며 읽는지는 외부의 관찰만으로 정확히 파악하기 어려우므로, 해당 단어를 생동감 있게 읽는지를 관찰하여 그렇지 못한 경우 무엇을 떠올리며 읽었는지 물어보며 생동감 있게 읽는 방법을 알려 준다.<br>- 성취 수준 평가와 서술형 보고 방식을 함께 사용한다. 즉, 성취 수준을 몇 단계로 나누어 제시한 후 평가 결과를 표시하고, 학습자의 수행 양상과 지도 내용을 구체적으로 기술한다.<br><br>(예) A 학생에 대한 평가 기록<br><br>〈표〉 |

| 성취 수준 | 평가 결과 | 평가 내용 |
|---|---|---|
| 소리나 모양을 흉내 내는 말을 떠올리며 생동감 있게 글을 읽을 수 있다. | | '비가 주룩주룩 내렸습니다.'에서 '주룩주룩'의 의미를 잘 몰라 생동감 있게 읽지 못했음. 관련 그림을 보여 주며 '주룩주룩'의 의미를 알려 주고 느낌을 살려 읽도록 지도함. |
| 소리나 모양을 흉내 내는 말을 소리 내어 읽을 수 있으나 생동감 있는 표현이 부족하다. | ∨ | |
| 소리나 모양을 흉내 내는 말을 소리 내어 읽는 것을 어려워한다. | | |

〈사례〉및 지도안 수정 예시에서 다루고 있는 소리나 모양을 떠올리며 글 읽기는 2015 개정 국어과 교육과정의 아래 성취기준과 관련된다.

| 2015 개정<br>국어과<br>교육과정 | 성취기준 | (문학) [2국05-03] 여러 가지 말놀이를 통해 말의 재미를 느낀다. |
| | 성취기준<br>해설 | 이 성취기준은 놀이 요소를 가진 말을 통해 문학의 즐거움을 느끼도록 하기 위해 설정하였다. 갈래를 시나 노래에 한정할 필요는 없으며, 여러 갈래의 작품은 물론 일상적 대화 등을 통해 언어의 놀이적 성격을 인지하고 문학을 즐겨 향유하도록 한다. 의성어와 의태어, 두운이나 각운, 율격이 두드러진 말, 언어유희, 재치 있는 문답, 수수께끼, 끝말잇기 등에서 재미를 느끼게 한다. |

소리나 모양을 떠올리며 글 읽기는 특히 의성어, 의태어와 관련되는데, 위 성취기준의 해설을 보면 의성어와 의태어에서 재미를 느끼게 한다는 내용을 확인할 수 있다.

교육과정에 따라 성취기준의 진술 범위, 진술 방식 등이 달라지므로 성취기준 간 일대일 대응은 어렵지만, 위 성취기준은 2022 개정 국어과 교육과정에서 다음의 성취기준과 관련된다고 볼 수 있다.

| 2022 개정<br>국어과<br>교육과정 | 성취기준 | (문학) [2국05-01] 말놀이, 낭송 등을 통해 말의 재미와 즐거움을 느낀다. |
| | 성취기준<br>해설 | 이 성취기준은 흥미로운 말놀이와 분위기를 살린 낭송을 통해 언어 활동의 재미와 즐거움을 느끼며 언어적 감수성을 기르게 하기 위해 설정하였다. 일상에서 쉽게 접할 수 있는 작품은 물론 일상적 대화 등을 통해 언어의 놀이적 성격을 인지하도록 하고, 의성어와 의태어, 규칙적으로 반복되는 소리, 언어유희, 재치 있는 문답, 수수께끼, 끝말잇기 등에서 말놀이의 재미와 가치를 느끼게 한다. 또한 작품의 느낌과 분위기를 살려 낭송해 보면서 목소리 크기나 말의 속도, 어조 등을 달리함에 따라 다양한 느낌을 전달할 수 있음을 알고 문학을 즐겨 향유하도록 한다. |

성취기준을 비교해 보면, 2015 개정 교육과정의 "여러 가지 말놀이를 통해"라는 진술이 "말놀이, 낭송 등을 통해"로 바뀌었고, "말의 재미"가 "말의 재미와 즐거움"으로 바뀌었음을 확인할 수 있다. '낭송'은 2015 개정 교육과정에서는 "[2국05-01] 느낌과 분위기를 살려 그림책, 시나 노래, 짧은 이야기를 들려주거나 듣는다."라는 성취기준에서 다루었던 내용인데, 2022 개정 교육과정에서는 말놀이와 낭송이 하나의 성취기준에서 다루어지고 있다.

성취기준 해설을 보면 "의성어와 의태어 … 등에서 재미를 느끼게 한다."라는 표현이 "의성어와 의태어 … 등에서 말놀이의 재미와 가치를 느끼게 한다."로 바뀌었음을 확인할 수 있다. 의성어와 의태어에 관한 설명은 일부 표현에 차이가 있으나, 내용은 대체로 유사하다고 볼 수 있다.

## 지도안과 국어 교육 이론 연결하기

국어과 하위 영역들을 통합하여 수업 설계하기

국어과 교육과정의 성취기준은 영역에 따라 구분되어 제시된다. 예를 들어, 공통 과목인 국어의 경우 듣기·말하기, 읽기, 쓰기, 문법, 문학 등의 하위 영역별로 성취기준이 제시되어 있다. 그러나 교과서의 각 단원을 살펴보면 특정 영역의 성취기준만을 구현한 경우도 있으나, 여러 영역의 성취기준이 통합적으로 구현된 경우도 있다. 후자와 같은 단원을 일반적으로 통합 단원이라고 부른다.

통합 단원은 통합적 국어 수업으로 이어진다. 국어과 하위 영역들을 통합하여 수업을 하는 이유는 교육과정 층위의 분류 체계와 학생들의 실제 국어 활동이 반드시 일대일로 대응되는 것은 아니라는 데에서 찾을 수 있다. 예를 들어, 흉내 내는 말을 소리 내어 읽는 활동은 읽기 영역과 관련되지만 동시에 문학 영역과도 관련된다. 흉내 내는 말에 주목하여 언어를 메타적으로 인식해 보도록 했다면 문법 영역과도 관련된다. 이처럼 실제 국어 활동은 매우 복합적인 속성을 지니고 있다. 이러한 국어 활동을 수업에서 온전히 다루기 위해서는 국어과 하위 영역들을 적절한 방식으로 통합하여 수업을 설계하는 것이 효과적이다.

국어과 하위 영역을 통합하여 수업을 설계하는 것은 총체적 언어 교육, 통합적 국어 교육과 관련된다고 알려져 있다(이재승, 2004; 2006). 하지만 그간 국어 교육에서의 통합 연구가 다각도로 이루어져 왔기 때문에(주세형, 2006; 2007; 정혜승, 2008; 민현식, 2010; 서현석, 2012; 민병곤, 2014; 구본관, 2015; 조하연 외, 2016), 통합의 이론적 기반과 통합 양상은 매우 다양하다. 그간 국어 교육학에서 이루어진 통합 논의를 참고하면 교과서의 통합 단원과 통합적 국어 수업이 어떠한 원리로 구성되고 실행되는지 깊이 있게 이해할 수 있다.

## 표상성과 실제성을 고려하여 국어과 교수·학습 자료 재구성하기

국어 수업을 설계할 때, 어떤 자료를 활용할지 고민하게 된다. 어떤 자료를 선택할지, 선택한 자료를 어떻게 재구성할지, 재구성된 자료를 어떤 방식으로 수업에서 활용할지 판단해야 한다. 이때 교수·학습에 사용하려는 자료가 적절한지를 판단하기 위한 기준이 필요하다. 교재의 표상성과 실제성은 이러한 판단에서 중요한 기준으로 작용한다. 국어 교육에서의 표상성과 실제성에 대해서는 이성영(1992; 2012)을 참고할 수 있다.

이성영(1992)은 국어 교육 교재를 다룬 초창기 연구로 '내용의 표상성'을 교재의 요건으로 강조하였다. 특히, 이성영(1992: 75)에서는 표상의 행위적 측면에 주목하여, 아직 교재화되지 않은 물체일지라도 '표상하는' 행위가 적절히 이루어지면 표상성을 갖춘 교재가 될 수 있다고 보고 이러한 유형을 잠재적 교재라 명명하였다. 즉, 적절한 표상 행위를 통해 내용의 표상성을 갖추면 교재로서의 자격을 지닐 수 있다고 보았다. 이러한 논리는 자료를 학습 목표에 맞게 재구성하여 수업에서 활용하는 현상을 설명할 때 유용하며, 최지현 외(2007: 90)를 비롯하여 많은 국어 교육 연구에서 받아들여지고 있다. 이삼형 외(2007: 358)에서 "이미 만들어진 교재 중에서 선택하는 것이 아니라, 다양한 교재 더미에서 자신의 필요에 따라 선택, 변형하고 만들어가는 교재 개념"을 강조한 것도 '교재화'하는 행위에 주목한 것으로 이해할 수 있다.

이성영(2012)은 실제성에 대한 논의로, 국어 교육에서 실제성이 갖는 장점과 한계를 두루 검토한 후, 실제성과 가상성이 공존할 수 있음을 설명하였다. 교수·학습 자료를 선정하고 재구성할 때 이러한 관점은 매우 중요하다. 실제성이 높다고 무조건 좋은 자료는 아니기 때문이다. 실제성 있는 자료의 장점이 크지만 학습 목표와 학습 내용의 성격, 학습자 수준을 종합적으로 고려하여 재구성해야 한다.

〈사례〉의 지도안에서 사용한 '선생님의 실제 소풍 사진'은 실제성이 높은 자료로 동기 유발에 효과적일 것으로 예상된다. 단, 교수·학습 자료의 타당성과 효과성은 실제성만으로 결정되는 것이 아니므로, '소리나 모양 떠올리며 그림 살펴보기'라는 활동에 부합하는지 점검하는 과정이 필요하다. 점검 결과를 바탕으로 필요에 따라 자료를 학습 목표와 학습 활동, 학습자의 특성에 맞게 재구성하여 활용할 수 있다.

# 3장

**3~4학년군:**
# 듣기·말하기, 소리 내어 말하기

이 장에서는 초등학교 듣기·말하기 수업 지도안 사례를 살펴볼 것이다. 그간 국어 교육에서는 말하기의 과정을 내용 생성하기, 내용 조직하기, 표현·전달하기 등으로 나누어 설명해 왔다. 이 가운데, 말하기의 내용 생성하기와 내용 조직하기는 쓰기의 그것과 비교적 크게 다르지 않은 반면, 말하기에서의 표현·전달하기는 분명 쓰기의 그것과 그 성격이 매우 다르다. 쓰기에서는 주로 어휘나 문법과 관련된 언어적 표현이 중요하게 작용한다면, 말하기에서는 준언어적 표현과 비언어적 표현의 사용이 상대적으로 더 중요하게 작용한다. 즉, 말을 할 때에는 정확한 문법과 적절한 어휘 사용 등의 언어적 표현에도 유의해야 하겠지만, 효과적인 전달을 위해 정확한 발음과 적절한 발성 등의 준언어적 표현과 적절한 표정과 몸짓 등 비언어적 표현의 사용에 더 유의해야 하는 것이다. 이렇게 볼 때, 준언어적 표현 및 비언어적 표현을 통해 실현되는 비언어적 의사소통의 측면은 듣기·말하기 영역에서 고유하게 다루어야 할 중요한 교육 내용이라 할 수 있다.[▶ 국어 교육 이론]

2015 개정 국어과 교육과정의 공통 과목 국어에서는 듣기·말하기 영역의 핵심 개념 중 하나로 '듣기·말하기의 과정'을 설정하였고 이와 관련하여 다양한 '학년(군)별 내용 요소'를 내용 체계에 포함하고 있다. 이 가운데 표현·전달하기와 관련된 내용 요소들로는 초등학교 1~2학년군에서 '자신 있게 말하기'를, 초등학교 3~4학년군에서 '표정, 몸짓, 말투'를, 중학교 1~3학년군에서 '말하기 불안에의 대처'를 확인할 수 있다. 〈사례〉는 초등학교 3학년을 대상으로 표현·전달하기에 관한 교육 내용, 즉 적절한 표정, 몸짓, 말투로 말하기를 다루고 있으며, 본 차시(2차시)에서는 인물의 성

격을 생각하며 극본을 소리 내어 읽는 활동을 수행한다.

이 장에서는 학습 목표의 설정이 교육과정 성취기준에 비추어 타당한지, 학습 목표의 설정이 단원 전체 차시 계획 속에서 이루어졌는지, 평가 방법이 구체적으로 마련되었는지를 중점적으로 살펴볼 필요가 있다. 그 밖에도 학습 자료의 선정이 적절한지, 수업 지도안에 필요한 형식적 요건이 잘 갖추어졌는지도 함께 살펴보도록 한다.

- 학습 목표 설정의 타당성
- 전체 차시 계획과 차시 학습 목표 설정의 유기성
- 평가 방법의 구체성
- 학습 자료 선정의 적절성
- 수업 지도안의 형식적 완결성

# 수업 지도안 〈사례 3〉

| 교과 | 국어 | 지도 일시 | 2000. 0. 0. 0요일 | 대상 | 3학년 | 지도 교사 | 000 |
|------|------|-----------|--------------------|------|-------|-----------|------|
| 단원 | 9. 작품 속 인물이 되어 - 인물의 성격을 생각하며 극본을 소리 내어 읽을 수 있다. | | | | | 차시 | 2/4 |
| 성취기준 | [4국01-04] 적절한 표정, 몸짓, 말투로 말한다. | | | | | 교과 역량 | 문화 향유 역량 |
| 학습 목표 | 인물의 성격을 생각하며 극본을 소리 내어 읽을 수 있다. | | | | | | |
| 평가 계획 | 인물의 말과 행동을 보고 성격을 파악한 뒤, 그에 어울리는 표정과 말투를 실감 나게 표현할 수 있는지 관찰 평가 및 상호 평가를 한다. 표현 결과뿐만 아니라 인물의 특성을 파악하는 과정을 관찰한다. | | | | | 교수·학습 자료 | PPT |

| 학습 단계 | 교수·학습 활동 | 시간 (분) | 학생 참여 중심 학습 (🎲) | 과정 중심 평가 (★) | 자료(·) 및 지도상 유의점(※) |
|-----------|----------------|-----------|--------------------------|---------------------|-----------------------------|
| 동기 유발 | **1. 환상의 나라 이야기 나라로**<br>　- 교사가 ○○로 변신해 이야기 나라를 소개하면서 열심히 배워서 주인공이 되길 바란다며 오늘의 목표를 소개한다.<br>**2. 지난 시간에 배운 내용 복습**<br>**3. 누가 누가 잘 읽나**<br>　- 교사가 손 인형을 가지고 한 명은 말투에 변화를 주어 실감 나게, 다른 한 명은 무미건조하게 읽어 준다.<br>　- 누가 실감 나게 읽었나요? 그렇게 생각한 까닭은 무엇인가요? (어머니가 더 잘 읽었습니다. 왜냐하면 호랑이가 무서워 벌벌 떠는 목소리를 잘 표현했습니다.) | 10 | | | |

| 동기 유발 | **4. 학습 목표 안내**<br> - 인물의 성격을 생각하며 극본을 소리 내어 읽을 수 있다.<br><br>▶ 활동 순서<br>1. 「토끼의 재판」 읽기<br>2. 환상의 나라 이야기 나라<br>3. 주인공이 되어 읽어 보아요 | | | | ※극본이라는 단어 설명을 하되 용어 중심으로 치우치지 않도록 유의한다. |
|---|---|---|---|---|---|
| 전개 | **1. 「토끼의 재판」 읽기**<br>▶ 「토끼의 재판」 이야기를 마음속으로 읽어 보도록 지도한다.<br>• 「토끼의 재판」 앞부분 내용 확인하기<br> - 누가 호랑이를 궤짝에서 꺼내 주었나요?<br> (나그네)<br> - 호랑이는 나그네에게 무엇을 약속했나요?<br> (나그네를 잡아먹지 않겠다고)<br> - 나그네와 호랑이가 소나무와 길에게 무엇을 물었나요?<br> (호랑이와 나그네 가운데 누가 옳은지)<br>• 「토끼의 재판」 앞부분 이야기 정리하기<br> - 가장 먼저 어떤 일이 있었나요?<br> (사냥꾼들은 잡은 호랑이를 궤짝에 넣어 두고 물을 마시러 갔습니다.)<br> - 호랑이가 나그네에게 구해 달라고 부탁을 하고 무슨 일이 있었나요?<br> (나그네가 호랑이를 꺼내 주자 잡아먹으려고 위협했다. 소나무와 길에게 물어보았다. 그런데 소나무와 길은 모두 호랑이가 옳다고 했다.)<br> - 자신이 나그네라면 어떤 마음이 들었을까요?<br> (후회했을 것이다. 미웠을 것이다. 야속했을 것이다.) | 10 | ᄀᄇ | ★ | |
| | **2. 환상의 나라 이야기 나라**<br>1) 환상의 나라 이야기 나라에서 직접 인물에게 물어보기 활동을 진행한다.<br> - 학생들이 질문하면 교사가 실감 나게 대답해 준다.<br> - 이번 차시에서는 교사가 하되 다음 차시에서는 이 활동을 학생들끼리 직접 할 수 있도록 체화시킨다.<br> - 호랑이가 있는 산속을 지나가는 것이 무섭지 않았나요?<br> (무서웠지만 그 길이 지름길이라 가게 되었어요.)<br> - 궤짝에서 나오자마자 그렇게 마음을 바꾸는 것은 너무한 거 아닌가요?<br> (나도 그러지 않으려고 했는데 나오자마자 너무 배가 고파 어쩔 수 없었어요.) | 20 | | | ※ 물음과 대답이 장난스럽게 되지 않도록 주의한다. |

| 전개 | 2) 인물의 성격에 맞는 말투 상상하기 | | | ★ | |
|---|---|---|---|---|---|
| |   - 나그네의 말과 행동을 보고 나그네의 성격을 짐작해 봅시다. | | | | ※ 큰 소리로 분명하게 발음하는 것을 연습해 연극할 때 대사 전달이 잘 되도록 한다. |
| |     (나그네는 호랑이의 부탁을 무시하지 못했던 것으로 보아 남을 잘 **돕**는 성격이다.) | | | | |
| |   - 나그네 성격에 알맞은 말투를 상상해 보자. | | | | |
| |     (호랑이가 잡아먹으려고 할 때에는 억울한 말투가 좋겠다.) | | | | |
| |   - 호랑이의 말과 행동을 보고 호랑이의 성격을 짐작해 봅시다. | | | | |
| |     (자신을 구해 준 나그네를 잡아먹으려고 했다. 고마움을 모르는 성격이다.) | | | | |
| |   - 호랑이의 성격에 알맞은 말투를 상상해 보자. | | | | |
| |     (나그네를 부를 때에는 빠르고 급한 말투) | | | | |
| | **3. 주인공이 되어 읽어 보아요** | | | | |
| |   - 주인공이 되어 「토끼의 재판」을 실감 나게 읽어 본다. | | | | |
| 정리 | • 공부한 내용 정리하기 | 5 | | | |
| |   - 공부한 것 되돌아보기 | | | | |
| |   - 오늘 무엇을 공부했나요? | | | | |
| |     (인물의 성격을 생각하며 극본을 소리 내어 읽어 보았습니다.) | | | | |
| |   - 다음 차시 예고하기 | | | | |
| |     (다음 시간에는 말투뿐만 아니라 인물에게 알맞은 표정과 몸짓도 생각하며 극본을 읽어 보겠습니다.) | | | | |

## ※ 평가 계획

| 평가 내용 | 구분 | 평가 기준 | 평가 방법 |
|---|---|---|---|
| 인물의 말과 행동을 보고 성격을 파악한 뒤, 그에 어울리는 표정과 말투를 실감 나게 표현할 수 있다. | 잘함 | 인물의 성격을 잘 파악하고 실감 나게 표현할 수 있다. | 관찰 평가, 자기 평가, 상호 평가 |
| | 보통 | 인물의 성격을 잘 파악하지만 표현하는 점에서는 부족함이 있다. | |
| | 노력 요함 | 성격을 잘 파악하지 못하고 표현력도 부족하다. | |

# 2

# 지도안 검토하기

## 1) 수업 지도안의 전반부 검토

### (1) 교과, 지도 일시, 대상, 지도 교사, 단원, 차시, 교과서 쪽수

| | |
|---|---|
| 형식 | • 지도안의 항목이 체계적으로 구성되어 있는가?<br> - 지도안에서 다루어야 하는 항목 중에 누락된 것은 없는가? |
| | - 지도안 작성 시 밝혀야 할 기본적인 정보들을 비교적 빠짐없이 제시하고 있다. |

비록 사소해 보일지라도 지도안 작성의 맥락을 알지 못하는 제삼자가 보았을 때에도 이 지도안이 어떠한 맥락에서 교수·학습을 계획하고 있는지를 잘 파악할 수 있도록 많은 정보를 비교적 빠짐없이 제시하고 있다. '교과'가 국어임을 명시함으로써 해당 수업이 국어 교과의 수업임을 분명히 밝혔고, '지도 일시'는 연도, 월, 일까지의 정보를 명확히 밝혀 주었으며, '대상' 학년이 3학년이라는 점 또한 분명히 밝히고 있다. 한편, '지도 교사'라는 용어를 사용하고 있는데, 그것이 가리키는 바가 학생을 지도하는 교사인지, 예비 교사를 지도하는 현직 교사인지 불분명하여 오해의 소지가 있으므로 용어를 바꾸는 것이 적절해 보인다. 지도안을 작성하였으며 실제 수업을 진행할 교사를 가리키려는 의도였다면, 그냥 '교사'라고만 적는 편이 오해의 소지가 더 적으리라 보인다.

## [2] 성취기준, 교과 역량, 학습 목표

| | |
|---|---|
| 학습 목표 | • 교육과정의 성취기준에 근거하여 학습 목표가 설정되었는가? |
| | - 학습 목표와 성취기준의 관련성이 다소 부족하다. |
| | • 전체 차시 계획을 고려할 때 본 차시 학습 목표가 적절히 설정되었는가? |
| | - 전체 차시 계획 속에서 본 차시 학습 목표가 설정되지 않은 점이 보완되어야 한다. |
| 형식 | • 지도안의 항목이 체계적으로 구성되어 있는가?<br>- 지도안에서 다루어야 하는 항목 중에 누락된 것은 없는가? |
| | - 전체 차시 계획에 대한 정보가 함께 제시될 필요가 있다. |

〈사례〉에서는 '학습 목표'를 "인물의 성격을 생각하며 극본을 소리 내어 읽을 수 있다."로 설정하고 있다. 그리고 이러한 학습 목표 설정의 근거가 된 '성취기준'이 "[4국01-04] 적절한 표정, 몸짓, 말투로 말한다."라는 점을 명시적으로 밝혀 제시하였다. 한편, 2015 개정 국어과 교육과정에서는 여섯 가지의 교과 역량으로 비판적·창의적 사고 역량, 자료·정보 활용 역량, 의사소통 역량, 공동체·대인 관계 역량, 문화 향유 역량, 자기 성찰·계발 역량을 제시하고 있으며 〈사례〉에서는 본 차시 성취기준 및 학습 목표와 관련된 '교과 역량'이 문화 향유 역량이라고 밝혀 제시하고 있다.

이와 관련하여, 우선 학습 목표와 성취기준의 관련성이 다소 부족해 보이는 점에 대해 검토가 필요해 보인다. 비록 극본 읽기라 할지라도 학습 목표를 가령, '극본을 실감 나게 읽을 수 있다.'와 같이 진술했더라면 "적절한 표정, 몸짓, 말투로 말한다."라는 성취기준과의 관련성을 확보할 수 있었을 것이다. 그러나 〈사례〉에서는 학습 목표를, "인물의 성격을 생각하며 극본을 소리 내어 읽을 수 있다."라고 진술하였는데, 이러한 진술에 비추어 볼 때 해당 학습 목표는 [4국01-04] 성취기준과 별로 관련된다고 보이지 않는다. 오히려 '인물의 성격을 생각하며'라는 학습 목표의 진술은 3~4학년군 성취기준 중, "[4국05-02] 인물, 사건, 배경에 주목하며 작품을 이해한다."와 긴밀히 관련된다고 보인다. 같은 맥락에서 교과 역량을 '문화 향유 역량'으로 제시하고 있는 점도 재고가 필요해 보인다. 비록 교과서의 해당 단원에서도 문화 향유 역량을 단원과 관련된 교과 역량으로 설정하고 있으며 이러한 역량 설정이 현재와 같이

'인물의 성격을 생각하며'에 초점을 둔 학습 목표에서라면 적절한 것일 수도 있겠으나, [4국01-04] 성취기준과의 관련성을 높이는 방향에서 학습 목표를 '극본을 실감 나게 읽을 수 있다.'라고 재진술하게 된다면 관련 '교과 역량' 또한 '의사소통 역량'으로 변경하는 것이 더 적절하리라 보인다.

한편, 〈사례〉는 전체 4차시 계획 중 2차시에 해당하는 교수·학습의 계획을 보이고 있다. 실제로는 4차시 전체를 설계하는 가운데 2차시 교수·학습 계획을 세운 것일 수는 있지만, 어쨌거나 현재의 상태로만 놓고 보면 4차시 전체의 계획과 현재의 2차시 계획의 관련성을 확인할 수 없는 상태인 점이 보완되어야 할 것이다. 이러한 보완이 이루어지려면 단원 전체의 설계가 이루어진 연후에 각 차시 계획이 세워져야 하는 것이 우선이겠지만, 지도안의 형식상 차시 계획만 밝히는 것이 아니라 반드시 해당 차시가 포함된 단원 전체의 계획에 대한 정보를 함께 밝히는 것도 필요할 것이다.

### (3) 평가 계획, 교수·학습 자료

| 평가 | • 학습 목표 달성 여부를 점검하는 방법이 적절한가?<br> - 평가 기준을 적절하게 구성하였는가?<br> - 평가 도구를 적절하게 제작 및 활용하였는가? |
|---|---|
| | - 학습 목표 달성 여부를 점검하기에 적합한 평가 방법과 평가 기준을 제시하였다.<br> - 구체적인 평가 방법이나 도구가 제시되어 있지 않다. |
| 교수·학습<br>자료 및<br>환경 | • 매체 자료를 적절히 선정/구성/재구성하였는가? |
| | - 극본 읽기와 밀접한 관련이 있는 매체 자료를 더 적극적으로 선정할 필요가 있다. |

'평가 계획'을 보면, 〈사례〉에서는 학습 목표 달성 여부를 점검하기 위한 평가 방법으로 "인물의 말과 행동을 보고 성격을 파악한 뒤, 그에 어울리는 표정과 말투를 실감 나게 표현할 수 있는지 관찰 평가 및 상호 평가를 한다."라고 밝히고 있다. 말하기 평가 시에는 학습자가 목표하는 말하기 능력을 지니고 있는지를 점검해야 하고, 이를 위해 학습자에게 말하기 수행 과제를 제시한 뒤 학습자의 말하기 수행을 관찰하여 평가하는 방법이 적절한 평가 방법으로서 권장되고 있다. 〈사례〉는 "[4국01-04] 적절한 표정, 몸짓, 말투로 말한다."를 근거로 학습 목표를 설정하였으므로 학습자의

말하기 능력을 길러 주기 위한 목표에서 설계된 교수·학습 계획에 해당한다. 이에 비추어 볼 때 관찰 평가 방법을 적용하고자 한 점은 학습자의 목표 도달 여부를 점검하기에 매우 적절한 평가 방법을 적용한 것이라 보인다. 다만, 말미의 "※ 평가 계획"을 보면, 평가 내용과 함께 평가 기준까지만을 제시하였을 뿐 구체적으로 언제 어떻게 평가하는지 그리고 평가 결과를 어떻게 피드백할 것인지를 밝혀 주지 않은 점이 아쉽다.

한편, 교수·학습 자료를 PPT로만 명시하고 있는데, 극본을 제재로 사용하여 이루어지는 수업의 교수·학습 자료가 PPT 한 가지로만 이루어진 점은 다소 아쉬운 부분이다. 극본을 소리 내어 읽되, 적절한 표정, 몸짓, 말투로 읽는 것에 초점을 두는 수업이므로, 극본을 실감 나는 연기로 구현한 연극의 동영상을 교수·학습을 위한 매체 자료로 활용한다면, 학생들이 학습 목표에 도달하도록 하는 데 도움이 될 수 있으리라 보인다.

## 2) 교수·학습 단계별 검토

### (1) 학습 단계, 교수·학습 활동, 시간

| 교수·학습<br>방법 | • 교수·학습 단계에 맞는 활동을 구성하였는가? |
|---|---|
| | - 한 차시 수업에 적합한 단계를 설정하고 각 단계에 대체로 적합한 활동을 구성하였다.<br>- 정리 단계에 본 차시 수행에 대한 자기 평가와 동료 평가 활동을 구성할 필요가 있다. |
| | • 구성된 활동의 시간을 적절히 배분하였는가? |
| | - 정리 단계에 활동을 추가하여야 하므로 이에 배분된 시간 또한 늘릴 필요가 있다.<br>- 총 수업 시간이 45분이 아닌 40분이 되도록 조정할 필요가 있다. |
| 학습<br>내용 | • 학습 내용상의 오류는 없는가? |
| | - 인물의 성격과 심리를 구별하여 지도할 필요가 있다. |

'학습 단계'를 '동기 유발, 전개, 정리'의 3단계로 구분하였다. 특정 교수·학습 모형을 적용하는 경우가 아니라면 대개 한 차시 수업을 '도입 – 전개 – 정리'의 3단계로

구분하는 것이 무난하므로 3단계로 구분한 것 자체로는 무리가 없다고 보인다. 다만 첫 단계의 명칭을 '동기 유발'보다는 '도입'이라고 표현하는 것이 '전개' 및 '정리'와 층위가 맞을 것으로 보인다.

'교수·학습 활동' 중 먼저 '동기 유발' 단계에서는 ○○라는 캐릭터를 내세워 수업의 도입(즉, '환상의 나라 이야기 나라' 부분)을 계획하였다. 초등학교 3학년 학습자의 흥미를 유발하기 위해 캐릭터나 손 인형을 활용한 점이 적절하고, 학습 목표 도입과 관련하여 말투에 변화를 주어 실감 나게 읽은 경우와 무미건조하게 읽은 경우를 나란히 보여 주어 실감 나게 읽는 것이 필요한 까닭을 생각해 보도록 유도한 점이 특히 적절해 보인다. 다만, 학습 목표 도입에서도 알 수 있듯이 〈사례〉는 사실상 실감 나게 읽기에 초점을 맞추고 있다. 따라서 앞서 지적한 바와 같이 학습 목표를 현재와 같이 "인물의 성격을 생각하며 극본을 소리 내어 읽을 수 있다."라고 진술하기보다는 '극본을 실감 나게 읽을 수 있다.'라고 진술하는 것이 성취기준과의 관련성 측면에서도, 〈사례〉에서 계획한 실제 교수·학습의 내용 측면에서도 더 적절하였으리라고 보인다.

'교수·학습 활동' 중 '전개' 단계에서는 「토끼의 재판」이라는 이야기를 제재로 삼아 크게 세 가지 활동을 순차적으로 진행하고 있다. 첫 번째('1. 「토끼의 재판」 읽기' 부분)는 이야기를 읽고 이야기를 정리하는 활동이고, 두 번째('2. 환상의 나라 이야기 나라' 부분)는 이야기 속 인물의 성격 및 심리를 파악하여 인물에 어울리는 말투를 상상하는 활동이며, 세 번째('3. 주인공이 되어 읽어 보아요' 부분)는 인물이 되어 극본을 읽는 활동이다. 세 가지 활동의 순서와 흐름이 대체로 적절해 보인다. 다만, 두 번째 활동과 관련하여서는 인물의 '성격'과 '심리'를 명확히 구분하고 무엇에 초점을 두는 것이 현재의 학습 목표 달성에 적합한지 좀 더 정교한 고민이 이루어질 필요가 있었으리라고 판단된다.[▶국어 교육 이론] 즉, 인물의 성격에 맞는 말투를 상상하도록 하는 활동을 계획하였는데, 어떤 경우에는 인물의 성격보다는 심리에 어울리는 말투를 생각해 보는 것이 적절해 보이는데도 성격과 심리를 구별하지 않고 일괄적으로 인물의 성격에 맞는 말투를 상상하라고 지시하고 있는 점은 수정될 필요가 있다고 보인다. 예를 들어, "호랑이가 잡아먹으려고 할 때에는 억울한 말투가 좋겠다."라고 한 부분은 나그네의 성격에 알맞은 말투가 아니라 나그네가 느꼈을 억울한 심정에 어울리는 말투를 상상해 보라고 지시하여야 적절할 것이다.

'교수·학습 활동' 중 '정리' 단계에서는 오늘 무엇을 학습했는지 간단히 상기해 보도록 한 후 다음 차시 학습을 예고하는 것으로 계획하였다. 본 차시 교수·학습이 극본을 실감 나게 읽는 활동 중심으로 이루어진 탓에 인지적으로 이해하거나 기억해야 할 학습 내용이 없고 따라서 학습 내용 정리가 간략히 이루어지도록 계획한 것은 수긍이 간다. 다만, 활동 중심으로 이루어진 교수·학습이었으므로 학생 개개인의 활동이 잘 이루어졌는지 자기 평가나 동료 평가를 행하는 것으로 정리가 이루어진다면 학생이 자신의 수행을 되돌아보고 부족한 점이 무엇이었는지를 생각해 볼 기회를 줄 수 있을 것이다. 별도로 '※ 평가 계획'을 제시하고 여기에 평가 기준까지 마련하여 제시하였으므로 이를 활용한 자기 평가 및 동료 평가가 정리 단계에서 추가되는 것이 적절하리라 보인다.

교수·학습의 각 단계별 소요 시간은 '동기 유발'에 10분, '전개'에 30분, '정리'에 5분으로 배분하였다. 초등학교 수업 시간이 45분이 아니라 40분인데 이를 오인한 것으로 보이지만 시간 배분은 대체로 무난해 보인다. 다만, 만약 '정리' 단계에서 자기 평가 및 동료 평가 활동을 추가하게 된다면 '정리' 단계에 배분되는 시간을 10분 정도로 더 늘릴 필요가 있다. '동기 유발'을 10분→5분, '전개'를 30분→25분으로 줄이고 '정리'를 5분→10분으로 늘리는 것으로 해결 가능하다.

## 3) 수업 지도안의 후반부 검토

### (1) 학생 참여 중심 학습, 과정 중심 평가, 자료 및 지도상 유의점

| 형식 | • 지도안의 항목이 체계적으로 구성되어 있는가?<br>- 지도안의 항목 중에 불필요한 요소가 포함되어 있지는 않은가? |
| --- | --- |
| | - '학생 참여 중심 학습' 표시를 위해 많은 공간을 할애한 점은 수정할 필요가 있다.<br>- '과정 중심 평가' 표시를 위해 많은 공간을 할애한 점은 수정할 필요가 있다. |
| 교수·학습<br>자료 및<br>환경 | • 등교 수업/원격 수업, 교실, 학생 수 등 교수·학습 환경을 적절히 고려하였는가? |
| | - 교수·학습 활동이 교실 환경에 적합한지 더 세심히 고려할 필요가 있다. |

'학습 단계, 교수·학습 활동, 시간(분)' 외에도 '학생 참여 중심 학습, 과정 중심 평

가, 자료 및 지도상 유의점'을 하나의 표로 나타내었다. '자료 및 지도상 유의점'을 함께 묶어 제시하는 것은 일반적이지만, '학생 참여 중심 학습'이나 '과정 중심 평가' 항목을 함께 묶어 제시하는 경우는 많지 않은데, 사례에서는 이 두 가지를 강조하려는 의도에서 이 둘까지를 하나의 표에서 제시하고자 하였다고 짐작된다. 이렇게 함으로써 전체 학습 단계 및 교수·학습 활동의 흐름 속에서 '학생 참여 중심 학습'과 '과정 중심 평가'가 어느 지점에서 이루어지는지를 강조하여 보여 주는 효과는 있어 보인다. 다만, 학생 참여 중심 학습이 이루어지는 대목이 불과 한 곳, 과정 중심 평가가 이루어지는 곳이 불과 두 곳에 불과한데, 이를 표시하기 위하여 표에서 두 개의 열을 차지하게 구성함으로써 지면을 지나치게 비효율적으로 사용하게 되었다. '교수·학습 활동' 열 안에서 해당 대목에 기호(즉, '학생 참여 중심 학습'은 ☞, '과정 중심 평가'는 ★)를 표시해 주고, 각 기호의 의미를 표 아래에 주석으로 달아 두면 충분하다.

'자료 및 지도상 유의점' 중 전개 단계의 세 번째 활동인, '3. 주인공이 되어 읽어 보아요'에서 주인공이 되어 「토끼의 재판」을 실감 나게 읽어 보도록 하는 활동과 관련하여, "큰 소리로 분명하게 발음하는 것을 연습해 연극할 때 대사 전달이 잘되도록 한다."라고 유의점을 제시하였다. 세 번째 활동에 관한 설명이 자세하지 않아 모든 학생이 각자 실감 나게 읽어 보는 것인지 몇 명의 학생들을 지목하여 대표로 읽어 보게 하는 것인지는 분명치 않다. 다만 학습 목표 달성을 위해서는 모든 학생이 실감 나게 읽어 보게 하는 것이 적절할 것이므로 이 활동은 모든 학생이 각자 실감 나게 읽어 보는 것을 의도한 것이라고 짐작된다. 이렇게 볼 때 지도상 유의점으로 "큰 소리로" 연습하라고 제시하였을 뿐, 교실 공간 안에서 모든 학생이 큰 소리로 읽었을 때 서로의 목소리가 겹쳐 교실 안이 소란스러워지고 각자 자신의 목소리마저 잘 들리지 않게 되는 상황을 어떻게 예방할 것인지에 대한 고려가 나타나 있지 않은 점이 아쉽다. 한 교실 공간 안에서 모든 학생이 동시에 연습하는 상황을 염두에 둔다면, "큰 소리로" 연습하라고 하기보다는, "다른 친구들의 연습에 방해가 되지 않도록 적당한 크기의 목소리로" 연습하라고 유의점을 제시하는 편이 더 바람직해 보인다.

# 3

## 지도안 다시 작성해 보기

### 1) 지도안의 수정 방향

앞서 〈사례〉에서 다양한 사항이 수정 혹은 보완될 필요가 있음을 지적하였으나 수업 지도안을 대폭 수정해야 할 만큼 중대한 사항은 없었다. 따라서 수정 혹은 보완이 필요하다고 밝힌 것들을 중심으로 지도안을 수정할 수 있다.

〈사례〉에서 특히 중점을 두어 수정해야 할 사항은 다음과 같다. 첫째, 소단원 설정의 근거가 된 성취기준인, "[4국01-04] 적절한 표정, 몸짓, 말투로 말한다."의 취지에 맞게 극본을 그저 소리 내어 읽는 것이 아니라 극본을 실감 나게 읽는 것에 초점을 두어 학습 목표를 새롭게 설정해야 한다. 둘째, 본 차시 계획 외에도 전체 차시 계획이 함께 제시되어야 한다. 셋째, 학습 목표 달성에 도움이 되는 매체 자료를 적극적으로 활용하는 것이 바람직하다. 넷째, 교수·학습 활동으로 이루어진 극본 읽기 수행에 대한 자기 평가 및 동료 평가가 적절히 이루어지도록 해야 한다. 이상의 네 가지 수정사항에 중점을 두되, 앞서 지적한 수정 및 보완 사항을 전반적으로 반영하여 지도안을 수정하도록 한다.

### 2) 단원 설계

단원 학습 목표와 단원 차시별 지도 계획을 작성해 보자.

| 단원 학습<br>목표 | | |
|---|---|---|
| 차시별<br>지도 계획 | 차시 | 주요 학습 내용 및 활동 |
| | | |

## 3) 본 차시 설계

다음은 본 차시 수정 예시의 일부이다 앞서 제시한 수정 방향을 고려하여 전개 및 정리 부분의 빈칸을 작성해 보자.

| 교과 | 국어 | 지도 일시 | 20○○년 ○월 ○일 ○교시 | 대상 | 3학년 | 교사 | ○○○ |
|---|---|---|---|---|---|---|---|
| 단원 | 9. 작품 속 인물이 되어 | | | 차시 | 2/5차시 | 교과서 | 초등학교 국어<br>3-2 ④ |
| 성취기준 | [4국01-04] 적절한 표정, 몸짓, 말투로 말한다. | | | | | 교과 역량 | 의사소통 역량 |
| 학습 목표 | 인물의 성격과 심리를 생각하며 극본을 실감 나게 읽을 수 있다. | | | | | | |
| 평가 계획 | 인물의 말과 행동을 보고 성격을 파악한 뒤, 그에 어울리는 말투를 실감 나게 표현할 수 있는지 자기 평가 및 동료 평가를 한다. 표현 결과뿐만 아니라 인물의 특성을 파악하는 과정을 관찰한다. | | | | | 교수·학습<br>자료 | PPT, 동영상 |
| 학습 단계 | 교수·학습 활동 | | | | | 시간<br>(분) | 자료 및 지도상<br>유의점 |
| 도입 | **1. 동기 유발: 환상의 나라 이야기 나라로**<br> - 교사가 ○○으로 변신해 이야기 나라를 소개하면서 열심히 배워서 주인공이 되길 바란다며 오늘의 목표를 소개한다. | | | | | 5 | |

| | | | |
|---|---|---|---|
| 도입 | 2. **지난 시간에 배운 내용 복습**<br>3. **학습 목표 안내**<br>- 교사가 손 인형을 가지고 한 명은 말투에 변화를 주어 실감 나게, 다른 한 명은 무미건조하게 읽어 준다.<br>- 누가 실감 나게 읽었나요? 그렇게 생각한 까닭은 무엇인가요?<br>(어머니가 더 잘 읽었습니다. 왜냐하면 호랑이가 무서워 벌벌 떠는 목소리를 잘 표현했습니다.)<br>- 학습 목표를 읽어 준다. 학습 목표: 인물의 성격과 심리를 생각하며 극본을 실감 나게 읽을 수 있다.<br>4. **활동 순서 안내**<br>- 활동 순서: 1.「토끼의 재판」 읽기→2. 환상의 나라 이야기 나라→3. 주인공이 되어 읽어 보아요 | | ※극본이라는 단어 설명을 하되 용어 중심으로 치우치지 않도록 유의한다. |
| 전개 | | | |
| 정리 | | | |

# 4

## 지도안 수정 예시

### 1) 단원 설계 부분 수정 예시 •·············⦁ 교사용 지도서의 단원 차시 계획을 참고하여, 총 5차시의
단원 차시 계획을 추가하였다.

| 단원<br>학습 목표 | 인물의 성격과 심리를 생각하며 극본을 실감 나게 읽을 수 있다. | |
|---|---|---|
| 차시별<br>지도 계획 | 차시 | 주요 학습 내용 및 활동 |
| | 1차시 | 글을 읽고 인물에 대해 이야기할 수 있다. |
| | **2차시<br>(본 차시)** | **인물의 성격과 심리를 생각하며 극본을 실감 나게 읽을 수 있다.** |
| | 3차시 | 알맞은 표정, 몸짓, 말투를 생각하며 극본을 읽을 수 있다. |
| | 4차시 | 연극을 준비할 수 있다. |
| | 5차시 | 우리 반 연극 발표회를 할 수 있다. |

### 2) 본 차시 설계 부분 수정 예시

누구를 가리키는지 오해가 없도록
'지도 교사'를 '교사'로 수정하였다.

| 교과 | 국어 | 지도 일시 | 20○○년 ○월 ○일 ○교시 | 대상 | 3학년 | 교사 | ○○○ |
|---|---|---|---|---|---|---|---|
| 단원 | 9. 작품 속 인물이 되어 | | | 차시 | 2/5차시 | 교과서 | 초등학교 국어<br>3-2 ㉯ |

| 성취기준 | [4국01-04] 적절한 표정, 몸짓, 말투로 말한다. | 교과 역량 | 의사소통 역량 |
|---|---|---|---|
| 학습 목표 | 인물의 성격과 심리를 생각하며 극본을 실감 나게 읽을 수 있다. | | |
| 평가 계획 | 인물의 말과 행동을 보고 성격을 파악한 뒤, 그에 어울리는 말투를 실감 나게 표현할 수 있는지 자기 평가 및 동료 평가를 한다. 표현 결과뿐만 아니라 인물의 특성을 파악하는 과정을 관찰한다. | 교수·학습 자료 | PPT, 동영상 |

| 학습 단계 | 교수·학습 활동 | 시간 (분) | 자료 및 지도상 유의점 |
|---|---|---|---|
| 도입 | **1. 동기 유발: 환상의 나라 이야기 나라로**<br>　- 교사가 ○○로 변신해 이야기 나라를 소개하면서 열심히 배워서 주인공이 되길 바란다며 오늘의 목표를 소개한다.<br>**2. 지난 시간에 배운 내용 복습**<br>**3. 학습 목표 안내**<br>　- 교사가 손 인형을 가지고 한 명은 말투에 변화를 주어 실감 나게, 다른 한 명은 무미건조하게 읽어 준다.<br>　- 누가 실감 나게 읽었나요? 그렇게 생각한 까닭은 무엇인가요?<br>　(어머니가 더 잘 읽었습니다. 왜냐하면 호랑이가 무서워 벌벌 떠는 목소리를 잘 표현했습니다.)<br>　- 학습 목표를 읽어 준다. 학습 목표: 인물의 성격과 심리를 생각하며 극본을 실감 나게 읽을 수 있다.<br>**4. 활동 순서 안내**<br>　- 활동 순서: 1.「토끼의 재판」읽기→2. 환상의 나라 이야기 나라→3. 주인공이 되어 읽어 보아요 | 5 | ※극본이라는 단어 설명을 하되 용어 중심으로 치우치지 않도록 유의한다. |
| 전개 | **1.「토끼의 재판」읽기**<br>1)「토끼의 재판」이야기를 마음속으로 읽어 보도록 지도한다.<br>2)「토끼의 재판」앞부분 내용 확인하기 ★ | 25 | |

과정 중심 평가가 이뤄져야 할 곳을 표에서 별도의 열을 할애하여 표시하는 대신, 교수·학습 활동에 직접 표시하였다.

학생 참여 중심 학습이 이뤄져야 할 곳을 표에서 별도의 열을 할애하여 표시하는 대신, 교수·학습 활동에 직접 표시하였다.

단계명을 '동기 유발' 대신 '도입'으로 수정하였다.

성취기준의 취지에 맞게 단지 '소리 내어' 읽는 것이 아니라 '실감 나게' 읽는 것으로 학습 목표를 수정하였다. 또한 인물의 성격과 심리를 구별하기 위하여 '인물의 성격을 생각하며'를 '인물의 성격과 심리를 생각하며'로 수정하였다.

정리 단계에 활동을 추가하면서 시간이 더 필요해졌으므로, 전개 단계에 배분되는 시간을 30분에서 25분으로 줄였다.

정리 단계에서 활동을 추가하면서 필요한 시간이 늘었으므로, 도입 단계에 배분되는 시간을 10분에서 5분으로 줄였다.

수업 시간에 다루는 극본을 바탕으로 이루어진 실제 연극 동영상을 활용한 활동을 정리 단계에 추구하였으므로 교수·학습 자료에 동영상을 추가하였다.

준언어적 의사소통에 초점을 둔 성취기준과 학습 목표의 성격에 맞게 본 차시와 관련된 교과 역량을 '문화 향유 역량'이 아닌 '의사소통 역량'으로 수정하였다.

| | | |
|---|---|---|
| | – 누가 호랑이를 궤짝에서 꺼내 주었나요? (나그네)<br>– 호랑이는 나그네에게 무엇을 약속했나요? (나그네를 잡아먹지 않겠다고)<br>– 나그네와 호랑이가 소나무와 길에게 무엇을 물었나요? (호랑이와 나그네 가운데 누가 옳은지)<br>3) 「토끼의 재판」 앞부분 이야기 정리하기 ★<br>– 가장 먼저 어떤 일이 있었나요? (사냥꾼들은 잡은 호랑이를 궤짝에 넣어 두고 물을 마시러 갔습니다.)<br>– 호랑이가 나그네에게 구해 달라고 부탁을 하고 무슨 일이 있었나요? (나그네가 호랑이를 꺼내 주자 잡아먹으려고 위협했다. 소나무와 길에게 물어보았다. 소나무와 길 모두 호랑이가 옳다고 했다.)<br>– 자신이 나그네라면 어떤 마음이 들었을까요? (후회했을 것이다. 미웠을 것이다. 야속했을 것이다.)<br>**2. 환상의 나라 이야기 나라**<br>1) 환상의 이야기 나라에서 직접 인물에게 물어보기 활동을 진행한다.<br>– 학생들이 질문하면 교사가 실감 나게 대답해 준다,<br>– 이번 차시에서는 교사가 하되 다음 차시에서는 이 활동을 학생들끼리 직접 할 수 있도록 체화시킨다.<br>– 호랑이가 있는 산속을 지나가는 것이 무섭지 않았나요? (무서웠지만 그 길이 지름길이라 가게 되었어요.)<br>– 궤짝에서 나오자마자 그렇게 마음을 바꾸는 것은 너무한 거 아닌가요? (나도 그러지 않으려고 했는데 나오자마자 너무 배가 고파 어쩔 수 없었어요.)<br>2) 인물의 성격이나 심리에 맞는 말투 상상하기<br>– 나그네의 말과 행동을 보고 나그네의 성격과 심리를 짐작해 봅시다. (호랑이의 부탁을 무시하지 못한 것을 보아 남을 잘 돕는 성격이다. 호랑이의 부탁을 받고 잠시 망설였을 것이다.)<br>– 나그네 성격이나 심리에 알맞은 말투를 상상해 봅시다. (호랑이가 잡아먹으려고 할 때는 억울한 말투가 좋겠다.)<br>– 호랑이의 말과 행동을 보고 호랑이의 성격이나 심리를 짐작해 봅시다. (나그네를 잡아먹으려고 한 것으로 보아 고마움을 모르는 성격이다. 구해 주기 전에는 몹시 다급했을 것이나 구해 주고 난 이후에는 아쉬울 게 없다는 생각이 들었을 것이다.)<br>– 호랑이의 성격이나 심리에 알맞은 말투를 상상해 봅시다. (나그네를 부를 때에는 빠르고 급한 말투) | ※ 물음과 대답이 장난스럽게 되지 않도록 주의한다. |

전개 부분은 "2) 인물의 성격이나 심리에 맞는 말투 상상하기" 항목과 점선으로 연결됨

·····› 인물의 성격과 심리를 개념적으로 구별하여 지도할 수 있는
방향으로 교수·학습 활동의 관련 세부 내용들을 수정하였다.

| | | | |
|---|---|---|---|
| 전개 | **3. 주인공이 되어 읽어 보아요**<br>1) 주인공이 되어 「토끼의 재판」을 실감 나게 읽어 보기<br>- 두 사람이 짝을 이루어 한 명은 주인공이 되어 실감 나게 읽어 보고, 다른 한 명은 친구가 얼마나 실감 나게 읽는지 잘 들어 봅시다.<br>- 한 명이 다 읽고 나면 역할을 바꾸어 봅시다. | | ※ 다른 친구에게 방해가 되지 않는 적당한 크기의 목소리로 읽게 한다. |
| 정리 | **1. 「토끼의 재판」 연극 동영상 시청하기**<br>- 연극에서 주인공이 얼마나 얼마나 실감 나게 말하는지 확인하고, 자신이 읽은 방식과 비교하기<br>**2. 주인공이 되어 읽어 본 것 평가하기**<br>- 본인이 생각할 때 본인은 얼마나 실감 나게 읽었다고 생각하나요? 잘한 점과 부족한 점을 하나씩 말해 봅시다. (말투와 표정까지 사용해 잘 읽었습니다. 읽는 속도가 빨라 전달이 잘 안 되었습니다.)<br>- 친구가 얼마나 실감 나게 읽었다고 생각하나요? 잘한 점과 부족한 점을 하나씩 말해 봅시다.<br>**3. 공부한 내용 정리하기**<br>- 공부한 것 되돌아보기<br>- 오늘 무엇을 공부했나요? (인물의 성격과 심리를 생각하며 극본을 실감 나게 읽어 보았습니다.)<br>- 다음 차시 예고하기<br>- 다음 시간에는 말투뿐만 아니라 인물에게 알맞은 표정과 몸짓도 생각하며 극본을 읽어 보겠습니다. | 10 | ※ 수업 시간에는 연극 전체가 아니라, 전개에서 극본 읽기를 한 대목만 시청하게 한다. |

※ ☞는 학생 참여 중심 학습이 이뤄져야 할 곳을, ★는 과정 중심 평가가 이뤄져야 할 곳을 표시한 것임.

평가 계획에서 평가 방법으로 밝힌 자기 평가 및 동료 평가(상호 평가)가 정리 단계에서 이루어진다는 점을 밝히는 것으로 수정하였다.

수업 시간에 다루는 극본을 바탕으로 이루어진 실제 연극 동영상을 잠시 시청하는 활동을 추가하는 것으로 수정하였다. 이를 통해 이어지는 자기 평가 및 동료 평가가 더 잘 이루어질 수 있도록 하는 것을 의도하였다.

모든 학생이 극본을 실감 나게 읽어 보는 활동이라는 점이 드러날 수 있도록 교수·학습 활동을 더 구체화하였다

학생 참여 중심 학습과 과정 중심 평가가 이뤄져야 할 곳을 표시하기 위해 표에서 별도의 열을 할애하지 않은 대신, 표시를 위해 사용한 기호의 의미를 주석을 달아 밝히는 것으로 수정하였다.

새로 추가된 동영상 시청 활동과 관련한 유의점을 제시하였다.

모든 학생이 극본을 실감 나게 읽어 보는 과정에서 교실이 소란스러워질 수 있다는 점을 고려하여 "큰 소리로" 읽는다고 적었던 유의점을 "다른 친구에게 방해가 되지 않는 적당한 크기의 목소리로" 읽는 것으로 수정하였다.

## 3) 평가 계획 수정 예시

| 평가 요소 | (1) 인물의 말과 행동을 보고 인물의 성격과 심리 파악하기<br>(2) 인물의 성격과 심리에 어울리는 말투를 실감 나게 표현하기 |
|---|---|
| 평가 방식 | - '(1) 인물의 말과 행동을 보고 인물의 성격과 심리 파악하기'는 수업 중 인물의 말과 행동을 근거로 인물의 성격과 심리에 대해 판단하는 활동(즉, '전개-2. 환상의 나라 이야기 나라' 중, '2) 인물의 성격과 심리에 맞는 말투 상상하기')에서 학생이 발표한 내용을 듣고 교사가 이를 평가한다. 평가 시, 학생이 인물의 성격과 심리를 정확히 파악하였는지, 인물의 성격과 심리를 파악하기 위해 작품 속에 나타난 인물의 말이나 행동에 주목하였는지, 인물의 성격과 심리에 대해 자신이 판단한 바를 인물의 말이나 행동을 근거로 들어 조리 있게 말하였는지를 종합적으로 고려하여 평가한다.<br>- '(2) 인물의 성격과 심리에 어울리는 말투를 실감 나게 표현하기'는 수업 중 인물이 되어 이야기를 읽는 활동(즉, '전개-3. 주인공이 되어 읽어 보아요')에서 학생이 이야기를 읽는 것을 듣고 동료 학생들과 교사가 이를 평가한다. 평가 시, 학생이 인물의 성격과 심리에 어울리는 말투로 읽었는지, 다양한 준언어적 표현을 효과적으로 사용하며 읽었는지, 결과적으로 이야기가 실감 나게 표현되었는지를 종합적으로 고려하여 평가한다.<br>- 평가 결과를 기록할 때에는, (1)과 (2)의 평가 요소를 각각 확인하여 기록한다. 단, 각 평가 요소에 대한 학습자의 달성 수준이 매우 다양할 수 있으므로 '상, 중, 하'와 같이 도달 수준을 나누기보다는 각 평가 요소별 도달 수준의 '특성 진술형 서술식 보고'(최미숙 외, 2016: 147) 방식으로 구체적으로 기술한다.<br><br>(예) A 학생에 대한 평가 기록<br><br><table><tr><th>(1) 인물의 말과 행동을 보고 인물의 성격과 심리 파악하기</th><th>(2) 인물의 성격과 심리에 어울리는 말투를 실감 나게 표현하기</th></tr><tr><td>나그네와 호랑이의 성격과 심리를 정확히 파악하였으나, 그렇게 판단하는 데 근거가 된 인물의 말이나 행동을 정확히 제시하여 말하지는 못함.</td><td>나그네와 호랑이의 성격과 심리에 적절한 말투로 읽고자 다양한 준언어적 표현을 사용하였으나 그리 효과적이지 못하여 결과적으로 이야기를 실감 나게 전달하는 데 다소 부족함이 있었음.</td></tr></table> |

〈사례〉 및 지도안 수정 예시에서 다루고 있는 적절한 표정, 몸짓, 말투로 말하기는 2015 개정 국어과 교육과정의 아래 성취기준과 관련된다.

| 2015 개정<br>국어과<br>교육과정 | 성취기준 | (듣기·말하기) [4국01-04] 적절한 표정, 몸짓, 말투로 말한다. |
|---|---|---|
| | 교수·학습 방법<br>및 유의 사항 | 적절한 표정·몸짓·말투로 말하기를 지도할 때에는 부탁, 수락, 거절, 사과, 감사, 제안 같은 다양한 목적의 대화 상황에서 언어적 표현을 보강하는 표정, 몸짓, 말투를 선택해서 말해 보도록 지도한다. |
| | 평가 방법 및<br>유의 사항 | 적절한 표정, 몸짓, 말투로 말하는지 평가할 때에는 연극 대본, 드라마나 애니메이션의 한 장면을 활용할 수 있다. |

교육과정에 따라 성취기준의 진술 범위, 진술 방식 등이 달라지므로 성취기준 간 일대일 대응은 어렵지만, 위 성취기준은 2022 개정 국어과 교육과정에서 다음의 성취기준과 관련된다고 볼 수 있다.

| 2022 개정<br>국어과<br>교육과정 | 성취기준 | (듣기·말하기) [4국01-03] 상황에 적절한 준언어·비언어적 표현을 활용하여 듣고 말한다. |
|---|---|---|
| | 성취기준 해설 | 이 성취기준은 구어 의사소통 상황에서 억양, 어조, 속도 등의 준언어적 표현과 표정, 시선, 몸동작, 자세 등의 비언어적 표현을 활용하여 의미를 효과적으로 전달하고 이해할 수 있는 능력을 기르기 위해 설정하였다. 다양한 상황에 알맞은 준언어·비언어적 표현의 중요성 이해하기, 준언어·비언어적 표현의 의미와 효과 파악하기, 준언어·비언어적 표현의 적절성 점검하기, 상황에 적절한 준언어·비언어적 표현 활용하기 등을 학습한다. |

성취기준을 비교해 보면, 2015 개정 교육과정의 "표정, 몸짓, 말투"라는 표현이 "준언어·비언어적 표현"으로 바뀌었고, "말한다"가 "듣고 말한다"로 바뀌었음을 확인할 수 있다. 표정과 몸짓은 비언어적 표현의 일종이고, 말투는 준언어적 표현의 일종이라고 할 수 있는데, 2015 개정 교육과정에서는 3~4학년군 학습자의 수준을 고려하여 '준언어·비언어적 표현'이라는 학술적인 용어 대신 '표정, 몸짓, 말투'와 같은 일상적인 용어를 사용하였을 것이다. 그러나 교육과정 성취기준이 학습자에게 직접 노출되어야 하는 것이 아니고, 준언어·비언어적 표현을 표정, 몸짓, 말투로만 국한하여 지도하게 해야 하는 당위성도 찾기 어렵다는 비판이 제기될 수 있어 수정하게 되었다고 보인다. 한편, 듣기·말하기의 상호 교섭성을 강화하기 위한 취지에서 말하는 것만이 아니라 듣고 말하는 것으로 목표를 진술하였다고 보인다.

## 비언어적 의사소통

비언어적 의사소통(nonverbal communication)이란 담화에서 음성언어를 통해 이루어지는 언어적 의사소통 이외의 모든 의사소통을 지칭한다. 국어과 교육과정에서는 의사소통의 수단을 크게 언어적 표현, 준언어적 표현, 비언어적 표현의 세 가지로 구별하고 있다. 언어적 표현은 어휘, 문장 등의 형태로 나타나는 기호에 의해 이루어지는 의미 작용을, 준언어적 표현은 언어 표현에 직접적으로 매개되어 의미 작용을 하는 발음, 조음, 고저, 어조, 속도, 크기 등을, 비언어적 표현은 언어 표현과는 독립적으로 의미 작용을 할 수 있는 자세, 손동작, 몸동작, 얼굴 표정, 눈 맞춤, 옷차림 등을 가리킨다(노은희 외, 2008: 165). 결국 비언어적 의사소통이란 이러한 세 가지 수단 중 비언어적 표현은 물론이고 준언어적 표현까지를 포함하여 언어적 표현 이외의 수단을 통해 이루어지는 의사소통을 가리킨다고 이해해 볼 수 있다(Knapp & Hall, 2006: 5).

흔히 사람들은 말할 때 자신이 하는 '말'에만 관심을 두는 편이므로 준언어적 표현이나 비언어적 표현을 통해 자신을 노출하고 있다는 것을 거의 의식하지 못한다. 그러나 정작 상대방은 말을 통해 전달되는 언어적 메시지보다는 목소리, 억양, 얼굴 표정, 몸짓, 말하는 자세와 태도 등에서 전달되는 비언어적 메시지에 주목해서 의미를 파악하려는 경향이 높다(이창덕 외, 2017: 129). 이처럼 의사소통 과정에서 비언어적 의사소통이 중요하므로 2015 개정 국어과 교육과정에서도 "[2국01-04] 듣는 이를 바라보며 바른 자세로 자신 있게 말한다.", "[4국01-04] 적절한 표정, 몸짓, 말투로 말한다.", "[12화작02-09] 상황에 맞는 언어적·준언어적·비언어적 표현 전략을 사용하여 말한다." 등으로 관련 성취기준을 제시하고 있다.

## 인물의 성격과 심리

소설 속 인물 즉, 작중 등장인물은 소설에서 사건을 이어 가는 주체로서 말과 행동을 통해 자신의 성격을 드러낸다(권영민, 2009: 138). 일반적으로 작중 등장인물과 등장인물의 성격은 영어로는 모두 character로서 구별하지 않고 사용되는데 이는 소설에서는 성격이 곧 인물이며 성격이 없는 인물은 생각하기가 어렵기 때문이다(박철희, 2009: 268). 따라서 우리가 흔히 소설에서 인물이라고 말하는 것은 실제로 인물의 성격에 해당한다(김한식, 2009: 210).

소설에서 인물, 즉 인물의 성격을 설정하는 방법은 직접적 표현법과 간접적 표현법의 두 가지로 대별된다(구인환·구창환, 1987: 355). 이 가운데 직접적 표현법은 해설적 방법 혹은 분석적 방법이라고도 하는데, 등장인물의 성격에 대한 서술자의 요약과 설명, 논평은 물론 등장인물의 심리분석과 다른 인물의 보고 등을 통해 등장인물의 성격을 나타내는 방법이다. 한편, 간접적 표현법은 극적 방법이라고도 하는데, 등장인물이 다른 인물에 대해 보이는 반응 등 언어 행위를 묘사함으로써 등장인물의 성격을 나타내는 방법이다.

따라서 인물의 성격이란 소설 속 등장인물 그 자체라고도 볼 수 있는 인물의 총체적 특성을 가리키는 말이고, 인물의 심리란 등장인물의 성격을 반영하여 나타나는 일시적인 정서 상태로서 소설에서는 등장인물의 성격을 직접적 표현법을 통해 나타낼 때 인물의 심리가 성격을 엿볼 수 있는 일종의 통로로 작용한다고 볼 수 있다.

# 4장

## 3~4학년군:
## 쓰기/문법, '의견 드러내어 글쓰기'

　이 장에서는 의견을 제시하는 글 쓰기를 주제로 한 교수·학습 지도안 사례를 살펴볼 것이다. 이를 논의하기에 앞서, 이 수업이 포함된 단원을 살펴봄으로써 수업의 맥락을 이해해 보고자 한다.

　이 단원은 초등학교 4학년 2학기 5단원 '의견이 드러나게 글을 써요'로, "[4국03-03] 관심 있는 주제에 대해 자신의 의견이 드러나게 글을 쓴다."와 "[4국04-03] 기본적인 문장의 짜임을 이해하고 사용한다."의 성취기준을 바탕으로 '가정이나 학교에서 일어난 일에 대해 자신의 의견을 쓴 글', '일상의 경험이나 고민, 문제를 다룬 글' 등의 국어 자료를 활용하도록 구성되었다. 즉, 문장의 짜임에 맞게 문장을 구성할 줄 알고 이를 바탕으로 자신의 의견을 제시하는 글을 쓰는 데 초점이 맞추어져 있다. 따라서 이 단원은 학습자가 기본적인 문장의 짜임에 따라 문장을 생성하는 능력을 바탕으로 의견을 제시하는 글을 쓰는 것을 목적으로 설계되었다.

　'의견을 제시하는 글 쓰기'에 초점을 맞추면, 이 수업은 4학년 1학기 「8. 이런 제안 어때요」의 학습 목표인 "제안하는 글을 쓸 수 있다."와 연계되며, 후속 학습으로 6학년 1학기 「4. 주장과 근거를 판단해요」의 7-8차시 학습 목표인 "타당한 근거를 들어 알맞은 표현으로 논설문을 쓸 수 있다."로 심화된다. 자신의 의견과 그 까닭을 글로 표현하는 것에서 타당한 근거를 바탕으로 알맞은 표현을 사용하여 주장하는 글을 완성하도록 위계가 설정되어 있다. 이러한 위계성을 고려하면 이 지도안의 학습 목표 설정과 학습 내용 선정에 도움이 될 것이다.

　이 장을 읽을 때 학습 목표에 도달하기 위한 학습 내용과 활동의 적절성, 교수·학습 방법 선택 및 적용의 적절성에 초점을 두어 살펴볼 필요가 있다. 또한 평가를 어떻게 계획하고 실행해야 하는가에 대해서 점검하는 것이 바람직하다. 덧붙여, 약안 형식의 이 사례가 전체적으로 어떠한 맥락에서 계획되어야 하는지를 살피는 차원에서 약안 작성에 필요한 부분, 추가할 부분이 무엇인지 고민해 볼 필요가 있다.

- 학습 내용(의견을 제시하는 글 쓰기 방법)의 적절성
- 학습 내용에 대한 학습 활동 구성의 적절성
- 교수·학습 방법의 선택 및 적용의 적절성

# 1

## 수업 지도안 〈사례 4〉

지도 교사 ○ ○ ○

| 교과 | 국어 | 단원 및 차시 | 5. 의견이 드러나게 글을 써요<br>3) 자신의 의견을 제시하는 글 쓰기 | | |
|---|---|---|---|---|---|
| 성취기준 | | [4국03-03] 관심 있는 주제에 대해 자신의 의견이 드러나게 글을 쓴다. | | | |
| 학습 목표 | | 자신의 의견을 제시하는 글을 쓸 수 있다. | | | |
| 학습 방법 | | 개별 활동 및 짝 활동 | | | |
| 학습 모형 | | 문제 해결 학습 모형 | | | |
| 학습 자료 | | PPT, 교과서, 활동지 | | | |
| 학습 단계 | 학습<br>내용 | 교수·학습 활동 | | 시간 | 자료(☆),<br>유의점(※) |
| 문제 확인하기 | 동기<br>유발 | ◉ **콩쥐의 부탁 들어주기**<br>- 읽기 자료 '콩쥐의 부탁'을 읽으며 자신의 의견을 제시하는 글을 써야 하는 필요성을 갖도록 지도한다.<br><br>콩쥐의 부탁<br>애들아, 안녕! 나는 콩쥐야.<br>며칠 전 새어머니께서 나는 언니니까 산 너머 자갈밭을 매고 팥쥐는 동생이니까 집 앞 모래밭의 풀을 뽑으라고 | | 3′ | ☆ PPT<br>※ 읽기 자료 '콩쥐의 부탁'을 읽기 전, 학생들에게 '콩쥐팥쥐' 이야기에 대해 알고 있는지 먼저 발문한다. |

| 문제 확인하기 | 동기 유발 | 말씀하셨어. 새어머니께서는 나에게 나무 호미를 주고 팥쥐에게는 쇠 호미를 주셨지. 그런데 갑자기 나무 호미가 부러지는 거야. 내가 울고 있으니까 어디선가 검은 소 한 마리가 나타나서 자갈밭을 매 줬어. 나는 검은 소가 정말 고마웠어. 그런데 오늘은 새어머니께서 내게 옷감 다섯 필을 짜고, 벼 다섯 섬을 찧어 놓고, 항아리에 물을 가득 채운 뒤에 새 원님을 맞이하는 잔칫집에 오라고 말씀하시는 거야. 내가 이 많은 일을 언제 다 하겠니? 나는 새어머니께서 나하고 팥쥐를 차별하지 않았으면 좋겠어. 그래서 내 의견을 편지로 쓰고 싶은데 어떻게 써야 할지 모르겠어. 너희가 나를 도와주면 좋겠어.<br><br>ㅇㅇㅇㅇ년 ㅇㅇ월 ㅇㅇ일<br>콩쥐 씀 | | |
|  | 학습 목표 확인 | ⊙ **학습 목표 확인하기**<br><br>자신의 의견을 제시하는 글을 쓸 수 있다. | 30˝ | ☆ PPT |
|  | 활동 안내 | ⊙ **활동 안내하기**<br>[활동 1] 댐 건설에 대한 두 사람의 입장<br>[활동 2] 콩쥐 새어머니께 쓰는 편지<br>[활동 3] 우리 주변에 대한 나의 의견은? | 30˝ | ☆ PPT |
| 문제 해결 방법 찾기 | 활동 1 | ⊙ **[활동 1] 댐 건설에 대한 두 사람의 입장**<br>- 교과서 171쪽, 172쪽에 나타난 댐 건설에 대한 두 사람의 입장에 대한 편지를 읽어 본다.<br>- 두 사람의 편지를 읽고, 각 사람이 어떤 입장과 까닭을 가지고 있는지 파악한다.<br>- 두 사람의 입장과 까닭을 표로 정리하여 제시해 준다.<br>- 학생들에게 두 사람의 입장 중, 어떤 입장이 본인의 생각과 같은지 그 까닭을 적어 보도록 지도한다.<br>- 학생들이 적은 입장과 까닭에 대해 발표를 듣는다. | 10´ | ☆ PPT, 교과서<br>※ 학생들이 편지의 주장과 근거를 제대로 파악하고 있는지에 대해 발문한다.<br>※ 자신의 입장을 적을 때, 근거는 한 줄 정도로 간략히 적도록 지도한다. |
|  | 활동 2 | ⊙ **[활동 2] 콩쥐 새어머니께 쓰는 편지**<br>- 동기 유발 단계의 읽기 자료를 활용해 콩쥐의 입장이 되어 콩쥐 새어머니께 콩쥐의 의견을 제시하는 편지를 쓰도록 지도한다.<br>- 활동 1에서 활용된 댐 건설에 대한 두 사람의 편지를 가져와 어떤 형식으로 쓰였는지 살펴본다. | 8´ | ☆ PPT, 활동지<br>※ 의견을 제시하는 글의 구성에 맞춰 글을 작성하도록 지도한다. |

| 문제 해결<br>방법 찾기 | | - 자신의 의견을 제시하는 글을 쓸 때에는 '① 문제 상황을 자세히 쓴다. ② 자신의 의견을 제시한다. ③ 의견을 뒷받침하는 까닭을 쓴다.' 이 순서로 글을 쓰도록 지도한다.<br>- 또한, 자신의 의견을 제시하는 글을 쓸 때에는, '읽는 사람이 들어줄 수 있는 의견인지도 생각해 봐야 함'을 지도한다.<br>- 다섯 줄 내외로 짧게 콩쥐의 의견을 제시하는 편지를 쓰도록 지도한 후, 학생들의 발표를 듣는다. | | ※ 학생들에게 활동지를 제공하여 활동지에 자신의 의견을 제시하는 편지를 쓰도록 지도한다. |
| --- | --- | --- | --- | --- |
| 문제<br>해결하기 | 활동<br>3 | ◉ [활동 3] 우리 주변에 대한 나의 의견은?<br>- 학생들에게 주변에서 의견을 제시할 필요가 있는 상황을 생각하고, 발표하도록 지도한다.<br>- 학생들의 여러 가지 상황에 대한 발표를 듣고, 한 가지 상황을 정해 자신의 의견을 제시하는 글을 써 보도록 지도한다.<br>- 활동 2에서 학습하였듯이, '① 문제 상황을 자세히 쓴다. ② 자신의 의견을 제시한다. ③ 의견을 뒷받침하는 까닭을 쓴다.' 이 순서로 글을 쓰도록 지도한다.<br>- 글을 쓸 시간을 제공한 후, 시간이 지나면 짝과 쓴 글을 바꾸어 읽어 보도록 지도한다.<br>- 짝이 쓴 글을 읽고, 고치면 좋을 부분을 표시하여 준다.<br>- 서로 바꾸어 읽은 후, 짝이 표시하여 준 부분을 신경 써 쓴 글을 고쳐 쓴다.<br>- 고쳐 쓴 글을 학생들에게 발표하도록 지도한다. | 14′ | ☆ PPT, 교과서<br>※ 학생들에게 주변에서 의견을 제시할 필요가 있는 상황을 충분히 많이 발표하도록 지도한다.<br>※ 의견을 제시하는 글의 구성에 맞춰 글을 작성하도록 지도한다.<br>※ 짝의 글을 읽고 글의 구성이 올바른지, 근거가 정확한지 등에 대해서 잘 확인해 주도록 지도한다. |
| 일반화하기 | 학습<br>내용<br>정리 | ◉ 학습 내용 정리<br>- Q1. 자신의 의견을 제시하는 글을 쓸 때에는 어떠한 글의 구성으로 쓰는 것이 좋을까요?<br>- A1. 예상 답변: '① 문제 상황을 자세히 쓴다. ② 자신의 의견을 제시한다. ③ 의견을 뒷받침하는 까닭을 쓴다.' 이 순서로 글을 구성하여 씁니다.<br>- Q2. '자신의 의견을 제시하는 글을 쓸 때에는 (빈칸)도 생각해 봐야 한다.' 빈칸을 채워서 문장을 완성해 봅시다.<br>- A2. 예상 답변: '자신의 의견을 제시하는 글을 쓸 때에는 (읽는 사람이 들어줄 수 있는 의견인지)도 생각해 봐야 한다.'입니다.<br>- T: 오늘 학습한 것처럼, 우리 주변에서 의견을 제시하는 글 쓰기가 필요한 여러 상황을 이해하고, 필요한 경우에 예의를 갖추어 의견을 제시하는 글을 쓰는 습관을 지니도록 합시다. | 3′30″ | ☆ PPT<br>※ 학생들이 자신들이 쓴 글을 생각하며 답을 말할 수 있도록 지도한다. |

| 일반화하기 | 다음<br>차시<br>예고 | ⊙ **다음 차시 예고하기**<br>- 교사가 다음 차시에 대해 예고해 준다.<br>- 다음 차시 "학급 신문에 의견을 제시하는 글을 써 봅시다." | 30˝ | ☆ PPT |

| 평가 목표 | 구분 | 평가 기준 |
|---|---|---|
| [4국03-03] 관심 있는 주제에 대해 자신의 의견이 드러나게 글을 쓴다. | 매우 잘함 | 자신의 의견을 제시하는 글을 쓰는 구조를 파악하고, 읽는 사람이 들어 줄 수 있는 의견인지도 생각하며 관심 있는 주제에 대해 자신의 의견이 드러나게 글을 쓴다. |
| | 잘함 | 자신의 의견을 제시하는 글을 쓰는 구조를 파악하고, 관심 있는 주제에 대해 자신의 의견이 드러나게 글을 쓴다. |
| | 보통 | 관심 있는 주제에 대해 자신의 의견이 드러나게 글을 쓴다. |
| | 노력 요함<br>(미도달) | 관심 있는 주제에 대해 자신의 의견이 드러나게 글을 쓰지 못한다. |

# 2

## 지도안 검토하기

### 1) 수업 지도안의 전반부 검토

#### (1) 지도안의 형식

| | • 지도안의 항목이 체계적으로 구성되어 있는가? |
|---|---|
| 형식 | - '단원 및 차시' 항목에서 차시 부분에 전체 차시 중 어느 부분에 해당하는지를 표기하도록 한다.<br>- 수업 상황 관련 정보를 제공해 주는 맥락에서 '수업 일시, 장소, 대상 학습자(학급)'에 대한 정보를 제시한다.<br>- '학습 방법' 항목에서 "개별 활동 및 짝 활동"은 학습 방법이라기보다는 활동 조직에 해당하기 때문에 수정이 필요하다. |

**단원 학습 목표와 차시별 지도 계획**

지도안 작성은 수업을 체계적으로 설계하여 학습자가 학습 목표에 효과적으로 도달하도록 지원하는 것을 목적으로 한다. 이를 위해서 이 수업의 전체적인 흐름을 이해할 수 있는 다소 거시적 차원의 기본 정보('단원 학습 목표, 차시별 지도 계획')가 제시될 필요가 있고, 해당 수업 차시에 초점을 둔 정보('교재, 대상 학급, 일시, 장소, 단원, 차시, 차시 학습 목표, 교수·학습 모형' 등)가 제시될 필요가 있다. 본 지도안에는 거시적인 차원의 정보가 제시되어 있지 않아 교사가 전체적인 수업의 흐름을 이해하는지 확인이 어렵고 이 지도안을 읽는 독자 또한 이 지도안만으로 수업의 전체적인 흐름을 그려보는 데 한계가 있다. 따라서 단원 학습 목표와 차시별 지도 계획을 예를 들어 [표4-1]과 같이 지도안에 제시할 필요가 있다.

## [표 4-1] 차시별 지도 계획 예시[1]

| 단원<br>학습 목표 | 문장의 짜임을 생각하며 의견을 제시하는 글을 쓸 수 있다. | |
|---|---|---|
| 차시별<br>지도 계획 | 차시 | 주요 학습 내용 및 활동 |
| | 1-2 | 문장의 짜임에 맞게 말하기 |
| | 3-4 | 문장의 짜임에 맞게 문장 쓰기 |
| | 5-6<br>(본 차시) | 자신의 의견을 제시하는 글 쓰기 |
| | 7-8 | 의견을 제시하는 글을 쓰고 친구들과 의견 나누기 |

### 본 차시 교수·학습 계획

본 차시 수업과 관련해서는 지도안에 '교과명, 지도 교사, 교재, 대상 학급, 일시, 장소, 단원, 차시, 본 차시 학습 목표, 교수·학습 모형' 등을 제시하는 것이 일반적이다. 이 〈사례〉의 경우, 수업 상황 관련 정보를 제공해 주는 맥락에서 '수업 일시, 장소, 대상 학습자(학급)'에 대한 정보를 추가로 제시할 필요가 있다.

'단원 및 차시' 항목에서 '차시'는 일반적으로 전체 차시 중에 어느 차시에 해당하는지를 표기한다. 이는 전체 단원에서 이 수업이 어느 부분에 해당하는지를 가늠할 수 있게 하기 위함이다. 따라서 '해당 차시/전체 차시'로 수정하도록 한다. 또한 전체 수업이 이루어지는 '시간'에 대한 정보를 추가로 제공하여 주어진 시간 안에 활동을 효과적으로 구성할 수 있도록 해야 한다.

'학습 방법' 항목에서 "개별 활동 및 짝 활동"은 학습 방법이라기보다는 활동 조직에 해당하기 때문에 수정이 필요하다. '학습 방법'은 학습자가 학습 목표에 도달하기 위한 방법을 의미하는데, 최근 수업 장면에서는 교사와 학습자 간의 상호작용을 중시하여 '교수·학습 방법'이라는 용어를 사용한다. 교수·학습 방법은 실제 수업 전개를

---

1    교육부(2018ㄴ: 245)의 『초등학교 국어 4-2 교사용 지도서』에 제시된 '단원 및 차시 학습 목표와 성격'을 참고하여 차시별 지도 계획을 제시하였다.

위해 교사가 어떤 수업 모형이나 기법 등을 적용하여 구성한 구체적인 수업 계획을 가리키는 말로, 국어과 교수·학습 방법은 다양한 교수·학습 모형이나 활동, 기법의 구체적 적용을 통해 이루어진다(최지현 외, 2007: 30-31). 이런 관점에서 학습 방법과 교수·학습 모형을 구분하기보다는 교수·학습 방법 또는 교수·학습 모형으로 제시하는 것이 바람직하다.

### (2) 학습 목표

| 학습 목표 | • 교육과정의 성취기준에 근거하여 학습 목표가 설정되었는가? |
| --- | --- |
| | - 학습 목표 설정이 적절하다. |
| | • 전체 차시 계획을 고려할 때 본 차시 학습 목표가 적절히 설정되었는가? |
| | - 본 차시 학습 목표 설정이 적절하다. |

학습 목표의 적절성은 두 가지 차원에서 살펴볼 필요가 있다. 성취기준에 근거하고 있는지를 살피는 것, 성취기준에 근거한 단원 학습 목표가 차시 계획으로 상세화되면서 본 차시 학습 목표가 단원 학습 목표와 긴밀한 관계를 맺으며 적절하게 설정되었는지를 살피는 것이다.

성취기준에서 도출할 수 있는 학습 목표는 '의견을 제시하는 글을 쓰는 것', '기본적인 문장의 짜임을 이해하고 사용하는 것'이다. 이 둘을 반영하여 단원의 학습 목표를 설정할 수 있는데, 이때 문장의 짜임을 이해하고 사용하는 것은 글쓰기의 기본이 되기 때문에, '문장의 짜임을 생각하며 의견을 제시하는 글을 쓸 수 있다.'로 단원 학습 목표를 설정할 수 있다.

**[표 4-2] 성취기준으로부터 단원 학습 목표 설정하기**

| 영역 | 성취기준 | | 단원 학습 목표 |
| --- | --- | --- | --- |
| 쓰기 | [4국03-03] 관심 있는 주제에 대해 자신의 의견이 드러나게 글을 쓴다. | ➡ | 문장의 짜임을 생각하며 의견을 제시하는 글을 쓸 수 있다. |
| 문법 | [4국04-03] 기본적인 문장의 짜임을 이해하고 사용한다. | | |

단원의 학습 목표는 ① '문장의 짜임에 대한 이해와 사용', ② '자신의 의견을 제시하는 글 쓰기'라는 두 가지 목표가 결합되어 있는 형태이다. ①은 '문장의 짜임을 이해하기', '문장의 짜임에 맞게 문장 쓰기'로 상세화 가능하고, ②는 '의견을 제시하는 글 쓰기 방법 익히기', '의견을 제시하는 글 쓰기'로 상세화할 수 있다. 교육부(2018ㄴ: 245)에서는 이를 반영하여 [표 4-3]과 같이 차시 학습 목표를 설정하여 제시하고 있다.

**[표 4-3] 단원 학습 목표와 차시 학습 목표 상세화**

| 단원 학습 목표 | 영역 | 차시 학습 목표 |
|---|---|---|
| [문법] 문장의 짜임을 생각하며 [쓰기] 의견을 제시하는 글을 쓸 수 있다. | 문법 | (1-2차시) 문장의 짜임에 맞게 말할 수 있다.<br>(3-4차시) 문장의 짜임에 맞게 문장을 쓸 수 있다. |
| | 쓰기 | (5-6차시) **자신의 의견을 제시하는 글을 쓸 수 있다.**<br>(7-8차시) 의견을 제시하는 글을 쓰고 친구들과 의견을 나눌 수 있다. |

☺ **도움말** ------------------------------------------------------------

• 단원 학습 목표는 성취기준을 분석해서 설정하고 차시별 학습 목표로 세분화한다.

------------------------------------------------------------

이런 관점에서 본 차시 학습 목표는 성취기준을 반영하면서 단원의 차시 계획에도 부합한다고 볼 수 있다. 이처럼 성취기준을 근거로 하여 단원의 학습 목표를 설정하고 단원 학습 목표를 차시 학습 목표로 상세화하면서 본 차시 학습 목표를 설정하면 본 차시 수업이 전체 단원 안에서 어떠한 위치에 있으며, 다른 차시 수업과 어떠한 관계가 있는지 파악할 수 있게 된다.

## 2) 교수·학습 단계별 검토

### (1) 학습 내용

| 학습 내용 | • 교육과정의 성취기준 간 연계성을 고려하여 학습 내용의 범위와 수준이 적절히 설정되었는가 |
|---|---|
| | - 성취기준에 근거하여 학습 내용의 범위와 수준은 적절하다. |

수업은 학습 목표 도달을 목적으로 하며, 학습 목표에 도달하기 위해서는 학습 내용을 무엇으로 선정하는가가 중요하다. 학습 내용의 선정은 학습 내용의 수준과 범위 설정, 학습 목표 도달을 위한 적합성 확인과 관련된다. 이를 위해서 교육과정에 제시된 관련 성취기준의 위계, 성취기준 해설, 교수·학습 유의 사항 등을 살펴볼 수 있다.

😊⁺ **도움말** - - - - - - - - - - - - - - - - - - - - - - - - - - - - - - - - - - - - - - - - - - - - - - - - - - - - - - - - - -

• 학습 내용의 수준과 범위는 관련 성취기준의 위계, 성취기준의 해설을 참고하여 설정한다.

- - - - - - - - - - - - - - - - - - - - - - - - - - - - - - - - - - - - - - - - - - - - - - - - - - - - - - - - - - - - - - - - - - - - - -

**[표 4-4] '주장하는 글 쓰기' 관련 성취기준 분석**

| 3~4학년군 '주장하는 글 쓰기' 관련 성취기준 | 5~6학년군 '주장하는 글 쓰기' 관련 성취기준 |
|---|---|
| [4국03-03] 관심 있는 주제에 대해 자신의 의견이 드러나게 글을 쓴다.<br><br>〈성취기준 해설〉<br>이 성취기준은 어떤 대상이나 사실에 대해 자신의 의견을 밝히는 글을 쓰는 과정에서 생각을 구체화·명료화·정교화하여 제시하는 능력을 기르기 위해 설정하였다. 주변 현상에 대해 관심 갖기의 중요성을 일깨우고, 주장이 무엇이고 주장을 할 때에는 어떤 점에 주의해야 하는지를 기초적인 수준에서 다루도록 한다. 그리고 주장을 뒷받침하는 근거를 들어 자신의 의견이 뚜렷하게 드러나는 주장하는 글을 쓰게 한다. | [6국03-04] 적절한 근거와 알맞은 표현을 사용하여 주장하는 글을 쓴다.<br><br>〈성취기준 해설〉<br>이 성취기준은 주장하는 글 쓰기의 능력을 기르기 위해 설정하였다. 주장하는 글 쓰기의 중요성과 특성, 주장하는 글의 조직 방식, 주장하는 글의 특징에 따른 표현 방법에 대해 학습하게 한다. 특히 주장과 근거의 개념, 주장과 근거의 관계 등을 알고 이를 적절히 활용할 수 있게 한다. 그리고 주장하는 글을 쓸 때 알맞은 표현에 관심을 갖게 하며 특히 주관적 표현이나 단정적인 표현, 모호한 표현 등을 사용하지 않도록 한다. |

본 차시에서 다루는 '의견을 제시하는 글 쓰기'의 학습 내용은 5~6학년군 관련 성취기준이 주장과 근거의 개념, 주장과 근거의 관계, 주장하는 글의 조직, 표현 방법 등을 다룬다는 점을 감안하여 '주장하기'를 기초적인 수준에서 다루어야 함을 확인할 수 있다. 즉, 주장에 대한 기초적인 개념, 주장할 때의 유의점, 주장에 대한 근거 제시하기를 골자로 하여 학습 내용을 선정해야 한다. 또한 '교수·학습 방법 및 유의 사항'의 "⑥ 의견이 드러나는 글 쓰기는 엄격한 형식을 갖추거나 지나치게 타당성이 높은 근거를 들도록 하기보다는 주변의 현상에 관심을 갖고 이에 대해 자유로운 형식으로 주장을 펼 수 있도록 지도한다."(교육부, 2015: 25)를 보면 형식을 갖추기보다는 의견을 하나의 주장으로 명료화하여 표현하는 데 초점이 있음을 확인할 수 있다. 이런 관점에서 '의견을 제시하는 글 쓰기 방법'을 학습 내용으로 삼고 있는 점은 적절하다고 볼 수 있다.

| 학습 내용 | • 학습 목표 도달에 적합한 학습 내용을 선정하였는가? |
|---|---|
| | - 학습 목표 도달에 적합한 학습 내용을 선정하였다. |

보다 구체적으로 사례에 제시된 학습 내용을 살펴보면, '[활동 1] 댐 건설에 대한 두 사람의 입장'에서는 글을 읽고 입장과 까닭을 찾은 후 두 입장 중 하나의 입장을 정하고 그 까닭을 적는 활동으로 구성되어 있다. 여기에서는 주장의 개념을 입장으로 제시하고 있고, 의견과 그 까닭 적기를 주장하는 글의 기본적인 구조로 제시하고 있다. '[활동 2] 콩쥐 새어머니께 쓰는 편지'에서는 의견을 제시하는 글 쓰기 방법으로 문제 상황 적기, 의견 제시하기, 의견을 뒷받침하는 까닭 쓰기, 의견을 제시하는 글을 쓸 때 유의할 점 점검하기(독자의 수용 가능성 점검)를 학습 내용으로 안내하고 있다. 다만 독자의 수용 가능성을 점검하는 과정은 의견과 까닭을 다 정하고 난 후가 아니라 의견을 정한 후에 점검하도록 그 순서 조정이 필요하다. '[활동 3] 우리 주변에 대한 나의 의견은?'에서는 주변 문제에 대한 자신의 의견을 제시하는 글을 쓰고 친구들과 공유하는 경험을 활동으로 제시하고 있어, 앞서 학습한 내용을 적용하도록 하고 있다. 따라서 이번 사례는 의견을 제시하는 글의 구조를 알고 의견을 제시하는 글 쓰기 방법을 익혀 실제로 적용해 보도록 학습 내용을 구성한 점에서 비교적 학습 목표

도달에 적합한 내용 선정이라고 할 수 있다.

**[표 4-5] 학습 내용 분석 및 학습 내용 선정**

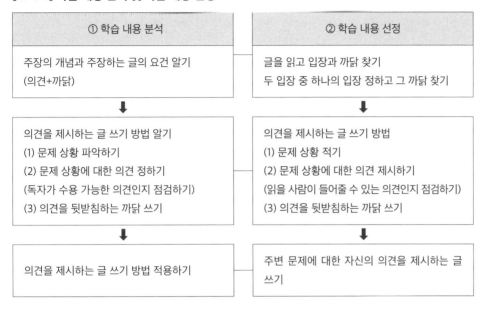

| ① 학습 내용 분석 | ② 학습 내용 선정 |
|---|---|
| 주장의 개념과 주장하는 글의 요건 알기<br>(의견+까닭) | 글을 읽고 입장과 까닭 찾기<br>두 입장 중 하나의 입장 정하고 그 까닭 찾기 |
| 의견을 제시하는 글 쓰기 방법 알기<br>(1) 문제 상황 파악하기<br>(2) 문제 상황에 대한 의견 정하기<br>(독자가 수용 가능한 의견인지 점검하기)<br>(3) 의견을 뒷받침하는 까닭 쓰기 | 의견을 제시하는 글 쓰기 방법<br>(1) 문제 상황 적기<br>(2) 문제 상황에 대한 의견 제시하기<br>(읽을 사람이 들어줄 수 있는 의견인지 점검하기)<br>(3) 의견을 뒷받침하는 까닭 쓰기 |
| 의견을 제시하는 글 쓰기 방법 적용하기 | 주변 문제에 대한 자신의 의견을 제시하는 글 쓰기 |

**도움말**

- 학습 목표 도달에 적합한 학습 내용을 선정하기 위해서는 가르쳐야 할 학습 내용을 명료화(①)하고 이를 학습자가 학습 상황에서 경험하도록 구성(②)한다.

## [2] 교수·학습 방법

| 교수·학습<br>방법 | • 학습 목표에 적합한 교수·학습 방법을 사용하였는가? |
|---|---|
| | - 문제 해결 학습 모형을 선택한 것은 적절하였으나 모형 적용에 대한 점검이 필요하다.<br>- 학습 방법으로 개별, 짝 활동을 구분하였는데, 이는 학습 방법이라기보다는 학습 조직에 해당하므로 내용을 수정한다. |

이 사례에서는 '문제 해결 학습 모형'을 적용하고 있다. 문제 해결 학습 모형은 학습자 주도의 문제 해결 과정을 강조하는 학습자 중심의 모형으로, 국어과의 문제 해결 학습은 엄격한 가설 검증과 일반화에 따른 결과에 초점을 두기보다는 그 결과에

도달하기까지의 과정에 초점을 둔다. 즉, 교사와 학습자가 해결해야 할 문제를 인식하고 문제 해결 방법을 찾아 해결하며 이를 일반화하는 활동을 강조한다. 이 지도안에서 '문제'는 '의견을 제시하는 글 쓰기'이며 이를 해결하기 위해 학습자는 글쓰기 방법을 찾아야 하고 이를 적용하여 일반화하는 경험을 하도록 교수·학습이 구성되어야 한다. 지도안의 경우 문제 해결 학습 모형을 적용하고 있으나 자신의 의견을 제시하는 글을 쓰는 방법을 교사 중심으로 지도하고 있다. 국어과의 문제 해결 학습 모형이 문제를 해결하기 위해 주도적이고 자발적으로 학습에 참여하는 과정을 강조한다는 점을 고려한다면, [표 4-6]과 같이 학습자 스스로 글 쓰는 방법을 찾아보도록 하는 과정을 지도안에 반영하여 수정할 필요가 있다.[ ▶국어 교육 이론 ]

**[표 4-6] 문제 해결 학습 모형을 적용한 교수·학습 흐름 예시**

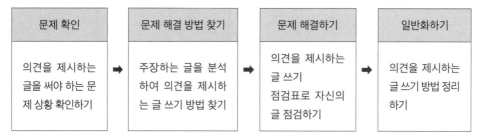

| 문제 확인 | 문제 해결 방법 찾기 | 문제 해결하기 | 일반화하기 |
|---|---|---|---|
| 의견을 제시하는 글을 써야 하는 문제 상황 확인하기 | 주장하는 글을 분석하여 의견을 제시하는 글 쓰기 방법 찾기 | 의견을 제시하는 글 쓰기 점검표로 자신의 글 점검하기 | 의견을 제시하는 글 쓰기 방법 정리하기 |

| 교수·학습 방법 | • 학습 목표 달성에 적합한 활동을 구성하였는가? |
|---|---|
| | - 활동이 의도하는 바가 활동명에 명시적으로 제시될 필요가 있다. <br> - 학습 목표 중심으로 활동이 이루어지도록 활동 내용을 초점화할 필요가 있다. |

활동명은 활동을 하는 이유에 대한 정보를 제공하거나 학습자가 활동을 하고자 하는 욕구, 흥미를 느끼도록 하는 기능을 수행한다. 학습자의 흥미를 유발하는 활동명은 학습자의 호기심을 불러일으킨다는 장점이 있으나 학습자 스스로 무엇을 학습하고 있는지를 정확하게 인지하지 못하게 하는 단점이 있다. 수업은 학습 목표 도달을 목적으로 하는데 이때 학습자가 주도적인 역할을 하기 위해서는 스스로 이 활동을 하는 이유를 명확히 인지할 필요가 있다. 이를 지원하는 방안이 활동명에 활동 이유를 드러내는 것이다. '활동 1'의 활동명인 '댐 건설에 대한 두 사람의 입장'은 호기심도 자극하지 못할 뿐 아니라 이 활동을 통해 얻고자 하는 바도 알기 어렵다. '활동

2 콩쥐 새어머니께 쓰는 편지'도 해야 할 과제를 어렴풋이 짐작할 수는 있으나 이것이 '활동 1'과 어떠한 연계성이 있는지, 편지 쓰기가 학습 목표와 어떤 관계가 있는지 알기 어렵다. '활동 3'의 '우리 주변에 대한 나의 의견은?'이라는 활동명 또한 주변의 무엇을 살피라는 것인지, 의견을 어떻게 하라는 것인지 불명확하여 활동을 분명하게 이해하는 것을 돕지 못한다. 활동명은 활동이 학습 목표와 어떠한 관련이 있는지, 학습 활동 간에 어떠한 관계가 있는지 등을 드러내어 교사뿐 아니라 학습자도 교수·학습의 흐름을 이해할 수 있도록 수정하는 것이 바람직하다. 예를 들면, '활동 2'의 경우 '의견을 제시하는 글 쓰기 방법 찾기'라고 활동명을 제시함으로써 활동을 통해 해야 할 것을 명시적으로 드러낼 수 있을 것이다.

덧붙여 학습 목표 중심으로 활동이 이루어지도록 활동 내용을 초점화할 필요가 있다. 이 사례의 '활동 1'은 글을 읽고 의견과 까닭을 찾아보는 활동을 통해 의견의 의미와 의견을 제시하는 글을 쓰기 위해 의견과 이를 뒷받침하는 까닭을 써야 함을 아는 데 초점을 두어 계획되어야 한다. 따라서 [표 4-7]과 같이 편지글에 나타난 '두 사람의 입장과 까닭을 표로 정리하여 제시'하는 활동은 삭제하는 것이 낫다. 대신 학습한 내용을 정리하도록 활동을 추가할 수 있다.

**[표 4-7] '활동 1'의 수정 예시**

| 활동명 | 지도안에 제시된 활동 | 수정한 활동 |
|---|---|---|
| 활동 1<br>댐 건설에 대한 두 사람의 입장<br>→<br>의견을 제시하는 글의 구조 알기 | • ~~교과서에 제시된 편지글 읽기(삭제)~~<br>• 편지글 읽고 두 사람의 입장과 까닭 파악하기<br>• ~~두 사람의 입장과 까닭 표로 정리하여 제시하기(삭제)~~<br>• 두 입장 중 하나의 입장 고르고 그 까닭 적도록 지도하기<br>• ~~학습자가 적은 입장과 까닭 듣기(삭제)~~ | • 편지글 읽고 두 사람의 입장과 까닭 파악하기<br>• 두 입장 중 하나의 입장 고르고 그 까닭 적기<br>(추가) 의견을 제시하는 글의 구조 확인하기 |

'활동 2'는 동기 유발과 연계하여 콩쥐 새어머니께 편지 쓰는 과제를 해결하는 형태로 구성되어 있다. 그러나 '활동 1'의 편지를 보고 어떤 형식으로 쓰였는지 살피도록 한 것이나 의견을 제시하는 글을 쓰는 방법을 지도하는 것은 하나의 활동으로 합

할 수 있다. 의견을 제시하는 글을 쓸 때의 유의점인 '의견에 대한 독자의 수용 가능성을 점검하기'는 글쓰기 방법에 녹이는 것이 바람직하다. 의견과 까닭을 다 쓰고 난 후 독자가 받아들일 수 있는지를 점검하는 것은 효율적이지 못하다. 의견을 생성하는 단계에서 독자의 수용 가능성 여부를 점검하는 것이 타당하다. 이런 점을 반영하여 '활동 2'는 [표 4-8]과 같이 수정 가능하다.

**[표 4-8] '활동 2'의 수정 예시**

| 활동명 | 지도안에 제시된 활동 | 수정한 활동 |
|---|---|---|
| 활동 2<br>콩쥐 새어머니께 쓰는 편지<br>→<br>의견을 제시하는 글 쓰기 방법 찾기 | • 콩쥐가 되어 새어머니께 의견을 제시하는 편지를 쓰도록 지도하기<br>• '활동 1'의 편지를 보고 어떤 형식으로 쓰였는지 살피기<br>• 의견을 제시하는 글을 쓰는 방법 지도하기<br>• 의견을 제시하는 글을 쓸 때 유의할 점 알기<br>• 5줄 내외로 콩쥐의 의견을 제시하는 편지 쓰게 한 후 발표 듣기 | • 의견을 제시하는 글을 쓰는 방법 찾기<br>  - 편지글을 보고 글의 내용 요소 찾기<br>  - 글의 내용 요소를 배열하여 글 쓰는 방법 만들기<br>• 콩쥐의 의견을 제시하는 간단한 글 쓰기 |

'활동 3'은 크게 의견을 제시하는 글 쓰기와 고쳐쓰기 활동으로 나눌 수 있는데, 이러한 활동이 명확하게 제시되어 있지 못하다. 의견 제시가 필요한 상황을 발표하거나 하나의 문제 상황을 정해 의견을 제시하는 글을 쓰게 한 후 의견을 제시하는 글을 쓰는 방법을 확인하는 활동은 그 흐름도 적절하지 못하다. [표 4-9]와 같이 의견을 제시하는 글 쓰기 활동 안에 문제 상황을 찾고 그에 대한 의견과 까닭을 적도록 세부 활동을 작성하는 것이 보다 적절하다. 그리고 글을 다 쓰고 난 후 고쳐쓰기 활동을 하도록 안내하는 것이 바람직하다.

**[표 4-9] '활동 3'의 수정 예시**

| 활동명 | 지도안에 제시된 활동 | 수정한 활동 |
|---|---|---|
| 활동 3 우리 주변에 대한 나의 의견은? → 의견을 제시하는 글 쓰기 | • 의견 제시가 필요한 상황 발표하기<br>• 하나의 상황 정해 자신의 의견을 제시하는 글 쓰기<br>• 의견을 제시하는 글 쓰기 방법 확인하기<br>• 쓴 글을 짝과 바꿔 보고 고칠 점 표시하기<br>• 짝의 의견을 고려하여 고쳐쓰기<br>• 고쳐 쓴 글 발표하기 | • 의견을 제시하는 글 쓰기<br>  - 주변에서 문제 상황 찾기<br>  - 문제 상황에 대한 의견 쓰기 (독자가 수용 가능한지 점검하기)<br>  - 의견을 뒷받침하는 까닭 쓰기<br>• 고쳐쓰기<br>  - 친구의 글을 읽고 고칠 점 적기<br>  - 친구의 의견 반영하여 글 고치기 |

| 교수·학습 방법 | • 학습자의 수준과 흥미를 고려하여 활동을 구성하였는가? |
|---|---|
| | - '동기 유발' 자료와 '활동 2'를 연결한 것은 적절하다. |

'문제 확인하기' 단계의 '동기 유발' 자료를 '활동 2'의 문제 해결 방법 찾기로 연결 지은 것은 적절하다고 할 수 있다. 다만, 콩쥐의 이야기를 활용하기보다는 학습자의 일상생활을 반영하여 학습의 흥미와 동기를 높이는 것도 고려해 볼 만하다. 예컨대, 학습자의 용돈이 너무 적어서 용돈을 올려 달라는 취지의 편지글을 쓰는 상황을 동기 유발 자료로 활용하고 실제로 부모님께 편지를 써 보는 활동으로 연결한다면 의견을 제시하는 글 쓰기에 대한 학습이 학습자의 삶과 자연스럽게 연결되게 된다. 또한 학습자가 자신이 쓴 글에 대해 부모님의 실제 피드백을 받아 보도록 하는 것은 긍정적인 쓰기 경험을 제공해 준다는 점에서 의미 있다.

| 교수·학습 방법 | • 교사와 학생 간, 학생과 학생 간 상호작용이 적절히 일어날 수 있도록 지도안을 작성하였는가? |
|---|---|
| | - 교사 중심의 언어보다 학습자가 수업에 주도적으로 참여하도록 기술해야 한다. |

지도안은 교사가 수업 실연을 목적으로 작성한 계획서이다. 수업의 핵심은 학습

자이고, 학습자에게 어떠한 경험과 배움이 일어나느냐에 따라 수업의 성패가 결정되기 때문에 교사 주도의 수업보다 학습자 중심의 수업으로 지도안을 작성할 필요가 있다. 그러나 이번 사례에서는 교사 중심의 언어로 지도안이 기술되어 있는 부분을 발견할 수 있다. 예를 들어, '활동 1'의 '글에 나타난 두 입장 중 하나의 입장을 고르고 그 까닭을 적도록 지도한다.'라고 기술한 부분은 '글에 나타난 두 입장 중 하나의 입장을 고르고 그 까닭을 적는다.'로 고쳐서 학습자 중심으로 기술할 것을 추천한다.

| 교수·학습<br>방법 | • 구성된 활동의 시간을 적절히 배분하였는가? |
| --- | --- |
| | - 구성된 활동의 시간을 재점검해야 한다. |

지도안에 시간을 기록하는 이유 중의 하나는 활동의 양이 적절한지 가늠하고 활동의 양을 조정하기 위함이다. 〈사례〉는 의견을 제시하는 글 쓰기 방법을 찾고 이를 적용하여 글을 쓰는 일련의 교수·학습 활동으로 구성되어 있다. 이러한 활동은 40분이라는 수업 시간에 완수하기 어렵다. [표 4-1] 차시별 지도 계획 예시에 제시한 바와 같이 두 차시(80분) 블록 수업 형태로 계획하여 학습자가 글을 쓰는 방법을 찾고 이를 적용하며 고쳐 쓰는 일련의 쓰기 경험을 할 수 있도록 수업 시간을 배분할 필요가 있다, 또한 시간을 표시할 때 초 단위까지 적을 필요는 없다. 활동에 필요한 소요 시간을 고려하여 전체적으로 시간 배분을 한 후 각 단계별, 활동별로 학습 활동의 시간을 배분하는 노력이 필요하다.

| 교수·학습<br>방법 | • 교수·학습 단계에 맞는 활동을 구성하였는가? |
| --- | --- |
| | - 문제 해결 학습 모형을 적용하였기 때문에 '문제 확인하기' 단계에서 '학습 목표 확인하기'보다 '문제 확인하기'로 학습 활동을 구성하는 것이 적절하다. |

〈사례〉의 '문제 확인하기' 단계에서는 학습자가 해결해야 하는 문제가 무엇인지 확인하는 것이 중요하다. 학습자가 해결해야 하는 문제가 무엇인지 알고 이를 해결하는 방법을 찾는 과정이 학습 목표 도달이라고 보기 때문이다. 따라서 학습자는 반드

시 문제를 확인해야 하고 교사는 학습자가 주도적으로 문제를 찾아가도록 지원해야 한다. 이런 관점에서 '학습 목표 확인하기'보다는 '학습 문제 확인하기'로 수정하는 것이 타당하다. 수업할 때에도 학습자가 문제를 스스로 찾아내도록 해야 함을 기억해야 한다.

## 3) 수업 지도안의 후반부 검토

### (1) 평가

| | |
|---|---|
| 평가 | • 학습 목표 달성 여부를 점검하는 방법이 적절한가?<br>  - 평가 기준을 적절하게 구성하였는가? |
| | - 평가 기준을 수정하여 제시할 필요가 있다. |

'평가 목표'는 '평가를 왜 하는가'에 대한 답을 의미한다. 〈사례〉의 경우에 평가 목표는 수업 시간에 학습자가 의견을 제시하는 글을 쓸 수 있는지를 평가하고 그 결과를 학습자의 성장을 지원하는 정보로 활용하는 것이 될 수 있다. 이는 교수·학습과 평가의 통합을 지향하는 과정 중심 평가와 맥을 같이한다. 이런 관점에서 〈사례〉에서 '성취기준'에 해당하는 내용을 '평가 목표'로 기술한 것은 수정이 필요하다.

가은아 외(2016)에서는 '성취기준'과 '평가준거 성취기준', '평가 기준'의 개념을 정의하고 각 평가준거 성취기준의 평가 기준을 제시한 바 있다. 2015 개정 국어과 교육과정에서 '성취기준'이란 단위 학교에서 이루어지는 교수·학습 활동의 근거가 되는 것으로서 학습자가 각 교과 수업을 통해 배워야 할 내용(지식, 기능, 태도)과 관련된 능력 또는 특성을 진술한 것(가은아 외, 2016: 12)이라고 할 수 있다. '평가준거 성취기준'이란 교육과정 성취기준을 실제 평가의 상황에서 준거로 사용하기에 적합하도록 재구성한 것을 의미(가은아 외, 2016: 14)한다. 즉 학교에서 교육과정 성취기준을 그대로 구체적인 평가 활동을 위한 판단의 기준으로 삼기에 다소 포괄적이거나 모호할 수 있기 때문에 학습자 입장에서는 무엇을 공부하고 성취해야 하는지, 교사 입장에서는 무엇을 가르치고 평가해야 하는지에 대해 보다 명료한 안내를 제공하기 위해 교육과정 성취기준을 재구성한 것이다. '평가 기준'이란 평가 활동에서 학습자가 어느 정도의 수준에 도달했는지를 판단하기 위한 실질적인 기준 역할을 할 수 있도록 각 평가준거 성취기준에 도달한 정도를 '상, 중, 하'의 세 단계로 구분하고 각 단계에 속한 학습자가 무엇을 알고 있고, 할 수 있는지를 기술한 것을 의미(가은아 외, 2016: 13)한다. 이를 바탕으로 '평가 목표'에는 성취기준을 평가 상황에 맞게 재구성한 '평가준거 성취기준'을 기술하는 것을 추천한다.

'평가 기준'의 적절성은 평가 기준과 학습 목표와의 관련성을 통해 판단할 수 있다. 〈사례〉의 학습 목표는 "자신의 의견을 제시하는 글을 쓸 수 있다."이다. 의견을 제시하는 글 쓰기와 관련하여 '평가 기준'을 나누는 것이 핵심인데, 본 차시 지도안에서는 의견을 제시하는 글의 구조를 파악하는지, 읽는 사람이 들어줄 수 있는 의견인지를 조건으로 하여 '평가 기준'을 구분하고 있다. 의견을 제시하는 글의 구조를 파악하는 것은 학습 목표와 학습 내용에서 다루는 강조점이 아니므로 '평가 기준'으로 삼는 것은 타당하지 못하다. 관심 있는 주제에 대해 자신의 의견을 제시하는 글을 쓸 수 있는가에 초점을 두어 [표 4-10]의 내용을 고려하여 '평가 기준'(가은아 외, 2016: 108)을 반영하되, 학습 내용과 연결 지어 수정할 것을 제안한다.

**[표 4-10] 평가 기준 수정 예시**

| 교육과정 성취기준 | 평가준거 성취기준 | 평가 기준 | 차시 평가 기준 |
|---|---|---|---|
| [4국03-03] 관심 있는 주제에 대해 자신의 의견이 드러나게 글을 쓴다. | [4국03-03-00] 관심 있는 주제에 대해 자신의 의견이 드러나게 글을 쓴다. | 관심 있는 대상이나 사실에 대해 주장을 명확하게 제시하고, 타당한 근거가 다양하게 드러나도록 글을 쓸 수 있다. | 주변에서 문제 상황을 찾아 의견을 제시하는 글 쓰기 방법을 바르게 활용하여 자신의 의견을 명확하게 제시하고 타당한 근거가 다양하게 드러나도록 글을 쓸 수 있다. |
| | | 관심 있는 대상이나 사실에 대해 주장을 제시하고, 타당한 근거가 드러나도록 글을 쓸 수 있다. | 주변에서 문제 상황을 찾아 의견을 제시하는 글 쓰기 방법을 활용하여 자신의 의견을 제시하고 타당한 근거가 드러나도록 글을 쓸 수 있다. |
| | | 관심 있는 대상이나 사실에 대해 주장을 제시하고, 부분적으로 타당한 근거가 드러나도록 글을 쓸 수 있다. | 주변에서 문제 상황을 찾아 자신의 의견을 제시하거나 근거가 드러나도록 글을 쓰는 데 어려움을 보인다. |

| 평가 | • 평가 결과를 적절히 활용하였는가?<br>- [형성평가] 평가 결과를 교수·학습에 적절히 환류하고 있는가? |
| | - 평가 계획은 수립되어 있으나 평가가 언제 어떠한 방식으로 이루어지는지에 대한 구체적인 계획이 반영되어 있지 않으며, 평가 결과의 환류에 대한 부분도 제시되어 있지 않다. |

〈사례〉에는 평가 계획이 수립되어 있으나, 평가가 언제, 어떻게 이루어지는지에 대한 계획이 제시되어 있지 않다. 평가 주체, 평가 방법도 안내되어 있지 않아 계획은 수립되어 있지만 실제로 이루어질지에 대해서는 의문이 든다. 앞서 언급했듯이 '문제 해결하기' 단계에 쓰기 평가가 이루어질 수도 있고, '일반화하기' 단계에서 평가를 할수도 있다. 이럴 경우 평가 장면이 다소 달라질 수 있는데, 전자의 경우에는 의견을 제시하는 글 쓰기 전략을 잘 활용하여 글을 썼는가를 학습자 스스로 자기 평가하거나 동료 평가를 하여 고쳐쓰기의 정보로 활용하는 데 초점이 있다. 후자의 경우에는 의견을 제시하는 글 쓰기 전략을 알고 있는지를 확인(지도안에서 내용 정리하는 것)하고 그에 따라 완성된 글을 평가하는 결과 중심의 평가 형태로 이루어질 수 있다. 평가가 교수·학습을 지원하는 형태로 이루어지기 위해서는 전자의 형태로 평가가 이루어지는 것이 바람직하다.

〈사례〉의 지도안에는 평가 결과 환류에 대한 부분이 드러나 있지 않다. 평가는 '문제 해결 방법 찾기', '문제 해결하기' 단계에서 이루어질 수 있으며 그 결과는 '문제 해결하기'의 고쳐쓰기 활동을 통해 환류될 수 있다. 이러한 평가 계획을 지도안의 교수·학습 활동과 유의점에 제시할 필요가 있다.

예를 들어, [표 4-11]과 같이 학습자가 찾은 문제 해결 방법으로서의 '의견을 제시하는 글 쓰기 방법'을 글을 쓰는 중에 확인해야 하는 사항으로 점검표를 만들면서 학습한 내용을 정리하고 이를 평가 기준표로 활용하게 하는 것이다. 그리고 다음 활동에서 이를 활용하여 자기 평가와 동료 평가를 수행하는 것이다. 이럴 경우, 학습자는 자신의 부족한 부분을 명확히 확인하게 되고 이를 보완하는 방안을 찾아 보다 나은 글을 쓰는 데 도움을 받게 될 것이다.

**[표 4-11] 평가 결과 환류 예시**

| 활동명 | 지도안에 제시된 활동 | 수정한 활동 |
|---|---|---|
| 활동 2<br>콩쥐 새어머니께 쓰는 편지<br>→<br>의견을 제시하는 방법 찾기 | • 콩쥐가 되어 새어머니께 의견을 제시하는 편지를 쓰도록 지도하기<br>• '활동 1'의 편지를 보고 어떤 형식으로 쓰였는지 살피기<br>• 의견을 제시하는 글을 쓰는 방법 지도하기<br>• 의견을 제시하는 글을 쓸 때 유의할 점 알기<br>• 다섯 줄 내외로 콩쥐의 의견을 제시하는 편지 쓰게 한 후 발표 듣기 | • 의견을 제시하는 글을 쓰는 방법 찾기<br>  - 편지글을 보고 글의 내용 요소 찾기<br>  - 글의 내용 요소 배열하여 글 쓰는 방법 만들기<br>  - 글쓰기 점검표 만들기<br>• 콩쥐의 의견을 제시하는 간단한 글 쓰기 |

## (2) 지도안 서술, 자료 및 유의점

| 형식 | • 지도안의 서술이 의미하는 바가 명료한가? |
|---|---|
| | - 지도안 서술 관점을 통일할 필요가 있다.<br>- '동기 유발' 자료는 지도안에 제시하기보다는 별도의 자료로 제공하도록 한다.<br>- '자료 및 유의점'에는 수업에서 꼭 고려해야 할 점 중심으로 기술한다. |

〈사례〉의 경우 교사와 학습자의 활동을 따로 구분하여 제시하지 않고 교수·학습 활동으로 통합하여 기술하고 있다. 이는 교사의 활동과 학습자의 활동을 구분하는 것이 큰 의미가 없다고 판단했기 때문이다. 예를 들어, "두 사람의 편지를 읽고, 각 사람이 어떤 입장과 까닭을 가지고 있는지 파악한다."에서 교사는 이러한 활동을 하도록 학습자에게 안내하고 학습자는 그에 따라 활동을 하게 된다. 따라서 이를 구분하여 제시하면 같은 의미의 진술이 서술어만 달리하여 반복될 가능성이 있다. 교사와 학습자의 활동을 크게 구분하지 않아도 될 경우에는 교수·학습 활동으로 통합하여 기술할 수 있는데, 이때 하나의 통일된 관점으로 기술할 필요가 있다.

> '활동 1'의 일부
> - 두 사람의 편지를 읽고, 각 사람이 어떤 입장과 까닭을 가지고 있는지 파악한다. (1)
> - 학생들에게 두 사람의 입장 중, 어떤 입장이 본인의 생각과 같은지 그 까닭을 적어 보도록 지도한다. (2)

(1)과 (2)는 기술의 관점이 다르다. (1)은 학습자 중심이고, (2)는 교수자 중심이다. 만약 이렇게 교사와 학습자의 서로 다른 목소리가 지도안에 기술될 경우에는 교사 활동과 학습자 활동을 나누어 기술하는 것을 추천한다. 만약 교사와 학습자의 활동을 통합하여 기술하고자 한다면 학습자가 무엇을 수행해야 하는가에 초점을 두어 기술하는 방식을 추천한다. 수업은 교사가 무엇을 하느냐보다 학습자가 무엇을 하느냐가 더 중요하기 때문이다. 이런 맥락에서 위의 예를 학습자 중심으로 다음과 같이 수정하여 기술할 수 있다.

> '활동 1'의 일부수정
> - 두 사람의 편지를 읽고, 각자의 입장과 그러한 입장을 정한 까닭을 파악한다. (1)
> - 두 사람의 입장 중 자신의 입장을 정하고 그 까닭을 정리한다. (2)

지도안은 수업에 대한 전체적인 흐름을 제공하고 수업 시 중요하게 다루어야 할 정보 중심으로 작성되어야 하는 특성이 있다. 동기 유발에서 읽기 자료를 지도안에 제시하여 상당한 분량을 차지하고 있는 것은 중요성에 비해 과하다고 볼 수 있다. 따라서 동기 유발 자료는 별첨으로 처리하는 것이 적절하다.

지도안의 '자료 및 유의점'에는 수업을 할 때 활용해야 하는 자료나 자료 사용의 유의점, 그리고 수업을 할 때 고려해야 할 유의할 점을 기술해야 한다. 일반적인 내용보다는 수업 시 중요하게 다루어야 할 정보 중심으로 기술하고 이에 집중하도록 할 필요가 있다. 이런 관점에서 〈사례〉를 살펴보면, PPT, 교과서, 활동지가 자료로 기술되어 있다. 그러나 PPT, 활동지가 제공되지 않아 자료가 적절한지, 자료를 어떻게 활용할지에 대해 판단을 할 수 없다. 지도안은 수업에 대한 계획으로, 이때 활용한 자료에 대한 준비까지 포함한다고 볼 수 있다. 따라서 지도안을 작성할 때에는 어떠한 자료인지에 대한 안내가 필요하다.

〈사례〉에서 '유의점' 관련하여 기술된 것 중 불필요한 내용으로 다음과 같은 예를 찾을 수 있다.

- 학생들이 편지의 주장과 근거를 제대로 파악하고 있는지에 대해 발문한다. (1)
- 학생들에게 활동지를 제공하여 활동지에 자신의 의견을 제시하는 편지를 쓰도록 지도한다. (2)
- 의견을 제시하는 글의 구성에 맞춰 글을 작성하도록 지도한다. (3)

이러한 유의점은 굳이 지도안에 기술할 필요가 없다. (1)과 (3)는 수업 중에 이루어지는 활동 속에서 교사가 중요하게 다루어야 하는 학습 내용이기 때문에 이러한 기술은 불필요하다고 볼 수 있으며, 불필요한 정보에 시간을 낭비하는 역효과를 야기한다. (2)의 경우에는 활동지를 활용할 때 특별히 유의해야 할 점이라기보다는 단순히 활동지 활용에 대한 안내로 보인다. 이 또한 불필요한 정보라고 할 수 있다.

# 3

## 지도안 다시 작성해 보기

### 1) 지도안의 수정 방향

#### 단원 설계

지도안을 수정하기 위해 본 차시가 속한 단원에 대한 이해가 필요하며, 성취기준을 중심으로 단원 학습 목표를 점검하고 단원의 차시별 지도 계획을 살펴 차시에서 다루어야 할 학습 내용의 수준과 범위를 점검할 필요가 있다. 따라서 지도안을 수정할 때 '단원 학습 목표와 본 차시 학습 목표의 변별', '차시별 학습 계획', '성취기준을 고려한 학습 내용의 정련'에 초점을 두도록 한다. 아울러 평가 측면에서도 단원 안에서 이 수업이 다루어야 할 부분에 초점을 두어 평가 계획을 수립하도록 한다.

#### 본 차시 설계

본 차시 학습 목표에 도달하기 위해서는 '학습 내용', '교수·학습 방법', '평가' 측면에서 수정과 보완이 필요하다. 또한 형식적 측면의 오류 수정이나 지도안의 가독성을 높이기 위한 보완도 이루어져야 한다. 따라서 학습 내용의 정련, 교수·학습 방법의 적절한 적용, 성취기준과 학습 목표, 학습 내용을 고려한 평가 계획의 수정에 초점을 두어 지도안을 수정하도록 한다.

## 2) 단원 설계

단원 학습 목표와 단원 차시별 지도 계획을 수정해 보자.

| 단원<br>학습 목표 | 문장의 짜임을 생각하며 의견을 제시하는 글을 쓸 수 있다. | |
|---|---|---|
| 차시별<br>지도 계획 | 차시 | 주요 학습 내용 및 활동 |
| | 1-2 | 문장의 짜임에 맞게 말하기 |
| | 3-4 | 문장의 짜임에 맞게 문장 쓰기 |
| | 5-6<br>(본 차시) | |
| | 7-8 | 의견을 제시하는 글을 쓰고 친구들과 의견 나누기 |

## 3) 본 차시 설계

본 차시 수업 지도안을 수정하여 완성해 보자.

| 교과명 | 국어 | 지도 교사 | ○○○ |
|---|---|---|---|
| 교재 | 초등학교 국어 4-2 ㉯ | 대상 학급 | 4학년 ○반 ○○명 |
| 일시 | 20○○년 ○월 ○일(수) ○교시 | 장소 | 4-○ 교실 |
| 단원 | 5. 의견이 드러나게 글을 써요 | 차시 | 5-6/8(80분) |
| 본 차시<br>학습 목표 | 자신의 의견을 제시하는 글을 쓸 수 있다. | | |
| 교수·학습 모형 | 문제 해결 학습 모형 | | |

| 교수·학습 단계 | | 교수·학습 활동 | 자료 및 유의점 | 시간 (분) |
|---|---|---|---|---|
| 문제 확인 하기 | 동기 유발 | • **문제 상황 확인하기**<br>- '용돈을 올려 주세요'를 읽고 의견을 제시하는 글을 써야 하는 필요성 알기 | PPT<br>: '용돈을 올려 주세요'라는 의견을 제시하는 예시글 | 7 |
| | 학습 문제 확인 | • **문제 확인하기**<br>- '자신의 의견을 제시하는 글을 써 보자.' | PPT<br>: 학습 문제 | |
| | 활동 안내 | • **활동 안내하기**<br>[활동 1] 의견을 제시하는 글의 구조 알기<br>[활동 2] 의견을 제시하는 글 쓰기 방법 찾기<br>[활동 3] 의견을 제시하는 글 쓰기 | PPT<br>: 활동 안내 | |
| 문제 해결 방법 찾기 | 활동 1 | • **의견을 제시하는 글의 구조 알기**<br>- 편지글을 읽고 두 사람의 입장과 까닭 파악하기<br>- 두 입장 중 하나의 입장 고르고 그 까닭 적기<br>- 의견을 제시하는 글의 구조 확인하기<br>　(문제 상황-의견-그렇게 생각한 까닭) | 카드<br>: 글의 내용 요소 카드<br>　문제 상황<br>　의　견<br>　까　닭 | 10 |
| | 활동 2 | | | |
| 문제 해결 하기 | 활동 3 | | | |

| 일반화 하기 | 학습 내용 정리 | • **의견을 제시하는 글 쓰기 방법 정리하기**<br>- 학습 문제 재확인 및 문제 해결 방법 정리하기 | PPT<br>: 의견을 제시 하는 글 쓰기 방법 | 5 |
|---|---|---|---|---|
| | 차시 예고 | • **다음 차시 내용 예고하기**<br>- 오늘 학습한 '의견을 제시하는 글 쓰기 방법'을 활용하여 '학급 신문에 의견을 제시하는 글 쓰기'를 할 것임을 알기 | | 3 |

# 4

# 지도안 수정 예시

## 1) 단원 설계 부분 수정 예시

| 단원<br>학습 목표 | 문장의 짜임을 생각하며 의견을 제시하는 글을 쓸 수 있다. | |
|---|---|---|
| 차시별<br>지도 계획 | 차시 | 주요 학습 내용 및 활동 |
| | 1-2 | 문장의 짜임에 맞게 말하기 |
| | 3-4 | 문장의 짜임에 맞게 문장 쓰기 |
| | 5-6<br>(본 차시) | **자신의 의견을 제시하는 글 쓰기** |
| | 7-8 | 의견을 제시하는 글을 쓰고 친구들과 의견 나누기 |

## 2) 본 차시 설계 부분 수정 예시

| 교과명 | 국어 | 지도 교사 | ○○○ |
|---|---|---|---|
| 교재 | 국어 4-2 ㉯ | 대상 학급 | 4학년 ○반 ○○명 |
| 일시 | 20○○년 ○월 ○일(수) ○교시 | 장소 | 4-○ 교실 |
| 단원 | 5. 의견이 드러나게 글을 써요 | 차시 | 5-6/8(80분) |

| 본 차시<br>학습 목표 | | 자신의 의견을 제시하는 글을 쓸 수 있다. | | |
|---|---|---|---|---|
| 교수·학습 모형 | | 문제 해결 학습 모형 ● | | |
| 교수·학습 단계 | | 교수·학습 활동 | 자료 및<br>유의점 ● | 시간<br>(분)● |
| 문제<br>확인<br>하기 | 동기 유발 | **● 문제 상황 확인하기**<br>- '용돈을 올려 주세요'를 읽고 의견을 제시하는 글을 써야 하는 필요성<br>　알기 | PPT<br>: '용돈을 올려<br>주세요'라는 의<br>견을 제시하는<br>예시글 | 7 |
| | 학습 문제<br>확인 | **● 문제 확인하기**<br>- '자신의 의견을 제시하는 글을 써 보자.' | PPT<br>: 학습 문제 | |
| | ● 활동 안내 | **● 활동 안내하기**<br>[활동 1] 의견을 제시하는 글의 구조 알기<br>[활동 2] 의견을 제시하는 글 쓰기 방법 찾기<br>[활동 3] 의견을 제시하는 글 쓰기 | PPT<br>: 활동 안내 | |
| 문제<br>해결<br>방법<br>찾기 | 활동 1 | **● 의견을 제시하는 글의 구조 알기**<br>- 편지글을 읽고 두 사람의 입장과 까닭 파악하기<br>- 두 입장 중 하나의 입장 고르고 그 까닭 적기<br>- 의견을 제시하는 글의 구조 확인하기<br>　(문제 상황-의견-그렇게 생각한 까닭) | 카드<br>: 글의 내용<br>요소 카드<br><br>문제 상황<br><br>의 견<br><br>까 닭 | 10 |

기존 수업안에는 활동명을 통해 무엇을 할지 분명히 알기가
어려워서 수정안에는 활동의 목표가 분명히 드러나게 활동명을
제시하였다.

기존에는 교수·학습 활동에 '콩쥐의 부탁 들어주기'라고 기술하여
글의 내용과 교수·학습 활동을 구분하지 못하는 문제점을
드러냈다. 동기 유발이 수업에서 해결해야 하는 문제 상황을
이해하게 하는 것에 초점이 맞추어져 있으므로 이를 보다
분명하게 드러내기 위해 '문제 상황 확인하기'로 기술하였다.

'자료 및 유의점'에서 불필요한 정보는 삭제하고 필요한
정보를 조금 더 상세히 서술하였다.

글을 쓰는 방법을 익혀 글을 쓰는 활동이 이루어지기 때문에
기존의 40분 수업에서 80분 블록 수업 형태로 시간을
배분하였다.

문제 해결 학습 모형의 단계에 맞게 활동 내용을 수정하여
제시하였다.

| | | | | |
|---|---|---|---|---|
| 문제 해결 방법 찾기 | 활동 2 | • **의견을 제시하는 글 쓰기 방법 찾기**<br>- 편지글을 통해 의견을 제시하는 글에 들어가야 할 내용 요소 확인하기<br>　(문제 상황, 의견, 그렇게 생각한 까닭)<br>- 의견을 제시하는 글을 쓸 때 유의할 점 생각하기<br>　(의견에 대해 독자가 수용 가능한가)<br>- 의견을 제시하는 글의 내용 요소를 배열하여 글쓰기 방법 만들기<br><br>　① 문제 상황을 자세히 쓴다.<br>　② 자신의 의견을 제시한다.<br>　　(독자가 수용 가능한 의견인지 점검하기)<br>　③ 의견을 뒷받침하는 까닭을 쓴다.<br>　　- 의견을 제시하는 글 쓰기 점검표 만들기<br>　　- 콩쥐의 의견을 제시하는 간단한 글 쓰기 | 카드<br>: 글의 내용 요소 카드<br><br>　문제 상황<br><br>　의　견<br><br>　까　닭<br><br>학습지<br>: 의견을 제시하는 글 쓰기 점검표 | |
| 문제 해결 하기 | 활동 3 | • **의견을 제시하는 글 쓰기**<br>• - 점검표를 고려하여 의견을 제시하는 글 쓰기<br>　(주변에서 문제 상황 찾기, 문제 상황에 대한 의견(독자가 수용 가능한지 점검하기) 쓰기, 의견을 뒷받침하는 까닭 쓰기)<br>• **고쳐 쓰기**<br>- 점검표를 활용하여 짝의 글을 읽고 짝에게 고쳐 쓸 내용 알려주기<br>- 평가 결과 환류하기 | 점검표<br>:학습자가 완성한 점검표 활용하여 글쓰기<br><br>접착식 메모지<br>: 피드백 정보 작성 | |
| 일반화 하기 | 학습 내용 정리 | • **의견을 제시하는 글 쓰기 방법 정리하기**<br>- 학습 문제 재확인 및 문제 해결 방법 정리하기 | PPT<br>: 의견을 제시하는 글 쓰기 방법 | 5 |
| | 차시 예고 | • **다음 차시 내용 예고하기**<br>- 오늘 학습한 '의견을 제시하는 글 쓰기 방법'을 활용하여 '학급 신문에 의견을 제시하는 글 쓰기'를 할 것임을 알기 | | 3 |

기존 수업안에서 평가가 반영되어 있지 않았는데, 고쳐쓰기 활동에 교사와 학습자가 수업의 과정과 결과물을 평가하도록 수정하였다.

학습자가 평가를 주도적으로 하도록 의견을 제시하는 글 쓰기 방법을 쓰기 점검표로 만들고 이 점검표를 고려하여 글을 쓰고, 글을 쓴 후 이 점검표를 바탕으로 자신의 글과 친구의 글을 평가해 보도록 한다.
교사는 학생들이 활동을 살피며 관찰 평가를 한다.

# 3) 평가 계획 수정 예시

| 평가 요소 | - 의견을 제시하는 글 쓰기 방법 활용하기<br>- 타당한 근거를 들어 자신의 의견을 제시하는 글 쓰기 |
|---|---|
| 평가 방식 | - '활동 3'에서 점검표를 활용하여 자기 평가, 동료 평가, 교사의 관찰 평가를 실시하고 그 결과를 고쳐쓰기 과정에 반영하도록 한다.<br>- 자기 평가와 동료 평가에 활용할 점검표는 학습자가 주도적으로 만들도록 한다. 교사의 평가에는 다음의 평가 기준을 활용한다. |

<table>
<tr><td colspan="2" align="center">평가 기준</td></tr>
<tr><td>상</td><td>주변에서 문제 상황을 찾아 의견을 제시하는 글 쓰기 방법을 바르게 활용하여 자신의 의견을 명확하게 제시하고 타당한 근거를 다양하게 드러나도록 글을 쓸 수 있다.</td></tr>
<tr><td>중</td><td>주변에서 문제 상황을 찾아 의견을 제시하는 글 쓰기 방법을 활용하여 자신의 의견을 제시하고 타당한 근거가 드러나도록 글을 쓸 수 있다.</td></tr>
<tr><td>하</td><td>주변에서 문제 상황을 찾아 자신의 의견을 제시하거나 근거가 드러나도록 글을 쓰는 데 어려움을 보인다.</td></tr>
</table>

〈사례〉 및 지도안 수정 예시에서 다루고 있는 자신의 의견을 제시하는 글 쓰기는 2015 개정 국어과 교육과정의 아래 성취기준과 관련된다.

| 2015 개정 국어과 교육과정 | 성취기준 | [4국03-03] 관심 있는 주제에 대해 자신의 의견이 드러나게 글을 쓴다. |
|---|---|---|
| | 성취기준 해설 | [4국03-03] 이 성취기준은 어떤 대상이나 사실에 대해 자신의 의견을 밝히는 글을 쓰는 과정에서 생각을 구체화·명료화·정교화하여 제시하는 능력을 기르기 위해 설정하였다. 주변 현상에 대해 관심 갖기의 중요성을 일깨우고, 주장이 무엇이고 주장을 할 때에는 어떤 점에 주의해야 하는지를 기초적인 수준에서 다루도록 한다. 그리고 주장을 뒷받침하는 근거를 들어 자신의 의견이 뚜렷하게 드러나는 주장하는 글을 쓰게 한다. |

교육과정에 따라 성취기준의 진술 범위, 진술 방식 등이 달라지므로 일대일로 대응시키기는 어렵지만, 위 성취기준은 2022 개정 국어과 교육과정에서 다음의 성취기준과 연계성을 갖는다.

| 2022 개정 국어과 교육과정 | 성취기준 | [4국03-03] 대상에 대한 자신의 의견과 그렇게 생각한 이유가 드러나게 글을 쓴다. |
|---|---|---|
| | 성취기준 해설 | [4국03-03] 이 성취기준은 어떤 대상이나 사실, 문제에 대한 자신의 의견을 구체적이고 명료하게 글로 쓰는 능력을 기르기 위해 설정하였다. 의견의 개념, 의견을 제시하는 것이 필요한 이유와 상황, 주제를 고려하여 자신의 의견을 제시하는 방법, 의견에 대한 이유를 드는 방법 등을 학습한다. |

〈사례〉에서 다루고 있는 학습 목표 및 학습 내용에 초점을 두어, 교육과정 시기에 따른 성취기준과 공통점과 차이점을 살펴보면 다음과 같다. 우선, 두 성취기준에서 다루고 있는 주요 내용인 '의견이 드러나는 글 쓰기'는 대체로 유사하다고 볼 수 있

다. 다만, 2015 개정 국어과 교육과정의 성취기준에서는 의견을 드러내어 글을 쓴다고 제시하여 그 진술 속에 근거 제시가 전제되어 있거나 포함되어 있다고 볼 수 있는데, 2022 개정 국어과 교육과정의 성취기준에는 의견과 그렇게 생각한 이유를 드러나게 글을 쓰도록 보다 명시적으로 교육 내용을 제시하고 있다. 또한 2015 개정 국어과 교육과정에서는 의견을 뒷받침하는 내용을 '근거'라는 용어로 표현하였다면, 2022 개정 국어과 교육과정에서는 '이유'라는 용어로 표현하고 있다. 논증 이론에서는 '근거'와 '이유'를 서로 다른 개념으로 보는데, 초등학교 3~4학년군 학습자의 수준을 고려하여 '이유'라는 용어를 선택한 것으로 보인다. 아울러 기존 성취기준의 해설에서는 의견이 드러나는 글 쓰기와 주장하는 글 쓰기의 연계성을 강조하여 진술하고 있다면, 2022 개정 국어과 교육과정에서는 의견의 개념, 의견을 제시하는 것이 필요한 이유와 상황, 주제를 고려하여 자신의 의견을 제시하는 방법, 의견에 대한 이유를 드는 방법 등의 학습 내용을 명시적으로 제시한 것이 특징적이라고 할 수 있다.

## 문제 해결 학습 모형을 적용하여 쓰기 교수·학습 계획하기

문제 해결 학습 모형은 학습자 주도의 문제 해결 과정을 강조하는 모형으로, 국어과에서는 엄격한 가설 검증과 일반화 결과에 초점을 두기보다는 그 결과에 도달하기까지의 과정에 초점을 둔다. 즉, 교사나 학습자가 함께 해결해야 할 문제를 확인하고, 문제 해결 방법을 찾아 문제를 해결하며, 이를 일반화하는 활동을 강조한다(교육부, 2018ㄴ: 402-403). 이러한 문제 해결 학습 모형의 취지와 특징을 효과적으로 적용하기 위해서 이 수업의 경우, 문제의 확인, 문제 해결 방법 찾기, 문제 해결하기, 일반화하기라는 단계별 학습 내용과 학습 활동을 재정비하였다.

문제 해결 학습 모형은 모든 차시가 해결해야 할 문제(학습 문제)를 포함한다는 점에서 그 적용 범위가 넓다고 볼 수 있다. 그러나 문제 해결 과정을 중시하고 학습자의 탐구 능력을 강조한다는 점, 다소 시간이 걸릴 수 있다는 점을 고려하여 모형을 적용해야 한다. 이런 점을 감안하여 앞의 수업에서 지도안을 수정할 때 학습자 스스로 문제 해결 방법을 찾기보다는 텍스트 자료를 통해 문제 해결 방법을 찾아내도록 수업을 설계하였다. 이와 같이 안내된 형태로 문제 해결 방법을 찾아보는 경험은 추후 스스로 문제 해결 방법을 탐구하는 토대가 될 것이다. 또한 본 차시 수업의 결과인 의견을 제시하는 글 쓰기 방법을 다음 차시의 글쓰기 활동에 주도적으로 적용해 봄으로써 차시 간 학습의 연계성도 강화될 것이다.

## 주장하는 글 쓰기 전략 활용하기

의견을 제시하는 글 쓰기는 주장하는 글 쓰기와 관련된다. '주장하기'는 설득을 목적으로 하여 갈등 상황에서 사회적 합의를 가능하게 하는 중요한 의사소통 능력이다. 그런 까닭에 주장하는 글 쓰기는 초·중·고 모든 학교급에서 중요하게 다루고 있다.

양경희(2016)에서는 윌리엄스와 콜럼(Williams & Colomb, 2007/2008)의 논증적 글쓰기 구조와 박재현(2014 : 116)의 정책 토론의 입론 구조를 반영하여 문제 해결을 위한 주장하는 글 쓰기, 문제를 제기하기 위한 주장하는 글 쓰기 구조를 제시하였다. 그리고 이러한 설득 메시지 구조에 포함되어야 하는 글의 내용 요소를 구체적으로 제시하여 학습자가 주장하는 글 쓰기를 효과적으로 할 수 있도록 제안한 바 있다. 이러한 주장하는 글 쓰기 전략을 학습 내용으로 활용할 수 있다.

[표 4-12] 주장하는 글 쓰기의 문제 해결 구조(양경희, 2016: 162)

| 구조 | | | 내용 요소 |
|---|---|---|---|
| 서론 | (공감대) | | 현재 상태는 이러하다. |
| | 문제<br>(피해) | | 1. 현재 상태의 문제가 중대하며 양적 피해가 심각하다.<br>2. 현재 상태의 문제가 중대하며 질적 피해가 심각하다. |
| | 해결<br>방안 | 원인 분석 | 1. 문제에는 피해를 유발하는 구조적 원인이 있다.<br>2. 문제에는 피해를 유발하는 태도적 원인이 있다. |
| | | 방안 제시/주장 | 이러한 원인을 제거하고 문제를 해결할 방안은 A이다. |
| 본론 | 근거<br>이유 | 실행 가능성 | 1. 방안 A는 실행 가능하다. |
| | | 방안 적용 결과 | 2. 방안 A는 문제로 인한 피해를 해결할 수 있다. |
| | | 이익 | 3. 방안A가 문제를 해결하여 얻는 이익은 B(C, D, …)이다. |
| | (반론 수용 및 반박) | | 방안A의 시행으로 인해 불이익(비용)이 발생할 수 있지만 이익이 더 크다. |
| 결론 | 해결 방안 제시/주장 재진술 | | 문제를 해결하기 위해서는 A가 필요하다. |

**[표 4-13] 주장하는 글 쓰기의 문제 제기 구조(양경희, 2016: 162)**

| 구조 | | | 내용 요소 |
|---|---|---|---|
| 서론 | (공감대) | | 현재 상태는 이러하다. |
| | 문제 | | 1. 현재 상태의 문제가 중대하며 양적 피해가 심각하다.<br>2. 현재 상태의 문제가 중대하며 질적 피해가 심각하다. |
| | 주장 | | 이러한 상태가 유지되면 심각한 문제를 초래한다. |
| 본론 | 근거<br>이유 | 원인 | 피해가 발생한 원인은 A이다. |
| | | 피해 | 문제에 대한 해결 방안을 모색하지 않으면 피해들이 지속적으로 발생한다. |
| | (반론 수용 및 반박) | | 물론 이런 면도 있지만 이런 측면에서 이 문제에 대한 심각한 고려가 필요하다. |
| 결론 | 강조/해결 방안 암시 | | 이 문제에 대해 심각하게 고려하고 해결 방안을 모색해야 한다./문제를 해결하기 위해 이런 것도 하나의 방법이 될 수 있다. |

이 지도안에서는 학습자가 4학년이고 의견을 제시하는 글을 처음 써 본다는 점을 반영하여 문제 상황 확인, 독자가 수용 가능한 의견을 제시(실행 가능성)하고 의견을 제시한 까닭을 근거로 써 보도록 단순화하여 학습 내용을 제시하였다.

# 5장

## 5~6학년군:
## 쓰기/문법, '쓰기 과정을 고려하여 글쓰기'

이 장에서는 '호응 관계를 생각하며 겪은 일이 드러난 글을 읽고 글쓰기 과정을 알아보기'를 주제로 한 교수·학습 지도안 사례를 살펴볼 것이다. 이 사례에 대해 논의하기에 앞서, 이 수업이 포함된 단원에 대해 전반적으로 살펴봄으로써 수업의 맥락을 이해해 보고자 한다.

이 단원은 초등학교 5학년 2학기 「4. 겪은 일을 써요」로, "[6국03-02] 목적이나 주제에 따라 알맞은 내용과 매체를 선정하여 글을 쓴다."와 "[6국04-05] 국어의 문장 성분을 이해하고 호응 관계가 올바른 문장을 구성한다.", "[6국03-06] 독자를 존중하고 배려하며 글을 쓰는 태도를 지닌다."의 성취기준을 바탕으로 "일상생활이나 학교생활에서의 의미 있는 체험이 잘 드러난 감상문, 수필", "또래 집단의 형성과 구성원 사이의 관계를 다룬 이야기나 극"을 국어 자료로 활용하도록 구성되었다. 즉, 이 단원은 문장 성분의 호응 관계를 이해하여 바른 문장을 쓰고, 알맞은 내용과 매체를 선정하여 쓰기 과정에 따라 자신이 겪은 일이 잘 드러나게 글을 쓰는 능력을 기르도록 하는 데 목적이 있다.

이 단원은 5학년 1학기 「4. 글쓰기의 과정」의 학습 목표인 "글 쓰는 과정을 알고 자신의 생각을 바르게 표현할 수 있다."와 관련이 있으며, 6학년 1학기 「9. 마음을 나누는 글을 써요」의 학습 목표인 "글쓰기 과정을 생각하며 마음을 나누는 글을 쓸 수 있다."로 연계된다. 즉, 문장의 호응 관계에 유의하여 글쓰기 과정에 따라 겪은 일, 자신의 생각과 느낌을 쓰도록 학습 내용이 조직되어 있다. 이 점을 고려한다면 이 지도안의 학습 목표 설정과 학습 내용 선정에 도움이 될 것이다.

이 장을 읽을 때 먼저 지도안을 스스로 평가해 본 후 본문에 제시된 평가 내용과 자신의 평가를 비교하며 읽을 것을 추천한다. 특히, 학습 목표에 도달하기 위한 학습 내용과 활동의 적절성, 교수·학습 방법 선택 및 적용의 적절성에 초점을 두어 살펴볼 필요가 있다. 또한 한 차시에서 다루고자 하는 학습 내용의 적절성과 연계성에 대해 점검할 것을 추천한다. 덧붙여, 약안 형식의 이 사례가 전체적으로 어떠한 맥락에서 계획되어야 하는지를 살피는 차원에서 약안 작성에 필요한 부분, 추가할 부분이 무엇인지 고민해 볼 필요가 있다.

- 학습 목표의 적절성
- 학습 내용 선정 및 학습 활동 구성의 적절성
- 교수·학습 방법의 선택 및 적용의 적절성

# 1

## 수업 지도안 〈사례 5〉

| 교과 | 국어 | 일시 | 20○○.○.○.(목) | 대상 및 장소 | 5학년 온라인 | 교사 | ○○○ |
|---|---|---|---|---|---|---|---|
| 학습 주제 | 호응 관계를 생각하며 겪은 일이 드러난 글을 읽을 수 있고 글쓰기의 과정을 알아볼 수 있다. | 단원<br>(차시, 쪽수) | | | 4. 겪은 일을 써요<br>(2차시, 교과서 124~131쪽) | | |
| 성취기준 | [6국04-05] 국어의 문장 성분을 이해하고 호응 관계가 올바른 문장을 구성한다. | | | | | | |
| 학습 목표 | • 겪은 일이 드러난 글을 읽고 문장 성분의 호응 관계 알아보기<br>• 글을 쓰는 과정에서 생각해야 할 점 알아보기 | | | | | | |
| 평가 목표 | • 겪은 일이 드러난 글을 읽으며 문장의 호응 관계를 파악할 수 있다.<br>• 글쓰기의 과정을 생각하며 글쓰기의 단계를 이해할 수 있다. | | | | | | |
| 수업 모형 | 지식 탐구 학습 모형 | 학습 조직 | | 전체 | | | |
| 학습 자료 | PPT | 핵심(교과) 역량 | | 비판적·창의적 사고 역량 | | | |

| 학습 단계 | 학습 요소 | 교수·학습 활동 | | 시간<br>/누계 | 자료(재) 및<br>유의점(유) |
|---|---|---|---|---|---|
| | | 교사 발문 | 학생 반응 | | |
| 문제<br>확인하기 | 동기 유발 | ○ **동기 유발**<br>■ 퀴즈를 풀며 지난 내용 복습하기<br>- 움직이는 단어들을 조합하여 하나의 문장을 만들어 봅시다. (할머니가 잠을 잔 | | 5′ | (재)PPT<br>(유)학생들의 반응을 보며 어려운 경우 기회를 더 주거나, 힌트를 준다. |

| | | | | | |
|---|---|---|---|---|---|
| 문제<br>확인하기 | | 다, 키와 몸무게가 늘었다, 어제저녁에 방에서 컴퓨터를 하는데 졸음이 밀려 온다.)<br>- 만든 문장 속 문장 성분의 호응 관계가 알맞나요?<br>- 어떤 점이 잘못되었나요?<br><br>- 어떻게 고쳐야 할까요? | - 아니요.<br><br>- 높임법, 키가 늘었다, 밀려 온다.<br>- 할머니께서 주무신다, 키가 자랐고 몸무게가 늘었다, 어제저녁에 방에서 컴퓨터를 하는데 졸음이 밀려 왔다. | 3´/8´ | |
| | | - 마지막 퀴즈는 우리가 지난 수업 때 읽은 윤서가 겪은 일을 쓴 글인 「나만 미워해」에 등장하는 문장입니다.<br>- 오늘은 지난 시간 함께 읽은 「나만 미워해」를 통해서 두 가지를 학습할 거예요. 함께 읽어 볼까요? | | | |
| | 학습 목표 | • 겪은 일이 드러난 글을 읽고 문장 성분의 호응 관계 알아보기<br>• 글을 쓰는 과정에서 생각해야 할 점 알아보기 | | | |
| 자료<br>탐색하기 | 글을 읽고 문장 성분의 호응이 알맞지 않은 문장을 찾아 바르게 고치기 | ○ 「**나만 미워해**」 **다시 읽기**<br>■ 글을 읽으며 문장 성분의 호응 관계가 알맞지 않은 부분 찾아보기<br>- 글 속에 등장하는 큰따옴표 안의 문장을 읽어 줄 친구 있나요?<br>- 네, ○○이와 함께 「나만 미워해」를 읽을 건데요. 여러분들은 글을 읽으면서 파란색으로 쓰인 문장처럼 문장 성분의 호응이 바르지 않은 문장을 찾아 밑줄을 그어 보세요. | - 저요. | 8´/16´ | ㈜학생들이 글을 읽으며 스스로 찾을 수 있도록 한다.<br><br>㈜학생들이 올바르게 된 부분에 밑줄을 긋는지 확인하고 시간이 더 필요한 경우 3분의 시간을 더 준다. |

| | | | | |
|---|---|---|---|---|
| 자료<br>탐색하기 | | - 그럼 글을 읽어 봅시다.<br>- ○○이가 실감 나게 아주 잘 읽어 줘서 윤서가 겪은 일에 대해 어떤 마음이었는지 잘 전달이 된 것 같아요.<br>- 선생님이 보니까 모두 잘 찾은 것 같아요. 이 부분에서 잘못된 문장은 무엇인가요?<br><br>- 어떤 점이 잘못되었나요?<br>- 문장을 바르게 고쳐 볼까요?<br><br><br><br>- 네, 모두 잘했어요. 이렇게 문장 성분의 호응이 알맞지 않으면 우리가 이 문장이 어떤 뜻인지 잘못 이해할 수 있어서 문장 성분의 호응이 바르게 이루어지도록 글을 써야 합니다. | - 문을 열어 보라고 하시는데 어머니의 표정이 별로 좋아 보였다. / 그때 안방에서 아버지가 불렀다. / 그만 웃음이 피식 웃어 버렸다.<br><br>- 문을 열어 보라고 하시는데 어머니의 표정이 별로 좋아 보이지 않았다. / 그때 안방에서 아버지께서 부르셨다. / 그만 나는 피식 웃어 버렸다.(혹은 그만 웃음이 나서 피식 웃어 버렸다.) | 8′/24′ |
| 지식<br>발견하기 | 글쓰기<br>단계<br>이해하기 | ○ **글쓰기 과정 알아보기**<br>■ 윤서가 글을 쓰면서 든 생각을 나와 비교하며 글쓰기 과정 알아보기<br>- 자, 우리가 방금 윤서가 쓴 글을 다시 읽어 보면서 잘못된 점을 고쳐 보았어요. 이러한 과정은 글쓰기 단계 중 '고쳐쓰기'라는 단계에 해당한다고 할 수 있어요. 고쳐쓰기 단계에서는 이렇게 문장 성분의 호응이 바르게 이루어졌는지 점검해 볼 수도 있고, 문장의 길이 | | 10′<br>/34′ |

| | | | | | |
|---|---|---|---|---|---|
| 지식<br>발견하기 | | 가 너무 길지는 않는지, 읽는 사람이 이해하기 어려운 내용은 없는지에 관한 점도 점검해 볼 수 있어요. 이외에도 글을 쓸 때 어떤 단계를 거치면 좋을지 알아봅시다. | | | |
| 지식<br>적용하기 | | - 여러분도 혹시 경험이 드러나는 글을 써 본 적이 있나요?<br>- 여러분이 글을 쓰면서 든 생각과 윤서가 「나만 미워해」를 쓰면서 든 생각을 비교해 보세요.<br>- 윤서가 한 생각들은 글쓰기 과정 중 어떤 단계에 해당할까요? | - 네.<br><br><br><br><br>- 계획하기/ 내용 생성하기/<br>내용 조직하기/ 표현하기/<br>고쳐쓰기 | | |
| 수업<br>마무리 | 내용 정리 | ○ **배운 내용 정리하기**<br>■ 퀴즈를 풀며 배운 내용 정리하기<br>- ○○○이 쓴 글을 읽고 문장 성분의 호응 관계가 알맞지 않은 부분을 찾아 바르게 고쳐 봅시다.<br>- 다음은 글쓰기 과정 중 어느 단계에서 드는 생각일까요? | - '지난 주말에 ~여행을 갔다.'로 고쳐야 합니다.<br><br><br>- 내용 생성하기 | 6′/40′ | ☞ 퀴즈를 통해 학생들이 수업 내용을 잘 파악하였는지 확인한다. |
| | 소감 | ○ **수업 소감 나누기**<br>■ 수업을 통해 어떤 점을 새롭게 알게 되었는지 발표하기<br>- 오늘 수업을 통해 어떤 점을 새롭게 알게 되었나요? | - 글쓰기 과정에 대해 알게 되었습니다. / 글을 읽으며 문장 성분의 호응이 올바른지 찾아볼 수 있게 되었습니다. | | |

## ※ 평가 계획

| 교과 역량 | 평가 내용 | 평가 기준 | 평가 척도 | 평가 시기 | 평가 방법 |
|---|---|---|---|---|---|
| 비판적·창의적 사고 역량 | 글을 읽고 문장 성분의 호응이 알맞지 않은 부분을 찾을 수 있으며 이를 바르게 고칠 수 있는가? | 글을 읽고 문장 성분의 호응이 알맞지 않은 부분을 찾을 수 있으며 이를 바르게 고칠 수 있다. | 상 | 수업 중 | 교사의 관찰 평가 |
| | | 글을 읽고 문장 성분의 호응이 알맞지 않은 부분을 찾을 수 있으나, 이를 바르게 고치는 데 어려움이 있다. | 중 | | |
| | | 글을 읽고 문장 성분의 호응이 알맞지 않은 부분을 찾는 것에 어려움이 있다. | 하 | | |

# 2

## 지도안 검토하기

### 1) 수업 지도안의 전반부 검토

#### (1) 지도안의 형식

| | |
|---|---|
| | • 지도안의 항목이 체계적으로 구성되어 있는가?<br>　- 지도안에서 다루어야 하는 항목 중에 누락된 것은 없는가?<br>　- 지도안의 항목 중에 불필요한 요소가 포함되어 있지는 않은가?<br>• 지도안의 서술이 의미하는 바가 명료한가? |
| 형식 | - 차시 표기 시 전체 차시 중에 이번 차시가 어느 차시인지(해당 차시/전체 차시)를 명시<br>　할 필요가 있다.<br>- 단원 차시 계획을 제시할 필요가 있다.<br>- '평가 목표'가 평가를 하려는 목표를 의미하기도 하므로 '평가 목표' 대신 평가 기준이<br>　라는 용어를 사용한다.<br>- 차시 목표와 교과 역량이 긴밀한 관계가 드러나지 않는다면 제시하지 않도록 한다. |

**단원 학습 목표와 차시별 지도 계획**

　지도안 작성은 수업을 체계적으로 설계하여 학습자가 수업 목표에 효과적으로 도달하도록 지원하는 것을 목적으로 한다. 이를 위해서 이 수업의 전체적인 흐름을 이해할 수 있는 단원 학습 목표, 차시별 지도 계획 등의 정보가 필요하다.

　이 사례는 교육부(2019ㄴ: 177)가 제시하고 있는 차시별 지도 계획([표 5-3] 참조)의 1-2차시 부분 중 2차시만을 다루고 있다. 1-2차시로 계획된 부분 중 2차시만을 다룰 때는 두 차시 분량을 한 차시씩 적절하게 나누는 것이 중요하다. 이 부분에 대해서는 성취기준과 학습 목표를 근거로 하여 심도 있게 살펴볼 필요가 있다.

### 본 차시 교수·학습 계획

본 차시 수업과 관련해서 '교과명, 교사, 교재(학습 자료), 대상 학급, 일시, 장소, 단원, 차시, 본 차시 학습 목표, 교수·학습 모형' 등을 작성하는 것이 일반적이다. 이 때 수업 상황과 관련하여 구체적인 정보를 제공해 준다는 의미에서 대상이 어떤 학급인지 지정할 필요가 있다.

'단원 및 차시' 항목에서 '차시'는 일반적으로 전체 차시 중에 어느 차시에 해당하는지를 나타낸다. 이는 단원의 흐름 속에서 이 수업이 어떤 위치에 있는지를 확인하기 위함이다. 따라서 '해당 차시/전체 차시'로 수정하고, 수업이 이루어지는 시간에 대한 정보를 추가로 제공하여 수업 시간 안에 활동을 효과적으로 구성할 수 있도록 해야 한다.

'핵심(교과) 역량'을 제시하고 있는데, 교과별로 다루는 역량은 '교과 역량'이다. '교과 역량'은 약안 형식의 지도안에 필수적으로 담겨야 하는 요소는 아니다. 물론 필요에 따라 본 차시에서 다루는 내용이 어떠한 교과 역량과 관련되는지 제시할 수도 있다. 다만 교과 역량은 상당히 포괄적인 용어로 표현되기 때문에, 역량만 제시해서는 차시 학습 목표와의 관련성을 분명하게 포착하기 어렵다. 특히, 그 단원에서 다루고자 하는 역량과 본 차시 학습 목표가 직접적으로 연결되지 않을 수도 있다. 이 사례의 경우, 단원에서 중점을 두고 있는 '비판적·창의적 사고 역량'을 제시하고 있다. 비판적·창의적 사고 역량은 '다양한 상황이나 자료, 담화, 글을 주체적인 관점에서 해석하고 평가하여 새롭고 독창적인 의미를 부여하거나 만드는 능력'을 의미(김창원 외, 2015: 74)하는데, 이 사례에 제시된 학습 목표인 "겪은 일이 드러난 글을 읽고 문장 성분의 호응 관계 알아보기, 글을 쓰는 과정에서 생각해야 할 점 알아보기"는 주체적인 관점에서의 해석, 독창적인 의미 부여와는 다소 거리가 있기 때문에 관련된 역량이라고 보기에는 무리가 있다. 따라서 수업자의 의도를 반영하여 반드시 제시해야 하는 것이 아니라면 삭제하는 것이 바람직하다.

'평가 목표'는 평가를 왜 하는지와 관련되는데, 진단을 하고자 하는 것인지 교수·학습을 점검하고자 하는지 등을 의미한다. 본 차시에 제시된 '평가 목표'인 '겪은 일이 드러난 글을 읽으며 문장의 호응 관계를 파악할 수 있다.', '글쓰기의 과정을 생각하며 글쓰기의 단계를 이해할 수 있다.'는 평가 목표라기보다는 평가 기준에 가깝다. 지도안 뒤에 평가 계획이 수립되어 있고 그 안에 평가 기준이 제시되어 있으니 '평가 목표'는 삭제할 것을 권한다.

## (2) 학습 목표

| 학습 목표 | • 교육과정의 성취기준에 근거하여 학습 목표가 설정되었는가? |
| --- | --- |
| | - 교육과정의 성취기준과 교과서 단원의 성격을 종합적으로 고려하여 본 차시 학습 목표의 수정이 필요하다. |
| | • 전체 차시 계획을 고려할 때 본 차시 학습 목표가 적절히 설정되었는가? |
| | - 교과서 전체 단원의 학습 목표와 차시 계획을 고려하여 본 차시 학습 목표를 재설정할 필요가 있다. |

학습 목표의 적절성은 학습 목표가 성취기준에 근거하고 있는지, 본 차시 학습 목표가 단원 학습 목표와 긴밀한 관계를 맺고 있는지를 살펴봄으로써 판단할 수 있다. 성취기준에서 도출할 수 있는 학습 목표는 '목적이나 주제에 따라 알맞은 내용과 매체를 선정하여 글쓰기', '독자를 존중하고 배려하며 글을 쓰는 태도 지니기', '호응 관계가 올바른 문장 구성하기'이다. 따라서 학습 목표에는 이 세 가지 내용이 반영되어야 한다.

**[표 5-1] 성취기준으로부터 단원 학습 목표 요소 설정하기**

| 영역 | 성취기준 | 단원 학습 목표 요소 |
| --- | --- | --- |
| 쓰기 | [6국03-02] 목적이나 주제에 따라 알맞은 내용과 매체를 선정하여 글을 쓴다.<br>[6국03-06] 독자를 존중하고 배려하며 글을 쓰는 태도를 지닌다. | (1) 목적이나 주제에 따라 알맞은 내용과 매체를 선정하여 글쓰기<br>(2) 독자를 존중하고 배려하며 글쓰기<br>(3) 호응 관계가 올바른 문장 쓰기 |
| 문법 | [6국04-05] 국어의 문장 성분을 이해하고 호응 관계가 올바른 문장을 구성한다. | |

'목적이나 주제에 따라 알맞은 내용과 매체를 선정하여 글쓰기'와 '독자를 존중하고 배려하며 글을 쓰는 태도 지니기'는 '목적, 주제, 독자를 고려하여 내용과 매체를 선정하여 글쓰기'로 정리하여 반영하되, 이를 모두 학습 목표에 드러낼지에 대해서는 고민이 필요하다. 단원 학습 목표는 교사와 학습자 모두 인지해야 하는 부분으로 학습자 입장에서 너무 자세하고 복잡할 경우 오히려 목표를 명확하게 이해하는 것을 방해한다. 이런 맥락에서 지도서에서는 단원의 학습 목표로 "문장 성분의 호응 관계를 생각하며 겪은 일이 잘 드러나게 글을 쓸 수 있다."로 제시하고 있다. '겪은 일이 잘 드러나게 글쓰기' 안에 '목적, 주제, 독자를 고려한 내용과 매체를 선정하여 글쓰기'가 포괄적으로 포함되어 있다고 해석 가능하다.

이럴 경우, 이렇게 단원의 학습 목표가 설정된 배경에 대해서 지도서에 자세히 설명해 주어야 한다. 교사가 성취기준을 따로 분석하지 않는다면 '겪은 일이 잘 드러나게 글쓰기'라는 목표에 도달하기 위해 '목적, 주제, 독자를 고려한 내용과 매체를 선정하여 글쓰기' 지도가 이루어져야 한다는 점을 간과할 수 있기 때문이다.

이런 맥락에서 단원 학습 목표는 두 가지 방식으로 제시할 수 있다. 하나는 교사 입장에서 가르칠 내용을 포함하여 '목적, 주제, 독자를 고려한 내용과 매체를 선정하여 호응 관계가 바른 문장으로 글쓰기'로 기술할 수 있고, 학습자를 고려하여 '문장 성분의 호응 관계를 고려하여 겪은 일이 잘 드러나게 글쓰기'라고 기술할 수 있다. 중요한 점은 수업에서 가르칠 내용과 학습자의 도달점이 무엇인지를 교사가 명확히 이해하는 것이다. 지도안은 교사를 위한 것이기 때문에 교사를 위한 정보가 많이 포함되어 있는 '목적, 주제, 독자를 고려한 내용과 매체를 선정하여 호응 관계가 바른 문장으로 글쓰기'라고 목표를 제시할 것을 추천한다. 이를 반영하여 [표 5-2]와 같이 차

**[표 5-2] 단원 학습 목표와 차시 학습 목표의 상세화**

| 단원 학습 목표 | 영역 | 차시 학습 목표 |
|---|---|---|
| 목적, 주제, 독자를 고려한 내용과 매체를 선정하여 호응 관계가 바른 문장으로 글을 쓸 수 있다. | 문법 | • 문장 성분의 호응 관계를 안다.<br>• 호응 관계가 올바른 문장을 구성한다. |
| | 쓰기 | • 목적이나 주제, 독자를 고려한 글쓰기를 할 수 있다.<br>• 매체를 활용한 글쓰기를 할 수 있다. |

시 학습 목표의 상세화가 가능하다.

매체를 활용한 글쓰기는 목적이나 주제, 독자에 대한 고려를 전제로 한다. 따라서 차시 학습 목표에 이를 모두 제시하기보다는 '매체 활용'에 초점을 두어 목표를 제시하도록 한다.

이 사례에서는 성취기준 "[6국04-05] 국어의 문장 성분을 이해하고 호응 관계가 올바른 문장을 구성한다."에 의해 "겪은 일이 드러난 글을 읽고 문장 성분의 호응 관계 알아보기"(①), "글을 쓰는 과정에서 생각해야 할 점 알아보기"(②)를 학습 목표로 설정하고 있는데, ②는 지도안에 제시된 성취기준과의 상관성이 떨어지는 학습 목표이다. 또한 글을 읽고 문장의 호응 관계를 아는 것과 글 쓰는 과정에서의 유의할 점을 파악하는 것은 연관성도 떨어진다. 그리고 한 차시 안에서 두 가지의 학습 목표에 도달하는 것은 현실적으로 어렵다는 점도 반영해야 한다.

### (3) 학습 내용

| 학습 내용 | • 대단원 또는 소단원 차시 계획이 적절히 수립되었는가? |
| --- | --- |
| | - 성취기준과 단원 학습 목표를 반영하여 차시 구성을 다시 할 필요가 있다. |
| | • 교육과정의 성취기준 간 연계성을 고려하여 학습 내용의 범위와 수준이 적절히 설정되었는가? |
| | - 성취기준에 근거하여 학습 내용의 범위와 수준을 재설정할 필요가 있다. |
| | • 학습 목표 도달에 적합한 학습 내용을 선정하였는가? |
| | - 차시 학습 목표 도달을 위한 구체적인 학습 내용 선정이 필요하다. |

교사용 지도서에 제시된 이 단원의 차시별 지도 계획([표 5-3])은 크게 세 부분으로 나누어 살펴볼 수 있다.

**[표 5-3] 차시별 지도 계획(교육부, 2019ㄴ: 177)**

| 단원<br>학습 목표 | 문장 성분의 호응 관계를 생각하며 겪은 일이 잘 드러나게 글을 쓸 수 있다. | |
|---|---|---|
| 차시별<br>지도 계획 | 차시 | 주요 학습 내용 및 활동 |
| | 1-2<br>(본 차시) | **호응 관계를 생각하며 겪은 일이 드러난 글을 읽을 수 있다.** |
| | 3-4 | 문장 성분의 호응 관계를 안다. |
| | 5-6 | 겪은 일이 드러나게 글을 쓸 수 있다. |
| | 7-8 | 매체를 활용해 겪은 일이 드러나는 글을 쓸 수 있다. |
| | 9-10 | 우리 반 글 모음집을 만들 수 있다. |

　우선 1-2차시는 이 단원의 학습을 위해 필요한 능력을 준비하는 부분으로 5학년 1학기에 학습한 내용을 상기하는 성격을 지닌다. 즉, 5학년 1학기에서 다룬 "[6국03-01] 쓰기는 절차에 따라 의미를 구성하고 표현하는 과정임을 이해하고 글을 쓴다."와 "[6국04-05] 국어의 문장 성분을 이해하고 호응 관계가 올바른 문장을 구성한다."의 성취기준과 관련되어 있다. 1학기에 주술 관계 호응에 대해 배웠던 것을 상기하고, 겪은 일이 드러나게 글을 쓰는 과정을 학습했던 것을 다시 이해하면서 다음 차시의 학습을 준비하도록 계획되어 있다. 다음은 기본 학습으로, 성취기준과 직결되는 차시 학습을 계획하고 있다. 3-4차시는 문장의 호응 중 부사어의 호응을 이해하는 수업, 5-6차시는 주제, 목적, 독자를 고려하여 글을 쓰는 수업, 7-8차시는 매체를 활용한 글쓰기 수업을 계획하고 있다. 마지막은 실천 학습으로 지금까지 학습한 내용을 종합하여 겪은 일이 드러나게 쓴 글을 고치고 친구들의 작품을 한데 모아 글 모음집을 만들어 보도록 계획하고 있다.

　이러한 차시별 지도 계획의 전체적인 수업 흐름은 무리가 없어 보이나 1-2차시 준비 학습을 재배치할 것을 제안한다. 글을 쓰는 과정은 5-6차시부터 관련이 있는데 1-2차시에서 다루고 있으므로 학습의 시간 차가 존재한다. 따라서 호응 관계에 대한 준비 학습과 글쓰기 과정에 대한 이해 부분을 관련 차시 앞쪽에 배치하여 준비 학습과 기본 학습의 연계성을 높이는 것을 추천한다. 또한 1-2차시의 학습 목표 수정도 필요하다. 호응 관계에 대한 이해, 글을 쓰는 과정에 대한 이해를 주요 목표로 삼고 있기 때문에 이 부분이 드러나게 차시 계획을 수정하는 것이 타당하다. 이를 반영하여 다음과 같이 차시 계획을 수정할 수 있다.

**[표 5-4] 차시별 지도 계획 수정 예시**

| 단원<br>학습 목표 | 목적, 주제, 독자를 고려한 내용과 매체를 선정하여 호응 관계가 바른 문장으로 글을 쓸 수 있다. | |
|---|---|---|
| 차시별<br>지도 계획 | 차시 | 주요 학습 내용 및 활동 |
| | 1 | 문장의 구성 성분과 호응 관계(주술)를 안다. |
| | 2-3 | 문장 성분의 호응 관계(부사어)를 안다. |
| | **4<br>(본 차시)** | **글을 쓰는 과정에 대해 안다.** |
| | 5-6 | 겪은 일이 드러나게 글을 쓸 수 있다. |
| | 7-8 | 매체를 활용해 겪은 일이 드러나는 글을 쓸 수 있다. |
| | 9-10 | 우리 반 글 모음집을 만들 수 있다. |

이 지도안은 2차시 안에 1-2차시의 내용인 '문장 성분의 호응 관계 알기', '글을 쓰는 과정에서 생각해야 할 점 알아보기' 두 가지를 모두 다루고 있다. 이는 분량상에도 문제가 있고 앞서 언급한 바와 같이 두 목표 간의 연계성도 떨어지므로 이 둘을 분리하여 학습 목표를 설정하는 것을 추천한다. 이에 여기에서는 '글을 쓰는 과정에 대해 안다.'라는 4차시를 중심으로 수업 지도안을 수정해 보도록 하겠다.

수업은 학습 목표 도달을 목적으로 하며, 학습 목표에 도달하기 위해서는 학습 내용을 무엇으로 선정하는가가 중요하다. 이 사례의 경우는 학습 목표 설정에 무리가 있었기 때문에 학습 내용 선정도 문제가 있다. 학습 목표의 적절성을 차치하더라도 "겪은 일이 드러난 글을 읽고 문장 성분의 호응 관계를 알아보기"를 위한 학습 내용이 명확히 제시되어 있지 않다. 본 차시에서는 학습자가 글을 읽고 호응 관계가 알맞지 않은 문장을 찾아 고치도록 하고만 있어 부사어 중심의 호응 관계를 학습하기에 앞서 어떤 내용을 이해하고 있어야 하는지에 대한 부분이 빠져 있다. 또한 "글을 쓰는 과정에서 생각해야 할 점 알아보기"라는 목표와 관련한 학습 내용도 '고쳐쓰기' 단계만 다루고 있다. 호응 관계를 글쓰기 과정 중 고쳐쓰기와 연결한 것은 나름 이해되나 학습 목표 도달과 직결되는 학습 내용으로 보기에는 부족하다.

4차시 학습 목표로 새로 선정된 부분을 다루기 위해 교육과정에 제시된 성취기준, 성취기준의 위계, 성취기준 해설, 교수·학습 유의 사항 등을 살펴 '글을 쓰는 과정에 대해 안다.'와 관련된 학습 내용을 선정해 보도록 하겠다. 앞서 언급했듯이 이 부분은 준비 학습의 성격이 강하다. 1학기에 학습한 글쓰기 과정에 대해 학습자가 명확히 이해하고 있어야 목적, 주제, 독자를 고려한 글쓰기, 매체를 활용한 글쓰기가 가능하기 때문에 직접적으로 다루어야 할 성취기준은 아니지만 중요하게 다룰 필요가 있는 쓰기 과정 관련 성취기준을 살펴보았다.

**[표 5-5] '쓰기 과정' 관련 성취기준 분석**

| 초등학교 5~6학년군 '쓰기 과정' 관련 성취기준 | 중학교 1~3학년군 '쓰기 과정' 관련 성취기준 |
|---|---|
| [6국03-01] 쓰기는 절차에 따라 의미를 구성하고 표현하는 과정임을 이해하고 글을 쓴다.<br><br>〈교수·학습 방법 및 유의 사항〉<br>① 쓰기의 절차를 지도할 때에는 글 한 편을 완성하도록 강조하면서 쓰기가 계획하기, 내용 생성하기, 내용 조직하기, 초고 쓰기, 고쳐쓰기의 과정을 요구한다는 점을 이해하도록 하되, 이러한 일련의 쓰기 과정이 엄격하게 구별되거나 분절적인 것이 아니라는 점에 유의한다. 특히 내용 생성하기 단계에서는 브레인스토밍, 마인드맵 등의 방법을 통해 글을 쓰기 위한 내용을 생성하는 전략이나 기능을 익히도록 하는 데 중점을 둔다. 고쳐쓰기 단계에서는 띄어쓰기와 맞춤법을 포함하여 지도하되, 창의성이나 유창성을 저해하지 않도록 유의한다. | [9국03-01] 쓰기는 주제, 목적, 독자, 매체 등을 고려한 문제 해결 과정임을 이해하고 글을 쓴다.<br><br>〈성취기준 해설〉<br>이 성취기준은 쓰기가 글을 쓰는 과정에서 부딪히는 인지적인 문제를 해결하는 과정임을 이해하고 글을 쓰는 자세를 기르기 위해 설정하였다. 쓰기가 문제 해결 과정이라는 것은 글쓰기가 글을 쓰는 과정에서 부딪히는 여러 문제를 해결해 가는 과정이라는 의미이다. 필자는 글을 쓸 때 화제와 관련된 배경지식의 부족 문제, 떠올린 내용을 옮길 적절한 단어나 표현의 생성 문제, 독자의 이해를 돕기 위한 문단 배열 문제 등을 효과적으로 해결해야 한 편의 글을 완성할 수 있다. 학습자에게 글을 썼던 경험을 떠올려 보게 한 다음, 쓰기 과정에서 겪었던 문제와 그 해결 방법에 대해 생각해 보도록 함으로써 쓰기가 문제 해결의 과정임을 이해하도록 한다. |

쓰기 과정과 관련하여, 중학교 1~3학년군 관련 성취기준이 글을 쓰는 행위가 하나의 문제 해결 과정임을 강조하여 쓰기에서 마주하는 구체적인 문제 상황들을 해결하는 데에 초점을 두고 있기 때문에, 초등학교 5~6학년군에서는 글을 쓰는 일반적인 절차에 따라 글을 써 보는 경험을 제공하는 데 초점을 둘 필요가 있다. 즉, 글을 쓰는 과정이 무엇인지를 알고 실제로 글을 쓰기 위해 각 과정마다 무엇을 해야 하는지를 이해하는 학습 내용 선정이 필요하다.[▶국어 교육 이론] 이를 구체적으로 [표 5-6]과 같이 제시할 수 있다.

**[표 5-6] 학습 내용 분석 및 학습 내용 선정**

| ① 학습 내용 분석 | ② 학습 내용 선정 |
|---|---|
| **계획하기**<br>• 쓰기 목적 정하기<br>• 읽을 사람 정하기<br>• 주제 정하기 | **계획하기**<br>• 글을 쓰는 목적 생각하기<br>- 인상 깊은 경험 나누기, 방법 공유하기 등<br>• 읽을 사람 고려하여 주제 정하기<br>- 독자를 고려하여 어떤 내용을 쓸지 정하기 |
| **내용 생성하기**<br>• 경험 떠올리기<br>　(시기별, 장소별, 감정에 따라 등등)<br>• 떠올린 내용 정리하기 | **내용 생성하기**<br>• 경험 떠올리기<br>- 시기별: 유치원 때, 초등학교 저학년 때, 최근 등<br>- 장소별: 산, 바다, 시골 등<br>- 감정별: 행복했던 일, 속상했던 일, 뿌듯했던 일 등<br>• 떠올린 내용 정리하기<br>- 누가, 언제, 어디서, 무엇을, 어떻게, 왜 했는지 정리하기<br>- 그때의 생각이나 느낌 정리하기 |
| **내용 조직하기**<br>• 경험한 내용 정리하기<br>　(시간, 장소, 절차) | **내용 조직하기**[▶국어 교육 이론]<br>• 경험한 내용 정리하기<br>- 시간 순서/장소의 이동/절차를 고려하여 내용 정리하기 |

| 초고 쓰기 | 초고 쓰기 |
|---|---|
| • 쓰기 점검 기준 만들기<br><br><br>• 겪은 일 글로 쓰기 | • 쓰기 점검 기준 만들기<br>- 겪은 일을 차례에 맞게 정리하였나요?<br>- 겪은 일에 대한 생각과 느낌이 잘 드러나 있나요?<br>- 문장 성분이 호응하도록 글을 썼나요? 등<br>• 겪은 일 글로 쓰기<br>- 조직한 내용을 글로 쓰기(처음-가운데-끝으로 문단 나누기) |

⬇ ⬇

| 고쳐쓰기 | 고쳐쓰기 |
|---|---|
| • 쓰기 점검 기준에 따라 점검하기<br>• 보완할 점 보완하기 | • 쓰기 기준에 따라 점검하기<br>• 보완할 점 보완하기 |

 도움말

• 학습 내용의 수준과 범위는 관련 성취기준의 위계, 성취기준의 해설을 참고하여 설정하되, 학년군에서 강조하고 있는 내용을 반영한다. 특히, 학습 내용은 학습자가 구체적이고 명시적으로 학습할 수 있도록 상세화하고 절차화할 필요가 있다.

## (4) 교수·학습 방법

| 교수·학습<br>방법 | • 학습 목표에 적합한 교수·학습 방법을 사용하였는가? |
|---|---|
| | - 이 사례에서는 '문장 성분의 호응 관계 알아보기'와 '글을 쓰는 과정에서 생각해야 할 점 알아보기'를 학습 목표로 설정하고 이에 적합한 교수·학습 모형으로 지식 탐구 학습 모형을 적용하였는데, 모형에 적절한 학습 내용, 교수·학습 활동이 구성되어 있지 않다. |
| | • 교사와 학생 간, 학생과 학생 간 상호작용이 적절히 일어날 수 있도록 지도안을 작성하였는가? |
| | - 교사와 학생 간 수업 시간에 이루어지는 상호작용이 드러나도록 지도안을 수정하는 것이 필요하다. |

〈사례〉에서는 지식 탐구 학습 모형을 적용하고 있다. 지식 탐구 학습 모형은 구체적인 국어 사용 사례나 자료를 검토하여 국어생활에 일반화할 수 있는 개념이나 규칙을 발견하는 데 초점을 두는 학습자 중심의 모형이다. 교사는 학습 과제를 제시하고 학습자가 자발적으로 주어진 맥락에서 다양한 언어 자료를 탐구하고 그 속에서 일반화할 수 있는 개념이나 규칙을 발견하는 것을 권장한다. 이 사례에서는 주어진 자료에서 호응이 올바르지 못한 문장을 찾아 고쳐 보는 활동을 하고 있다. 언어 자료를 통해 호응 관계가 올바르지 않은 이유, 호응 관계가 올바른 문장을 구성하기 위한 규칙 등을 찾아 정리하는 부분이 빠져 있다. 뿐만 아니라 글을 쓰는 과정을 읽기 자료를 통해 확인해 보는 것을 지식 탐구 학습 모형의 지식 발견하기 단계에서 다루어야 할 활동으로 제시하고 있다. 문법 영역과 관련해서는 지식 탐구 학습 모형 선택이 적절하다고 할 수 있으나 글쓰기 과정 이해하기와 관련해서는 지식 탐구 학습 모형 적용이 적절하다고 볼 수 없다. 또한 문법 영역에서 지식 탐구 학습 모형을 적용한 것도 여러 자료를 탐구하여 호응 관계에 대한 이해를 이끌어 내도록 활동을 구성한 것이 아니므로 모형이 적절하게 적용되었다고 보기 어렵다.

본 차시를 '글을 쓰는 과정에 대해 안다.'에 초점을 두어 계획한다면 직접 교수 모형의 설명하기, 시범 보이기, 질문하기 단계를 적용해 볼 것을 추천한다. 직접 교수 모형은 언어 수행에 필요한 특정 학습 내용이나 과제 해결을 명시적이고 단계적으로 지도하는 데 초점을 둔 모형으로 교사 중심의 모형이라는 점이 한계로 지적되고 있다. 그러나 학습 내용을 세분화해 구체적이고 명시적으로 지도하고 이에 따라 학습자가 익히고자 하는 기능을 단계적으로 학습할 수 있다는 장점이 있다. 초등학교 과정에서 기본적인 글쓰기 과정을 익히고 완성된 글을 써 보는 경험을 제공한다는 점에서 적절하게 활용할 수 있는 모형이다. 이번 차시에서는 안내된 연습하기까지 나아가기보다는 그 이전 단계에서 글쓰기 과정에 따른 전략을 이해하는 차원까지만 다루도록 한다. 안내된 연습은 다음 차시의 학습에 적용할 수 있다. 안내된 연습하기까지 다루고자 한다면 4-6차시를 모두 통합하여 수업으로 구성할 수 있을 것이다.

**[표 5-7] 직접 교수 모형을 적용한 교수·학습 흐름 예시**

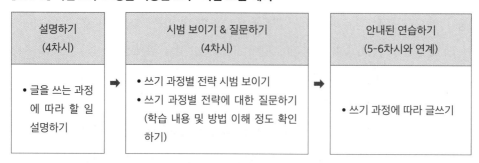

| 설명하기<br>(4차시) | 시범 보이기 & 질문하기<br>(4차시) | 안내된 연습하기<br>(5-6차시와 연계) |
|---|---|---|
| • 글을 쓰는 과정에 따라 할 일 설명하기 | • 쓰기 과정별 전략 시범 보이기<br>• 쓰기 과정별 전략에 대한 질문하기<br>(학습 내용 및 방법 이해 정도 확인하기) | • 쓰기 과정에 따라 글쓰기 |

이 사례에서는 교사 발문과 학습자 반응을 구분하여 제시하고 있다. 이러한 방식은 수업 과정에서 학습자의 수행을 예상해 봄으로써 수업을 구체적으로 시뮬레이션해 볼 수 있는 장점이 있다. 이러한 장점을 살리기 위해서 학습자가 무엇을 해야 하는가를 명시적이고 구체적으로 제시함으로써 교사와 학습자의 목표지향적 상호작용 양상을 보여 줄 필요가 있다.

〔5〕 교수·학습 자료 및 환경

| 교수·학습<br>자료 및 환경 | • 등교 수업/원격 수업, 교실, 학생 수 등 교수·학습 환경을 적절히 고려하였는가? |
|---|---|
| | - 원격 수업 상황에서 활용할 수 있는 수업 자료를 구체적으로 안내할 필요가 있다. |

이 사례는 원격 수업 상황을 상정하고 지도안을 계획하였다. 그러나 실제로 원격 수업 상황이 구체적으로 지도안에 반영된 모습이 드러나지 않는다. 물론 학습 목표와 내용에 따라 원격 수업 상황과 등교 수업 상황의 교수·학습이 크게 달라지지 않을 수 있다. 글을 쓰는 방법을 알고 익히는 수업의 경우, 본질적인 학습 내용이 원격 수업이라고 해서 크게 달라지지 않는다. 다만, 원격이라는 특수한 상황에서 활용할 수 있는 자료나 도구를 효과적으로 활용해 보려는 시도는 필요하다. 예컨대, 패들렛(Padllet)을 활용하여 글을 쓰기 위해 생각한 내용을 공유해 보도록 하는 것은 원격 수업 상황에서 활용할 수 있는 수업 도구가 된다. 덧붙여, 수업 도구를 활용하는 목적이 내용 생성과 공유, 내용 조직의 편의성을 위한 것임을 알고 있다면 원격 수업에서 활용할

수 있는 자료를 등교 수업에서 어떤 수업 도구로 대체할 수 있는가를 쉽게 찾을 수 있다. 즉, 원격 수업에서 패들렛을 활용한다면 등교 수업에서는 접착식 메모지(포스트 잇)를 활용할 수 있다.

## 2) 교수·학습 단계별 검토

### (1) 도입 단계

| 교수·학습<br>방법 | • 교수·학습 단계에 맞는 활동을 구성하였는가? |
|---|---|
| | - 도입 단계에서 이전 차시 확인 활동과 동기 유발은 구분하여 작성하고, 활동에 대한 안내도 제시한다.<br>- 학습 문제를 제시할 때는 학습자가 해결해야 할 과제 혹은 문제가 무엇인지 명확히 안내한다.<br>- 학습 문제를 해결하기 위해 학습자가 해야 할 활동을 명시적으로 안내한다. |

도입 단계에는 일반적으로 이전 차시 학습 내용의 확인과 복습, 동기 유발, 학습 목표 확인 및 활동 안내가 포함되어 있다. 이 사례에서는 '동기 유발'과 '학습 목표'만 제시되어 있는데 수업 시간에 이루어져야 할 활동에 대한 안내도 필요하다. 〈사례〉에 제시된 '동기 유발'은 동기 유발이라기보다는 전시 학습 확인에 해당한다. 퀴즈를 풀며 문장을 만들어 보는 활동은 이전 학습 확인 활동으로 적절하나 만든 문장 속 호응 관계의 적절성을 판단해 보는 것은 본 차시 학습을 통해 도달해야 하는 목표이므로 동기 유발 단계에서의 활동으로 적절하지 않다. 전시 학습에서 학습한 문장의 구성 성분에 대한 내용을 게임을 통해 확인하고, 호응 관계에 문제가 있는 문장을 바르게 수정하는 방법을 찾아야 하는 상황을 제시함으로써 학습의 동기를 유발할 수 있다. 그리고 학습 목표를 확인한 후 목표에 도달하기 위해 해결해야 할 활동을 안내하는 형태로 지도안을 수정하도록 한다.

이런 맥락에서 수정된 학습 목표('글을 쓰는 과정에 대해 안다.')에 따라 지도안을 작성한다면, 동기 유발을 위해 글을 써야 하는 문제 상황을 제시한다. 그리고 글쓰기 과정에 대한 퍼즐을 맞춰 봄으로써 1학기에 학습한 내용을 확인함과 동시에 문제 상황을 해결하기 위해 과정에 따라 글을 써야 함을 인지하도록 한다. 그러기 위해 글쓰기 과정에서 우리가 무엇을 해야 하는지 확인해야 함을 공유한다. 그리고 문제를 해결하기 위해 글에 나타난 글쓰기 과정 정리하기, 글쓰기 과정에서 무엇을 해야 하는지 정리하기의 두 가지 활동이 이루어질 것임을 함께 확인하도록 교수·학습을 계획할 수 있다.

## (2) 전개 단계

| 교수·학습 방법 | • 학습 목표 달성에 적합한 활동을 구성하였는가?<br>• 학습자의 수준과 흥미를 고려하여 활동을 구성하였는가? |
|---|---|
| | - 학습 목표 중 하나인 '호응 관계 알아보기'와 관련하여 학습자가 학습해야 할 내용이 반영된 활동이 제공되지 못하고 있다.<br>- 학습 목표 중 다른 하나는 글쓰기 과정을 생각하며 글쓰기 단계 이해하기인데 글쓰기 과정에 대한 이해를 위한 학습 활동이 구체적으로 제시되어 있지 않다.<br>- 학습 목표를 '글을 쓰는 과정에 대해 안다.'로 수정하였기 때문에 쓰기 과정에 따라 해야 할 일을 확인하는 활동을 마련할 필요가 있다. |

〈사례〉에서는 '호응 관계 알아보기'를 위해 글을 읽고 문장 성분의 호응 관계가 알맞지 않은 부분을 찾아본 후 이를 바르게 고쳐 보는 활동을 구성하였다. 한국어를 모어로 하는 학습자를 전제로 할 경우 호응 관계가 어색한 부분을 찾는 데 무리가 없을 수도 있으나 문장 성분과 연관 지어 어떤 부분에 유의하여 호응 관계를 살펴야 하는지, 호응 관계가 어색한 까닭은 무엇인지, 호응 관계에 유의하여 문장을 작성할 때의 유의점은 무엇인지 등에 대한 학습 내용이 반영된 활동이 마련되어야 목표 도달을 위한 의미 있는 활동 구성이라고 할 수 있다.

글쓰기 단계 이해하기 활동의 경우에도 '윤서가 쓴 글'을 다시 읽으면서 고쳐쓰기 과정에 초점을 두어 이때 문장의 호응 관계가 바른지, 문장의 길이는 적절한지, 이해하기 쉬운 내용인지 등 고쳐쓰기에서 유의해야 할 점을 지식으로 전달하고 있다. 이는 학습자가 글쓰기 과정을 이해하는 활동이라고 보기 어려우며, 교사 주도의 강의식, 전달식 교육이라고 할 수 있다. 따라서 학습자의 목표지향적인 활동을 통해서 학습이 이루어지도록 할 필요가 있다. 이에 수정된 학습 목표를 반영하여 쓰기 과정별로 해야 할 일을 이해하는 활동을 구성할 것을 제안한다.

### [3] 정리 단계

| 교수·학습 방법 | • 학습 활동이 유기적으로 연결되어 있는가?<br>• 교수·학습 단계에 맞는 활동을 구성하였는가? |
|---|---|
| | - 배운 내용을 정리하고 소감을 나누는 활동은 정리 단계에 적절한 활동이다.<br>- 정리 단계에서는 오늘 학습한 내용이 다음 시간의 어떤 수업으로 확장 내지는 심화되는지 이해하도록 하는 차원에서 차시 예고를 한다. |

정리 단계에서는 전개 단계에서 다룬 내용들을 바탕으로 정리 활동을 하는 것이 일반적이다. 전개 단계에서는 글을 쓰는 과정을 확인하고 각 과정별로 무엇을 해야 하는지 이해하는 활동이 이루어졌다. 그리고 배운 내용에 대한 느낌을 나누는 활동이 제시되어 있어 배움에 대해 성찰적으로 살피는 기회를 제공한 것은 적절하다고 할 수 있다. 덧붙여 배운 내용에 대한 느낌을 나누는 차원에서 나아가 오늘 학습한 것을 생활 속에서 어떻게 활용할 것인지 다음 차시와 연계지어 이야기를 나누어 보는 활동을 추가할 것을 제안한다.

## 3] 수업 지도안의 후반부 검토

### [1] 평가 계획

| 평가 | • 학습 목표 달성 여부를 점검하는 방법이 적절한가?<br>　- 평가 기준을 적절하게 구성하였는가?<br>• 평가 결과를 적절히 활용하였는가?<br>　- [형성평가] 평가 결과를 교수·학습에 적절히 환류하고 있는가? |
|---|---|
| | - 평가 내용이 문장의 호응 관계를 파악하는 데에만 초점이 맞추어져 있어 학습 목표를 아우르는 평가 내용 마련이 필요하다.<br>- 평가 기준도 평가 내용에 따라 수정이 필요하다.<br>- 평가 결과를 교수·학습에 적절히 환류하도록 수정이 필요하다. |

〈사례〉에서는 '평가 계획'이라는 별도의 항목을 설정하여 평가 내용과 기준, 방법을 제시하고 있다. 평가 방법으로 교사의 관찰 평가를 제시하고 있는데, 교사의 관찰 평가가 어떻게 실시되고 그 결과가 어떻게 교수·학습에 환류되는지에 대해서는 나타나 있지 않다. 무엇을 관찰하고 그 결과를 어떠한 방식으로 교수·학습에 환류할 것인지의 계획에 대한 필요한 정보를 지도안에 제시하는 것이 바람직하다. 이 수업의 평가 결과는 수업이 목표에 도달할 수 있도록 지원하는 역할을 할 뿐 아니라 다음 차시의 수업 설계에도 영향을 미친다.

# 3

## 지도안 다시 작성해 보기

### 1) 지도안의 수정 방향

#### 단원 설계

앞서 검토한 내용을 정리하여 이 지도안은 단원 설계 측면에서 단원 학습 목표와 학습 목표의 적절성을 검토하고, 단원 속에서 이 수업의 위치와 다른 차시 수업과의 연계성을 확인하는 차원에서 단원 차시별 지도 계획을 작성할 필요가 있다. 또한 성취기준을 고려하여 학습 내용의 수준과 범위를 설정해야 한다. 따라서 지도안의 주된 수정 방향은 '단원 학습 목표와 본 차시 학습 목표의 변별', '차시별 지도 계획', '성취기준을 고려한 학습 내용의 선정 및 정련'이라고 할 수 있다.

#### 본 차시 설계

이 지도안의 경우 차시별 학습 목표가 변경되었으므로 이 부분에 초점을 두어 수업을 다시 설계해야 한다. 따라서 지도안의 주된 수정 방향은 학습 목표에 따라 '학습 내용 수정', '적합한 교수·학습 방법을 적용', 학습 내용의 변경에 따른 '평가 수정'이라고 할 수 있다.

여기서는 단원 전체와 본 차시 부분을 스스로 설계하며 지도안을 다시 작성해 볼 것이다.

## 2) 단원 설계

단원 학습 목표와 단원 차시별 지도 계획을 수정해 보자.

| 단원 학습 목표 | | |
|---|---|---|
| 차시별 지도 계획 | 차시 | 주요 학습 내용 및 활동 |
| | 1 | |
| | 2-3 | |
| | **4**<br>**(본 차시)** | |
| | 5-6 | |
| | 7-8 | |
| | 9-10 | |

## 3) 본 차시 설계

본 차시 수업 지도안을 수정하여 완성해 보자.

| 교과명 | 국어 | 교사 | ○○○ |
|---|---|---|---|
| 자료 | 초등학교 국어 5-2 ㉮ | 대상 학급 | 5학년 ○반 ○○명 |
| 일시 | 20○○년 ○월 ○일(수) ○교시 | 장소 | 5-○ 교실/원격 |
| 단원 | 4. 겪은 일을 써요 | 차시 | 4/10(40분) |
| 본 차시 학습 목표 | 글을 쓰는 과정에 대해 안다. | | |
| 교수·학습 모형 | 직접 교수 모형 | | |

| 교수·학습 단계 | | 교수·학습 활동 | | 자료 및 유의점 | 시간 (분) |
|---|---|---|---|---|---|
| | | 교수 활동 | 학습 활동 | | |
| 도입 | 동기 유발 | • **문제 상황 제시하기**<br>- 학급 문집 '우리들의 이야기'에 실을 글을 써야 하는 상황을 제시한다. | • **문제 상황 확인하기**<br>- 학급 문집에 자신의 글을 싣기 위해 해야 할 일을 말한다.<br>(자신의 경험을 글로 씁니다.) | 편지<br>: 문제 상황이 적힌 편지 | 7 |
| | 전시 학습 확인 | • **쓰기 과정에 대해 이해 여부 파악하기**<br>- 쓰기 과정이 적힌 퍼즐을 제시한다. | • **쓰기 과정 확인하기**<br>- 퍼즐을 완성하며 쓰기 과정에 대해 학습한 내용을 떠올린다. | 퍼즐<br>: 쓰기 과정<br>또는<br>채팅창에 쓰기 과정 적기(원격)<br>PPT<br>: 학습 문제 | |
| | 학습 문제 확인 | • **학습 문제 확인하기**<br>- 글을 쓰는 과정에 대해 안다. | | | |
| | 활동 안내 | • **활동 안내하고 확인하기**<br>[활동 1] 쓰기 과정 확인하기<br>[활동 2] 쓰기 과정 에 따라 하는 일 확인하기 | | PPT<br>: 활동 안내<br>(핵심어를 빈칸으로 제시하고 학습자가 채우도록 한다.) | |
| 전개 | 설명하기 | | | | 10 |
| | 시범<br>보이기<br>및<br>질문하기 | | | | 13 |

| | | | | | |
|---|---|---|---|---|---|
| 정리 | 학습 내용 정리 | • 쓰기 과정에 따라 해야 할 일 확인하기<br>- 체크리스트를 활용하여 시범 보이기, 질문하기 단계에서 했던 활동에 대해 묻고 확인한다.<br>- 학습자의 체크리스트를 보며 부족한 부분을 피드백한다. | • 쓰기 과정에 따라 해야 할 일 정리하기<br>- 과정에 따라 글을 쓰기 위해 해야 할 일을 이야기한다.<br><br>- 체크리스트에 자기 평가를 한다. | PPT<br>: 과정에 따라 글을 쓰는 방법<br><br>체크리스트를 활용하여 자기 평가를 실시하고 교사는 관찰 평가를 실시한 후 이에 대해 피드백한다. | 7 |
| | 수업 소감 나누기 | • 수업을 통해 알게 된 내용 확인하기<br>• 수업을 통해 새롭게 알게 된 점 확인하기<br>- 과정에 따라 글을 쓸 때 유의해야 할 점을 묻는다. | • 수업에서 배운 내용 말하기<br><br>• 수업을 통해 새롭게 알게 된 점 나누기<br>- (겪은 일을 떠올릴 때 장소, 시간, 순서를 떠올려 보면 도움이 된다는 것을 알았습니다.) | | |
| | 차시 예고 | • 다음 차시 내용 예고하기<br>- (다음 시간에는 오늘 배운 내용을 적용하여 겪은 일이 잘 드러나게 글을 써 보는 활동을 해 보겠습니다.) | | | 3 |

# 4

## 지도안 수정 예시

### 1) 단원 설계 부분 수정 예시

| 단원 학습 목표 | 목적, 주제, 독자를 고려한 내용과 매체를 선정하여 호응 관계가 바른 문장으로 글을 쓸 수 있다. | |
|---|---|---|
| 차시별 지도 계획 | 차시 | 주요 학습 내용 및 활동 |
| | 1 | 문장의 구성 성분과 호응 관계(주술)를 안다. |
| | 2-3 | 문장 성분의 호응 관계(부사어)를 안다. |
| | **4**<br>**(본 차시)** | **글을 쓰는 과정에 대해 안다.** |
| | 5-6 | 겪은 일이 드러나게 글을 쓸 수 있다. |
| | 7-8 | 매체를 활용해 겪은 일이 드러나는 글을 쓸 수 있다. |
| | 9-10 | 우리 반 글 모음집을 만들 수 있다. |

### 2) 본 차시 설계 부분 수정 예시

원격 상황이라고 해서 학습 내용에 대한 접근 방식이 크게 달라지지 않기 때문에 '자료 및 유의점'에 원격 상황을 반영하되, 대면 상황일 경우도 고려하여 지도안을 작성하였다.

| 교과명 | 국어 | 교사 | ○○○ |
|---|---|---|---|
| 자료 | 국어 5-2 ㉏ | 대상 학급 | 5학년 ○반 ○○명 |
| 일시 | 20○○년 ○월 ○일(수) ○교시 | 장소 | 5-○ 교실/원격 |

| 단원 | 4. 겪은 일을 써요 | 차시 | 4/10(40분) |
|---|---|---|---|
| 본 차시 학습 목표 | 글을 쓰는 과정에 대해 안다. | | |
| 교수·학습 모형 | ●직접 교수 모형 | | |

| 교수·학습 단계 | | ●교수·학습 활동 | | 자료 및 유의점● | 시간 (분) |
|---|---|---|---|---|---|
| | | 교수 활동 | 학습 활동 | | |
| 도입 | ●동기 유발 | ● **문제 상황 제시하기**<br>- 학급 문집 '우리들의 이야기'에 실을 글을 써야 하는 상황을 제시한다. | ● **문제 상황 확인하기**<br>- 학급 문집에 자신의 글을 싣기 위해 해야 할 일을 말한다.<br>(자신의 경험을 글로 씁니다.) | 편지<br>: 문제 상황이 적힌 편지 | 7 |
| | 전시 학습 확인 | ● **쓰기 과정에 대해 이해 여부 파악하기**<br>- 쓰기 과정이 적힌 퍼즐을 제시한다. | ● **쓰기 과정 확인하기**<br>- 퍼즐을 완성하며 쓰기 과정에 대해 학습한 내용을 떠올린다. | 퍼즐<br>: 쓰기 과정<br>또는<br>채팅창에 쓰기 과정 적기(원격) | |
| | 학습 문제 확인 | ● **학습 문제 확인하기** ●┄┄<br>- 글을 쓰는 과정에 대해 안다. | | PPT<br>: 학습 문제 | |
| | 활동 안내 | ● **활동 안내하고 확인하기** ●<br>[활동 1] 쓰기 과정 확인하기<br>[활동 2] 쓰기 과정 에 따라 하는 일 확인하기 | | PPT<br>: 활동 안내<br>(핵심어를 빈칸으로 제시하고 학습자가 채우도록 한다.) | |

〈사례〉에는 동기 유발이 제시되어 있지 않다. 본 차시 수업에서 무엇을 하고, 이를 통해 무엇을 할 수 있게 되는지를 암시적으로 확인하는 차원에서 해결해야 할 문제 상황을 제시하는 것으로 동기 유발 단계를 추가하였다.

본 차시 학습 목표를 새롭게 조정하면서 그와 관련된 학습 내용과 활동을 새롭게 구성하여 제시하였다.

과정에 따라 글을 쓰는 방법을 단계적으로 익히기 위해 직접 교수 모형의 설명하기, 시범 보이기, 질문하기 단계를 적용하였다.

'자료 및 유의점'에서 불필요한 정보는 삭제하고 필요한 정보를 조금 더 상세히 서술하였다.

학습 목표를 학습자에게 제안할 때는 해결해야 하는 하나의 문제로 제시하여 보다 적극적으로 학습에 임하도록 독려한다.

〈사례〉에는 활동 안내가 누락되어 있다. 학습자가 학습 문제를 해결하기 위해 어떤 활동을 해야 하는지를 함께 이야기 나누고 협의하는 과정(글을 쓰기 위해 우리가 알고 있어야 하는 것이 무엇인지 함께 이야기 나누어 교사가 계획한 학습 활동으로 수렴하기)이 필요하다.

| | | | | |
|---|---|---|---|---|
| | 설명하기 | • 과정에 따라 글을 쓰는 방법 설명하기<br>- 과정에 따라 글을 쓴 경험이 담긴 글을 제시한다.<br><br>- 과정에 따라 글쓴이가 한 일 찾아보게 한다.<br>- 과정에 따라 글을 쓰기 위해 할 일을 설명한다. | • 과정에 따라 글을 쓰는 방법 찾기<br>- 과정에 따라 글을 쓴 경험이 적힌 글을 읽는다.<br>- 글쓰기 과정을 찾는다.<br>- 과정에 따라 글쓴이가 한 일을 파악한다.<br>- 과정에 따라 글을 쓰기 위해 할 일을 정리한다. | 카드<br>: 쓰기 과정 카드 과정별 할 일 카드<br>또는 PPT(쓰기 과정 및 과정별 할 일) | 10 |
| 전개 | 시범 보이기 및 질문하기 | • 쓰기 과정에 따라 해야 할 일을 시범 보이며 질문하기<br>① 목적과 대상 정하기<br>- 글을 쓰는 목적을 정하도록 안내한다.<br>(우리가 글을 쓰는 목적은 무엇인가요?)<br>- 독자를 고려하도록 안내한다.<br>(글을 읽을 독자는 누구이며, 독자를 고려해서 어떤 내용을 쓰면 좋을까요?)<br><br>② 내용 생성하기<br>- 학습자 입장에서 경험을 떠올리는 시범을 보이고 패들렛에 적는다.<br>- 떠올린 경험에 대한 생각과 느낌을 생성하는 시범을 보이며 패들렛에 적는다.<br>③ 내용 조직하기<br>- 경험한 내용과 그에 대한 생각과 느낌을 시간, 장소, 절차 등에 따라 순서를 정하여 위치시킨다.<br>- 정리한 내용을 처음-가운데-끝의 구조에 함께 정리한다. | • 쓰기 과정에 따라 해야 할 일 알기<br>① 목적과 대상 정하기<br>- (학급 문집의 '우리들의 이야기'에 실을 글을 써야 합니다.)<br><br><br>- (친구들이 읽을 글이기 때문에 친구들이 흥미를 느낄 경험을 씁니다.)<br><br>② 쓸 내용 떠올리기<br>- 시기별, 장소별, 감정 등에 따라 내용을 떠올려 말한다.<br><br>- 경험에 대해 떠올릴 수 있는 생각과 느낌을 말한다.<br><br>③ 내용 조직하기<br>- 경험한 내용을 시간, 장소, 절차 등에 따라 순서를 정한다.<br><br>- 정리한 내용을 처음-가운데-끝의 구조에 맞게 배열한다. | *시범 보일 때는 글을 쓰는 과정에서 일어나는 사고의 흐름이 잘 드러나도록 하되, 학습자가 함께 참여하도록 무엇을 해야 할지, 어떻게 해야 할지 질문하고 반응을 이끌어 낸다.<br>접착식 메모지(교실 수업 상황)<br>: 글의 내용을 적고 이를 옮겨 가며 글의 내용을 조직한다.<br>패들렛(원격 수업 상황)<br>: 패들렛을 활용하여 글의 내용을 조직하는 시범을 보이고 학습자도 참여하게 한다.<br>*일반적으로 처음-가운데-끝의 구조를 활용할 수 있으나 주제 | 13 |

| | | | | |
|---|---|---|---|---|
| | | | | 의 용할 수 있으나 주제의 특성에 따라 비교·대조, 분류·분석, 원인·결과 등의 내용 조직 구조를 활용할 수 있다.<br>학습지<br>: 쓰기 점검 기준 |
| 전개 | | ④ **글쓰기**<br>- 쓰기 점검 기준을 함께 만든다. (글을 쓸 때 유의해야 할 점 정리하기)<br>- 쓰기 점검 기준을 고려하여 글을 써야 함을 안내한다. | ④ **글쓰기**<br>- 쓰기 점검 기준을 만든다.<br> 겪은 일이 자세히 드러나도록 쓴다. / 겪은 일에 대한 생각과 느낌이 잘 드러나게 쓴다. / 겪은 일을 차례에 맞게 정리하여 쓴다. / 문장 성분이 호응하도록 글을 쓴다.<br>- 쓰기 점검 기준을 고려하여 글을 써야 함을 이해한다. | |
| | | ⑤ **고쳐쓰기**<br>- 쓰기 점검 기준에 따라 점검해야 함을 안내한다.<br>- 보완할 점을 반영하여 고쳐 써야 함을 안내한다. | ⑤ **고쳐쓰기**<br>- 쓰기 점검 기준에 따라 점검하고 글을 고쳐 써야 함을 이해한다. | |
| 정리 | 학습 내용 정리 | • **쓰기 과정에 따라 해야 할 일 확인하기**<br>- 체크리스트를 활용하여 시범 보이기, 질문하기 단계에서 했던 활동에 대해 묻고 확인한다.<br>- 학습자의 체크리스트를 보며 부족한 부분을 피드백한다. | • **쓰기 과정에 따라 해야 할 일 정리하기**<br>- 과정에 따라 글을 쓰기 위해 해야 할 일을 이야기한다.<br><br>- 체크리스트에 자기 평가를 한다. | PPT<br>: 과정에 따라 글을 쓰는 방법<br><br>체크리스트를 활용하여 자기 평가를 실시하고 교사는 관찰 평가를 실시한 후 이에 대해 피드백한다. |

7

| | 수업 소감 나누기 | • 수업을 통해 알게 된 내용 확인하기<br>• 수업을 통해 새롭게 알게 된 점 확인하기<br>- 과정에 따라 글을 쓸 때 유의해야 할 점을 묻는다. | • 수업에서 배운 내용 말하기<br>• 수업을 통해 새롭게 알게 된 점 나누기<br>- (겪은 일을 떠올릴 때 장소, 시간, 순서를 떠올려 보면 도움이 된다는 것을 알았습니다.) | | |
|---|---|---|---|---|---|
| 정리 | 차시 예고 | • 다음 차시 내용 예고하기<br>- (다음 시간에는 오늘 배운 내용을 적용하여 겪은 일이 잘 드러나게 글을 써 보는 활동을 해 보겠습니다.) | | | 3 |

## • 3) 평가 계획 수정 예시

| 평가 요소 | - 자신이 겪은 일을 쓰는 과정 이해하기<br>- 글쓰기의 각 과정에서 해야 할 일 이해하기 | |
|---|---|---|
| 평가 방식 | (1) 교사의 관찰 평가: 체크리스트 활용<br>(2) 정리 단계에서 자기 평가: 글쓰기 과정에 대한 이해도를 표시하는 체크리스트 활용<br><br>- 평가 결과의 환류: 수업 과정에서 이루어진 교사의 관찰 평가와 정리 단계에서 학습자의 자기 평가 결과를 통해 부족한 부분을 확인하고 이에 대한 피드백을 한다. | |
| | 평가 기준 | |
| | 상 | 자신이 겪은 일을 쓸 때 글을 쓰는 과정과 각 과정에서 해야 할 일을 바르게 이해하고 있다. |
| | 중 | 자신이 겪은 일을 쓸 때 글을 쓰는 과정과 각 과정에서 해야 할 일을 안다. |
| | 하 | 자신이 겪은 일을 쓸 때 글을 쓰는 과정과 각 과정에서 해야 할 일을 부분적으로 이해하고 설명하는 데 어려움을 느낀다. |

1 이 차시는 기본 학습을 위한 준비 학습에 해당한다. 이미 1학기에 다룬 성취기준의 내용을 다시금 확인하고 이에 대해 명확히 이해하는 것을 목표로 하기 때문에 평가 기준도 그 성취기준에 맞춰 설정하는 것이 적절하다. 가은아 외(2016: 108)를 참고하여 다음과 같이 평가 계획을 수정할 수 있다.

    지도안 수정 예시에서 다루고 있는 글쓰기 과정에 대해 이해하기는 2015 개정 국어과 교육과정의 아래 성취기준과 관련된다.

| 2015 개정<br>국어과<br>교육과정 | 성취기준 | [6국03-01] 쓰기는 절차에 따라 의미를 구성하고 표현하는 과정임을 이해하고 글을 쓴다. |
|---|---|---|

    교육과정에 따라 성취기준의 진술 범위, 진술 방식 등이 달라지므로 일대일로 대응시키기는 어렵지만, 위 성취기준은 2022 개정 국어과 교육과정에서 다음의 성취기준과 연계성을 갖는다.

| 2022 개정<br>국어과<br>교육과정 | 성취기준 | [6국03-05] 쓰기 과정을 점검·조정하며 글을 쓰고, 글 전체를 대상으로 통일성 있게 고쳐 쓴다. |
|---|---|---|
| | 성취기준<br>해설 | [6국03-05] 이 성취기준은 필자가 자신의 쓰기 과정을 점검·조정하고 그 결과를 바탕으로 글을 고쳐 쓰는 능력을 기르기 위해 설정하였다. 글쓰기에서 통일성의 개념과 중요성, 쓰기 과정에 대한 점검과 조정의 필요성, 쓰기 과정의 회귀적 특성, 글에 대한 독자의 반응을 생각하며 고쳐쓰기, 글의 주제와 목적, 예상 독자 등을 고려하여 글의 통일성 점검하기 등을 학습한다. |

    〈사례〉에서 다루고 있는 학습 목표 및 학습 내용에 초점을 두어, 교육과정 시기에 따른 성취기준의 공통점과 차이점을 살펴보면 다음과 같다. 두 성취기준은 의미 구성 행위로서의 글쓰기 과정을 중요하게 다루고 있다. 다만, 이를 다루는 방식에는 차이가 있다. 기존 성취기준에서는 원리를 이해하는 측면에 초점이 맞추어져 있다면, 2022 개정 국어과 성취기준에서는 글쓰기 과정 자체를 이해하는 것뿐 아니라 그 과

정을 점검하고 조정하여 글을 고쳐 쓰도록 하는 실제적인 쓰기 능력을 강조하고 있다. 물론 글쓰기 과정에 대한 이해가 고쳐 쓰기를 포함하지만 2022 개정 국어과 교육과정에서는 이를 실질적인 쓰기 수행과 관련하여 쓰기 과정을 점검·조정하도록 하고 있다. 아울러 기존의 성취기준에서 명시적으로 드러내지 않았던 쓰기에서의 '통일성'을 강조하고 있다는 점도 특징적이다.

## '과정 중심 쓰기 지도'를 적용하여 교수·학습 계획하기

과정 중심 쓰기 지도는 쓰기 주체인 필자가 글을 쓰기 위해서 무엇을 해야 하는 가에 관심을 갖는다. 쓰기를 역동적인 의미 구성 행위로 보는 과정 중심 쓰기 지도는 내용을 생성하고 조직하여 표현하고 수정하는 일련의 쓰기 과정에서 교사가 역동적으로 개입하여 학습자의 작문 능력과 문제 해결 능력을 촉진하고자 하는 쓰기 교육 방법에 대한 하나의 관점이자 접근 방식이다(이재승, 2002). 과정 중심 쓰기 지도는 1980년대 후반 5차 교육과정에서부터 이미 반영되었는데, '계획하기 - 내용 생성하기 - 내용 조직하기 - 표현하기 - 고쳐쓰기'의 일련의 쓰기 과정을 강조하는 쓰기 교육 방식이다. 특히, 플라워와 헤이스(Flower & Hayes, 1981)는 능숙한 필자의 작문 과정에 대한 연구를 바탕으로, 작문을 목표지향적인 문제 해결 과정으로 보고 작문의 인지적 과정을 계획하기, 작성하기, 검토하기 세 부분으로 제시하였으며 각 과정이 위계적이며 회귀적인 특성을 갖는다고 하였다.

과정 중심의 쓰기 지도에서 학습자의 작문 능력 신장을 위하여 수업에서 주로 가르치는 것은 쓰기의 과정과 각 과정에서 효과적으로 사용할 수 있는 전략이다. 작문 능력은 쓰기 과정과 전략을 스스로 통제하고 조절하는 것이기 때문에 교사가 스스로 과정이나 전략을 활용하는 모습, 즉 사고의 과정을 보여 주는 것을 중요하게 생각한다. 이를 반영하여 이 사례에서는 쓰기 각 과정마다 활용할 수 있는 사고 전략(예컨대 시간과 장소, 차례(절차)와 관련 있는 경험 떠올리기 등)을 교수·학습 내용과 활동에 녹이고자 하였다. 또한 이를 지도하는 교수·학습 방법으로 직접 교수 모형을 활용하였다. 박영민 외(2016: 252)에서는 과정 중심의 쓰기 지도에서 교사는 글을 쓰는 방법을 알려 주고 학습자는 연습과 질문을 통해 이를 깨달아 가는 것이 중요하다면서 이를 위해 '직접 교수 모형'이 효과적이고 중요한 교수법이라고 하였다. 이를 반영하여 다음과 같이 글쓰기 지도를 계획하였다.

| 설명하기<br>(4차시) | 시범 보이기 & 질문하기<br>(4차시) | 안내된 연습하기<br>(5-6차시와 연계) |
|---|---|---|
| • 글을 쓰는 과정에 따라 할 일 설명하기 | • 쓰기 과정별 전략 시범 보이기<br>• 쓰기 과정별 전략에 대한 질문하기 (학습 내용 및 방법 이해 정도 확인하기) | • 쓰기 과정에 따라 글쓰기 |

## 내용 조직을 위한 다발짓기 전략

내용 조직을 위한 쓰기 전략에는 여러 가지가 있다. 개요 작성이 평면 형태의 내용 조직 방식이라면 다발짓기는 유연하고 다양하게 아이디어를 조직하는 방식이다. 박영민 외(2016: 285-287)에서는 아이디어를 다양한 방향으로 생성하고 기록할 수 있으며 글의 장르나 형식, 목적에 따라 유연하게 사고를 정리할 수 있는 여러 가지 다발짓기 전략을 다음과 같이 제시하고 있다.

**다양한 다발짓기의 예(박영민 외, 2016: 286-287)**

① 일반적인 다발짓기

② 비교·대조에 유용한 다발짓기

| 대상 | 대상 1 | 대상 2 |
|---|---|---|
| 공통점 | | |
| 차이점 | | |

③ 분류·분석에 유용한 다발짓기

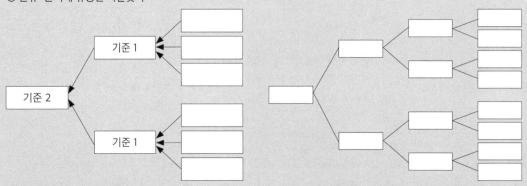

④ 원인·결과에 유용한 다발짓기

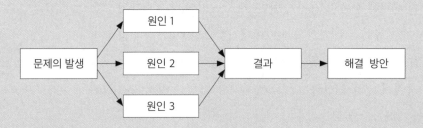

⑤ 시간 순서, 장소 이동에 유용한 다발짓기

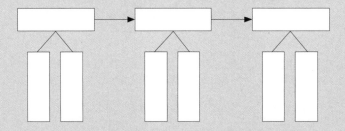

〈사례〉에서는 겪은 일을 중심으로 글을 쓰는 것이기 때문에 일반적인 형태의 '처음－가운데－끝'의 구조를 활용할 수 있으며, 글의 내용 구조에 따라 원인과 결과 구조, 시간 순서와 장소의 이동 구조를 활용할 수 있다. 이때 각 구조의 빈칸에 내용을 채우기보다는 내용의 이동이 용이하고 구조의 변형이 쉬운 접착식 메모지를 활용하면 효율적이다. 온라인 상황에서는 웹상의 마인드맵 도구를 활용할 수 있다.

# 6장

## 5~6학년군:
## 문학, '비유하는 표현 살펴보기'

이 장에서는 초등학교 문학 수업 지도안 사례를 살펴볼 것이다. 2015 개정 국어과 교육과정의 내용 체계 및 성취기준 진술 등에 근거하면, 초등학교급의 문학 영역 학습은 학습자들이 "문학에 대하여 친밀감과 흥미를 느끼도록 하는 데"에서 출발하여(1~2학년군), "작품으로 형상화된 세계를 포괄적으로 이해하며 감상하고 그 결과를 다양한 방법으로 표현하는 능력을 갖추는" 것으로 이어지고(3~4학년군), 나아가 "문학의 수용과 생산 활동을 통해 자아를 성찰함으로써 문학이 개인의 성장을 돕는 자양분이 된다는 점을 경험"하도록(5~6학년군) 체계화되어 있음을 알 수 있다. 개별 수업 지도안에 대한 분석은 학교급-학년군 단위에서 설정되어 있는 이러한 맥락을 충분히 고려하여 이루어질 필요가 있다.

여기서 분석의 대상으로 삼은 〈사례〉는 초등학교 5~6학년군 성취기준 중 "[6국05-03] 비유적 표현의 특성과 효과를 살려 생각과 느낌을 다양하게 표현한다."를 중심으로 교육 내용 및 활동을 구성한 지도안이다. 초등학교급에서 '비유적 표현'을 교육 내용으로 다룰 때에는 '비유'라는 교과 개념을 '개념적 지식'의 형태로 전달하는 것이 아니라, '비유적 표현'을 활용한 다양한 활동을 통해 그 효용을 직접 경험할 수 있도록 지도하는 것이 바람직하다. 〈사례〉는 이 점을 고려하여 성취기준 "[6국05-01] 문학은 가치 있는 내용을 언어로 표현하여 아름다움을 느끼게 하는 활동임을 이해하고 문학 활동을 한다."와 연계하는 방식을 취한 것으로 보인다.

활동 중심으로 수업을 설계할 때에는 우선 학습자들이 주체적이고 능동적으로 활동에 참여할 수 있도록 하는 다양한 교육적 상호작용의 요소들이 지도안에서 확인되는지를 살펴보아야 한다. 또한 학생들이 수행하는 활동이 단지 '활동을 위한 활동'에 머무르지 않도록 학습 목표의 도달 여부 등을 분명하게 확인할 필요가 있다. 더불어 학습자들이 활동을 수행하는 과정에서 교과 지식에 대한 오개념을 형성하게 될 가능성은 없는지, 이후에 학습할 내용과 어떻게 연결되는지를 다면적으로 검토해 보아야 한다. 그러나 〈사례〉는 학생이 비유하는 표현을 파악하고 그 효과를 이해하기 위하여 교사의 질문에 답변을 하는 수준의 활동에 머무르고 있어 이를 엄밀한 의미에서의 활동 중심 수업이라 말하기 어려워 보인다. 따라서 교육과정의 성취기준 등을 고려하여 〈사례〉의 세부 내용을 검토하고, 적절한 활동을 포함하여 수정하기 위해서는 다음 사항에 대해 고려하여야 한다.

- 학습자들의 주체적이고 능동적인 활동을 이끌어낼 수 있는 교육적 상호작용
- 학습 목표와 본 차시 교수·학습 활동의 연계성

# 수업 지도안 〈사례 6〉

| 교과 | 국어 | 일시 | 20○○.○.○.(목) | 대상 및 장소 | 교실 | 교사 | ○○○(인) |
|------|------|------|------|------|------|------|------|
| 학습 주제 | 비유하는 표현 살펴보기 | 단원<br>(차시, 쪽수) | | 1단원 비유하는 표현<br>(1차시, 교과서 30~35쪽) | | | |
| 성취기준 | [6국05-03] 비유적 표현의 특성과 효과를 살려 생각과 느낌을 다양하게 표현한다.<br>[6국05-01] 문학은 가치 있는 내용을 언어로 표현하여 아름다움을 느끼게 하는 활동임을 이해하고 문학 활동을 한다. | | | | | | |
| 학습 목표 | 비유하는 표현을 살펴볼 수 있다. | | | | | | |
| 수업 모형 | 반응 중심 학습 모형 | 학습 형태 | | 전체, 개인 | | | |
| 학습 자료 | PPT, 교과서 | 핵심(교과) 역량 | | 문화 향유 역량 | | | |

| 학습 단계 | 학습 요소 | 교수·학습 활동 | 시간<br>/누계 | 자료(재) 및<br>유의점(유) |
|------|------|------|------|------|
| 도입 | 동기 유발 | ○ **동요 〈사과 같은 내 얼굴〉을 통해 비유 표현 알기**<br><br><u>사과</u> 같은 내 얼굴 예쁘기도 하구나<br>눈도 반짝 코도 반짝 입도 <u>반짝 반짝</u><br><u>오이</u> 같은 내 얼굴 길기도 하구나<br>눈도 길쭉 귀도 길쭉 코도 <u>길쭉 길쭉</u><br><u>호박</u> 같은 내 얼굴 우습기도 하구나<br>눈도 둥글 귀도 둥글 입도 <u>둥글 둥글</u> | 4′ | 재PPT |

| 도입 | 동기 유발 | ■ 〈사과 같은 내 얼굴〉의 가사를 살펴본다. | | |
|---|---|---|---|---|
| | | - 얼굴을 무엇 같다고 했나요? | | |
| | | - 왜 사과 같다고 표현했을까요? | | |
| | | - 사과와 얼굴의 공통점은 무엇일까요? | | |
| | | - 오이와 호박은 왜 이렇게 표현했을까요? | | |
| | | ■ 비유하는 표현의 의미를 알아본다. | | ㈜비유하는 표현과 그 대상에는 공통점이 있다는 것을 알려 주고 〈사과 같은 내 얼굴〉 가사의 비유 표현에서 공통점이 무엇이 있는지 찾아보도록 한다. |
| | | - 어떤 현상이나 사물을 비슷한 현상이나 사물에 빗대어 표현하는 것을 '비유하는 표현'이라고 한다. | | |
| | | - 비유하는 표현은 한 대상을 다른 대상에 빗대어 표현하므로 두 대상 사이에 공통점이 있다. | | |
| | 학습 목표 확인 | ○ **학습 목표 확인하기** | 30˝ | |
| | | 비유하는 표현을 살펴볼 수 있다. | | ㈜PPT |
| | 활동 안내 | ○ **활동 살펴보기** | 30˝ | |
| | | [활동 1] 그림책을 읽으며 비유하는 표현 살펴보기 | | |
| | | [활동 2] 비유하는 표현의 좋은 점 알기 | | ㈜PPT |
| 전개 | 활동 1 | **[활동 1] 그림책을 읽으며 비유하는 표현 살펴보기** | 15´ | ㈜PPT |
| | | ○ **그림책의 내용만 보고 제목 맞히기** | | ㈜학생들이 제목 유추를 어려워할 경우 첫째 줄을 참고할 수 있도록 지도한다. |
| | | ■ 〈뻥튀기〉 그림책의 내용을 먼저 읽고, 제목이 무엇일지 유추한다. | | |
| | | - 제목은 무엇일까요? | | |
| | | - 왜 그렇게 생각했나요? | | |
| | | ■ 시의 내용을 떠올리며 그림을 살펴본다. | | ㈜학생들이 내용을 통해 제목을 유추하도록 하기 위해 교과서를 덮어 놓도록 지도한다. |
| | | - 그림에 무엇이 있나요? | | |
| | | - 무엇을 하는 상황 같나요? | | |
| | | ■ 제목을 생각하며 시를 다시 읽어 본다. | | |

| 전개 | 활동 1 | ○ 〈뻥튀기〉 시에 드러난 비유 표현 찾아보기<br>■ 〈뻥튀기〉에 나오는 비유하는 표현을 동그라미 친다.<br>- 동그라미 친 부분의 공통점은 무엇일까요? (무언가가 사방으로 떨어지는 모습이다.)<br>- 이 모습들을 그림으로 그려 본다.<br>- 동그라미 친 부분은 무엇을 비유한 표현일까요? (뻥튀기가 사방으로 날리는 모양)<br>- 뻥튀기 냄새를 무엇으로 표현했나요? (메밀꽃 냄새, 새우 냄새, 멍멍이 냄새, 옥수수 냄새)<br>- 이것들의 공통점은 무엇인가요? (냄새가 고소하고 달콤하다.) | | ㈜뻥튀기를 잘 모를 수 있는 학생들을 위해 뻥튀기 만드는 동영상을 보여 준다. |
| | 활동 2 | [활동 2] 비유하는 표현의 좋은 점 알기<br>○ 광고에 사용된 비유 표현 살펴보기<br>■ 비유 표현을 사용한 포스터와 아닌 포스터를 비교한다.<br>- 왼쪽 포스터는 어떤 의미를 전달하고 있을까요? (음식물을 남기지 말자.)<br>- 오른쪽 포스터는 어떤 의미를 전달하고 있을까요? (음식물을 남기지 말자.)<br>- 비유 표현을 어떻게 사용했나요? (음식물을 돈에 빗대었다.)<br>- 두 포스터 중 어떤 포스터를 봤을 때, 더 아까운 느낌이 드나요? (비유 표현을 사용한 포스터)<br><br>■ 일회용 페트병 뚜껑을 비틀어 여는 포스터<br>- 이 포스터에는 무엇이 보이나요? (펭귄이 그려진 페트병)<br>- 이 포스터는 어떤 의미를 전달하고 있을까요? (일회용품을 사용하지 말자.)<br>- 어떻게 비유 표현을 사용했나요? (일회용 페트병 뚜껑을 비틀어 여는 것을 동물 목을 비트는 것에 비유했다.)<br><br>■ 천연기념물 포스터<br>- 이 포스터에는 무엇이 보이나요? (물컵에 담긴 천연기념물들과 물)<br>- 이 포스터는 어떤 의미를 전달하고 있을까요? (물을 아껴 쓰자.)<br><br>■ 비유 표현을 사용했을 때의 느낌을 말해 본다.<br>- 공감이 잘 되고 더 재미있게 느껴진다.<br>- 상황이 실감 나게 느껴진다. 등 | 14′ | ㉯PPT |

| 마무리 | 정리 활동 | ○ **자신을 비유해 표현하기**<br>■ 자신과 공통점을 가진 사물을 찾아보고 비유 표현을 쓴다.<br>– 비유 표현을 친구들에게 발표한다.<br>– 발표자와 비유 대상의 공통점을 찾아본다. | 5´ | 자PPT<br>유교사가 예시를 들어 주어 학생들의 이해를 돕는다. |
| | 차시 예고 | ○ **차시 예고: 비유하는 표현을 생각하며 시 읽기** | 1´ | |

## ※ 평가 계획

| 평가 내용 | 평가 기준 | 평가 척도 | 평가 시기 | 평가 방법 |
|---|---|---|---|---|
| 그림책에서 비유하는 표현을 찾을 수 있고 비유하는 표현을 활용해 자신을 표현할 수 있다. | 그림책에서 비유하는 표현을 찾을 수 있고 비유하는 표현을 활용해 자신을 표현할 수 있다. | 상 | 수업 중 | 관찰 평가 |
| | 그림책에서 비유하는 표현을 찾을 수 있지만 비유하는 표현을 활용해 자신을 표현하는 데에 어려움을 느낀다. | 중 | | |
| | 그림책에서 비유하는 표현을 찾을 수 없고 비유하는 표현을 활용해 자신을 표현하는 데에 어려움을 느낀다. | 하 | | |

# 2

## 지도안 검토하기

### 1) 수업 지도안의 전반부 검토

#### (1) 본 차시 학습 목표

| | |
|---|---|
| 학습 목표 | • 교육과정의 성취기준에 근거하여 학습 목표가 설정되었는가? |
| | - 성취기준 및 교사용 지도서 등을 참고하여 학습 목표를 설정한 점은 적절하다.<br>- 학습 목표의 행동 목표 진술 내용이 모호하다.<br>- 성취기준의 진술 내용을 고려하여 학습 목표를 구체화할 필요가 있다. |
| 형식 | • 지도안의 항목이 체계적으로 구성되어 있는가?<br>　- 지도안의 항목 중에 불필요한 요소가 포함되어 있지는 않은가?<br>• 지도안의 항목에 맞게 하위 내용을 기술하였는가? |
| | - 지도안 항목 가운데 학습 주제, 학습 형태 등의 항목은 삭제 가능해 보인다.<br>- '학습 요소' 항목은 하위 내용을 적절히 포괄하지 못하는 것으로 보인다.<br>- 수업 모형이 학습 목표, 학습 단계 및 학습 내용과 부합하지 않는다. |

〈사례〉는 교과서 해당 단원의 관련 성취기준, 교사용 지도서 등을 두루 참고하여 본 차시 학습 목표를 설정한 것으로 보인다. 이를 통해 도출한 본 차시 학습 목표는 "비유하는 표현을 살펴볼 수 있다."이다. 성취기준에 부합하도록 비유하는 표현에 초점을 맞춘 것은 적절하다. 그러나 '~살펴볼 수 있다.'라는 평가 목표 진술은 교사용 지도서에서 제시한 내용을 그대로 인용한 것이기는 하지만, 수업 후 기대되는 학생 행동의 특성이 무엇인지를 파악하기에 지나치게 포괄적이어서 수정할 필요가 있어

보인다. 맥락상 이 진술을 '비유적 표현'에 대한 인지 능력의 향상을 의도하고 있는 것으로 읽을 수는 있다. 그런데 이 진술은 '비유하는 표현'의 <u>무엇에 초점을 맞추어 어떻게 살펴보자는 것인지</u>가 모두 불분명하여 본 차시 수업의 목표와 방향성을 명료하게 드러내는 것으로 보이지 않는다. 개별 수업 학습 목표 설정의 근간이 되는 교육과정 성취기준의 진술 내용과 비교해 보면 이러한 점이 보다 분명해진다. 관련된 성취기준 [6국05-03]은 "비유적 표현의 특성과 효과"에 초점을 맞추고 있고, 행동 목표 역시 "생각과 느낌을 다양하게 표현"하는 데 초점을 맞추고 있어, 본 차시 학습 목표보다 진술 내용이 구체적이고 수업의 방향성도 상대적으로 뚜렷하게 드러남을 알 수 있다.

일반적으로 성취기준은 대단원 수준의 학습 목표와 긴밀하게 연결되며, 개별 수업의 학습 목표는 소단원 단위에서 설정되는 경우가 많다. 따라서 개별 수업의 학습 목표는 성취기준 및 대단원 학습 목표와의 연계성을 고려하는 한편, 그 내용을 보다 세분화·상세화하는 방식으로 진술될 필요가 있다. 이러한 점들을 생각해 본다면 본 차시 학습 목표는 교육 내용의 측면에서 '비유적 표현'의 특성 및 효과를 다룬다는 것을 드러내는 형태로 수정되어야 하며 향후 '표현' 활동으로 이어지게 될 것임을 고려하여 행동 목표 진술을 구체화할 필요가 있다.

🙂➕**도움말** --------------------------------------------------------

• 본 차시 학습 목표는 대단원 학습 목표와의 연계성을 고려하여 설정한다.

--------------------------------------------------------

현재 〈사례〉에는 '학습 주제'라는 별도의 항목을 두고 "비유하는 표현 살펴보기"라고 세부 내용을 적고 있다. 이는 교과서 대단원 표지에 약식으로 표기된 내용을 그대로 옮긴 것이고 현재 학습 목표의 진술 내용과도 큰 차이가 없어 굳이 지도안의 내용으로 포함되어야 할 까닭이 없어 보인다. 수정 과정에서 학습 목표의 진술이 상세화, 구체화될 것임을 고려하더라도 별도의 항목으로 둘 정도의 가치를 확보하기는 어려울 듯하다. '학습 형태' 항목 역시 '전체, 개인'과 같이 나열식으로 기술할 경우 이것이 무엇을 의미하는지, 이러한 정보를 어떻게 활용할 수 있을지를 가늠하기 어렵다. 일반적으로 수업은 학급 전체를 대상으로 하는 것이므로, '개인' 학습 등 특별한 학습 방식이 필요한 경우에 한정하여 '자료 및 유의점' 항목에 간략하게 표시하는 것이 보다 효

율적이며 활용도도 높을 것으로 보인다. 교수·학습 활동의 범위가 전체에서 개인으로 또는 개인에서 전체로 달라지는 수업의 큰 흐름을 나타내려 한 것이라면, 그러한 정보가 드러날 수 있게 표현하는 방식을 다시 고민하여야 한다.

또, 〈사례〉의 '학습 요소' 항목의 경우, 항목명만으로는 '학습자가 학습해야 할 요소', 다시 말해 수업에서 중요하게 다루어져야 할 학습 내용을 의미하는 것으로 받아들여지기 쉬운데, 현재 기술된 내용은 도입 – 전개 – 마무리로 설정되어 있는 '학습 단계'의 하위 학습 단계를 의미하는 것으로 이해된다. 실제 세부 내용에 맞게 항목명을 수정하거나 재구성할 필요가 있어 보이는데 현재로서는 학습 단계와 통합하여 구조화하는 것이 가장 적절한 방안으로 판단된다.

더불어 〈사례〉는 '수업 모형'으로 '반응 중심 학습 모형'을 사용하였다 밝히고 있는데, 현재 학습 단계는 도입 – 전개 – 마무리로 구분되어 있어 수업 모형과 무관하게 학습 단계가 설정되어 있는 것으로 보인다. 반응 중심 학습 모형은 일반적으로 '반응 준비하기 – 반응 형성하기 – 반응 명료화하기 – 반응 심화하기'의 단계를 거치므로(최미숙 외, 2016: 105-107) 이를 수업 모형으로 활용할 경우 이에 맞추어 교수·학습 활동을 재구조화하여야 할 것이다. 다만 본 차시 수업은 문학 작품에서 촉발되는 다양한 반응이 아니라, '비유하는 표현'의 의미를 이해하고 이를 활용하는 것에 초점을 맞추고 있으므로 반응 중심 학습 모형을 활용하기보다는 현재의 일반적인 학습 단계를 유지하는 것이 더 적절해 보인다. 단 일반적으로 도입, 전개의 다음 과정은 '마무리'보다는 '정리'라고 하는 경우가 많기 때문에, 이와 같이 수정하는 것이 바람직하다.

## 2) 교수·학습 단계별 검토

### (1) 교수·학습 단계 – 도입

| 학습 내용 | • 학습 내용상의 오류는 없는가?<br>• 학습 내용의 흐름이 자연스러운가? |
|---|---|
| | - '비유하는 표현'의 정의와 관련하여 일관되지 않은 서술이 확인된다.<br>- 1단원 1차시, 도입부에서 '비유하는 표현'의 정의가 직접적으로 전달되고 있다. |

| 교수·학습<br>자료 및<br>환경 | • 학습 목표, 학습 내용, 교수·학습 방법, 학습자를 적절히 고려하여 교재를 선정/구성/<br>재구성하였는가? |
| --- | --- |
| | - 도입부에서 활용한 제재의 경우, 이해하기 쉬우며 학습자의 흥미를 불러일으킬 수 있<br>으나 그 내용이 교육적으로 부적절하다. |
| 교수·학습<br>방법 | • 교사와 학생 간, 학생과 학생 간 상호작용이 적절히 일어날 수 있도록 지도안을 작성<br>하였는가? |
| | - 지도안에 예시로 제시된 교사의 발문 내용 중 어색한 표현이 확인된다. |

〈사례〉에서 중요하게 다루어지는 교과 개념은 '비유하는 표현(비유적 표현)'이다. 이와 관련하여 도입부에서는 '비유하는 표현'의 정의를 제시하여 학습자들의 이해를 돕고자 한 것으로 보인다. 그런데 지도안에 서술된 내용에 일부 차이가 있어 조정이 필요하다. 지도안의 '교수·학습 활동'에서는 '비유하는 표현'에 대해 "한 대상을 다른 대상에 빗대어 표현하므로 두 대상 사이에 공통점이 있다."라고 서술하였다. 반면 '자료 및 유의점'에서는 "비유하는 표현과 그 대상에는 공통점이 있다는 것을 알려 주고"라 하여, 표현과 대상 사이에 공통점이 있다고 서술하고 있다. '비유'의 사전적 의미가 "어떤 현상이나 사물을 직접 설명하지 아니하고 다른 비슷한 현상이나 사물에 빗대어서 설명하는 일"이라는 점에 근거하여 보면, 둘 중 전자가 보다 적합한 서술로 판단되므로, '자료 및 유의점'의 서술 내용을 수정하여야 한다.

한편으로 엄밀한 의미에서 '비유하는 표현'이 반드시 '공통점'에만 근거하는 것은 아니라는 점도 고려해 볼 필요가 있다. 문학 작품의 표현 중에는 '비유하는 표현'에 속하지만 공통점보다 오히려 차이점이 부각되는 경우도 적지 않기 때문이다(김준오, 2005: 183-190). 물론 학습자의 발달 단계 및 교육 내용의 위계 등을 종합적으로 고려할 때, '비유'라는 개념을 처음으로 학습하는 초등학교 6학년을 대상으로 하는 국어 수업에서 이러한 내용까지 다룰 필요는 없으며, 따라서 〈사례〉와 같이 설명하는 것이 꼭 부적절한 것만은 아니다. 단 이렇게 학습자의 수준을 고려하여 교과 전문 지식을 재구성하는 경우에도 교사는 관련 개념의 정확한 의미를 알고 있어야 하며, 학습자들에게 교과 전문 지식과 관련된 오개념이 생성되지 않도록 각별히 주의할 필요가 있다.[▶국어 교육 이론]

덧붙여 교과 내 개념 정의와 완전히 부합하지 않는 '개념적 지식'을 이와 같이 직접적으로 전달할 필요가 있는지에 대해서 논의해 볼 여지가 있다. 보다 근본적으로는 수업의 도입부에서 개념적 지식을 이와 같이 직접적으로 제시하는 것이 초등학교급에서 유용한 방법인지를 검토해 보아야 한다. 관련하여 초등학교 5~6학년군의 교수·학습 방법 및 유의 사항에서는 "개념적 지식은 가급적 배제하고"라 하여, 지식의 직접적 전달을 지양하도록 명시하고 있음이 확인된다. 이는 학습자의 발달 단계를 고려한 것이기도 하지만, 한편으로는 정확하지 않은 개념적 지식을 전달하는 과정에서 생성될 수 있는 다양한 오개념을 경계하는 것이기도 하다.

그렇다고 하여 개념적 지식을 수업에서 완전히 배제할 경우, 교과 전문 지식이 오히려 불분명하고 모호한 내용으로 전달될 가능성이 높다. 개념적 지식은 해당 개념에 대한 가장 정교한 표현을 담고 있어, 학습자가 지금 자신이 배우고 있는 것이 무엇인지를 명료하게 인식할 수 있는 수단으로서 유용하다. 실제로 개념적 지식을 배제하고 수업 지도안을 작성하려 하면, 비교적 간명하게 전달될 수 있는 내용도 마치 수수께끼 놀이를 하듯이 교사와 학생 간의 비효율적인 상호작용을 길게 이어 가야 하는 경우가 생긴다. 따라서 교육과정에 언급된 "개념적 지식은 가급적 배제하고"라는 말은, 완전히 배제하라는 의미가 아닌, 꼭 필요한 부분으로 한정하라는 의미로 해석하는 것이 적절하다. 가장 이상적인 형태는 여러 활동을 수행하는 중에 '비유하는 표현'에 대한 개념적 지식이 학습자의 의식 속에서 자연스럽게 형성되도록 하는 것이나, 한정된 시간 안에 효율적으로 교수·학습이 이루어져야 하는 교육 현장의 조건을 고려하여 본다면, 개념적 지식의 사용은 어느 정도 불가피한 측면이 있다. 단 효율성을 고려하여 수업에서 개념적 지식을 활용하였다 하더라도, 이를 직접적인 평가의 대상으로 삼는 것은 지양할 필요가 있다. 이러한 평가 방식은 교육 주체들이 반성적으로 극복하려 하였던 '지식 중심 문학 교육'의 해묵은 문제들을 다시 소환할 가능성이 높기 때문이다.[▶국어 교육 이론]

😊⁺**도움말** --------------------------------------------------------------

• 개념적 지식의 활용은 수업의 효율성 등을 고려하여 최소한으로 활용하되, 직접적 평가 요소로 삼는 것은 지양한다.

--------------------------------------------------------------

〈사례〉는 학습자들의 흥미를 불러일으키고 학습 동기를 유발하기 위해, 널리 알려진 동요 〈사과 같은 내 얼굴〉을 활용하였다. '사과 같은', '오이 같은', '호박 같은' 등의 비유적 표현을 이해하면서 자연스럽게 학습 목표로 이어지는 흐름을 만들어 내려한 것으로 보인다. 직유와 같이 이해하기 쉬운 비유를 통해 학습 목표로 연결 짓는 것은 내용의 난도 측면에서, 또 학습자의 흥미 유발 차원에서 긍정적으로 평가할 요소가 있다.

그런데 이 동요의 가사는 관점에 따라 외모지상주의로 이해될 수 있는 여지가 있어 교육적으로 부적절하다. "오이 같은 내 얼굴 길기도 하구나"나, "호박 같은 내 얼굴 우습기도 하구나" 등은 외모 비하로 읽힐 여지가 다분하다. "사과 같은 내 얼굴 예쁘기도 하구나"의 경우는 긍정적 진술의 형식을 취하고 있어 무해한 것으로 여겨질 수있지만 외모에 우선적인 가치를 두고 있다는 점에서 역시 외모지상주의의 맥락으로 편입될 가능성이 높다. 물론 관점에 따라 다르게 해석될 여지가 있기 때문에 이 동요가 반드시 외모지상주의의 메시지로만 이해되어야 하는 것은 아니나, 반대로 이러한 위험성을 감수하면서도 반드시 수업에서 활용해야 할 교육적 가치가 있는 것도 아니다. 따라서 비유적 표현이 도드라지게 나타나는 다른 작품이나 다른 활동으로 대체하는 것이 적절해 보인다.

그 밖에 지도안에서 예시로 주어진 교사의 발문 가운데 "오이와 호박은 왜 이렇게 표현했을까요?"는 주어와 서술어의 호응이 깨진 비문이며, '왜', '이렇게' 등에 대응되는 학생의 답변이 무엇인지를 떠올리기 어렵다는 점에서 수정이 필요해 보인다. 수업 지도안을 설계하는 과정에서 교사의 발문에 대한 적절한 답변이 무엇인지를 예상해 보고 이를 이끌어 낼 수 있는 방향으로 발문을 수정한다면, 실제 수업에서 교육적 의사소통을 자연스럽게 이어 가는 데 도움을 줄 수 있다.

😊➕ **도움말** --------------------------------------------------------------

- 학생의 예상 답변을 떠올려 보는 것은 교사의 발문을 정교화하고, 교육적 의사소통을 자연스럽게 하는 데 유용하다.

----------------------------------------------------------------------------

## (2) 교수·학습 단계 – 전개 – 활동 1

| 교수·학습<br>방법 | • 교사와 학생 간, 학생과 학생 간 상호작용이 적절히 일어날 수 있도록 지도안을 작성하였는가? |
|---|---|
| | - 활동의 주체가 누구인지 명확하지 않다.<br>- 교사의 발문이 보다 정교화될 필요가 있다.<br>- 교사의 발문에 대한 학생의 예상 답변이 자연스럽지 않다. |
| 교수·학습<br>자료 및<br>환경 | • 교재와 매체 자료의 활용 방식이 적절한가? |
| | - 지도안에서 활용하고자 하는 '자료'의 성격을 파악하기 어렵다.<br>- 내용 제시 과정에서 '자료'의 활용 방식을 구체적으로 서술하여야 한다. |

〈사례〉에서 전개 단계의 '활동 1'은 두 가지 세부 활동으로 구성되어 있다. 첫 번째 세부 활동은 그림책의 내용만 읽고 제목을 맞히는 것이고, 두 번째 세부 활동은 작품에 드러난 비유 표현을 찾아보는 것이다. 학습자들은 '제목 맞히기' 활동을 통해 '비유하는 표현'의 원관념이 '뻥튀기'라는 것을 파악하고, 이후 '비유 표현 찾아보기' 활동을 통해 여러 '비유 표현'의 특성을 파악하게 된다. 그런데 이 활동들과 관련하여 지도안의 '학습 자료' 항목에는 포함되지 않은 '그림책'을 언급하고 있어 수업 장면을 구체적으로 이해하는 데 어려움을 준다. 이 역시 교사용 지도서의 내용을 그대로 옮겨 오는 과정에서 발생한 문제로 판단된다. '교수·학습 활동' 내용을 검토해 보면, 수업에서 활용되고 있는 작품 〈뻥튀기〉는 해당 대단원의 준비 학습 제재로 교과서에 수록되어 있는 작품이며, 그림 역시 교과서에 함께 수록된 삽화 수준 이상을 다루고 있지 않는 것으로 보인다. 만약 지도안에 언급된 '그림책'이 교과서에 수록된 작품 및 삽화의 원 출전 자료를 말하는 것이거나, 원 출전 자료 혹은 교과서 내용을 다른 형식으로 재구성한 자료라면 이를 명확하게 밝힐 필요가 있다.

그리고 지도안에서는 '제목 맞히기' 활동을 위해서 학생들에게 우선 작품의 내용만 제시하겠다고 하였는데, 내용을 제시하는 방식이 무엇인지를 확인하기 어렵다. 제목을 가린 '그림책'을 제시하는 것인지, 아니면 별도의 '학습 활동지'나 PPT 자료 등으로 제시하는 것인지가 현재 지도안의 서술만으로는 불확실하다. 실제로 수업에 활용하고자 하는 자료가 무엇이며, 어떻게 활용할 계획인지를 보다 분명히 밝혀 놓을 필요가 있다.

활동에 대한 진술들도 보다 정교하게 다듬어져야 한다. 현재 〈사례〉는 교사와 학생의 활동을 구분하지 않고 진술하고 있는데, 이로 인해 활동의 주체가 누구인지 혼란스럽게 느껴지는 경우가 있다.

---

○ 〈뻥튀기〉 시에 드러난 비유 표현 찾아보기
■ 〈뻥튀기〉에 나오는 비유하는 표현을 동그라미 친다.
- 동그라미 친 부분의 공통점은 무엇일까요? (무언가가 사방으로 떨어지는 모습이다.)

---

인용된 부분에서 "〈뻥튀기〉에 나오는 비유하는 표현을 동그라미 친다."의 주체가 교사인지 학생인지 불분명하다. 학생들이 비유적인 표현을 찾는 것으로도 읽히고, 비유적인 표현의 공통점을 묻기 위해 교사가 해당 부분을 강조하는 것으로도 읽힌다. 이어지는 하위 항목의 서술 내용을 살펴보면, 이 활동은 단순히 표현을 찾아 동그라미 치는 것만이 아니라 비유적 표현의 내용에 대해서도 질문과 답변을 주고받는 것으로 되어 있어 상위 항목의 서술이 하위 항목의 서술을 포괄하고 있지 못하다. 추가 항목으로 '~비유하는 표현의 특성 이해하기' 등을 두고, 교사와 학생의 문답 내용은 해당 항목의 하위로 배치하는 것이 적절하다.

그리고 지도안의 내용 중, 교사의 발문과 학생의 답변이 자연스럽지 않게 느껴지는 부분이 있어 수정이 필요하다. 대표적으로 위에 인용된 부분을 다시 살펴보면 "무언가가 사방으로 떨어지는 모습이다."라는 답변은 "나비가 날아갑니다."라는 표현을 포괄하기 어려워 보인다. 관련하여 교과서에서는 이에 대응되는 내용을 "뻥튀기가 사방으로 날리는 모양"이라 서술하고 있다. 이 둘을 비교하였을 때 제목 맞히기 활동에서 이미 원관념이 '뻥튀기'임을 확인하고 공유하였는데 여기서 왜 굳이 '무언가'라 하는 것인지, 교과서의 '날리는'을 왜 '떨어지는'과 같이 바꾸어 서술하였는지 등에 대해 타당한 설명을 찾아보기 어렵다. 교과서 내용을 의도적으로 변용하거나 재구성한 것이 아니라면 여기서는 교과서의 서술을 따르는 것이 더 적절해 보인다.

🔲⁺ 도움말 --------------------------------------------------------

• 교재 내용을 변용하거나 재구성할 경우, 필요성을 고려하여 적절하게 수정하여야 한다.

--------------------------------------------------------

아래와 같은 질문과 답변도 작위적인 느낌을 주며, 학습 목표와도 맞지 않아 수정이 필요해 보인다.

> - 뻥튀기 냄새를 무엇으로 표현했나요? (메밀꽃 냄새, 새우 냄새, 멍멍이 냄새, 옥수수 냄새)
> - 이것들의 공통점은 무엇인가요? (냄새가 고소하고 달콤하다.)

〈뻥튀기〉의 1-3연은 뻥튀기가 사방으로 날리는 모양을 비유적으로 표현하였고, 4-6연은 뻥튀기의 냄새를 비유적으로 표현하였다. 위에 인용한 교사의 질문은 이 가운데 4-6연의 내용 이해를 돕기 위한 것으로 보인다. 그런데 여기서 '메밀꽃 냄새', '새우 냄새', '멍멍이 냄새', '옥수수 냄새'의 공통점을 '달콤하다'라고 서술하는 것은 그 의미를 일상의 의미보다 넓게 해석하여 보더라도 부자연스럽다. 또, 여기서 말하는 뻥튀기가 '옥수수'로 만들어지는 것임을 고려하여 보았을 때, 뻥튀기 냄새를 옥수수 냄새로 표현하는 것이 비유하는 표현으로 적절한지를 검토해 보아야 한다. 이는 '다른 비슷한 현상이나 사물에 빗대어서 설명한 사례'라기보다는, 대상을 직접 설명하는 것에 가까워 보인다. 학습 목표와의 관련성을 생각해 보면 보조관념들의 공통점을 묻는 것 자체가 부적절해 보일 수 있다. 비유하는 표현은 원관념과 보조관념 사이의 유사성을 바탕으로 성립하는 것이지, 보조관념 사이의 유사성을 바탕으로 성립하는 것이 아니기 때문이다.

### [3] 교수·학습 단계 - 전개 - 활동 2

| 교수·학습 방법 | • 학습 목표 달성에 적합한 활동을 구성하였는가? |
|---|---|
| | - 교과서의 단원은 언어적 표현에 초점을 맞추어 구성되었는데, 이 활동은 시각적 자료 해석에 초점을 맞추어 구성되어 있다. |
| 교수·학습 자료 및 환경 | • 교재와 매체 자료의 활용 방식이 적절한가? |
| | - 자료의 구체적인 내용이 무엇인지를 지도안에서 확인할 수 없다.<br>- 교과서에서 제공되지 않은 다양한 매체를 활용하는 것은 적절한 측면이 있다.<br>- 활동 목적에 비추어 보았을 때 자료의 활용 방식이 적절하지 않다.<br>- 매체 자료 중 일부 내용은 교육적으로 부적절해 보인다. |

'활동 2'에는 출처를 알 수 없는 여러 자료들이 활용되고 있는데, 지도안에서는 단순히 PPT 자료라고만 되어 있을 뿐 실제 내용을 확인할 수가 없어서 자료의 타당성을 정교하게 판단하기 어렵다. 지도안 뒤에 실제 자료를 첨부하는 것이 가장 바람직하겠지만, 분량 등 다른 이유로 어려운 상황이라면 '자료 및 유의점' 항목에라도 자료의 주요 특징을 기술할 필요가 있다.

'활동 2'는 비유하는 표현을 사용하였을 때의 장점이 무엇인지를 알아보는 활동이다. 여기서는 우선 다양한 매체 자료들을 추가로 활용하고 있는 것에 주목해 볼 필요가 있다. 이와 같이 교과서 바깥에서 다양한 매체 자료를 가져오는 것은 학습자들의 흥미를 끌 수 있다는 점에서, 그리고 실생활과 밀접하게 연결되어 있는 자료를 통해서 수업을 구성할 수 있다는 점에서 적절한 측면이 있다.

'활동 2'는 먼저 '음식물을 남기지 말자'라는 메시지를 전달하는 두 개의 포스터를 통해 학습 목표 도달을 위해 비유 표현을 사용한 경우와 그렇지 않은 경우를 비교하여, 동일한 메시지를 전달할 때 비유적인 표현을 사용하는 것이 보다 효과적임을 알 수 있도록 하였다. 그런데 또 다른 자료인 '일회용 페트병 뚜껑을 비틀어 여는 포스터'나 '천연기념물 포스터'에는 비유 표현이 사용되지 않았으면서 동일한 메시지를 전달하는 비교 대상이 함께 제시되지 않았다. 따라서 이 자료들에 대해서는 그 의미가 무엇인지를 이해하거나, 여기서 비유 표현이 어떻게 사용되었는지를 단순히 확인하는 활동만 이루어지고 비유하는 표현의 '좋은 점'이 무엇인지를 이해하는 활동은 이루어지지 못했다. '활동 2'에 총 14분의 시간이 배정되었고, 4종의 시각 자료(포스터)가 제시되었는데, 그중 2종의 자료와 관련된 활동에서는 '좋은 점'이 전혀 언급되지 않았다. 그러다 보니 활동을 정리하는 단계에 제시되는 "공감이 잘 되고 더 재미있게 느껴진다."던가, "상황이 실감 나게 느껴진다."는 진술이 설득력 있는 것으로 받아들여지지 않는다. '활동 2'의 목적에 맞게 세부 내용을 수정할 필요가 있다.

다음으로 '활동 2'에서 '비유하는 표현'의 함의가 달라지고 있는 듯하여 검토가 필요해 보인다. 교과서에서 〈사례〉에 대응되는 단원을 살펴보면, 〈뻥튀기〉, 〈봄비〉, 〈풀잎과 바람〉 등 동시 세 편을 제재로 활용하였고, 제재에서 비롯되는 모든 활동이 '언어적 표현'에 초점을 맞추고 있는 것이 확인된다. 반면 이를 재구성한 〈사례〉의 '활동 2'는 광고 포스터를 제재로 삼아 '비유하는 표현'의 범위를 보다 넓게 설정하고, '시각적 표현'에서 활용된 '비유'의 의미까지를 이 수업에서 함께 다루려 한 것으로 보인다. 그러다 보니 '표현', '비유' 등의 의미가 모두 다르게 이해되어 혼란을 준다.

제시된 자료 가운데 '일회용 페트병 뚜껑을 비틀어 여는 포스터'는 "일회용 페트병 뚜껑을 비틀어 여는 것을 동물 목을 비트는 것에 비유"한 것으로 설명되고 있다. 환경보호의 중요성을 강조하고자 하는 포스터의 취지에는 충분히 공감할 수 있으나 그렇다고 하더라도 초등학교 6학년 수업에서 자료로 제시하기에는 그 발상과 연출이 지나치게 폭력적이고 잔혹한 것으로 읽힌다. 필수적인 자료가 아니라면 다른 자료로 대체하는 방안을 고민해 볼 필요가 있다.

그 밖에 발문의 적절성과 관련하여 "두 포스터 중 어떤 포스터를 봤을 때, 더 아까운 느낌이 드나요?"의 경우, 지도안 작성자가 의도한 답변을 실제로 이끌어 낼 수 있을지에 대해 다소 의구심이 든다. 비유적 표현을 사용하였다고 하여서 반드시 '더 아까운 느낌'을 주는 것은 아니며, 특정한 맥락에서는 직설적인 표현을 사용하는 것이 더 강력하고 효과적으로 메시지를 전달할 수도 있을 것이다. 꼭 문답의 형태로만 상호작용하는 것이 아니라, 예를 들어 설명하는 것도 하나의 대안이 될 수 있다. 문답의 상호작용에서 의도한 답변이 있다면, 이를 이끌어 내기에 적절한 형태로 발문을 수정하거나 추가 발문을 통해 보완하여야 한다. 학습자마다 다른 느낌을 받을 수 있는 상황을 두고 위와 같은 형식의 발문을 활용하는 것이 적절한지를 검토하여 발문을 정교화할 필요가 있다.

### (4) 교수·학습 단계 – 마무리

| 교수·학습 방법 | • 교수·학습 단계에 맞는 활동을 구성하였는가?<br>• 구성된 활동의 시간을 적절히 배분하였는가? |
|---|---|
| | - 정리 활동과 본 차시 수업 내용의 관련성이 부족하다.<br>- 활동을 수행할 시간이 부족해 보인다. |

마무리 단계에서는 '자신을 비유해 표현하기' 활동을 통해 본 차시 수업 내용을 정리하고자 하였다. 여기서 학생들은 자신과 공통점을 가진 사물을 찾아보고, 비유하는 표현을 활용하여 자신을 표현한 뒤 동료 학습자에게 발표하는 일련의 활동을 수행하게 되어 있다. 발표자를 제외한 다른 학생들은 발표자와 비유 대상의 공통점이 무엇

인지를 생각해 보고 이를 공유하는 시간을 가진다. 이 활동이 모둠 단위의 활동인지, 전체 학급 단위의 활동인지, 그리고 발표는 총 몇 명의 학생들이 수행하게 되는지 등이 모두 불분명하여 단정적으로 말하기는 조심스럽지만, 현재 배정되어 있는 5분이라는 시간 동안 이러한 활동이 충실히 이루어질 것이라 기대하기는 어렵다. 활동이 이루어지는 환경을 구체화하고 이에 근거하여 활동을 수행하기 위한 최소한의 시간이 보장되어야 한다.

**⌣⁺ 도움말** ---------------------------------------------------------

• 지도안에서 활동을 구상할 때에는 활동의 수행 환경을 구체화하여야 수업에서의 실행 가능성을 예측해 볼 수 있다.

------------------------------------------------------------------------

검토의 층위를 달리하여 학습 목표와 수업 내용을 기준으로 판단하면, '자신을 비유해 표현하기' 활동을 마무리 단계에서 수행하는 계획 자체를 부적절한 것으로 평가할 수 있다. 이 수업의 학습 목표는 '비유하는 표현을 살펴볼 수 있다.'였고, 학습 활동은 '그림책을 읽으며 비유하는 표현 살펴보기', '비유하는 표현의 좋은 점 알기' 등으로 구성되어 있다. 이를 종합해 보면, 본 차시 수업의 목표는 '<u>비유하는 표현</u>'의 이해에 초점이 맞추어져 있음을 알 수 있다. 이해와 표현 활동을 통합적으로 구성하는 것은 언어의 실제 사용에 부합한다는 점에서 바람직하지만, 본 차시 수업 시간에 '표현'하는 방법 등에 대해서는 거의 다루어진 바가 없는데도, 수업의 마무리 단계에서 '비유하여 표현'하는 활동을 수행하도록 계획되어 있는 것은 조정이 필요해 보인다.

## 3) 수업 지도안의 후반부 검토

### [1] 평가

| | |
|---|---|
| 평가 | • 학습 목표 달성 여부를 점검하는 방법이 적절한가?<br> - 평가 기준을 적절하게 구성하였는가?<br> - 평가 도구를 적절하게 제작 및 활용하였는가? |
| | - '학습 목표 및 수업 내용'과 '평가 계획'이 상응하지 않는다. |

평가 계획에서도 위와 유사한 문제가 확인된다. 현재 평가 계획은 '그림책에서 비유하는 표현을 찾을 수 있다.'와 '비유 표현을 활용해 자신을 표현할 수 있다.'의 조합으로 평가 내용을 구성하고, 두 가지 기준 중 두 가지 모두 만족하는 경우를 '상', 한 가지만 만족하는 경우를 '중', 한 가지도 만족하지 못한 경우를 '하'로 각각 구분하도록 설계되었다. 평가 내용을 구성하고 있는 기준 중, 수업에서 중요하게 다루어진 '비유하는 표현의 좋은 점 알기' 활동과 관련된 내용은 확인되지 않고 수업에서 거의 다루어지지 않은 '비유하는 표현을 활용해 자신을 표현'하는 활동이 비중 있게 자리하고 있다. 이는 이 수업이 '학습 목표'의 달성을 중심에 두고 정밀하게 구조화되어 있지 않다는 점을 단적으로 보여 주는 것이다. 현재 수업 계획의 큰 틀을 유지하면서 가능한 수정 방안을 모색해 본다면 학습 목표에 '표현' 관련 내용을 추가하고 전개 단계에서 '표현하는 활동'을 현재보다 비중 있게 다루는 방식으로 연계성을 높이는 방안, 마무리 단계에서 '표현하는 활동'을 삭제하여 완성도를 높이는 방안 등을 고려해 볼 수 있다.

# 3

## 지도안 다시 작성해 보기

### 1) 지도안의 수정 방향

앞서 검토한 내용을 정리하면, 이 지도안은 특히 '성취기준', '학습 목표' 및 '학습 활동'의 연계성, '교수·학습 자료'의 활용 방식, 그리고 교육적 상호작용의 측면에서 문제가 확인되었기에 이에 대한 수정과 보완이 이루어져야 한다. 따라서 지도안의 주된 수정 방향은 '학습 활동 및 평가의 연계성 확보', '교수·학습 자료 활용의 타당성 확보', '교육적 의사소통의 정교화' 등으로 설정하였다.

〈사례〉의 수정안은 약안으로 작성하였으며, 활동의 특성을 고려하여 1-2차시(블록 수업, 총 80분)에 해당하는 수업 내용을 다루었다. 약안이지만 학습 목표와 학습 활동의 연계성이 주된 문제가 되었다는 점을 고려하여, 대단원을 구성하고 있는 다른 차시와의 연계성을 충분히 확보할 수 있도록 관련된 성취기준을 제시하고 대단원의 '차시별 지도 계획' 등을 고려하여 학습 목표를 재구성하는 활동을 포함하였다.

여기서는 성취기준과의 연계성을 고려하여 본 차시 학습 목표를 재설정하고 이에 따라 지도안을 다시 작성해 볼 것이다.

### 2) 단원 설계

성취기준 및 지도안의 수정 방향을 고려하여 대단원의 학습 목표를 설정하고, 차시별 지도 계획을 세워 보자.(단, 대단원은 9차시 기준으로 하고, 블록 수업을 포함하도록 설계함.)

## ※ 성취기준

[6국05-03] 비유적 표현의 특성과 효과를 살려 생각과 느낌을 다양하게 표현한다.

[6국05-01] 문학은 가치 있는 내용을 언어로 표현하여 아름다움을 느끼게 하는 활동임을 이해하고 문학 활동을 한다.

| 대단원 학습 목표 | | |
|---|---|---|
| 차시별 지도 계획 | **차시** | **주요 학습 내용 및 활동** |
| | | • |
| | | • |
| | | • |
| | | • |

## 3) 본 차시 설계

본 차시 수업 지도안을 완성해 보자.

| 교과명 | 국어 | 지도 교사 | ○○○ |
|---|---|---|---|
| 자료 | 초등학교 국어 6-1 ㉮ | 대상 학급 | 6학년 ○반 ○○명 |
| 일시 | ○○○○년 ○월 ○일(수) ○교시 | 장소 | 6-○ 교실 |
| 단원 | 1. 비유하는 표현 | 차시 | 1-2/9차시 |
| 본 차시 학습 목표 | 비유하는 표현을 찾아 그 특성과 효과를 이해하고, 이를 활용하여 대상을 표현할 수 있다. | | |
| 교수·학습 모형 | | | |

| 교수·학습 단계 | | 교수·학습 활동 | | 자료 및 유의점 | 시간 (분) |
|---|---|---|---|---|---|
| | | 교사 | 학생 | | |
| 도입 | 동기 유발 | • 비유하는 표현을 사용한 동요 함께 부르기<br>달 달 무슨 달 쟁반같이 둥근 달<br>어디어디 떴나 / 남산 위에 떴지<br>달 달 무슨 달 거울 같은 보름달<br>무엇무엇 비추나 / 우리 얼굴 비추지 | | PPT | 4 |
| | | • 비유하는 표현 초점화하기<br>▸ 이 노래는 무엇에 대한 노래인 가요?<br>▸ '달'이 무엇과 같다고 노래했나 요?<br>▸ 왜 그렇게 노래했나요?<br><br>▸ 맞아요. 오늘은 이렇게 비슷한 것들을 활용하여 여러분들의 생 각을 표현하는 방법에 대해 공 부할 거예요. | • 비유하는 표현 인식하기<br>▸ 달이요.<br><br>▸ 쟁반이요. / 거울이요.<br><br>▸ 달과 쟁반이 둘 다 동그란 모양 이어서요. / 달과 거울이 둘 다 얼굴을 비추어 주어서요. | | |
| | 학습 목표 확인 | • 본 차시 학습 목표 확인하기<br>비유하는 표현을 찾아 그 특성과 효과를 이해하고, 이를 활용하여 대상을 표현할 수 있다. | | PPT<br>: 학습 목표 | 1 |
| 전개 | 활동 1 | | | | |

| 전개 | 활동 2 | | | | |
|------|--------|---|---|---|---|
| 정리 | 과제 | • **본 차시 학습 내용 정리하기**<br>- 이번 시간에는 여러 가지 비유하는 표현의 특징과 효과를 알아보고, 비유하는 표현을 사용하여 대상을 표현해 보았습니다.<br>• **과제 내용 안내하기**<br>- 방송, 라디오, 인터넷 등 주변에서 재미있는 비유 표현 3개를 찾아 온라인 학급 과제 게시판에 올리기 | | | 4 |
| | 차시 예고 | • **차시 내용 안내하기**<br>- 다음 시간에는 〈봄비〉, 〈풀잎과 바람〉 등을 읽고 문학 작품의 비유하는 표현에 대해 더 자세히 알아보도록 하겠습니다. | | | 1 |

# 4

## 지도안 수정 예시

### 1) 단원 설계 부분 수정 예시

| 대단원 학습 목표 | 비유하는 표현을 살려 생각을 다양하게 표현할 수 있다. | |
|---|---|---|
| | 차시 | 주요 학습 내용 및 활동 |
| 차시별 지도 계획 (대단원 9차시 기준, 블록 수업 포함) | • 1-2 (본 차시) | **• 비유하는 표현의 특성과 효과 이해하기**<br>**• 대상을 비유하여 표현하기** |
| | 3-4 | • 비유하는 표현을 고려하여 시 읽기<br>• 비유하는 표현 바꾸어 쓰기 |
| | 5-6 | • 여러 가지 비유하는 표현 떠올리기<br>• 비유하는 표현을 살려 시 쓰기 |
| | 7-9 | • 시 낭송회와 시화전 열기 |

비유하는 표현에 대한 이해와 표현 활동 중 표현 활동이 마무리 단계에서만 소략하게 다루어진 것을 고려하여 2차시 블록 수업으로 설계하였다. 표현 활동을 삭제하는 방안과 비교해 보았을 때, 이해와 표현의 통합적 활동을 구성하는 것이 교육적으로 더 유의미하다고 판단하였다. 블록 수업으로 설계할 경우, 다른 활동의 수행에도 충분한 시간을 확보할 수 있을 것이다.

'차시별 지도 계획'은 대단원에서 본 차시의 상대적 위치를 확인하고, 본 차시에서 다루어지지 않은 학습 내용은 어디에서 다루어질지를 확인하는 수준으로 간략히 작성하도록 하였다.

## 2) 본 차시 설계 부분 수정 예시

| 교과명 | 국어 | 지도 교사 | ○○○ |
|---|---|---|---|
| 자료 | 초등학교 국어 6-1 ㉮ | 대상 학급 | 6학년 ○반 ○○명 |
| 일시 | ○○○○년 ○월 ○일(수) ○교시 | 장소 | 6-○ 교실 |
| 단원 | 1. 비유하는 표현 | 차시 | 1-2/9차시 |
| 본 차시 학습 목표 | 비유하는 표현을 찾아 그 특성과 효과를 이해하고, 이를 활용하여 대상을 표현할 수 있다. | | |
| ●교수·학습 모형 | | | |

| 교수·학습 단계 | | ●교수·학습 활동 | | 자료 및 유의점 | 시간 (분) |
|---|---|---|---|---|---|
| | | 교사 | 학생 | | |
| 도입 | 동기 유발 | **• 비유하는 표현을 사용한 동요 함께 부르기**<br>달 달 무슨 달 쟁반같이 둥근 달<br>어디어디 떴나 / 남산 위에 떴지<br>달 달 무슨 달 거울 같은 보름달<br>무엇무엇 비추나 / 우리 얼굴 비추지 ● | | PPT | 4 |
| | | **• 비유하는 표현 초점화하기**<br>▶ 이 노래는 무엇에 대한 노래인가요?<br><br>▶ '달'이 무엇과 같다고 노래했나요?<br><br>▶ 왜 그렇게 노래했나요?<br><br><br><br>▶ 맞아요. 오늘은 이렇게 비슷한 것들을 활용하여 여러분들의 생각을 표현하는 방법에 대해 공부할 거예요. | **• 비유하는 표현 인식하기**<br>▶ 달이요.<br><br>▶ 쟁반이요. / 거울이요.<br><br>▶ 달과 쟁반이 둘 다 동그란 모양이어서요. / 달과 거울이 둘 다 얼굴을 비추어 주어서요. | | |

┄│ 예상되는 발문 및 답변을 별도의 불릿 기호로 구분하여 표시하였다.

┄│ 필요한 경우 교육적 상호작용의 양상을 구체적으로 보이기 위해 교수·학습 활동을 나누어 기술하였다.

┄│ 이 지도안은 블록 수업을 염두에 두어 다양한 교수·학습 활동을 활용하고 있으며, 특정한 교수·학습 모형을 상정하지 않고 일반적인 도입 – 전개 – 정리의 단계를 활용하였다.

잘 알려진 동요의 1, 3절만 발췌하여 사용하였다.

도입부 제재 활용의 가장 큰 목적은 동기 유발이므로, 실제 수업에서는 학습자들의 수준과 흥미를 고려하여 시의성을 가지는 보다 적절한 제재를 찾아 활용하는 것이 좋다.

| 도입 | 학습 목표 확인 | • **본 차시 학습 목표 확인하기**<br>비유하는 표현을 찾아 그 특성과 효과를 이해하고, 이를 활용하여 대상을 표현할 수 있다. | | PPT<br>: 학습 목표 | 1 |
|---|---|---|---|---|---|
| 전개 | • 활동 1 -<br>비유하는<br>표현의<br>특성과<br>효과<br>이해하기 | • **내용으로 제목 유추하기**<br>- PPT 자료로 〈뻥튀기〉의 일부 구절을 제시한다.<br>"뻥이요. 뻥!" ●<br>봄날 꽃잎이 흩날리는 것처럼 아름답게 보였습니다.<br>하얀 연기 고소하고요.<br>맞아요, 맞아요, 옥수수 냄새입니다. | • **내용으로 제목 유추하기**<br>- PPT 자료를 보고 무엇에 대한 내용인지 추측하여 대답한다. | PPT<br>: 〈뻥튀기〉의<br>일부 구절 | 15 |
| | | • **작품 속 비유적인 표현 찾아보기**<br>- 작품에서 뻥튀기를 표현하기 위해 사용된 비유적인 표현을 찾아본다.<br><br>▶ 여기서 '뻥튀기'가 사방으로 날리는 모양을 어떻게 표현하고 있나요?<br>▶ 여기서 '뻥튀기'의 냄새를 어떻게 표현하고 있나요? | ▶ 나비가 날아간다고요. / 함박눈이 내린다고요.<br><br>▶ 메밀꽃 냄새요. / 새우 냄새요. / 멍멍이 냄새요. | 교과서 | |
| | | • **비유하는 표현의 특징과 효과 이해하기**<br>- 작품에서 찾은 비유하는 표현을 교과서에 정리하고, 그렇게 비유한 까닭이 무엇인지 이야기해 본다.<br><br>▶ 이 작품은 뻥튀기가 사방으로 날리는 모양을 왜 나비/함박눈/폭죽 등으로 표현하였을까요?<br>▶ 이 작품은 뻥튀기의 냄새를 왜 메밀꽃/새우/멍멍이 냄새 등으로 표현하였을까요? | ▶ 다양한 방향으로 날려서요. / 하얀색이어서요. / 큰 소리를 내며 날아가서요.<br>▶ 냄새가 고소해서요. / 시골 느낌이 나서요. | 교과서 | 15 |

작품의 내적 구조에 근거하여 발문을 '모습'과 '냄새'로 구조화하였다. 교과서 학습 활동 3 역시 동일하게 구성되어 있다.

수업의 전반적인 흐름을 알기 쉽게, 같은 학습 목표를 공유하는 세부 활동을 묶어 하나의 단계로 제시하고, 세부 활동의 명칭은 교수·학습 활동 칸에 볼드체로 작성하였다.

PPT 애니메이션을 활용하여 한 행씩 제시되도록 함으로써 흥미를 유발하고, 참여를 유도한다.

| | | | | | |
|---|---|---|---|---|---|
| | 활동 1 - 비유하는 표현의 특성과 효과 이해하기 | ▶• 맞아요. 이렇게 표현하고자 하는 대상을, 그 대상과 비슷한 점을 가지고 있는 다른 사물이나 현상에 빗대어 표현하는 방법이 비유하는 표현입니다.<br>▶ 비유하는 표현을 읽어 보면 어떤 느낌이 드나요?<br>▶ 네. 지금까지 나왔던 말들을 교과서의 학습 활동에 잘 정리하여 봅시다. | ▶ 재미있어요. / 실감 나요. / 무엇을 말하는지 더 잘 떠올릴 수 있어요. | | |
| 전개 | 활동 2 - 비유하는 표현을 사용하여 대상을 표현하기 | • 비유하는 표현을 사용하여 '뻥튀기'를 다양하게 표현하기 | | 학습 자료<br>: 뻥튀기가 날리는 모습을 보여 주는 동영상 자료 •<br>교과서 | 15 •········ |
| | | ▶ 동영상을 보고 '뻥튀기'를 다른 사물에 비유하여 표현해 봅시다. 자기가 쓴 것을 발표해 봅시다.<br>▶ 왜 그 사물에 비유하여 표현하였나요? '뻥튀기'와 어떤 점이 비슷하다고 생각했나요?<br>▶ 네. 비유하여 표현할 때에는 먼저 비유하고자 하는 대상의 특성에 주목하고, 비슷한 특성을 가지고 있는 다른 대상을 찾아야 합니다. 이제 비유하는 표현을 활용하여 수수께끼를 만들어 보기로 해요. | ▶ 솜사탕이요. / 구름이요. / 불꽃놀이요. / 폭탄이요.<br><br>▶ 뻥튀기 만들 때 연기 나는 것이 구름 같아서요. / 뻥튀기 만들 때 폭탄 터지는 것 같은 소리가 나서요. | PPT<br>: [비유하여 표현하기]<br>1) 대상의 특성에 주목하기<br>2) 비슷한 대상 찾기<br>3) 표현하기 | |

┌────────────────────────────────────────┐
이 내용을 전달할 때에는 개념적 지식의 전달에 초점을 맞추는 것이 아니라, 앞서 이루어진 학생들의 다양한 답변을 구조화하는 것에 초점을 맞추어 지도하도록 한다.

실제로 뻥튀기가 만들어지는 장면을 본 적이 없는 학생들이 있을 수 있으므로, 동영상 자료를 통해 표현 대상의 특징을 구체적으로 확인하고 이를 공유하여 비유하는 표현을 만들 수 있도록 지도한다.

세부 활동의 시간 배분을 염두에 두고 교수·학습 활동을 진행하여야 한다. 예를 들어 다음과 같이 시간을 배분하는 것이 가능하다.

동영상 시청 및 활동 설명: 5분
비유하는 표현 사용하여 표현하기: 5분
발표하여 공유하기: 5분

| | | | | |
|---|---|---|---|---|
| 전개 | 활동 2 - 비유하는 표현을 사용하여 대상을 표현하기 | • **비유하는 표현을 사용하여 수수께끼 놀이 하기**<br>※ 수수께끼 놀이 요령<br>• 1) 각자 비유하는 표현을 사용하여 표현할 대상 정하기<br>2) 표현할 대상의 특성에 무엇이 있는지 생각해 보기<br>3) 표현할 대상의 특성과 비슷한 특성을 가진 대상 찾기<br>4) 비유하는 표현을 세 가지 이상 만들어 수수께끼 카드에 각각 적기<br>5) 수수께끼 카드에 적힌 비유하는 표현을 하나씩 발표하기<br>예) - 이건 꿀처럼 달콤해요.<br>    - 이건 공처럼 동그래요.<br>    - 이건 꽃처럼 알록달록해요.<br>6) 무엇을 비유한 것인지 맞추어 보기: 예) 사탕 | 학습 자료<br>: PPT 자료<br>(수수께끼 놀이 시범을 보일 수 있는 자료)<br><br>수수께끼 카드 | 25 |
| 정리 | 과제 | • **본 차시 학습 내용 정리하기**<br>- 이번 시간에는 여러 가지 비유하는 표현의 특징과 효과를 알아보고, 비유하는 표현을 사용하여 대상을 표현해 보았습니다.<br>• **과제 내용 안내하기**<br>- 방송, 라디오, 인터넷 등 주변에서 재미있는 비유 표현 3개를 찾아 온라인 학급 과제 게시판에 올리기 | | 4 |
| | 차시 예고 | • **차시 내용 안내하기**<br>- 다음 시간에는 〈봄비〉, 〈풀잎과 바람〉 등을 읽고 문학 작품의 비유하는 표현에 대해 더 자세히 알아보도록 하겠습니다. | | 1 |

여기서는 차시 수업의 도입 활동으로 사용하는 상황을 상정하였으나, 필요한 경우 온라인 공간에서 댓글 등의 형태로 상호작용하는 것도 가능하다.

1. 교수·학습 환경을 고려하여, 4명 내외의 모둠별 활동으로 수행한다.
2. 학생들이 비유하는 표현을 작성하는 시간에 교사는 순회 지도하며 어려움을 겪는 학생들이나, 오개념을 가지고 있는 학생들을 개별 지도하도록 한다.

비유하고자 하는 대상 하나와, 비유하는 표현 세 가지를 적을 수 있는 카드.

교수·학습 환경에 따라 PPT로 구현하는 것도 가능하다.

비유하는 표현을 3개 이상 떠올려야 하고, 학생들끼리 서로 상호작용하여야 하므로 충분한 시간을 부여한다.

# 3) 평가 계획 수정 예시

| 평가 요소 | - 비유하는 표현의 특성과 효과 이해하기<br>- 대상을 비유하여 표현하기 |
|---|---|
| 평가 방식 | - '비유하는 표현의 특성과 효과 이해하기'의 평가는 '활동 1'과 연계하여 과정 중심 평가의 형태로 실시한다. 〈뻥튀기〉를 읽고, 그 안에서 비유적인 표현을 찾을 수 있는지를 문답의 형식으로 확인하도록 한다. 작품 속에서 확인되는 다양한 비유적 표현의 사례를 초점화하여 학생들의 답변을 유도하고, 이를 구조화하여 비유적 표현의 특성을 정리하도록 한다. 비유적 표현의 효과 역시 학생들의 반응을 통해 스스로 파악할 수 있도록 돕는다. 학생들의 답변을 듣고, 비유하는 표현의 특성과 효과를 적절하게 이해하지 못한 학생이 있을 경우, 개별 지도의 형식으로 보충한다.<br><br>- '대상을 비유하여 표현하기'의 평가는 '활동 2'의 '수수께끼 놀이'와 연계하여 수행평가의 형태로 실시한다. 비유적 표현의 개념을 이해할 수 있다고 하여, 곧바로 그것을 실제로 활용하여 표현할 수 있는 것은 아니다. 수정 예시에서 제시한 '수수께끼 놀이'를 적절히 수행하기 위해서는 대상의 특성을 파악하고, 이와 비슷한 특성을 가지고 있는 다른 대상을 탐색하여 비유하는 표현을 구성할 수 있어야 한다. 따라서 이 놀이의 수행 과정을 관찰하면, 학생들이 비유하는 표현을 활용하여 표현하는 능력이 있는지를 확인할 수 있다. 수행이 적절히 이루어지기 위해서는 다음 세 가지 사항에 유의하여 평가하여야 한다.<br><br>    1) 활동이 원활하게 이루어질 수 있도록 단계별로 세부 활동을 설명한다.<br>    2) 학생들끼리 상호작용하며 활동할 수 있도록 학생들의 수준을 고려하여 모둠을 구성하고, 충분한 시간을 부여한다.<br>    3) 교사는 활동에 어려움을 겪는 학생이 없는지 순회 지도하고, 어려움을 겪는 학생이 있을 경우 개별 지도를 통해 어려움을 해소할 수 있도록 돕는다.<br><br>- 교사는 이 수업에서의 평가가 학생들의 수준을 변별하기 위한 것이 아니라, 학습 목표를 달성하는 과정에서 학생들이 어떠한 어려움을 겪고 있는지를 확인하고 이를 해소하기 위한 것이라는 점을 유념하여야 한다. |

〈사례〉 및 지도안 수정 예시에서 다루고 있는 '비유하는 표현 살펴보기'는 2015 개정 국어과 교육과정의 아래 성취기준과 직접적으로 관련된다.

| 2015 개정 국어과 교육과정 | 성취기준 | [6국05-03] 비유적 표현의 특성과 효과를 살려 생각과 느낌을 다양하게 표현한다. |
| --- | --- | --- |
| | 교수·학습 방법 및 유의 사항 | ④ 비유적 표현을 지도할 때에는 개성적·독창적 표현의 가치를 존중하되 널리 알려진 상투적 비유도 활용하도록 한다. 다만 기존 작품에서 베끼는 등의 쓰기 수행이 일어나지 않도록 쓰기 윤리를 강조한다. |

성취기준의 진술에서 '비유적 표현'의 특성과 효과는 학습자들의 생각과 느낌을 '다양하게' 표현하는 것과 관련지어 서술되고 있다. 그 아래 '교수·학습 방법 및 유의 사항'에서 개성적·독창적 표현의 가치를 존중해야 한다고 서술한 것 역시 '다양성'의 강조와 관련된 것으로 볼 수 있다. 다만, 해당 단원이 초등학교급에 속하는 것임을 고려하였을 때, 학습자의 발달 단계 및 학습 내용의 위계성 등을 고려하여 널리 알려진 상투적 비유도 활용할 수 있도록 허용하였다.

또 〈사례〉 및 지도안 수정 예시는 다음의 성취기준을 추가로 언급하고 있다.

| 2015 개정 국어과 교육과정 | 성취기준 | [6국05-01] 문학은 가치 있는 내용을 언어로 표현하여 아름다움을 느끼게 하는 활동임을 이해하고 문학 활동을 한다. |
| --- | --- | --- |
| | 성취기준 해설 | [6국05-01] 이 성취기준은 문학이 가치 있는 내용을 언어로 표현하여 아름다움을 느끼게 하는 언어 활동의 일환이라는 점을 이해하고 문학 활동을 하는 자세를 기르기 위해 설정하였다. 문학 작품의 아름다움은 가치 있는 내용에서도, 언어 표현의 참신성이나 함축성에서도 생성된다는 점을 이해하는 데 중점을 둔다. 작품의 내용과 표현을 꼼꼼하게 분석하기보다는 내용과 표현의 아름다움을 느끼며 문학을 즐기는 수준의 활동이 되도록 한다. |

이 성취기준은 구체적인 '지식'이나 '기능'이 아니라, 문학 작품을 대하는 '태도'를 길러 주는 것에 초점을 맞춘 것이다. 이에 따라 '성취기준 해설'에서도 "문학 활동을 하는 자세", "내용과 표현의 아름다움을 느끼며 문학을 즐기는" 등의 '태도'와 관련된 진술이 확인된다. 이 성취기준은 '비유하는 표현'과 직접적으로 관련되지는 않지만, 문학 작품 및 문학 수업을 바라보는 관점 등과 폭넓게 관련됨으로써 문학 수업 설계에 영향을 미친다.

2022 개정 국어과 교육과정에서 '비유하는 표현 살펴보기'와 직접적으로 관련된 성취기준은 다음과 같다.

| 2022 개정 국어과 교육과정 | 성취기준 | (문학) [6국05-02] 비유적 표현의 효과에 유의하여 작품을 감상한다. |
| --- | --- | --- |
| | 성취기준 적용 시 고려사항 | 어떤 대상이나 상태를 다른 것에 빗대어 나타내는 비유적 표현을 지도할 때는 비유를 쓰지 않았을 때와 비유를 사용했을 때의 차이와 효과를 생각해 보게 함으로써 비유의 특성을 자연스럽게 이해할 수 있게 하는 데에 중점을 둔다. 또한 문학 작품을 읽을 때는 물론이고 일상에서 언어생활을 할 때에도 비유를 통해 효과적인 언어 표현이 이루어짐을 깨달음으로써 비유의 중요성을 인식할 수 있게 지도한다. |

두 성취기준을 비교해 보면, 2015 개정 교육과정의 "특성과 효과"에서 "특성"이 삭제되었고, "표현"에 초점을 맞추었던 것이 "감상"으로 바뀌었음을 확인할 수 있다. 그러나 이를 교육 내용의 '축소'나 '전환'으로 해석하기는 어렵다. 아래 함께 제시한 '성취기준 적용 시 고려사항' 중 비유와 관련된 내용을 읽어 보면, 비유의 효과를 생각해 봄으로써 "비유의 특성을 자연스럽게 이해할 수 있게 하는 데에 중점을 둔다." 라고 하여 '효과'와 '특성'을 긴밀하게 연결 짓고 있음이 확인되기 때문이다. 또, '표현'이 아니라 '감상'에 초점을 둔 것 역시, "문학 작품을 읽을 때는 물론이고 일상에서 언어생활을 할 때에도"라 하여, 문학 작품의 감상을 통해 습득한 내용이 일상의 언어생활로 자연스럽게 전이·확장되는 상황을 상정하고 있음을 알 수 있다. 이상의 내용을 종합해 보면 문면상의 차이로 확인되는 것과는 달리, 성취기준을 통해 달성하고자 하는 학습 목표는 크게 달라지지 않았음을 알 수 있다.

## 지도안과 국어 교육 이론 연결하기 ························

### '비유하는 표현'과 유사성의 원리

비유하는 표현은 원관념과 보조관념 사이의 유사성에 근거하여 성립된다. 그러나 이 유사성의 정도가 지나치게 높을 경우 비유하는 표현은 하나 마나 한 것이 되어 그 효과가 급격하게 떨어진다. 반대로 유사성의 정도가 지나치게 낮을 경우, 그 의미를 알아차리기 어려운 난해한 표현이 되어 역시 효과가 떨어질 수 있다. 요컨대, 비유에서 '유사성'은 "너무 많지도, 적지도, 혹은 너무 친숙하지도, 돌발적이지도 않은 의미의 적절한 유사성"(오세영, 2013: 233)이어야 하는데, 이를 '비유사성 속의 유사성'이라는 표현으로 설명할 수 있다. 이 개념에 따르면, 소위 '적절한 유사성'에 의해 원관념과 보조관념 사이에 긴장(tension)이 형성되었을 때, 비유는 그 가치를 충분히 드러낼 수 있다. 예를 들어 '물방울 같은 눈물'과 같은 경우는 참신성이 없어 좋은 비유라 하기 어렵고, '먼지 같은 눈물', '털실 같은 눈물' 등은 의미론적으로 거의 단절되어 있는 것처럼 보일 정도로 유사성이 부족하여 그 자체로 좋은 비유라 하기 어렵다는 것이다(오세영, 2013: 233-237).

이와 관련하여 〈사례〉는 '공통점'이라는 말로 비유하는 표현의 특성을 설명하려 하였는데, 설명하는 과정에서 지나치게 유사하여 참신성이 떨어지는 사례들도 소개하고 있어 주의하여야 한다. 예를 들어, 작품 「뻥튀기」에서 '뻥튀기'의 냄새를 '옥수수' 냄새로 표현하는 것은 비유라 보기 어려울 정도로 직관적인 진술에 해당하는데, 비유하는 표현의 특성을 '공통점'이라 할 경우 이 점을 인지하기 어렵다. 〈사례〉의 경우, 학습자가 '비유'를 처음 배우는 상황임을 고려하여, 이해하기 쉬운 사례들을 포함했을 가능성이 높다. 그러나 이 경우에도, 교사는 정교한 교과 지식을 바탕에 두고 비유의 개념에서 벗어나지 않는 사례들을 활용하여 교수·학습 활동을 진행해 나가야 할 것이다.

## 개념적 지식의 의미화

초등학교 문학 영역의 교육과정에서 명시되어 있는 "개념적 지식은 가급적 배제하고"라는 유의 사항은 과거 문학 교육이 개념적 지식의 전달 위주로 진행되었던 것에 대한 반성에 기초하고 있다. 관련하여 문학 교육에서 지식의 성격을 '사실적 지식', '개념적 지식', '방법적 지식'으로 나누어 고찰한 연구에서는 "개념의 '정의'를 기억하게 하고, 시험이나 퀴즈를 통해 그것을 반복하게 하는 것에 그치는 교육은, 그 개념을 살아 있는 지식으로 만들어 주지 못한다."(윤여탁 외, 2011: 248-249)와 같이 과거의 문학 교육을 비판하고 있다. 문학 교육에서 개념적 지식을 학습할 때 "중요한 것은 그 개념들이 다양한 작품들과 결합된 것이어야 하고, 늘 한 작품을 통해 완성되는 것이 아니라, 다른 작품을 만나 또다시 그 개념의 틀이나 범위를 조금 수정하게 될 잠재적인 것이어야 한다"(윤여탁 외, 2011: 248)는 것이다.

이러한 논의가 문학 교육의 장에서 개념적 지식을 완전히 배제하고자 하는 것은 아니다. 문제는 개념적 지식이 문학 작품과 무관하게 그 자체로 교육의 대상이 되는 것이다. 이러한 문제 상황을 극복하기 위해서는 "개념적 지식들을 텍스트의 의미 실현에 직접적으로 작용할 수 있도록 의미화"(윤여탁 외, 2011: 255)하는 과정의 중요성을 문학 수업에서 강조할 필요가 있다. 예컨대 "쟁반같이 둥근 달"이 비유적인 표현이라는 사실을 알려 주는 것에 초점을 맞추는 것이 아니라, 그러한 비유적 표현을 통해 달의 둥근 모양이 더욱 생생하게 떠오를 수 있다는 점에 초점을 맞추어야 한다.

# 3부

중·고등학교 국어 수업 지도안
사례 분석

# 7장

## 7~9학년군:
## 쓰기/문법, '문제 해결 과정으로서의 쓰기'

이 장에서는 중학교 쓰기 수업 지도안 사례를 살펴볼 것이다. 쓰기는 의미 구성 과정이면서 문제 해결 과정이다. 또한 사회적 상호작용으로서의 특성도 지닌다. 학생들은 초등학교에서 '의미 구성 과정으로서의 쓰기'를, 중학교에서 '문제 해결 과정으로서의 쓰기'를, 고등학교에서 '사회적 상호작용으로서의 쓰기'를 학습하며 쓰기의 본질을 이해해 가게 된다. 즉 쓰기의 본질에 대한 교육 내용 중 중학교에서는 '문제 해결 과정으로서의 쓰기'를 다루며, 이는 〈사례〉의 소단원 교육 내용에 해당된다. 〈사례〉의 본 차시에서는 쓰기 과정에서 겪게 되는 인지적인 문제들 중에서 특히 '내용 조직하기' 단계에서 겪는 문제를 다룬다.

이 장을 읽을 때, 수업 지도안에 대한 분석 내용을 바로 읽기보다는 〈사례〉를 스스로 평가해 본 후 이 책에 제시된 내용을 자신의 평가와 비교하며 읽을 것을 추천한다. 특히 앞서 제시된 초등학교의 지도안은 본 차시 수업 계획을 간략하게 작성한 약안이었으나, 이 장의 〈사례〉는 세안인 만큼 본 차시에 해당하는 한 차시의 교수·학습 계획뿐 아니라 단원 학습의 목표와 교수·학습 계획 등이 더 자세히 서술되어 있다. 즉 다음 사항에 주목하여 지도안을 살펴볼 필요가 있다.

• 단원 학습 목표와 본 차시 학습 목표의 적절성
• 단원 차시별 지도 계획의 적절성

한편 교육과정의 변화에도 '쓰기 과정'은 쓰기 영역에서 꾸준히 강조되고 있다.

〈사례〉에서는 쓰기 과정 중에서도 '내용 조직하기'를 본 차시 교육 내용으로 다루고 있으므로, 다음 사항에 대해 미리 생각해 보고 〈사례〉를 검토하는 것을 추천한다.

- 문제 해결 과정으로서의 쓰기를 지도하기 위해 활용할 수 있는 교수·학습 방법
- 쓰기 과정의 문제 해결 전략과 그 적용

# 기

## 수업 지도안 〈사례 7〉

### ① 단원명

| 교과서 | 중학교 국어 3-1 |
|---|---|
| 대단원 | 3. 국어와 소통 |
| 소단원 | (2) 통일을 향한 국어의 길 |
| 활동 영역 | 개별 학습 |

### ② 단원 설정 이유

#### 가. 학습 심리상

'통일을 향한 국어의 길'을 학습함으로써, 남북의 다른 언어에 관해 관심을 가지고 통일 시대에 일어날 수 있는 국어의 문제점을 알 수 있다. 또한 글쓰기 과정을 학습하고 글쓰기 과정에서 생기는 문제를 해결할 수 있다.

#### 나. 학습 경험상

학생이 '통일 국어의 어려움을 극복하기 위한 노력'을 주제로 글을 쓰는 과정을 학습함으로써, 문제 해결 능력을 키울 수 있다.

## 다. 사회적 요구

자신의 마음을 표현하거나, 정보를 전달하거나 다른 사람을 논리적으로 설득하는 등 다양한 목적의 글을 쓸 일이 많다. 글쓰기는 일상생활과 밀접하게 관련된 활동이기 때문에 글쓰기에 관한 체계적인 수업이 필요하다.

## ③ 단원 학습 목표

### 가. 이해 면

내용을 조직하는 방법을 이해할 수 있다.

### 나. 기능 면

글의 구조와 순서를 파악하며 내용을 조직할 수 있다.

### 다. 태도 면

글의 내용과 형식에 관심을 가지고, 내용 조직하기 과정을 이해할 수 있다.

## ④ 교수·학습 계획

| 대단원 | 소단원 | 차시 | 누계 | 주요 학습 내용 | 교수·학습 방법 | |
|---|---|---|---|---|---|---|
| | | | | | 특징 | 자료 및 준비물 |
| III. 국어와 소통 | (2) 통일을 향한 국어의 길 | 1 | 1 | - 통일 시대의 국어 문제에 관심 가지기<br>- 계획하기 단계에서 겪는 문제 해결하기 | 개별 학습 | PPT, 학습지 |
| | | 1 | 2 | - 통일 시대의 국어 문제에 관심 가지기<br>- 계획하기 단계에서 겪는 문제 해결하기 | 개별 학습 | PPT, 학습지 |

| III.<br>국어와<br>소통 | (2)<br>통일을<br>향한<br>국어의<br>길 | 1 | 3 | - 자료를 수집하고 선정하기 단계<br>이해하기<br>- 자료를 수집하고 선정하기 단계<br>에서 겪는 문제 해결하기 | 개별<br>학습 | PPT,<br>학습지 |
|---|---|---|---|---|---|---|
| | | **1** | **4** | **- 자료를 수집하고 선정하기 단계<br>이해하기<br>- 자료를 수집하고 선정하기 단계에<br>서 겪는 문제 해결하기** | **개별<br>학습** | **PPT,<br>학습지** |
| | | 1 | 5 | - 내용 조직하기 단계 이해하기<br>- 내용 조직하기 단계에서 겪는 문<br>제 해결하기 | 개별<br>학습 | PPT,<br>학습지 |
| | | 1 | 6 | - 내용 조직하기 단계 이해하기<br>- 내용 조직하기 단계에서 겪는 문<br>제 해결하기 | 개별<br>학습 | PPT,<br>학습지 |

## ⑤ 학습 전개 계획

### 가. 성취기준 및 성취 수준

| 성취기준 | | 성취 수준 |
|---|---|---|
| [9국03-01] 쓰기는 주제, 목적, 독자, 매체 등을 고려한 문제 해결 과정임을 이해하고 글을 쓴다. | 상 | 쓰기가 문제 해결 과정임을 정확하게 이해하고, 쓰기 과정에서 부딪히는 문제를 적절하고 능동적으로 해결하며 글을 쓸 수 있다. |
| | 중 | 쓰기가 문제 해결 과정임을 이해하고, 쓰기 과정에서 부딪히는 문제를 해결하며 글을 쓸 수 있다. |
| | 하 | 쓰기 과정에서 부딪히는 문제를 부분적으로 해결하며 글을 쓸 수 있다. |

### 나. 본시 학습 목표

1. 글의 내용을 조직하여 개요표를 작성할 수 있다.

2. 내용 조직하기 단계에서 겪는 문제를 해결할 수 있다.

## 다. 지도상의 유의점

1. 글을 썼던 경험을 떠올리고, 글쓰기 과정 중 마주치는 문제와 문제를 해결하는 방법을 주체적으로 파악하게 한다.
2. 글을 쓰는 중 문제를 해결하는 방법은 내용 조직하기 단계에서뿐만 아니라 글쓰기 전반적인 과정에서도 활용할 수 있음을 지도한다.

## 라. 교수·학습 과정안

| 지도 단계 (시간) | 학습 과정 | 교수·학습 활동 | | 학습자료 및 지도상 유의점 |
|---|---|---|---|---|
| | | 교사 활동 | 학생 활동 | |
| 도입 (10분) | 인사 (출석 확인) | ▶ 학생들과 인사한다. | ▶ 선생님과 인사한다. | -PPT<br>-교과서 |
| | 학습 분위기 조성 | ▶ 출석을 확인하고, 수업 준비 상태를 확인한다. | ▶ 주변을 정돈하고 수업을 준비한다. | |
| | 전시학습 확인 (2분) | ▶ 지난 시간에 글쓰기 과정 중 자료를 수집하고 선정하기를 학습했음을 설명한다.<br>▶ 학생들에게 자료를 수집하는 방법을 떠올리게 한다.<br>- 어떤 자료를 찾을 수 있는지 질문한다.<br>- 글쓰기에 필요한 자료를 어떤 기준으로 선정할 수 있는지 질문한다. | ▶ 지난 시간에 글쓰기 과정 중 자료를 수집하고 선정하기를 학습했음을 인지한다.<br>▶ 자료를 수집하고 선정하는 과정에서 고려할 점이 무엇인지 질문한다.<br>- 어떤 자료를 찾을 수 있는지 답한다.<br>- 글쓰기에 필요한 자료를 어떤 기준으로 선정할 수 있는지 답한다. | |
| | 동기 유발 (6분) | ▶ 지난 시간에 냉장고에서 치킨을 요리하기 위해 필요한 재료는 꺼내고, 필요하지 않은 재료는 제외했음을 떠올리게 한다.<br>▶ 요리하는 상황을 가정하여, 재료를 가지고 치킨을 요리하려면 어떤 과정을 거쳐야 하는지 질문한다.<br>- 치킨을 만들기 위해 필요한 조리 과정을 질문한다.<br>- PPT에 조리하는 과정을 나타내는 사진을 무작위로 제시하여 순서를 고르게 한다. | ▶ 지난 시간에 냉장고에서 치킨을 요리하기 위해 필요한 재료는 꺼내고, 필요하지 않은 재료는 제외했음을 떠올린다.<br>▶ 요리하는 상황을 가정하여, 재료를 가지고 치킨을 요리하려면 어떤 과정을 거쳐야 하는지 답한다.<br>- 치킨을 만들기 위해 필요한 조리 과정을 답한다.<br>- PPT에 조리하는 과정을 무작위로 나타낸 사진을 보고, 조리하는 순서를 고른다. | |

| 도입<br>(10분) | 동기 유발<br>(6분) | - 필요 없는 조리 과정을 제외하고 맛을 더하기 위해 필요한 조리 과정을 말하게 한다.<br>▶ 글쓰기 단원과 연관지어, 요리에 필요한 재료를 조리하는 과정이 글을 쓰기 위해 내용을 조직하는 과정과 같음을 설명한다. | - 필요 없는 조리 과정을 제외하고, 맛을 더하기 위해 필요한 조리 과정을 말한다.<br>▶ 글쓰기 단원과 연관지어, 요리에 필요한 재료를 조리하는 과정이 글을 쓰기 위해 내용을 조직하는 과정과 같음을 인지한다. | -PPT<br>-교과서 |
|---|---|---|---|---|
| | 학습 목표<br>인지 (1분) | ▶ 학습 목표를 함께 읽게 하여 학습 내용을 알게 한다. | ▶ 학습 목표를 함께 읽으며 학습 내용을 인지한다. | |
| | 학습흐름<br>제시 | ▶ 이번 수업의 흐름을 PPT를 통해 제시한다.<br>- 이번 시간에는 내용 조직하기 단계를 학습할 것임을 안내한다. | ▶ 이번 수업의 흐름을 PPT를 통해 인지한다.<br>- 이번 시간에는 내용 조직하기 단계를 학습할 것임을 인지한다. | |
| 전개<br>(32분) | 〈목표 활동<br>1〉 개요표<br>작성하기<br>(20분) | ▶ 활동지 1쪽의 1번을 풀게 하고, 적은 내용을 발표하게 한다.<br>- 주제를 고려하여 그림의 순서를 정하고 내용을 조직하게 한다.<br>- 정해진 답은 없으므로 자유롭게 이야기하게 한다.<br>- 그림의 순서를 정하면서 줄거리가 달라짐을 설명한다.<br>- 그림의 순서를 정하고 줄거리를 조직하는 활동이 글쓰기에서는 내용 조직하기 활동과 비슷함을 설명한다.<br>▶ 활동 1과 관련된 영상을 시청하게 하고 영상에 관해 설명한다.<br>- 영상의 내용이 교과서 152~153쪽과 관련이 있고, 하은이가 선정한 자료를 가지고 내용을 구성하고 조직하는 과정에 대한 내용임을 설명한다.<br>▶ 활동지 1쪽의 2번을 풀게 하고, 적은 내용을 발표하게 한다.<br>- 내용의 순서를 정하고 개요표를 작성하게 한다.<br>- 작성한 개요표의 내용을 발표하게 한다. | ▶ 활동지 1쪽의 1번을 풀게 하고, 적은 내용을 발표하게 한다.<br>- 주제를 고려하여 그림의 순서를 정하고 내용을 조직한다.<br>- 정해진 답은 없으므로 자유롭게 이야기한다.<br>- 그림의 순서를 정하면서 줄거리가 달라짐을 안다.<br>- 그림의 순서를 정하고 줄거리를 조직하는 활동이 글쓰기에서는 내용 조직하기 활동과 비슷함을 인지한다.<br>▶ 활동 1과 관련된 영상을 시청하고, 영상에 관한 설명을 듣는다.<br>- 영상의 내용이 교과서 152~153쪽과 관련이 있고, 하은이가 선정한 자료를 가지고 내용을 구성하고 조직하는 과정에 대한 내용임을 인지한다.<br>▶ 활동지 1쪽의 2번을 풀고, 적은 내용을 발표한다.<br>- 내용의 순서를 정하고 개요표를 작성한다.<br>- 작성한 개요표의 내용을 발표한다. | -PPT<br>-학습지 |

| 전개<br>(32분) | 〈목표 활동<br>1〉개요표<br>작성하기<br>(20분) | - '중간 3'을 삭제한 이유가 무엇인지 질문하고, 주제에 맞지 않은 내용은 개요표에서 삭제할 수 있음을 설명하고 이유를 학습지에 적게 한다.<br>▶ 내용 조직하기 과정이 동기 유발에서 언급했던 치킨 조리 과정이 이야기의 순서를 정하는 것과 같다는 것을 설명한다.<br>- 조리 과정을 머릿속으로 생각하는 것이 글의 구조를 정하고 글의 순서를 고려하여 내용을 정하는 방식과 비슷함을 설명한다.<br>- 그림의 순서를 정하는 것처럼 내용 조직하기 과정은 수집한 자료와 내용을 순서에 맞게 조직하고 정리하는 과정임을 설명한다. | - '중간 3'을 삭제한 이유가 무엇인지 질문하고, 주제에 맞지 않은 내용은 개요표에서 삭제할 수 있음을 알고 이유를 학습지에 적는다.<br>▶ 내용 조직하기 과정이 동기 유발에서 언급했던 치킨 조리 과정이 이야기의 순서를 정하는 것과 같다는 것을 인지한다.<br>- 조리 과정을 머릿속으로 생각하는 것이 글의 구조를 정하고 글의 순서를 고려하여 내용을 정하는 방식과 비슷함을 안다.<br>- 그림의 순서를 정하는 것처럼 내용 조직하기 과정은 수집한 자료와 내용을 순서에 맞게 조직하고 정리하는 과정임을 안다. | -PPT<br>-학습지 |
|---|---|---|---|---|
| | 〈목표 활동<br>2〉내용<br>조직하기<br>에서 겪는<br>문제<br>해결하기<br>(12분) | ▶ 하은이가 내용을 조직하는 과정에서 겪은 문제와 하은이가 문제를 해결하는 방법을 학습지에 적고 발표하게 한다.<br>- 교과서 152쪽과 152쪽에 실린 그림을 보고 학습지에 적게 한다.<br>- '중간 3'을 삭제한 것처럼 주제에 맞지 않은 내용은 개요표에서 삭제할 수 있음을 설명한다.<br><br>- '중간 4'처럼 중요한 내용을 보충하기 위한 예시를 포함시킬 수 있음을 설명한다.<br>▶ 학생들이 자신이 문제를 겪었던 경험들과 해결한 방법들을 적고 발표하게 한다.<br>- 글쓰기 과정에서 문제 해결은 이전에 배웠던 계획하기 단계, 자료 수집하고 선정하기 단계에서도 돌아가 이루어짐을 설명한다.<br>▶학생들이 발표한 내용과 관련지어 글쓰기는 문제를 해결하는 과정임을 설명한다. | ▶ 하은이가 내용을 조직하는 과정에서 겪은 문제와 하은이가 문제를 해결하는 방법을 학습지에 적고 발표한다.<br>- 교과서 152쪽과 152쪽에 실린 그림을 보고 학습지에 적는다.<br>- '중간 3'을 삭제한 이유가 무엇인지 질문하고, 주제에 맞지 않은 내용은 개요표에서 삭제할 수 있음을 인지한다.<br>- '중간 4'처럼 중요한 내용을 보충하기 위한 예시를 포함시킬 수 있음을 인지한다.<br>▶ 학생들이 자신이 문제를 겪었던 경험들과 해결한 방법들을 적고 발표한다.<br>- 글쓰기 과정에서 문제 해결은 이전에 배웠던 계획하기 단계, 자료 수집하고 선정하기 단계에서도 돌아가 이루어짐을 인지한다.<br>▶발표한 내용과 관련지어 글쓰기는 문제를 해결하는 과정임을 안다. | -PPT<br>-학습지<br>-교과서 |

| 정착<br>(3분) | 정리<br>(1분) | ▶ PPT를 통해 배운 내용을 정리한다. | ▶ PPT를 통해 배운 내용을 떠올린다. | -PPT |
|---|---|---|---|---|
| | 확인 학습<br>(1분) | ▶ 형성평가를 통해 내용을 정리한다. | ▶ 형성평가를 풀며 내용을 정리한다. | |
| | 차시 예고<br>(1분) | ▶ 다음 차시 학습 내용을 예고한다.<br>- 오늘 학습한 내용을 바탕으로 다음 수업에서는 표현하기에 대해 학습할 것임을 예고한다.<br>- 학생들과 인사하고 수업을 마친다. | ▶ 다음 차시 학습 내용을 인지한다.<br>- 오늘 학습한 내용을 바탕으로 다음 수업에서는 내용 조직하기에 대해 학습할 것임을 인지한다.<br>- 선생님과 인사하고 수업을 마친다. | |

## 마. 본시 확인 학습

### 1) 확인 학습 문제

| 확인 학습 요소 | 확인 학습 문항 | 정답 |
|---|---|---|
| 내용 조직하기<br>개념 확인 | 1. 내용 조직하기 단계는 글의 (　　　)를 정하고 (　　　)를 작성하고 점검하는 과정이다. | 구조, 개요 |
| 내용 조직하기<br>과정<br>수행하기 | 2. 학생들이 내용 조직하기 단계를 수행하고 있다. 이 중 적절하지 <u>않은</u> 것은?<br>① 수진: 글의 목적을 고려해서 글의 구조를 파악해 봐야지.<br>② 슬기: 글의 구조를 정하고, 구조에 맞게 개요를 작성할 거야.<br>③ 민석: 예시는 많을수록 좋으니까 최대한 예시를 많이 넣을 거야.<br>④ 경수: 글의 흐름을 고려해서 개요에서 문단 순서를 조정해야지. | ③ |

※ 다음 두 항목은 원래 지도안에는 포함되어 있었으나 이 책에서는 지면 제약으로
생략하였음.

---

6 **수업 자료**

가. 판서안
나. PPT 자료
다. 학습지

7 **교과서 내용**

---

# 2

# 지도안 검토하기

## 1) 수업 지도안의 전반부 검토

### (1) 1. 단원명, 2. 단원 설정 이유

| | |
|---|---|
| 학습 목표 | • 교육과정의 성취기준에 근거하여 학습 목표가 설정되었는가? |
| | - '단원 설정 이유' 항목 설정은 목표 측면에서 타당하나, '성취기준' 관련 항목으로 변경<br>가능하다. |
| 형식 | • 지도안의 항목이 체계적으로 구성되어 있는가?<br>- 지도안의 항목 중에 불필요한 요소가 포함되어 있지는 않은가?<br>• 지도안의 항목에 맞게 하위 내용을 기술하였는가? |
| | - '단원명-활동 영역' 항목은 그 성격이 모호해 불필요한 요소로 판단된다.<br>- '단원 설정 이유'의 하위 항목 서술은 보완할 필요가 있다. |

〈사례〉의 '1. 단원명'에서는 교재 관련 정보('교과서, 대단원, 소단원')와 '활동 영역'이 제시되었다. 본 차시가 이루어지는 맥락 파악을 위해서는 대단원, 소단원에 대한 고려가 필요하므로 이러한 정보는 적절히 제시되었다고 볼 수 있다. 교과서의 경우 출판사명과 대표 저자명을 함께 밝힐 수도 있을 것이다. 다만 '1. 단원명'의 '활동 영역'은 그 항목이 무엇을 가리키는지가 모호하며, '개별 학습'이란 기재 내용이 학습자 구성원의 조직을 나타낸다는 점에서 '활동 영역'에 부합하는 것인지도 판단하기 어렵다. 학교에 따라 지도안에 포함되는 구성 요소가 차이가 나는 경우가 있는데, 여

기서 '활동 영역'은 불필요한 요소로 판단된다.

'2. 단원 설정 이유' 항목은 목표 차원에서 적절히 설정되었다고 볼 수 있다. 교과서에 제시된 내용을 무비판적으로 수용하는 것이 아니라, 해당 단원이 설정된 이유를 따져 보는 것은 해당 단원 학습의 필요성과 목표에 대해 생각해 보는 기회가 되기 때문이다.

다만 몇 가지 이유에서 '단원 설정 이유' 항목을 생략하고 성취기준 관련 항목을 추가하는 것도 가능해 보인다. 〈사례〉의 교수자는 본인이 단원을 설정했다기보다는 교과서의 정해진 단원 위주로 수업을 설계하였는데, 이러한 상황에서 '단원 설정 이유'를 서술하다 보니 쓰기 과정에 대한 학습 심리상의 이유와 학습 경험상의 이유가 다음 밑줄과 같이 명확히 변별되지 않고 있다.

---

**가. 학습 심리상**

'통일을 향한 국어의 길'을 학습함으로써, 남북의 다른 언어에 관해 관심을 가지고 통일 시대에 일어날 수 있는 국어의 문제점을 알 수 있다. 또한 글쓰기 과정을 학습하고 글쓰기 과정에서 생기는 문제를 해결할 수 있다.

**나. 학습 경험상**

학생이 '통일 국어의 어려움을 극복하기 위한 노력'을 주제로 글을 쓰는 과정을 학습함으로써, 문제 해결 능력을 키울 수 있다.

---

물론 쓰기 과정에 대한 학습자의 흥미나 요구 같은 학습 심리상의 설정 이유를 추가하여 수정할 수 있을 것이나, 동일한 항목에 대해 최지현 외(2007: 404)에서 "우리나라 학교 교육에서 교사는 이미 정해진 교과서의 설정된 단원을 가르치고 있기 때문에 이 부분은 생략될 수 있다."라 서술한 점 등을 고려한다면 '2. 단원 설정 이유' 항목을 생략하는 것도 가능하다.

만약 이 항목을 생략한다면 어떤 항목을 추가할 수 있을까? '2. 단원 설정 이유'에서 대단원이 아닌 소단원의 설정 이유를 분석한 것은 대개 수업을 설계하고 지도안을 작성할 때 소단원이 그 대상이 된다는 점에서 타당하다고 볼 수 있다. 그리고 '소단원'은 대체로 교육과정의 성취기준을 하나 혹은 두 개 정도 반영하여 설정하는 경우가 많다. 그렇다면 '소단원'과 연관된 교육과정 성취기준을 이 부분에서 제시하고, 이어지는 (소)단원 학습 목표와 연계하는 것도 자연스러운 흐름으로 보인다.[1] 예컨대 다음과 같이 초반부 목차를 구성할 수 있다.

---

1. 단원명
2. 단원의 성취기준과 학습 목표
　가. 단원 성취기준
　나. 단원 학습 목표

---

### (2) 3. 단원 학습 목표

| 학습 목표 | • 교육과정의 성취기준에 근거하여 학습 목표가 설정되었는가? |
|---|---|
| | - 학습 목표의 위계가 적절하지 않다. |

'3. 단원 학습 목표'에서는 문제 해결 과정으로서의 쓰기와 관련된 '소단원의 학습 목표'가 서술되어야 하나, 내용 조직하기와 관련된 '본 차시 학습 목표'가 잘못 제시되었다.

😊 **도움말** --------------------------------------------------

• 지도안 작성 시 '단원 전체에 해당하는 부분'과 '본 차시에 해당하는 부분'을 변별한다.

------------------------------------------------------------

세안에서 이 부분에 위치하는 학습 목표는 대체로 소단원 전체의 학습 목표를 의미한다. 그런데 〈사례〉에서는 소단원 전체에 해당하는 학습 목표가 아닌 본 차시의 학습 목표를 제시하고 있어 그 위계가 적절하지 않다.

소단원의 학습 목표는 교과서에 제시된 것을 그대로 작성하는 경우가 많으나, '이해, 기능, 태도' 측면에서 세밀하게 목표를 제시[2]하기 위해서는 교육과정의 성취기준

---

**1** 〈사례〉에서는 교육과정 성취기준을 '5. 학습 전개 계획' 항목에서 밝히고 있다. 그러나 '5. 학습 전개 계획'이 본 차시 학습에 관련된 항목임을 고려하면, 소단원 전체와 관련성이 있는 '성취기준'은 '단원 학습 목표'와 연계하여 제시하는 것이 적절해 보인다.

**2** 최지현 외(2007: 403)에서는 세안의 형식을 제시하며 '단원의 학습 목표'를 '이해, 기능, 태도' 측면으로 나누었고, "단원 전체에 대한 학습 목표를 쓰는데, 목표는 이해, 기능, 태도로 나누어 세밀하게 명시한다. 무엇보다도 학습 목표를 진술할 때는 학습 내용 면과 더불어 행동 면이 동시에 진술되도록 한다. 행동 면도 교과별로 다르나 이해, 태도, 기능에 한정하지 않고 구체화, 명세화하는 것이 좋으며 학습 과정이 아닌 학습의 결과로 나타나는 학생의 변화된 행동으로 진술해야 한다."(최지현 외, 2007: 404)와 같이 설명하였다.

을 분석해 볼 필요가 있다.[3] 소단원 학습 목표를 설정한 다음에는 차시별 학습 목표도 설정해야 한다. 여기서는 우선 소단원 학습 목표를 설정하는 방법을 알아보자.

😊 도움말 --------------------------------------------------------------------

• 성취기준을 분석해 단원 학습 목표를 설정하고, 차시별 학습 목표로 세분화한다.

--------------------------------------------------------------------------

우선 교육과정에 제시된 성취기준을 분석하는 과정을 살펴보자. 교과서에서 제시하고 있는 소단원의 학습 목표는 다음과 같다.

---

• 통일 시대의 국어에 관심을 가지는 태도를 지닐 수 있다.
• 쓰기는 주제, 목적, 독자, 매체를 고려한 문제 해결 과정임을 이해하고 글을 쓸 수 있다.

(신유식 외, 2020: 144)

---

이 소단원과 관련된 2015 개정 국어과 교육과정의 성취기준은 크게 두 가지이다.

| 영역 | 성취기준 |
|------|----------|
| 쓰기 | [9국03-01] 쓰기는 주제, 목적, 독자, 매체 등을 고려한 문제 해결 과정임을 이해하고 글을 쓴다. |
| 문법 | [9국04-09] 통일 시대의 국어에 관심을 가지는 태도를 지닌다. |

성취기준만을 보면 교과서에서 제시하고 있는 소단원의 학습 목표와 큰 차이가 없음을 확인할 수 있다. 그런데 교육과정에서는 성취기준 이외에도 다양한 정보를 찾을 수 있다. 교육과정의 앞부분에서는 영역별 '내용 체계'를 제시하고 있는데, 이 부분에서 해당 영역의 핵심 개념과 일반화된 지식, 내용 요소와 기능을 확인할 수 있다.

다음으로 교육과정의 영역별, 학년군별 성취기준의 하단에는 해당 성취기준에 대

---

**3** 강현석 외(2019: 36)에서도 "교과서는 교육과정에 근거하여 편찬되기는 했지만 전국 학교에 해당하는 일반적인 내용을 기준으로 만들어졌다. 따라서 교과서에 제시된 내용이나 활동에 대한 판단 없이 무비판적으로 모두 수용한다면 진도 나가기식 수업이 이루어지고 성취기준의 의도가 잘 반영되기는 어렵다."라고 지적한 바 있다.

한 해설이 제시된다.[4]

| 영역 | 성취기준 해설 |
| --- | --- |
| 쓰기 | [9국03-01] 이 성취기준은 쓰기가 글을 쓰는 과정에서 부딪히는 인지적인 문제를 해결하는 과정임을 이해하고 글을 쓰는 자세를 기르기 위해 설정하였다. 쓰기가 문제 해결 과정이라는 것은 글쓰기가 글을 쓰는 과정에서 부딪히는 여러 문제를 해결해 가는 과정이라는 의미이다. 필자는 글을 쓸 때 화제와 관련된 배경지식의 부족 문제, 떠올린 내용을 옮길 적절한 단어나 표현의 생성 문제, 독자의 이해를 돕기 위한 문단 배열 문제 등을 효과적으로 해결해야 한 편의 글을 완성할 수 있다. 학습자에게 글을 썼던 경험을 떠올려 보게 한 다음, 쓰기 과정에서 겪었던 문제와 그 해결 방법에 대해 생각해 보도록 함으로써 쓰기가 문제 해결의 과정임을 이해하도록 한다. |
| 문법 | [9국04-09] 이 성취기준은 남북 언어의 동질성과 이질성을 살펴보고, 이질성을 극복할 수 있는 방안을 탐구하며 바람직한 방향을 모색해 보는 태도를 기르기 위해 설정하였다. 통일 시대의 국어에 왜 관심을 가져야 하는지, 현재의 남북 언어는 무엇이 다른지, 통일 과정에서 남북 언어의 차이로 어떠한 어려움이 있거나 예상되는지 등을 비롯하여 남북한 언어의 차이를 극복하기 위해서는 어떤 노력을 해야 하는지에 관한 문제를 다룰 수 있다. |

또한 교육과정에서는 교수·학습 방법 및 유의 사항 등도 안내하고 있으므로 함께 고려할 수 있다.

| 영역 | 교수·학습 방법 및 유의 사항 |
| --- | --- |
| 쓰기 | 쓰기 지식이나 기능, 전략만을 따로 떼어 지도하기보다는 글을 쓰는 가운데 지식, 기능, 전략을 숙달할 수 있도록 지도한다. 세세한 지식, 기능, 전략에 집중하기보다는 한 편의 글을 완성하는 데 중점을 두어 지도한다. |
| 문법 | 통일 시대의 국어에 대한 관심을 갖도록 지도할 때에는 남북한 언어 문제를 어휘 차이와 같은 지식으로만 접근하기보다는 통일 시대를 대비하려는 태도 형성에 중점을 둔다. |

이와 같이 교육과정의 성취기준을 비롯한 여러 정보를 활용하면 학습자가 갖추어야 할 이해, 기능, 태도 측면의 목표를 더 구체화할 수 있다. 예컨대, 쓰기 영역을 학습

---

**4** 2015 개정 국어과 교육과정에 해설이 생략되어 있는 성취기준의 경우, 이전 성취기준(2009 개정 국어과 교육과정의 성취기준)의 해설을 참고할 수 있다.

하며 학습자는 '쓰기가 문제 해결 과정이라는 본질에 대한 이해', '쓰기 과정에서 부딪히는 문제에 대한 이해'를 갖추어야 한다. 또한 한 편의 글을 완성해 가면서 '쓰기 과정의 문제 해결에 대한 전략 및 기능'을 익혀 나갈 수 있다. 그리고 학습자는 '자신의 쓰기 과정에 이러한 이해와 기능을 적용해 문제를 해결하려는 태도'를 갖추어야 한다.

문법 영역에서는 '남북 언어의 동질성과 이질성에 대한 지식', '문제 발견, 자료 수집 등 이질성 극복 방안 탐구를 위한 기능', '통일 시대를 대비하려는 태도 및 바람직한 방향을 모색해 보는 태도'를 형성하고자 함을 알 수 있다.

또한, 〈사례〉의 교과서 소단원에서는 쓰기와 문법 영역을 통합해 문법 영역의 문제 해결을 위한 글을 쓰면서 쓰기 문제를 해결하도록 구성하고 있다. 그렇다면 문법 영역에서 제시하는 문제들은 쓰기 과정에서 활용할 주요 내용이 된다는 점도 고려할 필요가 있다. 예컨대 문법 성취기준 해설에서 제시하는 문제들(필요성, 남북 언어의 동질성과 이질성, 차이로 인해 예상되는 문제점, 극복을 위한 방안)은 쓰기 내용 생성 및 조직에서 고려할 주요 사항들이 된다. 즉 목표 정련 측면뿐 아니라 학습 내용이나 방법을 숙고하기 위해서도 교육과정은 반드시 살펴보아야 한다.

## [3] 4. 교수·학습 계획

| 학습 내용 | • 대단원 또는 소단원의 차시별 지도 계획이 적절히 수립되었는가? |
|---|---|
| | - 누락된 내용이 있어 소단원 차시별 지도 계획 수립이 적절하지 않다. |
| 형식 | • 지도안의 서술이 의미하는 바가 명료한가? |
| | - 소단원 차시별 지도 계획을 더 명시적으로 제시할 필요가 있다. |

'4. 교수·학습 계획'에서는 소단원을 6차시로 나누어 계획하고 있다. 그런데 형식 및 내용 측면에서 보완하여야 할 점들이 눈에 띈다.

우선 〈사례〉의 1, 2차시와 3, 4차시, 5, 6차시는 동일한 학습 내용을 교수·학습하는 것으로 계획되었다. 내용에 따라 두 차시로 나누어 지도할 수 있으므로 내용이 중복되는 것이 잘못되었다고 말하기는 어렵다. 그러나 동일한 내용을 반복적으로 제시하여, 학습 내용이 동일한 차시를 한눈에 파악하기 어렵다는 것은 형식상 아쉬운 점이다. 두 차시의 주요 학습 내용을 묶어 기술하거나, 두 차시의 세부적인 차이를 변별하여 서술하는 방안이 가능하다.

**▪ 두 차시의 주요 학습 내용을 묶어 기술한 예**

| 차시 | 누계 | 주요 학습 내용 |
|------|------|----------------|
| 1-2 | 2 | - 통일 시대의 국어 문제에 관심 가지기<br>- 계획하기 단계에서 겪는 문제 해결하기 |

**▪ 두 차시의 세부적인 차이를 변별하여 기술한 예**

| 차시 | 누계 | 주요 학습 내용 |
|------|------|----------------|
| 1 | 1 | - 통일 시대의 국어 문제에 관심 가지기<br>- 통일 시대 국어 관련 글쓰기 계획하기 |
| 2 | 2 | - 계획하기 단계에서 겪는 문제 인식하기<br>- 계획하기 단계에서 겪는 문제 해결하기 |

그런데 더 큰 문제점은 소단원의 필수 학습 내용 중 누락된 부분이 있다는 점이다. 〈사례〉에서는 문제 해결 과정으로서의 쓰기를 다루기 위해 '계획하기', '자료 수집 및 선정하기', '내용 조직하기' 과정을 학습 내용에 제시하고 있는데, 최종적으로 한 편의 글을 완성하기 위해서는 '표현하기'와 '고쳐쓰기' 과정 역시 교수·학습 계획에 제시되어야 한다.

〈사례〉의 '교수·학습 계획'에서는 이 두 단계가 누락되었는데, 이어 제시되는 '5. 라. 교수·학습 과정안'의 다음 차시 예고에서는 '표현하기'를 언급하고 있다. 해당 교과서에서도 '표현하기'와 '고쳐쓰기' 단계를 제시하고 있다는 점 역시 고려해 보면, 교수자가 실제로는 고쳐쓰기까지 소단원 교수·학습 계획을 해 두었다고 짐작할 수 있다. 즉 '4. 교수·학습 계획'에서 일부 학습 내용을 누락한 채 작성한 것이라고 볼 수 있으므로 이러한 누락이 발생하지 않도록 유의해야 한다.

더하여 소단원 차시 계획을 세울 때 학습자들이 쓰기의 각 단계가 선조적으로 이어진다고 오해하지 않도록 하는 것도 중요하다. 문제 해결 과정으로서의 글쓰기는 선조적으로 이루어지는 것이 아니라 점검과 조정이 수시로 일어날 수 있다는 점을 자연스럽게 인식할 수 있도록 소단원 차시 계획을 세우는 것이 바람직하다.[▶국어 교육 이론]

| 교수·학습 방법 | • 학습 내용의 특성에 부합하는 교수·학습 방법을 사용하였는가? |
|---|---|
| | - 소단원 차시별 지도 계획의 교수·학습 방법을 숙고할 필요가 있다. |

〈사례〉의 교수·학습 방법은 전체 차시가 '개별 학습'으로만 작성되어 있어, 교수·학습 방법에 대한 숙고가 필요해 보인다. 2015 개정 국어과 교육과정에서는 특히 학습자 참여형 교수·학습을 강조하고 있으며 관련하여 여러 가지 교수·학습 방법을 예로 들고 있다.[5]

즉 교수자는 학습자를 중심에 두고 교수·학습 방법을 계획해야 하며, 목표 및 내용에 부합하는 방법을 찾고 이를 차시별로 융통성 있게 적용해야 한다. 그렇다면 학습자가 '문제 해결 과정으로서의 쓰기'를 익히기 위해서는 어떠한 경험이 필요할까? 학습자는 쓰기 과정에서 마주치는 인지적 문제를 파악하고 해결하는 방법을 알며, 이를 자신의 쓰기 과정에 점진적으로 적용해 보는 경험이 필요하다. 이러한 점을 고려하면 '현시적 교수법'[▶국어 교육 이론]을 교수·학습 방법으로 고려해 볼 수 있을 것이다. 다만 특정한 교수·학습 방법을 취했다고 해서 모든 절차를 엄격하게 지켜야만 하는 것은 아니며, 필요에 따라 여러 방법을 부분적으로 활용해 적용할 수도 있다.

### (4) 5. 학습 전개 계획 − 가., 나., 다.

| 학습 목표 | • 교육과정의 성취기준에 근거하여 학습 목표가 설정되었는가?<br>• 전체 차시 계획을 고려할 때 본 차시 학습 목표가 적절히 설정되었는가? |
|---|---|
| | - 성취기준의 제시 위치와 제시된 항목을 점검할 필요가 있다.<br>- 본 차시 학습 목표 설정의 적절성을 점검할 필요가 있다. |

5  '국어'의 교육 목표와 성취기준의 성격을 고려하여 직접 교수법, 토의·토론 학습, 탐구 학습, 문제 해결 학습, 프로젝트 학습, 역할놀이 학습, 거꾸로 학습 등 적절한 교수·학습 방법을 선택하여 운용하되, 학습자 참여형 교수·학습이 되도록 한다(교육부, 2015: 69).

성취기준을 단원 목표 부분에 제시하는 것은 앞서 제안한 바 있다. 또한 본 소단원은 '쓰기' 영역과 '문법' 영역의 성취기준을 달성하기 위해 구성되었다. 그런데 〈사례〉의 교수자는 '5. 가.'에서 문법 영역의 성취기준을 제시하지 않고 있으며, '5. 나.'에서도 쓰기 영역의 목표만을 제시하고 있다.

물론, 이러한 판단이 교사의 수업 재구성 과정에서 의도적으로 이루어졌을 가능성도 있다. 그러나 이후 이어지는 '라. 교수·학습 과정안'의 내용을 보면, 교과서에 제시된 통일 시대의 국어 관련 내용이 그대로 활용되고 있다. 따라서 문법 영역 성취기준과 학습 목표가 수업 지도안에 누락된 것으로 볼 수 있다.

## 2) 교수·학습 단계별 내용과 방법 검토

### (1) 5. 학습 전개 계획 – 라. 교수·학습 과정안

| 형식 | • 지도안의 항목에 맞게 하위 내용을 기술하였는가?<br>• 지도안의 서술이 의미하는 바가 명료한가? |
| --- | --- |
| | - 교사 활동과 학생 활동이 잘못 제시된 부분이 있다.<br>- 활동에 대한 파악이 쉽도록 교사 활동과 학생 활동의 제시 방식을 수정할 수 있다. |

'5. 라.'를 보면 '교사 활동'에 제시되어야 할 내용이 '학생 활동'에 제시된 부분이 있다. "자료를 수집하고 선정하는 과정에서 고려할 점이 무엇인지 질문한다."는 '학생 활동'에 제시되어 있으나, 학습의 과정이나 문맥을 고려할 때 이때의 질문이 학생이 교사에게 던지는 것이 아니라는 점을 파악할 수 있다. 교사의 질문과 학생의 대답으로 전시 학습을 확인하는 형식을 취하고 있기 때문이다.

또한 교사 활동과 학생 활동을 제시할 때 교사 활동에 제시된 문장의 서술어만 바꾼 정도로 학생 활동을 유사하게 제시한 경우가 많은데, 특히 전개 단계와 같이 교사와 학생의 언어적 의사소통이 많아지는 부분에서는 이러한 방식이 오히려 활동의 핵심을 파악하기 힘들게 하는 면이 있다. 활동의 핵심을 명사절로 요약해 소제목으로 제시하는 등 명시적으로 지도안을 구성할 필요가 있으며, 단순히 서술어만 교체하는 것이 아니라 교사와 학생의 바람직한 언어적 의사소통 내용에 대해서도 고민할 필요가 있다.

■ 〈사례〉의 교사, 학생 활동 서술 예시(서술어만 교체)

| 교사 활동 | 학생 활동 |
|---|---|
| ▶ **활동 I**과 관련된 영상을 시청하게 하고 영상에 관해 설명한다.<br>- 영상의 내용이 교과서 152~153쪽과 관련이 있고, 하은이가 선정한 자료를 가지고 내용을 구성하고 조직하는 과정에 대한 내용임을 설명한다. | ▶ 활동 1과 관련된 영상을 시청하고, 영상에 관한 설명을 듣는다.<br>- 영상의 내용이 교과서 152~153쪽과 관련이 있고, 하은이가 선정한 자료를 가지고 내용을 구성하고 조직하는 과정에 대한 내용임을 인지한다. |

↓

■ 〈사례〉의 교사, 학생 활동 서술 수정 예시

| 교사 활동 | 학생 활동 |
|---|---|
| ▶ 활동 1 관련 영상 제시 및 질문과 설명<br>- 교과서 152~153쪽 관련 영상을 제시한다.<br>- 하은이가 선정한 자료를 가지고 무엇을 하는 영상인지 질문한다.<br>- 학생 답변에 대해 보충 설명한다. | ▶ 영상 시청 및 답변<br>- 교과서와 관련지어 영상을 시청한다.<br>- 내용을 구성하고 조직하는 과정을 다룬 영상임을 답변한다. |

　　더하여 학습 자료를 'PPT'라고 제시하는 것도 일반적으로 활용되는 방식이지만, 교수·학습의 흐름 파악을 위해 어떠한 내용이 제시되는 PPT인지를 간략히 함께 서술해 주는 것도 가능하다.

| 교수·학습<br>방법 | • 학습자의 수준과 흥미를 고려하여 활동을 구성하였는가? |
|---|---|
| | - 도입 단계의 동기 유발을 위한 설계는 대체로 적절하다. |

　　도입 단계에서는 요리의 과정에 빗대어 쓰기 과정에서 부딪히는 문제들을 설명하고 있다. 학습자가 친밀감을 느낄 수 있는 음식 조리 과정을 활용해 쓰기 과정을 소개한 점은 동기 유발을 위해 적절해 보인다. 또한 전시 학습과 본 차시 학습 내용을 자연스럽게 요리의 과정과 연계하고 있어, 요리의 전 과정을 들어 쓰기 과정 전체를 유추하게끔 전체 차시의 동기 유발 부분을 설계했으리라 짐작할 수 있다. 즉, 소단원 차시별 동기 유발 방법이 연속적으로 이어짐으로써 체계를 지니는 점은 적절해 보인다.

다만 음식 조리 과정에 시간을 지나치게 할애하는 것은 아닌지 점검할 필요가 있으며, 유추의 한계를 고려할 필요도 있다. 예컨대 〈사례〉의 "요리에 필요한 재료를 조리하는 과정이 글을 쓰기 위해 내용을 조직하는 과정과 같음"과 같은 진술은 학생들에게 혼동을 줄 수도 있어 표현에 유의해야 한다. '내용 조직하기'가 실제 재료 조리 과정인지, 레시피를 짜는 과정인지 명확히 대응하지 않기 때문이다.

| 교수·학습<br>방법 | • 학습 목표에 적합한 교수·학습 방법을 사용하였는가?<br>• 학습 목표 달성에 적합한 활동을 구성하였는가? |
|---|---|
| | - 학습 목표 달성을 위해 교수·학습 방법을 바꾸고, 전개 단계의 활동을 수정해야 한다. |

전개 단계에 제시된 활동은 학습 목표와 차시별 계획을 고려해 수정할 필요성이 보인다. 이 책에서는 지면 관계로 제시하지 않았으나 학습지 내용 역시 검토할 필요가 있다. 학습지 내용을 포함하여 〈사례〉의 교수자가 전개부에서 계획한 학습자의 학습 경험에 임의로 번호를 붙여 정리하면 다음과 같다.

① 왕비의 지고지순한 사랑을 주제로 그림들의 순서를 정해 개요표를 작성하기

↓

② 남북 언어 차이로 인한 어려움 극복을 위한 노력이란 주제로 내용 조직하기

↓

③ 내용 조직하기 과정에서 겪는 문제와 해결 방법을 찾고 떠올리기

①의 활동의 경우 그 내용 측면에서도 적절성을 검토할 필요가 있다. 즉 '왕비의 지고지순한 사랑'이란 주제가 교육적 가치 측면이나 중학교 3학년 학습자 수준 측면에서 적절한지 숙고할 필요가 있다. 또한 방법 측면에서 동화 그림의 순서를 자유롭게 정하며 내용 조직하기와 유사점을 찾는 활동은 도입 단계에서 제시한 요리 과정 유추 활동과 유사한 점이 있어, 동기 유발 활동이 이어지는 듯한 인상을 준다. 한정된 수업 시간 속에서 내용 조직하기 과정의 문제를 해결한다는 목표를 성취하기 위해 최선의 학습 경험이 설계된 것인지 고민할 필요가 있다.

특히 전개 단계의 시작에 대한 고민은 ②, ③의 활동을 검토할 때 더욱 커진다. 교

수자는 ②, ③의 활동을 하기 위해 학습지를 제공하고 있는데, 이 학습지는 교과서에 제시된 학습 활동을 거의 그대로 활용하되 빈칸의 위치를 조정하거나 빈칸을 조금 더 제시한 형태이기 때문이다.

빈칸 채우기 형식으로 단서를 통해 내용 조직하기 단계의 경험을 쌓아 나가는 과정도 물론 필요하다. 그러나 학습자는 ②의 활동을 위해 학습지를 풀 때 교과서를 참고할 수밖에 없는데, 교과서에는 이미 학습지 빈칸의 정답에 해당하는 내용이 다수 기재되어 있다. 이 경우 학습자는 스스로의 인지적 능력으로 개요를 짜고 내용 조직하기 단계의 문제 해결 경험을 쌓기보다, 교과서에 제시된 내용을 학습지의 비슷한 위치에 옮겨 적는 경험을 할 가능성이 높다.

이어지는 ③의 활동의 경우, 학습자가 한 편의 글을 쓰기 위해 실제적으로 내용을 조직하면서 겪은 경험을 바탕으로 문제와 해결 방법을 찾는 것이 아니라, 교과서에 제시된 내용을 옮겨 쓰는 활동이나 자신의 경험을 떠올려 보도록 하는 활동으로 이루어져 있다. 무엇보다 정리 단계의 차시 예고에서 다음 수업 시 '표현하기'에 대해 학습할 것을 언급하고 있기 때문에[6] 학습자는 본 차시에서 다음과 같은 내용 조직하기 경험을 충분히 할 필요가 있다.

---

- 생성한 내용을 기준에 따라 범주화하기
- 글의 주제와 목적을 고려해 글의 구조[7](전개 방법)를 정하기
- 글의 구조를 염두에 두고 생성한 내용을 체계적으로 배열하기
- 문단 순서를 조정하고, 내용을 추가, 삭제, 변경하기

---

이를 위해서는 학습자가 생성한 내용을 바탕으로 실제로 글 내용을 조직하는 경험을 활동으로 설계할 필요가 있다. 〈사례〉에서는 빈칸 채우기나 단순한 지시로 내용 조직하기 학습이 마무리되었기에, 학습자가 한 편의 글을 쓰기 위해 내용을 조직하는 경험을 추가할 필요가 있다.

예컨대 앞서 언급한 '현시적 교수법'을 활용해 교수·학습 방법을 수정해 볼 수 있

---

**6**　지도안의 정리 단계에서도 교사 발화에는 '표현하기', 학생 발화에는 '내용 조직하기'로 예고가 되어 있어, 다음 시간에 내용 조직하기를 한 시간 더 학습하는지, 표현하기 단계로 넘어가는지를 판단하기 어렵다. 본 차시 교수·학습 방법을 상세화하기 위해서는 우선 전체 차시 계획을 탄탄하게 설계해야 한다.

**7**　권순희 외(2018: 131)에서는 글의 구조로 '나열 구조, 순서 구조, 원인과 결과 구조, 비교·대조 구조, 문제 해결 구조' 등을 제시하고 있다.

다. 교사는 내용 조직하기 과정에서 부딪히는 문제와 해결 방법에 대해 설명한다. 이후 사고 구술법을 활용해 시범을 보여, 전략을 활용한 과정을 학생들이 이해하도록 한다. 다음으로 교사는 학습자들이 내용 조직하기 문제 해결 방법을 제대로 이해하였는지 질문을 던지고, 교사 안내 중심의 내용 조직하기 활동, 개별 학생 중심의 독립적인 내용 조직하기 활동, 실제 작문 상황에서의 전략 적용 활동을 진행한다. 이 과정에서는 교과서에 제시된 남북한 언어 차이 관련 내용 외에도 다양한 자료가 필요하므로, 교과서 재구성에 대한 고려도 필요하며 새로운 주제의 자료, 다양한 구조의 자료, 학습자가 생성한 내용 등을 활용할 필요가 있다.

한편 ③의 활동과 관련하여서도 이 책에서는 제시하지 않은 〈사례〉의 학습지를 검토할 필요가 있다. 문제와 해결 방안을 찾는 문항은 다음과 같이 구성되어 있다.

---

1. 교과서 152~153쪽 내용 조직하기 단계 속 "하은이의 사고 과정"의 문제와 해결 방법을 파악해 봅시다.
2. 여러분이 "내용 조직하기" 단계에서 겪었던 문제와 해결 방법을 적어 봅시다.
   예) 주현: 중요한 내용을 어디에 배치해야 할지 모르겠어.
   　　승완: 중간 부분에서 덧붙일 내용과 뺄 내용이 뭔지 모르겠어.

---

앞서 언급하였듯이 1번 문항은 교과서의 내용을 옮겨 적는 성격이 강하고, 2번은 충분한 내용 조직 경험을 제공하지 않은 채 단순히 문제와 해결 방법을 떠올리게 하는 지시로 구성이 되어 있어 교사의 적극적 재구성이 요구된다. 현실적 여건으로 인해 수업 시간이 부족한 것이 아니라면, 학습자의 내용 조직하기 활동 이후 상위 인지를 활용해 학습자 자신이 겪었던 문제와 해결 방법을 수집하는 활동을 추가할 수도 있을 것이다. 즉 학습자들이 내용 조직하기 활동을 수행하면서 부딪힌 문제를 메타적으로 인식해 보는 활동, 그리고 친구들과 해당 경험을 공유함으로써 내용 조직 시의 다양한 문제와 해결 방안들을 파악하는 활동도 계획할 수 있다.

| 형식 | • 지도안의 항목이 체계적으로 구성되어 있는가?<br> - 지도안의 항목 중에 불필요한 요소가 포함되어 있지는 않은가?<br>• 지도안의 서술이 의미하는 바가 명료한가? |
| --- | --- |
| | - 활동 내용 중복 등 교수·학습의 흐름이 부자연스럽다.<br>- 지도 단계의 명칭을 더 일반적인 용어로 수정할 수 있다. |

전개부의 활동 내용을 살펴보면 그 흐름이 매끄럽지 않은 부분들이 있다. '목표 활동 1'에서 활동이 중복 언급되었고, 교사 활동에 제시되어야 할 문장이 학생 활동에 제시되었으며, '목표 활동 1'에서 다루어진 활동이 '목표 활동 2'에서 다시 다루어졌다. 이는 정리를 위한 재언급으로 볼 수도 있으나 불필요한 중복으로 보이기도 한다. 본 차시 활동 기술 시 활동의 핵심이 드러나게 표시하여 이러한 오류를 예방해야 한다.

*★+도움말* --------------------------------------------------------

• 지도안에서 주요 활동들을 강조해 편집함으로써 주요 활동이 중복되지 않는지, 흐름이 자연스러운지를 한 눈에 점검한다.

-----------------------------------------------------------------

참고로 〈사례〉에서는 본 차시의 지도 단계를 '도입 – 전개 – 정착'으로 제시하고 있다. '정착'도 가능하지만 '정리'가 보다 일반적으로 사용되는 용어이므로 이 책에서는 '도입 – 전개 – 정리'로 수정하였다.

## 3) 수업 지도안의 후반부 검토

### (1) 5. 학습 전개 계획 – 마. 본시 확인 학습 1) 확인 학습 문제

| 평가 | • 학습 목표 달성 여부를 점검하는 방법이 적절한가?<br> - 평가 도구를 적절하게 제작 및 활용하였는가?<br>• 평가 결과를 적절히 활용하였는가?<br> - [형성평가] 평가 결과를 교수·학습에 적절히 환류하고 있는가? |
|---|---|
| | - 평가를 통해 학습자의 이해 정도를 점검하였으나, 실제 내용 조직하기 과제를 통해 그 결과를 활용할 필요가 있다. |

형성평가는 수업을 진행하는 과정에서 수업 목표의 달성을 위하여 학습자가 정상적인 진도를 보여 주고 있는지를 계속적으로 점검하여 교수자나 학습자에게 적절한 피드백을 제공하는 활동이다(윤관식, 2020: 127-128). 〈사례〉의 '마. 본시 확인 학습'에서는 PPT의 문제 풀이 방식(빈칸 채우기, 잘못된 설명 고르기)으로 간단한 형성평

가를 제시하고 있는데, 이러한 방식으로는 내용 조직하기의 개념과 방법에 대한 명제적 지식 수준의 이해 여부를 확인할 수 있을 뿐이다. 학습자가 실제로 학습 목표를 달성하였는지 점검하기 위해 평가를 수정할 수 있다. 즉 PPT 문제 풀이 형식으로 실제 내용을 조직하는 문항을 추가하여 범주화나 개요 짜기 능력을 확인하거나, 학생이 수업 중 작성한 내용 조직하기 결과물을 수합해 다음 차시에 피드백하는 방식이다.

# 3

## 지도안 다시 작성해 보기

### 1) 지도안의 수정 방향

앞서 검토한 내용을 정리하면, 이 지도안은 특히 '학습 목표', '단원 차시별 지도 계획'과 '교수·학습 방법' 측면에서 수정과 보완이 필요하다. 또한 형식적 측면의 오류 수정이나 지도안의 가독성을 높이기 위한 보완도 필요하다.

따라서 지도안의 주된 수정 방향은 '단원 학습 목표와 본 차시 학습 목표의 변별', '쓰기 과정을 고려한 차시별 지도 내용과 방법 설계', '교수·학습 방법과 자료를 고려한 본 차시 수업 지도안 작성'이라 할 수 있다.

한편, 〈사례〉는 세안으로 작성되었으나 수정안에서 모든 항목을 다시 작성하기보다는 약안으로 작성하여 수정의 방향이 한눈에 보이도록 한다. 단, 일반적으로 약안에서는 '단원의 학습 목표, 단원 차시별 지도 계획' 등이 생략되는 경우가 많으나, 〈사례〉에서 '학습 목표'와 '단원 차시별 지도 계획' 측면의 검토 내용이 있었기에 해당 내용을 간략히 추가하여 제시하였다.

여기서는 단원 전체와 본 차시 부분을 스스로 설계하며 지도안을 다시 작성해 볼 것이다.

### 2) 단원 설계

단원 학습 목표와 단원 차시별 지도 계획을 수정해 보자.

| 단원<br>학습 목표 | • <br> • | |
|---|---|---|
| 차시별<br>지도 계획 | 차시 | 주요 학습 내용 및 활동 |
| | 1 | • 통일 시대 국어에 관심을 가지고 이질성 극복의 필요성 인식하기<br>• 계획하기 과정에서 겪는 문제 해결하기 |
| | 2 | • <br> • |
| | 3<br>(본 차시) | • <br> • |
| | 4 | • 남북 언어 차이로 인한 어려움을 극복하기 위한 노력이란 주제를 담은 글로 표현하기<br>• 표현하기 과정에서 겪는 문제 해결하기 |
| | 5 | • 남북 언어 차이로 인한 어려움을 극복하기 위한 노력이란 주제를 담은 글을 다듬어 완성하기<br>• |
| | 6-7 | • |

## 3) 본 차시 설계

본 차시 수업 지도안을 다시 작성해 보자.

| 교과명 | 국어 | 교사 | ○○○ |
|---|---|---|---|
| 교재 | 중학교 국어 3-1(신유식 외) | 대상 학급 | 3학년 ○반 ○○명 |
| 일시 | ○○○○년 ○월 ○일(수) ○교시 | 장소 | 3-○ 교실 |
| 단원 | 3. 국어와 소통<br>(2) 통일을 향한 국어의 길 | 차시 | 3/7차시 |
| 본 차시 학습<br>목표 | • <br> • | | |

| 교수·학습 모형 | 현시적 교수법 | | | |
|---|---|---|---|---|
| 교수·학습 단계 | | 교수·학습 활동 | | 자료 및 유의점 | 시간 (분) |
| | | 교사 | 학생 | | |
| 도입 | 전시 학습 확인 및 동기 유발 | • 전시 수업 질문과 확인하기<br>- | • 전시 수업 상기하기<br>- | PPT<br>: 내용 생성 시의 문제 해결 | 4 |
| | 학습 목표 확인 | • 본 차시 학습 목표 제시하기 | • 본 차시 학습 목표 인지하기 | PPT<br>: 학습 목표 | 1 |
| 전개 | 설명하기 | •<br>- | •<br>- | PPT<br>: 내용 조직 시의 문제 해결 | 4 |
| | | •<br>- | •<br>- | PPT<br>: 시범용 자료(범주화 되지 않은 내용 생성 이후 자료) | 4 |
| | 교사 유도 연습 | • **교사 안내 중심의 내용 조직하기 활동 안내하기**<br>- 남북 언어와 통일 시대 국어에 대한 교과서 자료를 재구성해 학습지 ① 제공, 학생들이 내용을 조직하도록 안내<br>- 내용 조직하기 전략을 직접 적용해 보도록 안내하기<br>- 교과서의 힌트를 확인하지 않도록 안내 | • **안내에 따라 내용 조직하기**<br>- 학습지에 제시된 남북 언어 관련 내용을 안내에 따라 조직하기<br>- 학습지의 빈칸을 채우고 제시된 개요의 잘못된 점을 수정하며 전략 연습하기 | 학습지 ①<br>: 교과서 내용 생성 자료 및 불완전한 개요 제시 | 6 |

| | | | | |
|---|---|---|---|---|
| 전개 | | • <br> - | • <br> - | 학습지 ② <br> : 교과서 자료 외에 추가적인 자료 제시, 학생 선정 자료를 추가할 공간 제시 | 8 |
| | 적용 | • **적용 활동 안내하기** <br> - 다른 장르나 구조에 적합한 자료, 더 어려운 수준의 자료를 바탕으로 내용 조직하기 전략을 적용해 보도록 안내 <br> - 적용 활동의 수행 결과물은 형성평가 자료로 활용됨을 안내 <br> - 내용 조직하기 과정의 문제 해결 경험 공유 안내 | • **내용 조직 전략 적용하기** <br> - 전략을 확장적이고 융통성 있게 적용하기 <br><br> - 자신의 경험이나 효과적인 방법 발표하며 공유하기 | 설명문, 기행문 등 타 장르나 구조에 적합한 다양한 자료 준비 | 11 |
| 정리 | | • <br> - | • <br> - | PPT <br> : 내용 조직 시의 문제 해결 | 2 |
| | 평가 | • **형성평가 자료 제출 안내** <br> - 적용 활동의 수행 결과물 제출 안내 <br> - 수행 결과물을 평가한 후, 이후 수업에서 피드백이 이루어진다는 점 설명 | • **형성평가 자료 제출** <br> - 적용 활동의 수행 결과물 제출하기 | 적용 활동 수행 결과물 | 4 |
| | | • <br> - | • <br> - | | 1 |

# 4

# 지도안 수정 예시

## 1) 단원 설계 부분 수정 예시

본 차시 학습 목표가 아닌 소단원의 학습 목표를 기술하는 부분이다. 쓰기 영역의 목표를 소단원 학습 목표로 수정하였고, 문법 영역의 목표를 추가 제시하였다. 만약 쓰기의 글감을 통일 시대 국어가 아닌 다른 내용으로 재구성한다면, 문법 영역의 목표는 삭제할 수 있다.

| 단원 학습 목표 | • 쓰기는 주제, 목적, 독자, 매체 등을 고려한 문제 해결 과정임을 이해하고 글을 쓴다.<br>• 통일 시대의 국어에 관심을 가지는 태도를 지닌다. |
|---|---|

| 차시 | 주요 학습 내용 및 활동 |
|---|---|
| 1 | • 통일 시대 국어에 관심을 가지고 이질성 극복의 필요성 인식하기<br>• 계획하기 과정에서 겪는 문제 해결하기 |
| 2 | • 남북 언어의 동질성과 이질성, 관련된 문제점을 보여 주는 다양한 자료 수집하기<br>• 내용 생성하기 과정에서 겪는 문제 해결하기 |
| **3<br>(본 차시)** | **• 남북 언어와 통일 시대 국어에 대해 선정한 내용을 체계적으로 범주화하고 배열하기<br>• 내용 조직하기 과정에서 겪는 문제 해결하기** |
| 4 | • 남북 언어 차이로 인한 어려움을 극복하기 위한 노력이란 주제를 담은 글로 표현하기<br>• 표현하기 과정에서 겪는 문제 해결하기 |
| 5 | • 남북 언어 차이로 인한 어려움을 극복하기 위한 노력이란 주제를 담은 글을 다듬어 완성하기<br>• 고쳐쓰기 과정에서 겪는 문제 해결하기 |
| 6-7 | • 쓰기 과정을 회귀적으로 밟아 가며 문제를 해결하여 한 편의 글을 완성하기 |

차시별 지도 계획

〈사례〉에서 누락되었던 '표현하기'와 '고쳐쓰기' 관련 내용을 추가하였고, 문법 영역의 학습 내용 및 활동을 차시별로 추가 설계하였다.
또한 1~5차시에서 쓰기 과정을 단계적으로 나누어 학습하면서, 학습자는 쓰기 과정이 명확히 구분되는 단계로 이루어져 있다거나 선조적으로 진행된다는 오개념을 가질 수 있다. 이러한 오개념 형성을 막기 위해 6, 7차시를 추가하여, 학습자가 한 편의 글을 완성하는 과정에서 수시로 점검과 조정을 하며 문제를 해결하는 경험을 할 수 있도록 설계하였다.

## 2) 본 차시 설계 부분 수정 예시

| 교과명 | 국어 | 교사 | ○○○ |
|---|---|---|---|
| 교재 | 중학교 국어 3-1(신유식 외) | 대상 학급 | 3학년 ○반 ○○명 |
| 일시 | ○○○○년 ○월 ○일(수) ○교시 | 장소 | 3-○ 교실 |
| 단원 | 3. 국어와 소통<br>(2) 통일을 향한 국어의 길 | 차시 | 3/7차시 |
| 본 차시<br>학습 목표 | • 내용 조직하기 단계에서 겪는 문제를 해결할 수 있다.<br>• 남북 언어와 통일 시대 국어에 대해 선정한 내용의 구조를 정해 개요를 작성할 수 있다. | | |
| 교수·학습 모형 | 현시적 교수법 | | |

| 교수·학습 단계 | | 교수·학습 활동 | | 자료 및<br>유의점 | 시간<br>(분) |
|---|---|---|---|---|---|
| | | 교사 | 학생 | | |
| 도입 | 전시 학습<br>확인<br>및<br>동기 유발 | • **전시 수업 질문과 확인하기**<br>- 내용 생성 단계에서 겪는 문제와 해결 방법<br><br>- 전시 학습에 이어 이번 시간에 어떤 활동을 하게 될지 질문 | • **전시 수업 상기하기**<br>- 남북 언어에 대해 다양한 매체를 활용해 자료를 수집하고 선정한 경험 상기<br>- 이번 수업에 대해 예측해 답변 | PPT<br>: 내용 생성 시의 문제 해결 | 4 |
| | 학습 목표<br>확인 | • **본 차시 학습 목표 제시하기** | • **본 차시 학습 목표 인지하기** | PPT<br>: 학습 목표 | 1 |

본 차시 학습에 적절한 교수·학습 방법을 선정해 제시하였다. 이 지도안에서는 한 차시에 현시적 교수법의 단계를 모두 적용하는 것으로 설계해 보았으나, 꼭 모든 절차를 엄격히 지키거나 한 차시에 모든 단계를 적용해야 하는 것은 아니다. 학습자 수준 등을 고려해 유연하게 적용할 필요가 있다.

〈사례〉에서는 쓰기 영역의 목표만 제시되어 있었으므로, 문법 영역의 목표를 추가하였다. 물론 단원 설계 시 문법 영역을 다루지 않는 형태로 교재를 재구성하였다면, 본 차시의 목표에서 문법 영역의 목표도 생략 가능하다.

검정 교과서이므로 필요에 따라 출판사 정보도 추가 기입할 수 있다.

〈사례〉에서는 동기 유발 활동이 6분, 도입 단계 전체가 10분으로 설정되어 있었다. 전개 단계의 활동 시간 확보를 위해, 동기 유발 활동의 비중을 줄이고 전시 학습을 확인하는 과정에서 자연스럽게 학습 동기가 유발되도록 설계하였다.

자료 및 유의점을 조금 더 상세히 서술하였다.

| | | | | | |
|---|---|---|---|---|---|
| | 설명하기 | • 내용 조직하기 과정의 문제와 해결 방법 설명하기<br>- 범주화, 글의 구조 결정, 개요 짜기(순서 조정, 추가, 삭제, 변경) 등의 전략과 필요성 설명 | • 설명 이해하기<br><br>- 내용 조직하기 과정의 문제와 해결 방법을 알 필요성 인식하기<br>- 집중하여 듣고 필요 시 메모하기 | PPT<br>: 내용 조직 시의 문제 해결 | 4 |
| | 시범 보이기 | • 내용 조직 시범 보이기<br>- 사고 구술법을 활용해 시범 보이기<br>: 자료를 범주화하는 말, 글의 구조를 고려하는 말, 내용을 추가, 삭제, 변경하며 순서를 조정하는 말을 하기 | • 시범 관찰하기<br>- 교사의 시범을 관찰하며 생성된 내용을 조직하는 방법 이해하기<br>- 의문점 질문하기 | PPT<br>: 시범용 자료(범주화되지 않은 내용 생성 이후 자료) | 4 |
| • 전개 | 교사 유도 연습 | • 교사 안내 중심의 내용 조직하기 활동 안내하기<br>- 남북 언어와 통일 시대 국어에 대한 교과서 자료를 재구성해 학습지 ① 제공, 학생들이 내용을 조직하도록 안내<br>- 내용 조직하기 전략을 직접 적용해 보도록 안내하기<br>- 교과서의 힌트를 확인하지 않도록 안내 | • 안내에 따라 내용 조직하기<br><br>- 학습지에 제시된 남북 언어 관련 내용을 안내에 따라 조직하기<br>- 학습지의 빈칸을 채우고 제시된 개요의 잘못된 점을 수정하며 전략 연습하기 | 학습지 ①<br>: 교과서 내용 생성 자료 및 불완전한 개요 제시 | 6 |
| | 학생 독립 연습 | • 개별 학생 중심의 내용 조직하기 활동 안내하기<br>- 남북 언어와 통일 시대 국어에 대한 새로운 자료 제공<br>- 이전 차시에 본인이 조사하고 선정한 자료를 추가 활용해도 됨을 안내<br>- 앞서 적용한 문제-해결 구조가 아닌 다른 방식으로 내용을 전개해도 됨을 안내<br>- 개별 학생에게 피드백 제공하기 | • 독립적 내용 조직 활동<br><br>- 학생 개인별로 전략을 유연하게 활용하며 연습하기<br>- 자료의 성격 및 글의 주제와 목적을 고려해, 자료를 범주화하고 적합한 구조를 결정하고 직접 개요 짜 보기 | 학습지 ②•<br>: 교과서 자료 외에 추가적인 자료 제시, 학생 선정 자료를 추가할 공간 제시 | 8 |

〈사례〉에서는 전개 단계를 다시 '개요표 작성하기', '내용 조직하기에서 겪는 문제 해결하기'로 나누었는데, 이는 학습 내용을 잘 드러내므로 적절하다. 그러나 그 하위에 세부적으로 설정된 활동들이 목표에 적합한 방법이라고 보기 어려웠고, 실제적인 쓰기(내용 조직하기) 활동이 부족하였다. 따라서 수정안에서는 교수·학습 방법(현시적 교수법)을 고려해 세부 단계와 활동을 수정하였고, 학습자가 전략을 적용해 실제로 내용을 조직하는 경험을 충분히 할 수 있도록 설계해 보았다. 또한 지도안에 활동의 핵심이 잘 드러나도록 제시 방식(명사절 굵게 표시 등)을 수정하였다.

문법 영역 목표를 성취하기 위해 학습지 ①, ②에서 남북 언어 및 통일 시대 국어 관련 내용을 다루도록 설계하였다. 학습지 ①은 교과서 내용 수준에서 불완전하거나 오류가 있는 개요를 수정하는 방식이고, 학습지 ②는 교과서에 제시되지 않은 내용이나 학습자가 이전 차시에 생성한 내용을 활용해 개요를 짜게 하는 방식이다.

| | | | | | |
|---|---|---|---|---|---|
| 전개 | 적용 | **• 적용 활동 안내하기**<br>- 다른 장르나 구조에 적합한 자료, 더 어려운 수준의 자료를 바탕으로 내용 조직하기 전략을 적용해 보도록 안내<br>- 적용 활동의 수행 결과물은 형성평가 자료로 활용됨을 안내<br>- 내용 조직하기 과정의 문제 해결 경험 공유 안내 | **• 내용 조직 전략 적용하기**<br>- 전략을 확장적이고 융통성 있게 적용하기<br><br><br><br>- 자신의 경험이나 효과적인 방법 발표하며 공유하기 | 설명문, 기행문 등 타 장르나 구조에 적합한 다양한 자료 준비 •……… | 11 |
| 정리 | 학습 내용 정리 | **• 내용 조직하기 과정의 문제 해결 방법 정리하기**<br>- 학습 목표 재확인 및 학습 내용 정리 | **• 내용 정리하며 회상하기**<br>- 학습 목표와 학습 내용 정리하고 활동 회상하기 | PPT<br>: 내용 조직 시의 문제 해결 | 2 |
| | • 평가 | **• 형성평가 자료 제출 안내**<br>- 적용 활동의 수행 결과물 제출 안내<br>- 수행 결과물을 평가한 후, 이후 수업에서 피드백이 이루어진다는 점 설명 | **• 형성평가 자료 제출**<br>- 적용 활동의 수행 결과물 제출하기 | 적용 활동 수행 결과물 | 4 |
| | 차시 예고 | **• 다음 차시 내용 예고하기**<br>- 표현하기 과정의 문제와 해결 방법을 학습할 것임을 예고하기 | **• 다음 차시 내용 인지하기**<br>- 오늘 작성한 개요를 바탕으로 초고를 쓰며 문제 해결 방법을 학습할 것임을 인식하기 | | 1 |

⋯〈사례〉에서는 PPT 문제 풀이를 통해 명제적 지식을 점검하는 1분 정도의 활동이었으나, 수정안에서는 전개 단계 적용 활동의 수행 결과물을 교사가 수합, 평가해 다음 차시에 피드백하는 것으로 변경해 보았다.

학습자가 학습한 결과를 다른 글에 적용할 수 있는지 판단해야 하므로, 남북 언어 및 통일 시대 국어 관련 문제-해결 방식의 주장하는 글이 아닌, 다른 구조나 장르의 내용이 필요하다. 타 출판사 교과서의 제재 등을 검토해 활용할 수도 있다.

## 3) 평가 계획 수정 예시

| 평가 요소 | - 내용 조직하기 단계에서 겪는 문제 해결하기 ●·········································· |
|---|---|
| 평가 방식 | - 전개 단계의 적용 활동에서 이루어지는 수행 활동과 그 결과물을 평가한다.<br>(1) 적용 활동 중 순회 지도하며 학생들에게 즉각적인 피드백을 줌.<br>(2) 적용 활동 결과 산출된 수행 결과물을 걷어 수업 후 평가하여, 다음 수업 시간에 피드백을 함.<br><br>- 적용 활동과 그 결과물은 다음의 평가 기준에 근거하여 평가한다. |

| 평가 항목 | 평가 기준 | | |
|---|---|---|---|
| | 상 | 중 | 하 |
| 내용 조직하기 단계에서 부딪히는 문제에 대한 이해 | 내용 조직하기 단계에서 부딪힌 문제를 잘 이해한다. | 내용 조직하기 단계에서 부딪힌 문제를 부분적으로 이해한다. | 내용 조직하기 단계에서 부딪힌 문제를 거의 이해하지 못한다. |
| 내용 조직하기 전략의 활용을 통한 문제 해결 | 내용 조직하기 전략을 적절히 활용하여 문제를 적절하고 능동적으로 해결한다. | 내용 조직하기 전략을 활용하여 문제를 부분적으로 해결한다. | 내용 조직하기 전략을 적절히 활용하지 못하여 문제를 해결하지 못한다. |

본 수업 지도안에는 쓰기 영역과 문법 영역의 성취기준이 통합되어 있다. 따라서 단원 전체의 평가 계획을 수립할 때에는 이러한 점이 고려되어야 한다. 평가 계획 수정 예시는 특정 차시에 국한된 평가 계획으로, '4. 지도안 수정 예시'에서 적용 활동을 평가 대상으로 삼았다는 점을 고려하여 쓰기 관련 내용만을 평가 요소로 선정하였다. 물론 이러한 평가 계획은 말 그대로 예시이므로 다른 방식도 가능하다. 단, 평가 계획이 수정될 경우 그에 맞게 본 차시의 설계 부분도 수정되어야 함에 유의해야 한다.

〈사례〉 및 지도안 수정 예시에서 다루고 있는 '문제 해결 과정으로서의 쓰기'는 2015 개정 국어과 교육과정의 아래 성취기준과 관련된다.

| 2015 개정 국어과 교육과정 | 성취기준 | (쓰기) [9국03-01] 쓰기는 주제, 목적, 독자, 매체 등을 고려한 문제 해결 과정임을 이해하고 글을 쓴다. |
| --- | --- | --- |
| | 성취기준 해설 | 이 성취기준은 쓰기가 글을 쓰는 과정에서 부딪히는 인지적인 문제를 해결하는 과정임을 이해하고 글을 쓰는 자세를 기르기 위해 설정하였다. 쓰기가 문제 해결 과정이라는 것은 글쓰기가 글을 쓰는 과정에서 부딪히는 여러 문제를 해결해 가는 과정이라는 의미이다. 필자는 글을 쓸 때 화제와 관련된 배경지식의 부족 문제, 떠올린 내용을 옮길 적절한 단어나 표현의 생성 문제, 독자의 이해를 돕기 위한 문단 배열 문제 등을 효과적으로 해결해야 한 편의 글을 완성할 수 있다. 학습자에게 글을 썼던 경험을 떠올려 보게 한 다음, 쓰기 과정에서 겪었던 문제와 그 해결 방법에 대해 생각해 보도록 함으로써 쓰기가 문제 해결의 과정임을 이해하도록 한다. |

교육과정에 따라 내용 체계나 성취기준의 진술 범위, 진술 방식 등이 달라지므로 성취기준 간 일대일 대응은 어렵다. 위 성취기준과 관련성을 지닌 2022 개정 국어과 교육과정의 중학교급 성취기준으로는 다음을 들 수 있다.

| 2022 개정 국어과 교육과정 | 성취기준 | (쓰기) [9국03-08] 쓰기 과정과 전략을 점검·조정하며 글을 쓰고, 독자를 고려하여 글을 고쳐 쓴다. |
| --- | --- | --- |
| | 성취기준 해설 | [9국03-08] 이 성취기준은 쓰기 과정과 전략을 점검·조정하며 글을 쓰고 독자를 고려하여 글을 고쳐 쓰는 데에 필요한 능력을 기르기 위해 설정하였다. 독자를 고려하여 글을 고쳐 쓰는 것은 글의 내용 차원, 조직 차원, 표현 차원에서 두루 이루어질 필요가 있다. 쓰기 과정과 전략을 점검·조정하기, 독자의 지식, 기대나 요구, 태도를 분석하기, 독자 분석의 결과를 반영하여 글을 고쳐쓰기 등을 학습한다. |

"쓰기가 글을 쓰는 과정에서 부딪히는 인지적인 문제를 해결하는 과정"이라는 2015 개정 교육과정의 설명과 2022 개정 교육과정에 제시된 "쓰기 과정과 전략을 점검·조정하기, 독자의 지식, 기대나 요구, 태도를 분석하기"는 두 성취기준이 관련성을 지님을 보여 준다. 단, 앞서도 언급한 바와 같이 두 성취기준이 일대일로 대응되는 것은 아님에 유의해야 한다. 2022 개정 교육과정의 위 성취기준에서는 문제 해결 과정이라는 용어를 사용하지 않고, 쓰기 과정과 전략에 대한 점검과 조정을 성취기준 수준에서 명시적으로 제시하였다. 또한 '쓰기 과정과 전략을 점검·조정하며 글쓰기'와 함께 '독자를 고려하여 글 고쳐쓰기'를 하나의 성취기준에서 제시하였다는 점도 확인할 수 있다.

### 문제 해결 과정으로서의 특성이 잘 드러나게 글쓰기 수업 설계하기

앞의 수업 지도안에서 다룬 학습 목표는 글쓰기를 문제 해결 과정으로 보는 관점을 바탕으로 하고 있다. 그렇다면 문제 해결 과정으로서의 쓰기는 어떤 단계로 이루어질까?

글쓰기 과정은 연구자에 따라 다양하게 구분되기는 하지만 '계획하기 – 내용 생성하기 – 내용 조직하기 – 표현하기 – 고쳐쓰기'로 구분된다고 보는 것이 일반적이다(권순희 외, 2018: 83). 그런데, 이러한 단계가 선조적(linear)으로 이어지는 것이 아니라 '조정하기' 과정을 통해 회귀적(recursive)으로 연결된다는 점에 유의해야 한다. 예를 들어, 필자가 표현을 하는 과정에서 내용을 바꾸거나 조직 방식을 변경해야겠다고 판단하면, 표현하기 단계에서 다시 내용 생성하기나 내용 조직하기로 되돌아갈 수 있다.

이러한 이유로 이와 같이 수업 지도안을 수정할 때, 계획하기, 내용 생성하기, 내용 조직하기, 표현하기, 고쳐쓰기의 각 단계에서 부딪힐 수 있는 문제를 차시별로 해결해 보도록 하면서도 6-7차시에는 쓰기 과정을 회귀적으로 밟아 가며 문제를 해결해 가게 한 것이다. 문제 해결 과정으로서의 글쓰기가 어떤 특성을 지니는지에 대해서는 플라워(Flower)의 『글쓰기의 문제 해결전략』(1993/1998)을 참고할 수 있다.

### 현시적 교수법을 적용하여 쓰기 교수·학습 계획하기

현시적 교수법은 "인지 과정을 현시적으로 보여줌"(최지현 외, 2007: 167)을 특징으로 하며, 특히 읽기 수업을 비롯한 기능 영역 수업에서 많이 사용된다. 이 수업의 경우 내용 조직 과정에서 겪는 문제를 해결해 보는 것이 중요한 학습 목표 중 하나였는데, 문제 해결 과정은 인지적 과정이므로 지도안 수정 시 전개 단계에서 현시적 교수법을 적용해 본 것이다.

현시적 교수법의 단계는 '시범→교사 유도 연습→강화→학생 독립 연습→적용'으로 이루어진다고 보는 것이 일반적이다(최미숙 외, 2016: 238). 또한 박영목 (2007)에서는 '작문 전략 지도를 위한 현시적 교수 모형'을 '교사의 설명과 시범→교사 안내 중심 작문 활동→개별 학생 중심 독립적 작문 활동→실제 작문 상황에서의 작문 전략 적용 활동'과 같이 제시하였다. 내용 조직 과정에서 부딪히는 문제를 해결해 가는 과정을 가르칠 때 현시적 교수법을 적용하면, 사고 구술을 통해 인지적 과정을 잘 설명하고 시범 보일 수 있고 교사 유도 연습과 강화 단계를 통해 학습자가 독립적 연습을 할 수 있는 수준에 점진적으로 도달하도록 할 수 있다는 장점이 있다.

위에서 수업 지도안을 수정할 때에도 이러한 현시적 교수법의 원리를 활용하였다. 우선, 교사가 사고 구술법을 사용하여 내용 조직하기 과정을 시범 보이도록 하였다. 또한, 학생들이 내용 조직하기 연습을 할 때에도 교과서 자료를 재구성한 학습지를 사용하여 교사의 안내하에 연습을 한 후 새로운 자료를 제시하여 독립적 연습을 할 수 있도록 하였다. 이후 적용하기 단계에서는 갈래나 수준을 달리한 자료를 준비하여 내용 조직하기를 해 보도록 설계하였다.

# 8장

## 7~9학년군:
## 문법, '음운'

이 장에서는 중학교 문법 수업 지도안 사례를 살펴볼 것이다. 국어의 구조를 탐구하고 활용하는 것은 문법 영역의 주요 핵심 개념 중 하나이다. 또한 이는 국어의 규범 및 국어생활과 밀접한 관련을 지닌다. 학생들은 초등학교에서 '한글 자모의 소릿값'을 배우고 소리와 표기의 관계를 이해하며 낱말의 정확한 발음을 익히게 된다. 중학교에서는 '음운의 체계와 그 특성'을 이해하고 탐구하며 실제적 발음 원리에 대해 인식하게 되며, 이에 대한 학습은 단어를 정확하게 발음하는 중학교 교육 내용과도 관련지을 수 있다. 고등학교에서는 '음운 변동'의 원리나 규칙성을 탐구하며 올바르게 발음하고 표기하는 능력을 기르게 된다. 이 중 〈사례〉에서 다루는 것은 중학교급의 '음운의 체계와 특성'으로, 본 차시에서는 그 첫 차시에 해당하는 '음운의 개념과 종류'를 다루고 있다.

이 장의 수업 지도안에 대한 분석 내용을 읽기 전에, 〈사례〉를 스스로 평가해 보자. 〈사례〉는 비교적 완성도가 높은 지도안으로 보인다. 따라서 부족한 점만을 찾기보다 잘 작성된 부분과 보완할 수 있는 부분을 두루 살필 필요가 있다. 또한 〈사례〉역시 세안인 만큼 본 차시 외에 소단원 전체의 교수·학습 계획이 적절한지도 염두에 두고 검토해야 한다.

한편 학교는 감염병이라는 외부적 요인에 의해 원격 교육이라는 전환점에 직면하였고, 디지털 전환의 필요에 따라 관련된 교수·학습 경험이 급격히 증가하였다. 〈사례〉는 원격 수업 계획을 담고 있어, 혼합 수업(Blended learning)[▶국어 교육 이론]이 진행되는 이러한 상황을 잘 보여 주고 있다. 원격 수업을 잘 전개하기 위해 유의해야 할 사항이나 더 고려해야 할 요소가 있을지 등에 대해 미리 고민해 보며 〈사례〉를 읽는 것을 추천한다. 즉 다음 사항을 염두에 두고 지도안을 살펴볼 필요가 있다.

- 수업 설계가 우수한 부분, 보완이 필요한 부분
- 단원 차시별 지도 계획의 적절성
- 원격 수업의 장점을 활용한 교수·학습 활동과 평가

# 1

## 수업 지도안 〈사례 8〉

### 1 단원명

| | |
|---|---|
| 교과서 | 국어 3-1 |
| 대단원 | 3. 국어와 소통 |
| 소단원 | (1) 국어의 음운 |
| 활동 영역 | 온라인 개별 학습, 온라인 모둠 학습 |

### 2 단원 설정 이유

#### 가. 학습 심리상

국어의 음운을 학습함으로써 국어의 음운 체계와 특성을 이해할 수 있다. 또한, 올바르게 발음하는 방법을 배움으로써 평소 자신의 발음 생활을 점검하고 조정할 수 있다.

#### 나. 학습 경험상

음운의 체계와 특성을 이해하고 실제로 정확하게 발음해 봄으로써 음운이 발음되는 위치와 방법을 고려하여 발음하는 태도를 기를 수 있다. 또한, 잘 인식하지 못했던 음운의 중요성도 인식할 수 있다.

## 다. 사회적 요구

의사소통이 정확하게 이루어지기 위해서는 단어들을 제대로 발음하는 것이 중요하다. 단어를 제대로 발음하기 위해서는 음운 체계와 특성에 대한 이해가 먼저 이루어져야 한다. 국어 음운의 체계와 특성에 대해 이해하고, 이를 실생활에 활용하도록 함으로써 정확하게 의사소통하는 능력을 기를 수 있다.

## ③ 단원 학습 목표

### 가. 이해 면

음운의 체계를 알고 그 특성을 이해할 수 있다.

### 나. 기능 면

음운의 체계와 특성을 고려하여 실생활에서 정확한 발음을 하는 능력을 기를 수 있다.

### 다. 태도 면

음운의 체계와 특성을 이해하고 그것을 이용해 보는 과정을 통해서 평소 자신의 발음 생활을 점검할 수 있고, 음운의 체계와 특성을 실생활에 활용할 수 있다.

## ④ 교수·학습 계획

| 대단원 | 소단원 | 차시 | 누계 | 주요 학습 내용 | 교수·학습 방법 | |
|---|---|---|---|---|---|---|
| | | | | | 특징 | 자료 및 준비물 |
| 3. 국어와 소통 | (1) 국어의 음운 | 1 | 1 | ▶ 음운의 개념과 종류를 이해하기 | 온라인 개별 학습, | ① 줌 (Zoom, 화상 통신 프로그램) ② 패들렛 (Padlet, 온라인 협력 학습 프로그램) |

| | | | | ▶ 음운의 특성을 활용하여 단어와 문장 만들고 발음하기 | 온라인 모둠 학습 | ③ 스크래치 게임(Scratch3.0)<br>④ 인이어 이어폰<br>⑤ PPT<br>⑥ 학습지 |
|---|---|---|---|---|---|---|
| 3.<br>국어와<br>소통 | (1)<br>국어의<br>음운 | 1 | 2 | ▶ 모음의 개념과 종류를 이해하기<br>▶ 단모음의 체계와 특성 이해하기 | 온라인 개별 학습,<br>온라인 모둠 학습 | ① 줌<br>② 패들렛<br>③ PPT<br>④ 학습지<br>⑤ 인이어 이어폰 |
| | | 1 | 3 | ▶ 여러 기준에 따라 자음 분류하기<br>▶ 자음 체계의 특성 이해하기 | 온라인 개별 학습,<br>온라인 모둠 학습 | ① 줌<br>② 패들렛<br>③ PPT<br>④ 학습지<br>⑤ 인이어 이어폰 |

## 5 학습 전개 계획

### 가. 성취기준 및 성취 수준

| 성취기준 | 성취 수준 | |
|---|---|---|
| [9국04-02] 음운의 체계를 알고 그 특성을 이해한다. | 상 | 언어생활에서 실제 발음이나 표기를 탐구하여 자음 체계와 모음 체계를 이해할 수 있다. |
| | 중 | 자음 체계와 모음 체계를 알고 특성을 이해할 수 있다. |
| | 하 | 자음 체계와 모음 체계를 부분적으로 이해할 수 있다. |

### 나. 본시 학습 목표

1. 음운의 개념과 종류를 말할 수 있다.
2. 소리의 길이에 따라 뜻이 달라지는 단어나 문장을 올바르게 발음할 수 있다.

## 다. 지도상의 유의점

1. 암기 위주 단편적인 학습이 아닌, 실생활에서 사용되는 실제적 발음 원리에 대해 이해하도록 지도한다.
2. 실생활과 관련된 활동을 통해 실제 국어생활에서 음운의 체계와 특성을 활용하는 능력을 기를 수 있도록 지도한다.

## 라. 교수·학습 과정안

| 지도 단계 (시간) | 학습 과정 | 교수·학습 활동 | | 학습 자료 및 지도상 유의점 |
|---|---|---|---|---|
| | | 교사 활동 | 학생 활동 | |
| 도입 (7분) | 인사 (출석 확인) | ▶ 구글 클래스룸과 줌 화상 수업에 접속한다.<br>▶ 학생들과 인사한다. | ▶ 구글 클래스룸에 접속한다.<br>▶ 줌 화상 수업에 접속한다.<br>▶ 선생님과 인사한다. | 구글 클래스룸, 줌<br>※ 모든 학생이 접속했는지 확인하며 교사의 목소리가 들리고 화면이 보이는지 확인한다. |
| | 학습 분위기 조성 | ▶ 수업 준비 상태(이어폰, 컴퓨터 등)를 확인한다. | ▶ 수업을 준비한다.<br>▶ 줌의 마이크를 끄고, 화면을 켠다. | |
| | 전시 학습 확인 | ▶ 2학년 때 배운 한글 창제 원리를 확인한다.<br>▶ 〈전시 학습 확인 문제〉 스크래치 게임을 3학년 구글 클래스룸 스트림에 올렸음을 공지한다.<br>▶ 스크래치 게임을 시작한다.<br>- 구글 클래스룸 화면을 공유하여 문제에 틀린 답을 적는 것을 보여 주고, 한 번 틀렸을 경우 다시 도전하는 방법을 알려 준다.<br><br>▶ 스크래치 게임에서 나온 한글 창제의 원리에 대한 내용을 간단히 물어본다. | ▶ 한글 창제의 원리를 생각한다.<br><br>▶ 3학년 구글 클래스룸에 링크된 스크래치 게임에 접속한다.<br><br>▶ 스크래치 게임에 제시된 주관식 문제를 풀어 본다.<br>▶ 문제를 틀렸을 때는 다시 재도전한다.<br>▶ 스크래치 게임을 하면서 확인한 전시 학습 내용을 발표한다. | 줌, 스크래치 게임, 구글 클래스룸<br><br>※ 모든 학생이 접속하여 게임을 통해 전시 학습을 확인할 수 있도록 하며 틀렸을 때는 여러 번 재도전 할 수 있음을 알린다.<br>PPT(한글 창제의 원리) |

| | | | | |
|---|---|---|---|---|
| 도입<br>(7분) | 전시 학습<br>확인 | ▶ 세종대왕이 왜 자음자와 모음자를 따로 만들었는지 질문한다.<br>▶ 오늘 학습을 통해 답을 생각해 보도록 한다. | ▶ 세종대왕이 자음자와 모음자를 만든 이유를 생각하여 발표한다.<br>- 답변이 생각나지 않으면 오늘 학습을 통해 알 수 있음을 생각한다. | ※ 질문에 대한 답이 나오지 않으면 오늘 학습을 통해 알 수 있음을 알려 준다. |
| | 동기 유발 | ▶ 음운에 관한 영상을 보여 준다.<br>- 2개의 에피소드를 보면서 오늘 배울 내용을 생각해 보게 한다.<br>- 두 여성이 SNS를 주고받는 도중 음운 하나가 달라 의사소통에 문제가 생기는 영상을 보여 준다.<br>- 소리의 길이를 정확하게 발음하지 않아 의사소통에 문제가 생기는 영상을 보여 준다. | ▶ 음운에 관한 영상을 시청한다.<br>- 영상을 시청하며 오늘 배울 내용이 무엇인지 예상한다.<br>- 줌에 공유된 화면에 나오는 영상의 소리가 잘 나오는지 확인하고 소리가 나지 않으면 선생님께 알린다. | PPT(음운 관련 문제 상황 영상),<br>줌<br>※ 줌에서 공유한 동영상의 소리가 나는지 체크한다. 소리가 나지 않으면 줌 공유 설정에 컴퓨터 소리 공유를 체크한다. |
| | 학습 목표<br>인지 | ▶ 학습 목표를 제시한다.<br>- 다 함께 학습 목표를 읽도록 한다.<br>- 학습 목표를 설명한다. | ▶ 학습 목표를 읽는다.<br><br>1. 음운의 개념과 종류를 말할 수 있다.<br>2. 소리의 길이에 따라 뜻이 달라지는 단어와 문장을 올바르게 발음할 수 있다. | 줌,<br>PPT(학습 목표, 수업 흐름도) |
| | 학습 순서<br>안내 | ▶ 수업 흐름도를 보여 주며 수업이 어떤 순서로 이루어지는지 설명한다. | ▶ 수업 흐름도를 보며 수업이 어떤 순서로 이루어지는지 인지한다. | |
| 전개<br>(33분) | 목표 활동 1<br>〈음운 바꾸기 게임〉<br>(17분) | ▶ 〈음운 바꾸기 게임〉 활동 내용을 설명한다.<br>- 게임의 규칙을 PPT로 설명한다.<br><br>〈게임 규칙〉<br>1. 제시된 단어의 자음 또는 모음 하나만을 바꾸어 의미가 다른 단어로 만드는 게임임을 설명한다.<br>2. 이름을 쓰고, 밑에 바꾼 단어와 함께 그 이미지를 패들렛에 첨부할 것을 말한다.(이미지는 단어의 의미가 바뀐다는 것을 한눈에 보기 위한 것임을 설명한다.)<br>3. 준말과 사람 이름으로는 바꿀 수 없음을 말한다. | ▶ 교사의 설명을 듣는다.<br><br>- 게임의 규칙을 주의하며 듣는다.<br>- 이해가 되지 않는 규칙은 줌 마이크를 켜고 질문한다. | PPT(음운 바꾸기 게임),<br>줌,<br>구글 클래스룸,<br>패들렛<br><br>PPT(활동 1 규칙, 예시)<br><br>※ 패들렛에 학생들이 쓴 이름으로 학생들이 모두 들어왔는지 확인을 하고 모두 들어왔는지 확인한 후에 게임을 진행한다. |

| | | | | |
|---|---|---|---|---|
| 전개 (33분) | 목표 활동 1 〈음운 바꾸기 게임〉 (17분) | ▶ 활동 시범을 보인다. <br> - '기름'이라는 단어를 '거름', '구름', '시름' 등으로 바꾸는 시범을 보여 준다. <br> ▶ 직접 활동하도록 한다. <br> - 구글 클래스룸 스트림에 패들렛 주소를 링크했음을 공지한다. <br> - 활동 1 패들렛 주소로 들어가도록 한다. <br> - 바꿀 단어로 '나비'를 제시한다. <br><br> ▶ 활동 후 패들렛 페이지를 보며 피드백한다. <br> - 모둠별로 활동된 패들렛 페이지를 전체화면에 공유하고 모둠별로 어떻게 바꾸었는지, 어떤 의미인지 물어본다. <br> - 규칙에 맞는 답을 적었는지 확인한다. <br> - 학생들이 답변한 내용을 바탕으로 활동이 잘되었는지 피드백한다. <br> ▶ 질문을 통해 음운의 개념과 특성에 대한 학생들의 생각을 이끌어 낸다. <br> - 방금 한 활동이 무엇을 바꾸어서 단어를 만들었는지 질문한다. <br> - 자음과 모음을 바꿨더니 어떻게 됐는지 질문한다. <br> - 이러한 자음과 모음이 음운임을 설명한다. <br> - 음운의 개념을 제시하고 다 함께 읽도록 한다. <br> - '단어의 의미를 변별한다'는 것이 어떤 의미인지 설명한다. <br> - '최소 단위'가 무엇을 의미하는지 설명한다. <br> - 도입에서 했던 질문 '왜 세종대왕은 자음자와 모음자를 따로 만들었을까?'라는 질문에 대해 다시 생각해 보도록 한다. | ▶ 교사의 시범을 보고 활동을 이해한다. <br><br> ▶ 직접 활동한다. <br> - 구글 클래스룸 스트림에 있는 링크 주소를 실행한다. <br> - 제시된 단어 '나비'에서 음운 하나만을 바꾸어 다른 단어로 만들고, 패들렛에 이미지와 함께 단어를 올린다. <br> ▶ 교사의 질문을 듣고 답변한다. <br> - 모둠별로 자신들이 만든 단어의 뜻을 설명하고 어떻게 바꾸었는지 발표한다. <br><br><br><br> - 교사의 피드백을 듣는다. <br><br> ▶ 교사의 질문에 답변하면서 음운의 개념과 특성을 이해한다. <br><br> - 자음과 모음임을 말한다. <br><br> - 뜻이 완전히 바뀌었음을 말한다. <br><br><br><br> - 마이크를 켜고, 음운의 개념을 다 함께 읽는다. | 줌, 패들렛 <br><br><br><br><br><br> ※ 소회의실 편성은 무작위로 진행되며 모둠원들이 바뀔 수 있음을 공지한다. <br><br> ※ 줌에서 소회의실 참가를 눌러야 참가가 됨을 꼭 알려 준다. <br><br><br><br><br><br> PT(음운의 개념) <br><br> 줌, 패들렛 <br><br><br> ※ '전시 학습'과 관련한 질문의 답을 이 부분에서 정리한다. |

| | | | | |
|---|---|---|---|---|
| | 목표 활동 1 〈음운 바꾸기 게임〉 (17분) | - 자음자와 모음자가 단어의 의미를 구분해 주는 최소의 단위이기 때문임을 설명한다.<br>▶ 첫 번째 학습 목표를 다시 한번 확인한다.<br>- 음운이 무엇이고, 음운의 종류에는 무엇이 있는지 말하게 한다.<br>- 음운의 종류에는 자음과 모음뿐만 아니라 하나가 더 있음을 언급한다. | ▶ 학습 목표를 다시 읽고 떠올린다.<br><br>- 음운의 개념과 종류에 대해 답한다. | - 세종대왕이 자음자와 모음자를 따로 만든 것은 자음자와 모음자가 의미를 구분해 주는 각각의 소리를 가지고 있기 때문임을 설명한다. |
| 전개 (33분) | 목표 활동 2 〈소리의 길이에 유의하여 발음하기〉 (16분) | ▶ 소리의 길이에 대해 설명한다.<br>- 동기 유발 영상에서 나왔던 '광주[광주]'와 '광주[광:주]'의 예시를 사용하여 소리의 길이 또한 음운에 속함을 설명한다.<br>▶ 두 번째 활동에 대해 설명한다.<br>- 제시된 문장을 발음해 보고 녹음하는 활동임을 설명한다.<br>- 모둠원들과 올바른 발음에 대해 토의한 후 결과물로서의 발음을 녹음하여 올리도록 한다.<br>▶ 활동 시범을 보인다.<br>- 패들렛 화면을 공유하여 '벌 마야는 꿀을 훔쳐서 벌을 받게 되었어요.'라는 문장을 녹음해서 올리는 시범을 보인다.<br>▶ 직접 활동하도록 한다.<br>- 줌에서 소그룹을 나누어 주면, 자신의 조를 확인하고 구글 클래스룸을 통해 활동 2 패들렛으로 들어가도록 한다.<br>- 줌에서 소그룹으로 나누어 조를 편성한다.<br>- 1조부터 4조까지 조에 참여하여 활동을 독려한다.<br>▶ 활동 후 피드백한다.<br>- 소그룹을 해제한다. | ▶ 교사의 설명을 듣는다.<br><br><br>▶ 교사의 설명을 듣고 활동을 이해한다.<br><br><br>▶ 교사의 시범을 보고 활동을 올바르게 이해한다.<br><br><br>▶ 직접 활동한다.<br>- 줌에서 자신의 조를 확인하고, 패들렛 화면으로 이동하여 조원들과 토의한다.<br><br>- 토의한 결과를 반영하여 문장을 발음하고, 녹음한 발음을 패들렛에 올린다.<br><br>▶ 교사의 피드백을 듣는다.<br>- 교사가 들려주는 올바른 발음을 듣고 자신의 활동을 되돌아본다. | 줌, 패들렛, 인터넷 검색<br><br>PPT(표기는 같지만 발음은 다른 한자어 단어들)<br><br>※ 학생들에게 질문할 때 소리의 길이를 생각할 수 있도록 다양한 질문으로 답변을 유도한다.<br><br><br>PPT(제시문)<br><br>※ 교사의 피드백 시 학생들이 올린 예시들을 교사가 정확하게 발음하면서 의미를 확인한다. |

| | | | | |
|---|---|---|---|---|
| 전개<br>(33분) | 목표 활동 2<br>〈소리의<br>길이에<br>유의하여<br>발음하기〉<br>(16분) | - 패들렛 페이지를 공유하여 함께 보며 학생들이 녹음한 음성을 듣는다.<br>- 음성을 듣고 난 후, 패들렛 페이지를 공유 중지하고, PPT 화면을 공유한다.<br>- PPT 화면을 통해 올바른 발음을 들려준다.<br>▶ 장음은 단어의 첫음절에만 올 수 있음을 설명한다.<br>- '눈, 첫눈, 눈꽃'을 예시로 들어 설명한다.<br>- 눈뿐만 아니라 '잔말, 꿀벌'과 같은 경우도 마찬가지임을 언급한다.<br>▶ 소리의 길이로 의미가 구분되는 단어에는 '발, 솔, 벌, 굽다' 등 많은 단어가 있음을 설명한다.<br>▶ 일상생활 속에서 생각보다 많은 단어들이 소리의 길이에 의해 의미가 구분되고 있음을 언급한다. | ▶ 교사의 설명을 듣는다.<br><br>▶ 교사의 설명을 듣고 활동을 이해한다.<br><br>▶ 교사의 말을 듣고 소리의 길이를 파악하는 것의 중요성을 이해한다. | PPT(올바른 빌음) |
| 정착<br>(5분) | 정리 | ▶ 오늘 배운 내용을 정리한다.<br>- PPT 화면을 통해 음운의 개념에 대해 다시 한번 언급한다.<br>- PPT 화면을 통해 음운에는 자음과 모음, 소리의 길이가 있음을 설명한다. | ▶ 교사의 설명을 듣는다.<br>- PPT 화면을 보며 오늘 학습한 내용을 정리한다. | PPT(배운 내용 정리),<br>줌 |
| | 확인 학습 | ▶ 확인 학습 문항을 풀도록 한다.<br>- 확인 학습 문항은 구글 클래스룸에 질문지(설문지)로 제시한다.<br><br>▶ 학생들이 제출한 확인 학습(형성평가)의 실시간 결과를 보고 많은 학생이 틀린 부분은 다시 설명한다. | ▶ 확인 학습 문항을 푼다.<br>- 구글 클래스룸을 통해 질문지(설문지)에 들어가 문항을 푼다.<br>- 틀린 문제는 개념을 다시 학습한다.<br>▶ 교사의 설명을 들으며 이해하지 못했던 부분을 보충한다. | PPT(확인 학습),<br>구글 클래스룸,<br>줌<br><br>※ 학생들에게 만약 문제를 틀리면 다시 개념 설명 부분으로 돌아가게 됨을 알려준다. |

| | | | |
|---|---|---|---|
| 차시 예고<br>및<br>과제 제시 | ▶ 다음 시간에는 국어의 모음 체계에 대해 배울 것임을 예고한다.<br>▶ 구글 클래스룸에 개별 과제를 제시했음을 안내한다.<br>- 확인 학습에서 한 문제 이상 틀린 학생은 보충 학습 문제 스크래치 게임을 풀도록 하고, 모두 정답을 제출한 학생은 심화 학습 문제를 풀도록 한다. | ▶ 다음 차시에는 국어의 모음 체계에 대해 배울 것임을 인지한다.<br>▶ 과제를 인지한다.<br><br>- 구글 클래스룸에 들어가서 과제를 하고 제출한다.<br>- 정해진 기간 안에 제출한다. | PPT(차시 예고),<br>줌<br>구글 클래스룸<br>스크래치 게임 |

## 마. 본시 확인 학습

### 1) 확인 학습 문제

| 확인 학습 요소 | 확인 학습 문항 | 정답 |
|---|---|---|
| 음운의<br>개념과<br>종류 | 음운에 대한 설명으로 옳지 <u>않은</u> 것은?<br>① 음운에는 자음과 모음이 있다.<br>② 음운은 단어의 뜻을 구별해 준다.<br>③ 음운은 더 이상 쪼개질 수 없는 단위이다.<br>④ 발음의 정확도는 단어의 뜻을 구별해 주는 음운에 속한다. | ④ |
| 소리의<br>길이에 따라<br>뜻이 다른 단어<br>올바르게<br>발음하기 | 2. 소리의 길이에 따라 뜻이 달라지는 단어를 올바르지 <u>않게</u> 발음한 사람은?<br><br>┌─────────────────────────────┐<br>꿀벌 나라의 ㉠벌 마야는 꿀을 훔쳐서 ㉡벌을 받게 되었어요.<br>세상에 말도 안 돼! 어떻게 ㉢말이 ㉣말을 하겠어?<br>㉤눈에 ㉥눈이 들어가서 차갑다.<br>└─────────────────────────────┘<br><br>① 지혜: ㉠은 ㉡보다 길게 발음해야 해.<br>② 하은: ㉣은 ㉢보다 짧게 발음해야 해.<br>③ 윤아: ㉤은 ㉥보다 짧게 발음하는 게 맞아.<br>④ 성민: ㉠, ㉣, ㉥은 모두 길게 발음하는 단어야. | ② |
| 소리의<br>길이에 따라<br>뜻이 다른 단어<br>올바르게<br>발음하기 | 3. 소리의 길이에 따라 뜻이 달라지는 단어에 관한 설명으로 올바르지 <u>않은</u> 것은?<br>① 대웅: '말솜씨'에서 '말'은 길게, '잔말'에서 '말'은 짧게 발음돼.<br>② 다하: 눈, 말, 벌 모두 소리의 길이에 따라 뜻이 달라지는 단어야.<br>③ 현지: 내리는 눈은 길게 발음되니까 눈꽃에서도 길게 발음해야지.<br>④ 세은: 곤충 벌은 길게 발음해야 하니까 벌집, 꿀벌에서 모두 길게 발음돼. | ④ |

## 2) 보충 학습 문제

| 보충 학습 요소 | 보충 학습 문항 | 정답 |
|---|---|---|
| 음운의 개념 | 다음 ㄱ과 ㄴ에 들어갈 말로 알맞은 것은?<br><br>단어의 (ㄱ)을 구별해 주는 소리의 (ㄴ) 단위를 음운이라고 한다. | ㄱ: 뜻<br>ㄴ: 최소 |

## 3) 심화 학습 문제

| 심화 학습 요소 | 심화 학습 문항 | 정답 |
|---|---|---|
| 소리의<br>길이에 따라<br>뜻이 다른 단어<br>올바르게<br>발음하기 | 소리의 길이에 따라 뜻이 달라지는 한자어 발음에 관련한 설명으로 올바른 것은?<br>(※ 온라인 사전을 찾아보면서 문제를 해결하세요.)<br>① 한자어에서 소리의 길이에 따라 뜻이 달라지는 단어들은 매우 많다.<br>② '사는 곳을 다른 데로 옮김'이라는 뜻일 때는 '이사(移徙)'를 길게 발음해야 한다.<br>③ '그 사람은 참 가정적인 사람이야.'라는 말에서 '가정(家庭)'은 짧게 발음해야 한다.<br>④ '정치적인 주장이 같은 사람들이 조직한 단체'라는 뜻일 때 '정당(政黨)'은 길게 발음해야 한다. | ③ |

※ 다음 두 항목은 원래 지도안에는 포함되어 있었으나 이 책에서는 지면 제약으로 생략하였음.

---

6 **수업 자료**

가. 판서안

나. PPT 자료

다. 학습지

7 **교과서 내용**

---

# 2

## 지도안 검토하기

### 1) 수업 지도안의 전반부 검토

#### (1) 1. 단원명, 2. 단원 설정 이유

| 형식 | • 지도안의 항목이 체계적으로 구성되어 있는가?<br> - 지도안의 항목 중에 불필요한 요소가 포함되어 있지는 않은가?<br>• 지도안의 항목에 맞게 하위 내용을 기술하였는가? |
|---|---|
| | - '단원명-활동 영역' 내용 서술은 필요하나 '활동 영역'이란 용어가 모호하다.<br>- '단원 설정 이유'의 하위 항목 서술은 보완할 필요가 있다. |

'1. 단원명'의 '활동 영역'에는 '온라인 개별 학습, 온라인 모둠 학습'이라는 정보가 서술되어 있다. 이는 '교수·학습 환경에 따른 수업 형태'[1]와 '학습자 구성원의 조직'[2] 이라는 두 측면의 정보로 이루어진 것으로 보인다.

[1] 다음을 참고하여 '교수·학습 환경에 따른 수업 형태'란 용어를 사용하였다. 우선 그래함 외(Graham et al., 2019/ 2021: 209)에서는 '수업 형태(Modality)'를 다음과 같이 설명하였다. "학생의 학습에 간접적인 영향을 미치는 3M 중 하나로서, 대면 수업, 온라인 수업 또는 혼합 수업과 같이 교육이 이루어지는 환경을 설명하는 데 사용된다."
한편 박덕유 외(2021: 71)에서는 "블렌디드 러닝의 구성 요소로 교수-학습 내용은 이론과 실기로, 교수-학습 장소는 교실 내·외로, 교수-학습 매체는 인터넷, 동영상으로, 교수-학습 환경은 온라인과 오프라인으로, 교수-학습 전략은 직접 교수법, 자기주도학습, 개별학습, 전체학습으로 진행한다."와 같이 언급하였다. 즉 '온라인/오프라인' 등은 교수·학습 환경이라 볼 수 있고, 그러한 환경에서 실현된 '원격 수업/등교 수업' 등은 '교수·학습 환경에 따른 수업 형태'라 볼 수 있을 것이다.

[2] 최지현 외(2007: 72)에서는 학습자 구성원의 조직에 대해 다음과 같이 언급하고 있다. "특히 교수·학습 활동의 구체화 단계에서는 내용의 계열화, 수업 형태(교사 중심, 학생 중심 등), 수업 매체의 선정과 활용 방안, 학습자 구성원의 조직(개별, 모둠, 분단, 일제 등), 수업 환경(시간, 장소 등)을 구체적으로 검토하고 반영하게 된다."

| 교수·학습 환경 | 온라인 |
|---|---|
| | 오프라인 |
| 학습자 구성원의 조직 | 개별 |
| | 모둠 |

위 두 측면의 정보는 지도안의 첫머리에 제시할 만한 것으로 보인다. 특히 '원격 수업/등교 수업' 여부에 대한 진술은 기존 지도안에서는 고려할 사항이 아니었으나, 향후 지도안에서는 명시할 필요가 있다고 볼 수 있다.[3] 다만 '활동 영역'이란 용어는 그 의미가 다소 모호하게 느껴지므로, 더 명확한 용어로 대체할 수 있을 것이다.

'2. 단원 설정 이유' 항목은 지도안에 따라 제시되기도, 생략되기도 하는 부분이다. '음운'은 기계적 암기로 진행될 경우 그 학습의 필요성에 대해 학습자가 의문을 제기하기 쉬운 단원이므로, 교수자가 음운 학습의 필요성에 대해 숙고하고 서술하는 것은 적절해 보인다.

다만 〈사례〉의 해당 항목 서술은 '가. 학습 심리상' 이유와 '나. 학습 경험상' 이유의 서술 내용이 잘 변별되지 않아, 보완할 부분이 있어 보인다.

학습 심리상 단원 설정 이유를 생각해 본다면, 중학교 3학년 학습자는 추상적 사고가 가능하며 메타 인지 능력 역시 어느 정도 갖추고 있다고 볼 수 있다. 최소 대립 쌍을 비교하며 음운 개념을 스스로 구성해 보거나, 음운을 발음하고 다른 음운과 비교하며 기준에 따라 음운 체계를 탐구하는 과정에서 이러한 인지 능력을 활용하고 발달시킬 수 있다.

학습 경험상 중학교 3학년 학습자는 이미 초등학교에서 한글 자모의 소릿값, 소리와 표기의 관계, 낱말의 정확한 발음을 학습하였다. 또한 중학교 2학년 시기에 단어의 발음 원리와 표기 원리를 배워 자주 틀리는 잘못된 발음이나 잘못된 표기에 대한 학습 경험을 지니고 있다. 이 단원에서 학습자는 음운에 대해 학습하며 소리와 표기의 관계에 대해 더 깊이 있게 이해할 수 있고, 음운의 체계를 익혀 정확하게 발음할

---

**3**  또한 현장에서 진행된 원격 수업의 양상을 고려해 보면 원격 수업의 유형을 다시 구분하여 제시할 필요성도 있다. 교육부(2020: 5-6)에서는 원격 수업의 유형을 '실시간 쌍방향 수업, 콘텐츠 활용 중심 수업, 과제 수행 중심 수업, 기타 교육감 또는 학교장이 별도로 인정하는 수업'으로 구분하였으며, 이러한 용어들이 현장에 일반화된 상태이다.

수 있을 것이다. 또한 문법 영역의 학습에서 '탐구 경험'이 지니는 중요성을 고려한다면, 음운 체계에 대한 탐구 경험 역시 이 부분에 추가될 수도 있을 것이다.[4]

### (2) 3. 단원 학습 목표

| 학습 목표 | • 교육과정의 성취기준에 근거하여 학습 목표가 설정되었는가? |
|---|---|
| | - 교육과정에 근거해 학습 목표를 적절히 설정하였다. |

〈사례〉의 단원 학습 목표는 소단원(국어의 음운)의 학습 목표이다. 그 설정의 적절성을 파악하기 위해서는 교육과정에서 관련된 내용을 찾아 판단해 볼 필요가 있다.

☞ 도움말 ----------------------------------------------------

• 교육과정 해당 학교급의 '성취기준', '성취기준 해설', '교수·학습 방법 및 유의 사항', '평가 방법 및 유의 사항'과, 교육과정 앞부분의 '내용 체계'를 고려하며 단원을 설계해 보도록 한다.

----------------------------------------------------

우선 2015 개정 국어과 교육과정에 제시된 관련 '성취기준'은 다음과 같다.

| 영역 | 2015 개정 국어과 교육과정의 관련 성취기준 |
|---|---|
| 문법 | [9국04-02] 음운의 체계를 알고 그 특성을 이해한다. |

일반적으로 성취기준 하단에는 '성취기준 해설'이 제시되나, 해설이 제시되어 있지 않은 경우도 있다. [9국04-02]에 대한 해설도 따로 제시되어 있지 않은데, 이런 경우 이전 교육과정의 해설을 참고해 볼 수 있다.

---

**4** 남가영(2008: 132)에서는 '문법 탐구 경험'을 언어를 다루는 관점에 따라 '언어를 자율적 구조체로 다루어 보는 경험, 언어를 실천적 작용소로 다루어 보는 경험, 언어를 관념적 반영체로 다루어 보는 경험'으로 나누어 제시하였다. 그는 언어를 자율적 구조체로 다루는 것을 다시 계열 관계 따지기, 결합 관계 따지기로 나누어 설명하였는데, 계열 관계 따지기와 연계 가능한 문법 지식 내용 중 '음운 체계'가 제시되어 있다.

| 영역 | 2009 개정 국어과 교육과정의 관련 성취기준 및 해설 |
|------|----------------------------------------------|
| 문법 | [중학교 1~3학년군] (2) 음운 체계를 탐구하고 그 특징을 이해한다.<br><br>국어의 음운 체계를 탐구하면 말소리 차원에서 다른 언어와 대비되는 국어의 특질을 발견할 수 있으며, 나아가 말소리와 관련되는 어문 규범의 기본 원리를 더 잘 이해할 수 있다. 자음과 모음을 그 소리의 성질과 분화 기준에 따라 몇 무리로 나누거나 표로 정리해 봄으로써 국어 음운 체계의 특징을 이해하게 하고, 모음 길이의 차이로 뜻이 달라진 단어들을 대조해 봄으로써 모음의 길이가 자·모음과 같이 뜻을 구별하는 구실을 한다는 사실을 알게 한다. |

성취기준 해설 외에도 교육과정에서 참고할 만한 부분을 제시하면 다음과 같다.

| 항목 | 2015 개정 국어과 교육과정의 제시 내용 |
|------|----------------------------------|
| (다) 교수·학습<br>방법 및<br>유의 사항 | ③ 음운의 체계와 특성을 지도할 때에는 단순한 암기 위주의 학습보다는 실생활에서 사용되는 실제적 발음 원리에 대한 이해 위주의 학습이 이루어지게 하고, 음운 변동에 대한 학습으로까지 나아가지는 않도록 한다. |
| (라) 평가 방법<br>및 유의 사항 | ② 음운, 품사, 단어의 표기나 발음, 어휘의 체계와 양상, 문장의 짜임, 담화의 종류와 특성에 대해서는 암기 위주의 단편적 지식에 대한 평가보다 원리에 대한 이해와 실제 국어생활에 활용하는 능력을 평가하는 데 중점을 둔다. |

〈사례〉의 학습 목표는 다시 '이해 면, 기능 면, 태도 면'으로 나누어 기술되어 있다. 기능 영역의 적절성 판단 시 교육과정의 내용 체계 역시 참고해 볼 수 있을 것이다.

| 2015 개정 국어과 교육과정 내용 체계의 문법 영역 '기능' 부분 |
|---|
| • 문제 발견하기　• 자료 수집하기　• 비교·분석하기<br>• 분류·범주화하기　• 종합·설명하기　• 적용·검증하기　• 언어생활 성찰하기 |

이와 같은 교육과정의 제시 내용에 근거해 〈사례〉 단원 학습 목표의 적절성을 판단해 보자.

우선 '가. 이해 면'에서는 성취기준에 근거해 '음운의 체계', '음운 체계의 특성'에 대한 이해가 적절히 제시되었다. 이 수준의 서술이 적절하지만 더 구체적으로 서술할 경우, 2009 개정 국어과 교육과정에 제시된 '국어의 특질'이나 2015 개정 국어과 교육과정에 제시된 '실제적 발음 원리'에 대한 이해를 추가 기술하는 것 역시 가능할 것이다.

'나. 기능 면', '다. 태도 면'의 목표 역시 적절히 설정된 것으로 보인다. '나.'와 '다.'에 언급된 '실생활의 발음 능력 기르기', '자신의 발음 생활 점검'은 교육과정의 '실제 국어생활에 활용하는 능력'이나 '언어생활 성찰하기'와 관련지을 수 있기 때문이다. 다만 교육과정 내용 체계의 기능 부분을 고려한다면, 체계와 특성에 대한 탐구 기능(비교·분석, 분류·범주화, 종합·설명)들도 기능 면의 목표에 추가할 수 있을 것이다.

### [3] 4. 교수·학습 계획

| 학습 내용 | • 대단원 또는 소단원의 차시별 지도 계획이 적절히 수립되었는가? |
|---|---|
| | - 단원 내용의 학습량을 고려해 볼 때 수업 차시를 더 확보할 필요가 있다. |
| 교수·학습 방법 | • 학습 내용의 특성에 부합하는 교수·학습 방법을 사용하였는가? |
| | - '특징'을 교수·학습 방법이라 보기 어려우므로 추가 기술할 만한 방법이 없는지 고려할 필요가 있다. |

우선 '4. 교수·학습 계획'의 '차시' 부분을 살펴보자. 〈사례〉에서는 소단원을 3차시로 나누어 계획하고 있다. '음운의 개념과 종류', '모음 체계', '자음 체계'를 각각 1차시씩으로 설계한 것으로 보인다. 그런데 음운 단원의 학습량을 고려한다면 수업 차시를 더 확보할 필요가 있다.

교재 재구성이 가능하므로 음운 학습의 교재로 해당 교과서를 반드시 활용할 필요는 없겠으나, 제시된 교과서의 소단원 구성을 참고해 적절한 시수를 생각해 보자.

**중학교 국어 3-1 '국어의 음운' 단원 구성(신유식 외, 2020: 124)**

| 생각과 발견 | 이해와 탐구 | 문제 해결과 적용 | 정리와 점검 |
|---|---|---|---|
| 단어의 뜻이 달라지는 까닭 생각하기 | 음운의 개념과 종류 이해하기<br>모음과 자음 체계 이해하기 | 일상생활에서 음운 체계 활용하기 | 소단원에서 배운 내용 점검하기 |

　예컨대 밑줄 친 '모음과 자음 체계 이해하기'의 시수를 따져 보자. 모음과 자음 체계표 위주로만 수업을 진행한다면 모음 체계 1차시, 자음 체계 1차시로도 진행이 가능할 것이나, 실제 발음을 통해 음운 체계를 파악하고 탐구하기 위해서는 각 2차시 정도가 확보될 필요가 있다. 이 경우 위 교과서의 '이해와 탐구'까지만 하여도 5차시로 구성되어야 하는 것이다. 음운에 대해 학습한 내용을 일상생활에서 활용하는 활동까지 이어진다는 점을 고려하면, 이 소단원은 최소 6차시 이상 설계되어야 함을 알 수 있다.

　다음으로 '4. 교수·학습 계획'의 '교수·학습 방법' 부분을 살펴보자. '자료 및 준비물'은 원격 수업이라는 형태를 고려해 비교적 자세히 서술되었다고 볼 수 있다. 그런데 '특징'이라는 항목에는 전체 차시 동일하게 '온라인 개별 학습, 온라인 모둠 학습'만이 제시되어 있다. 앞서 언급하였듯 이는 교수·학습 방법이라기보다 교수·학습 환경 및 학습자 구성원의 조직에 대한 정보에 가깝다. 특정 차시의 수업 설계 시 활용할 만한 교수·학습 방법이 없을지 탐색할 필요가 있다.

　물론 '교수·학습 방법'으로 반드시 특정 모형을 제시할 필요는 없다. 그러나 교육 목표나 내용을 고려하여 적합한 교수·학습 방법을 탐색할 필요는 있다. 예컨대 2차시부터 진행되는 모음 체계나 자음 체계 관련 수업 설계 시 '탐구 학습'을 유연하게 활용해 학습자 스스로 문법 지식을 발견하고 구성하게끔 유도할 수 있을 것이다.

[4] 5. 학습 전개 계획 – 가., 나., 다.

| 학습 목표 | • 교육과정의 성취기준에 근거하여 학습 목표가 설정되었는가?<br>• 전체 차시 계획을 고려할 때 본 차시 학습 목표가 적절히 설정되었는가? |
| | - 본 차시 학습 목표는 성취기준에 근거하여 설정되었다.<br>- 전체 차시 계획을 고려할 때 본 차시 학습 목표는 적절히 설정되었다. |
| 형식 | • 지도안의 항목에 맞게 하위 내용을 기술하였는가? |
| | - 지도상의 유의점은 적절히 기술되었으나 단원 전체 관련 내용이므로 위치 이동이 필요하다. |

'나. 본시 학습 목표'는 '음운의 개념과 종류', '소리의 길이'를 다루고 있는데, 이는 교육과정의 성취기준에 근거해 설정된 것으로 보인다. 다만 '가. 성취기준 및 성취 수준'은 본 차시에 국한되는 것이 아니라 전체 차시와 연관되므로, 주로 본 차시 학습에 관계되는 '5. 학습 전개 계획'보다 단원 목표 부분에 제시하는 것도 한 방법일 것이다.

또한 '나. 본시 학습 목표'의 경우 한 차시 내에 다룰 목표로 적합해 보이며, 전체 차시 계획에서도 모음 체계나 자음 체계에 앞서 설정되어 있어 제시 순서 역시 적절하다고 판단된다.

'다. 지도상의 유의점'은 교육과정의 '교수·학습 방법 및 유의 사항'에 제시된 내용을 반영한 것으로 보인다. 특히 음운 단원의 경우 암기 위주의 단편적 학습으로 흐를 가능성이 높으므로, 유의점 역시 적절히 제시된 것으로 보인다. 다만 '나. 본시 학습 목표'와 '라. 교수·학습 과정안'이 모두 본 차시 관련 항목임을 고려하면, '다. 지도상의 유의점'의 내용을 본 차시 관련된 것으로 수정하거나, '다. 지도상의 유의점' 항목을 '5. 학습 전개 계획'보다 앞부분으로 이동할 필요성이 있다.

🙂 도움말 ---------------------------------------------------------------

• 세안의 '지도상의 유의점'을 작성할 때, 교육과정의 '교수·학습 방법 및 유의 사항'을 참고할 수 있다.

---------------------------------------------------------------

## 2] 교수·학습 단계별 검토

### [1] 5. 학습 전개 계획 – 라. 교수·학습 과정안 – 도입

| | |
|---|---|
| 교수·학습<br>방법 | • 지도안의 교수·학습 상황이 실제 현장의 모습을 반영하고 있는가?<br>• 학습자의 수준과 흥미를 고려하여 활동을 구성하였는가?<br>• 구성된 활동의 시간을 적절히 배분하였는가?<br>• 학습 활동이 유기적으로 연결되어 있는가? |
| | - 실시간 쌍방향 수업의 모습을 잘 반영하여 구성하였다.<br>- 학생들의 흥미를 고려해 게임과 영상 등을 활용한 활동을 구성하였다.<br>- 설정된 도입 활동을 모두 수행하려면 7분 이상의 시간이 필요할 것으로 보이므로, 활동 조정이 필요하다.<br>- 수업 흐름도를 제시해 목표와 '전개' 단계 활동을 연결하고 있다. |
| 학습 내용 | • 학습 목표 도달에 적합한 학습 내용을 선정하였는가? |
| | - 선수 학습 확인 활동의 내용 중 본 차시 학습 목표와 관련성이 적은 부분이 있다. |
| 교수·학습<br>자료 및<br>환경 | • 매체 자료를 적절히 선정/구성/재구성하였는가?<br>• 등교 수업/원격 수업, 교실, 학생 수 등 교수·학습 환경을 적절히 고려하였는가? |
| | - 스크래치 게임 및 영상 매체 등 '도입' 단계에서 다양한 매체를 활용하였다.<br>- 접속 상태 확인, 돌발적 문제 발생 시의 해결 방안을 제시하였고, 문제 풀이 방식을 화면 공유하여 설명하는 등 원격 교수·학습 환경임을 고려한 서술이 적절하게 제시되었다. |

'5. 라.'의 도입 활동에서는 〈사례〉의 교수자가 세심하게 지도안을 작성했음을 알게 해 주는 여러 부분들을 발견할 수 있다.

실시간 쌍방향 수업에 접속하여 출석 확인으로 시작하는 것은 실제 현장의 모습이 잘 반영된 부분이며, 미출석 학생 연락 등의 내용도 유의점에 추가할 수 있을 것이다. 수업 준비 상태를 확인하고 화면을 켜게끔 하는 작업에도 어느 정도 시간이 소요되는데, 해당 과정도 빠뜨리지 않고 잘 제시하였다.

선수 학습 확인 활동은 잘 구성되었다고 판단할 만한 부분과 아쉬운 부분이 혼재한다. 직접 스크래치 프로그램을 활용해 게임을 구성한 점은 매체 자료의 활용이나 학생 흥미 고려 측면에서 긍정적으로 평가할 수 있다. 오답을 입력했을 때 재도전이 가능하게 구성한 점도 교육적으로 보인다.

그런데 선수 학습 확인 문제의 '내용' 부분에서는 그 적절성을 따져 볼 필요가 있다. 스크래치 게임을 통해 제시된 선수 학습 확인 문항에 임의의 번호를 붙여 제시하면 다음과 같다.

---

오늘은 학습하기 전에 2학년 때 배웠던 한글 창제의 원리를 떠올려 보겠습니다.
① 한글 창제의 원리는 자음자와 ○○자를 만든 원리이다. ○○은?
② 자음자를 만든 원리는 상형, ○○, 병서이다. ○○은?
③ 마지막 문제, 한글 모음 기본자 ' · , ㅡ, ㅣ'는 각각 하늘, 땅, ○○을 본떠 만들었다. ○○은?

---

〈사례〉의 교수자는 3학년 1학기「3. (1) 국어의 음운」이란 단원의 선수 학습으로 2학년 1학기「3. (2) 한글의 창제 원리와 특성」을 선정하고 관련된 문항을 제시하였다.

세부 문항 내용을 검토해 보았을 때, ①은 '모음'이란 용어를 상기시킨다는 점에서 본 차시 학습 내용과 유관하다고 할 수 있으나, ②의 경우 본 차시에서 자음 체계를 학습하지 않기에 본 차시 내용과 관련성이 떨어진다. ③의 경우 해당 문항을 맞히는 것과 음운 단원 학습과는 전혀 관련이 없어 보인다. 즉 세부 문항의 내용 선정이 적절한지 판단이 필요하며, 단원 자체에서도 지나치게 두 단원을 연계할 경우 소리의 단위인 '음운'을 '자음자, 모음자, 한글'이라는 표기 차원의 개념과 혼동해 오개념[▶국어교육이론]을 형성할 우려가 있다. 스크래치 게임에 이어 제시된 "세종대왕이 왜 자음자와 모음자를 따로 만들었는지 질문한다.", "오늘 학습을 통해 답을 생각해 보도록 한다." 라는 부분 역시 '전개' 단계에서 후술하겠으나 오개념을 형성하게 할 수 있으며 맥락상 자연스럽지 않다. 따라서 굳이 한글 창제 원리를 선수 학습으로 다루고자 한다면, 자음, 모음 등의 용어를 상기시키는 수준에서 활용하거나, 표기와는 다른 소리의 단위를 다룰 것임을 대조적으로 예고하는 용도로 활용할 수 있을 것이다.

앞서 〈사례〉의 '3. 단원 학습 목표'에서 "음운의 체계와 특성을 고려하여 실생활에서 정확한 발음을 하는 능력을 기를 수 있다."란 목표를 제시한 것처럼, 음운에 대한 지식은 발음과 연계성을 지닌다. 따라서 2학년 2학기「4. (1) 올바른 발음과 표기」단원 내용을 선수 학습 내용으로 제시하는 것도 한 방법이 될 수 있다. '밖'과 '박'을 발음하여 소리의 단위로 나누어 보게 하거나, '개'와 '게'의 발음에 대해 집중해 보게 하는 활동 등을 예로 들 수 있다.

〈사례〉의 작성자는 '도입' 부분 활동에 7분이 소요된다고 예상하고 있다. 시간 배분의 적절성을 판단하기 위해 도입부 활동을 정리하면 다음과 같다.

- 출석 확인
- 학습 분위기 조성
- 선수 학습 확인(시범-실시-질문-발표)
- 동기 유발(음운 관련 영상 2개 제시)
- 학습 목표 제시
- 학습 순서 안내

선수 학습 확인 활동과 동기 유발 활동에 소요될 시간을 고려하면, 위 모든 활동을 실시하는 데에는 7분 이상이 소요될 것으로 보인다. 그런데 '도입' 부분의 비중이 더 늘어난다면 본 차시 수업의 목표를 달성하기 어려울 수 있으므로, 스크래치 게임을 생략하고 간단한 질문과 답변으로 선수 학습 확인 활동을 구성하는 등 '도입' 부분의 활동 조정을 고려할 수도 있을 것이다.

이런 측면을 제외하면 '도입' 부분, 특히 '교수·학습 활동'이나 '학습 자료 및 지도상 유의점'은 전체적으로 잘 구성되었다고 판단된다. '도입' 단계에서는 일반적으로 학습 목표를 제시한 후 '전개' 단계 활동으로 바로 넘어가는 경우가 많은데, 〈사례〉에서는 '수업 흐름도'를 제시하여 학습자가 목표와 교수·학습 활동을 연계해 맥락을 파악할 수 있도록 구성하였다. 또한 원격 수업 시에는 등교 수업과 다른 유형의 돌발 상황이 발생할 수 있는데, 〈사례〉에서는 '줌에서 공유한 동영상의 소리가 나오지 않는 경우' 등을 언급하며 이럴 경우의 대처 방안을 염두에 두고 있음을 밝히고 있다. 해당 단계에서 활용되는 PPT의 내용을 명시한 점도 적절하다.

### (2) 5. 학습 전개 계획 – 라. 교수·학습 과정안 – 전개 – 목표 활동 1

| 교수·학습 방법 | • 교사와 학생 간, 학생과 학생 간 상호작용이 적절히 일어날 수 있도록 지도안을 작성하였는가?<br>• 학습자의 수준과 흥미를 고려하여 활동을 구성하였는가? |
|---|---|
| | - 학생과 학생 간 상호작용이 적절히 일어날 수 있도록 '목표 활동 1'을 구성하였다. |

| | | |
|---|---|---|
| | | - '목표 활동 1'은 학습자 참여 중심의 활동으로 학습자의 수준과 흥미를 고려한 것으로 보인다. |
| 교수·학습 자료 및 환경 | • 학습 목표, 학습 내용, 교수·학습 방법, 학습자를 적절히 고려하여 교재를 선정/구성/재구성하였는가?<br>• 등교 수업/원격 수업, 교실, 학생 수 등 교수·학습 환경을 적절히 고려하였는가? | |
| | - PPT로 '목표 활동 1'의 방법과 예시를 적절히 제시해 학습자를 고려하였다.<br>- 원격 수업 환경의 장점을 살렸으며, 학생들의 모둠 활동 및 결과 제시에 필요한 도구 (줌 소회의실, 구글 클래스룸, 패들렛)를 적절히 활용하였다. | |

'전개' 단계는 크게 '목표 활동 1 〈음운 바꾸기 게임〉'(이하 '활동 1')과 '목표 활동 2 〈소리의 길이에 유의하여 발음하기〉'(이하 '활동 2')라는 두 가지 활동으로 구성되어 있다. 우선 '활동 1'을 살펴보자.

〈사례〉의 '5. 라. 전개' 부분과 '6. 수업 자료' 부분을 통해 '활동 1'의 개요를 파악할 수 있다. 임의의 번호를 붙여 정리하면 다음과 같다.

① (교사) 활동의 방법을 설명하고 활동 예를 보인다.
② (교사) 줌의 소회의실 기능을 활용해 무작위로 모둠을 구성한다.
③ (학생) 줌의 소회의실에서 협의를 거쳐, 제시 단어('나비')에서 자음이나 모음 하나를 바꾸어 명사를 만든다.(단, 줄임말, 사람 이름, 지명, 방언 제외)
④ (학생) 구글 클래스룸 스트림에 올라온 링크를 클릭하여 모둠별로 만든 단어를 패들렛에 게시한다.
⑤ (학생) 단어 게시 시 이미지도 함께 첨부한다.
⑥ (학생) 다른 모둠에서 먼저 올린 단어는 올릴 수 없다.
⑦ (교사) 전체화면을 공유하여 모둠별 답변 내용을 확인하고 피드백한다.
⑧ (교사) 가장 많은 단어를 만든 모둠에게 별표를 제공한다.
⑨ (교사) 활동과 질문을 바탕으로 음운의 개념을 이끌어 낸다.
⑩ (교사) '도입'에서 했던 질문 "왜 세종대왕은 자음자와 모음자를 따로 만들었을까?"에 대해 생각해 보게 하고, '자음자와 모음자가 단어의 의미를 구분해 주는 최소의 단위이기 때문'임을 설명한다.
⑪ (교사) 학습 목표를 다시 확인해 자음, 모음 외의 요소를 언급하며 다음 활동으로 넘어간다.

전체적으로 '활동 1'은 학생들이 모둠 활동을 거쳐 음운의 개념을 파악하는 것으로 구성되어 있어, 학생 간 상호작용을 촉진하도록 구성되었다. 일반적으로 교과서에서는 학습자 개인이 제시 단어의 음운을 바꾸어 보는 활동으로 구성되는 점을 고려해 보면, 교사가 모든 학생의 결과물을 검토하기 어려운 일제 수업 방식의 활동에 비해, 모둠 내 1차 피드백을 받고 패들렛 게시 후 교사의 2차 피드백을 받는 구성은 장점이 커 보인다. 등교 수업에 비해 모둠 토의 시 타 모둠 소리에 의한 간섭이 없기에 원격 수업의 장점을 잘 살린 설계이기도 하다.

또한 모둠원이 무작위로 구성되는 것에 염려가 있을 수 있으나, '활동 1' 자체는 비교적 평이한 수준의 음운 바꾸기 활동으로 이루어져 있어 학생의 수준이나 모둠원 구성에 결과물이 크게 좌우되지 않을 활동으로 보인다. ⑧과 같이 모둠별 활동의 보상도 있어 학생 참여 중심의 활동으로 흥미를 끌기에도 용이하다.

자료나 환경 측면에서는 활동 시 PPT 자료 등을 적절히 활용하여 활동의 방법과 예시를 제공하였고, 온라인에서의 모둠 내 소통과 활동 결과물 공유를 위해 적절한 도구(줌 소회의실, 구글 클래스룸, 패들렛)[5]를 활용한 점도 좋다.

| 학습 내용 | • 필요한 학습 내용이 누락된 것은 없는가? |
| | - 자모음의 개념은 다루어져야 할 내용이나, 본 차시 자료에서는 다뤄지지 않았다. |
| 교수·학습 자료 및 환경 | • 학습 목표, 학습 내용, 교수·학습 방법, 학습자를 적절히 고려하여 교재를 선정/구성/재구성하였는가? |
| | - 만약 교재 구성 과정에서 본 차시 학습 내용 중 자모음의 개념을 의도적으로 제외한 것이라면, 이후 차시에서 다루어야 한다. |

본 차시의 자료에는 '교과서'가 포함되어 있지 않다. 즉 교과서가 아닌 교사가 공유하는 PPT가 주 교재임을 파악할 수 있는데, 이러한 교재 재구성 과정에서 누락되는 내용이 없도록 유의할 필요가 있다.

해당 교과서에서는 '음운의 개념과 종류'라는 소제목하에 '음운의 개념 – 모음과 자음의 개념 – 소리의 길이'를 제시하고 있다. 그런데 〈사례〉의 '활동 1'에서는 '음운의 개념'을, '활동 2'에서는 '소리의 길이'를 다루기에, '모음과 자음의 개념'은 본 차시 자료에 제시되지 않는다. 교수자가 시간 안배를 위해 다음 차시에서 모음 체계와 자음 체계를 학습할 때 그 개념을 제시하는 식으로 내용 순서를 조정했을 수 있으니, 이

---

5 〈사례〉에서 언급한 '줌, 구글 클래스룸, 패들렛'은 원격 수업을 위해 활용된 소프트웨어로, 그 특성이 각기 다르며 유사한 기능의 다른 소프트웨어도 있다. 따라서 교수자의 상황이나 의도에 맞게 적절한 도구를 선택하여 활용할 수 있다.

후 차시의 자료에 해당 내용이 누락되지 않도록 유의할 필요가 있다.

| 교수·학습 방법 | • 학습 목표 달성에 적합한 활동을 구성하였는가?<br>• 학습 활동이 유기적으로 연결되어 있는가? |
|---|---|
| | - 음운의 개념을 파악한다는 목표에 대체로 적합한 활동이나, 윤리적으로 유의해야 할 부분이 있다.<br>- '활동 1'에서 '활동 2'로 넘어가는 연계 과정이 자연스럽다. |
| 학습 내용 | • 학습 목표 도달에 적합한 학습 내용을 선정하였는가? |
| | - '도입' 활동과 연계된 문답은 내용의 정확성을 판단하기 어렵고 불필요해 보인다. |
| 교수·학습 자료 및 환경 | • 학습 목표, 학습 내용, 교수·학습 방법, 학습자를 적절히 고려하여 교재를 선정/구성/재구성하였는가? |
| | - '활동 1' 이후 개념 정리 PPT를 제시해 음운의 개념을 파악하는 목표를 고려하였다.<br>- 학생 생성 자료의 편중을 대비해 다양하고 대조적인 예시 자료를 준비할 필요가 있다. |

이제 앞서 정리한 '활동 1'의 개요 번호를 활용해 세부적으로 '활동 1'을 살펴보자. ③의 세부 규칙 중, 줄임말 중 'ㅎㅎ'와 같이 정확한 발음을 판단하기 어려운 사례가 있다는 점을 고려하면 줄임말을 제외한다는 규칙은 타당하게 느껴진다. 방언 제외 규칙의 경우, 교사의 수업 의도나 지역별 상황에 따라 학습자가 자연스럽게 방언을 떠올리는 것을 제한하지 않아도 된다고 생각할 수도 있다. 그러나 학습자가 '여그 – 여기' 등과 같이 방언과 표준어로 최소 대립쌍을 형성할 경우 말의 뜻을 구별해 준다는 음운의 개념을 파악하는 데에 혼동이 있을 수 있으므로, 적절하게 수업의 규칙을 설정한 것으로 보인다.

⑤의 패들렛 이미지 게시는 "이미지는 단어의 의미가 바뀐다는 것을 한눈에 보기 위한 것임을 설명한다."와 같이 그 의도가 제시되어 있다. 패들렛이 칠판에 포스트잇을 붙이는 활동과 유사하다는 점을 생각해 보면, 이미지 게시는 서술된 것처럼 시각적 장점을 지닌다. 그러나 목표를 성취하는 데에 꼭 필요하지 않은 시간을 소요할 수 있는 활동이라는 점, 윤리적 측면에서 교육이 필요한 활동이라는 점에서 유의할 부분이 있다. 즉 학습자가 이미지를 검색해 패들렛에 업로드하는 것에 시간이 소모되지 않도록 사전 교육이 필요하며, 이미지를 빠르게 찾아 활용하는 활동에서 사진이나 그

림의 저작권을 가벼이 여기는 의식이 형성되지 않도록 유의할 필요가 있다.[6] 이미지 제시 활동을 진행한다면, 저작권이 자유로운 이미지를 제공하는 사이트[7]를 안내하여 학생들이 활용하도록 사전 교육 할 필요가 있다.

⑦~⑨와 같이 귀납적으로 학생들이 생성한 예들을 검토하여 음운의 개념을 이끌어 내는 것은 학습자의 참여와 지식 구성을 촉진하는 장점이 있다. 또한 〈사례〉에서는 '활동 1' 이후 PPT 자료를 제시, 음운 개념을 다시금 정리하게 하여 목표를 염두에 두고 효과적으로 교재를 구성한 것으로 보인다. 다만 학생들이 '활동 1'에서 생성한 자료가 편중되거나 평이할 경우(예: 모든 모둠에서 초성만 바꾼 경우) 개념의 완전한 이해를 돕기 어려울 수 있다. 교수자는 이런 경우에 대한 대비가 필요하며, 다양한 사례와 대조적 사례[8]를 준비하고 제공할 필요가 있다. 즉 '활동 1'에서는 학생들이 생성한 자료와 함께, 다양한 최소 대립쌍 사례, 둘 이상의 음운이 달라진 오답의 예, 표기는 다르나 음운은 동일한 오답의 예 등을 다루며 음운에 대한 이해를 도울 필요가 있을 것이다.

⑩은 '도입' 단계와 연계되고 ⑪은 '전개' 단계의 '활동 2'와 연계되기에, 이는 학습 활동의 유기적 연결을 위한 장치로 〈사례〉의 교수자가 세심하게 수업을 설계하였음을 보여 준다. 다만 ⑩의 경우 "왜 세종대왕은 자음자와 모음자를 따로 만들었을까?" 라는 질문이 적절한지 다시 생각해 볼 필요가 있다. 음운은 발음 층위의 문제이고 자음자와 모음자는 표기 층위의 문제이기 때문이다. 발음 층위와 표기 층위는 깊은 관련을 맺고 있지만 구분되는 층위이므로, 표기상의 문제를 바탕으로 음운론적 문제에 답하도록 할 경우 오개념이 발생할 가능성이 있으므로 유의해야 한다. 또한 교수자는 "자음자와 모음자가 단어의 의미를 구분해 주는 최소의 단위이기 때문임을 설명한다."라는 답변을 기술하였는데, 이 답변 역시 '자음'과 '모음'이 아닌 '자음자'와 '모음자'가 의미를 구분하는 최소의 단위, 즉 음운이라는 오개념을 형성할 수 있어 보인다.

---

**6**   오영범(2020)에서는 원격 수업을 위한 교수자 역량을 제시하였는데, 그가 설정한 '원격 수업 설계 역량' 중에는 '윤리적 이슈 예방 역량'이 있다. 그는 원격 수업 설계 단계에서 저작권, 초상권, 개인 정보 보호 등과 같은 윤리적 문제를 예방할 수 있는 교수자의 역량이 필요하다고 주장하였으며, 예방적 접근이 중요하다고 이야기하였다.

**7**   권정민(2020: 149)에서는 대표적인 무료 이미지 사이트로 '언스플래시(Unsplash)', '픽사베이(Pixabay)', '펙셀스 (Pexels)' 등을 제시하였다.

**8**   이해숙(2021: 163)에서는 구체적 사례와 대조적 사례의 필요성을 다음과 같이 언급하였다. "분수(分數)의 개념에 대해 '정수 a를 0이 아닌 정수 b로 나눈 몫을 a/b로 표시한 것'이라고 텍스트로 충실히 기술한다고 해서, 학습자가 분수의 개념을 이해할 수 있는 것이 아니다. 피자 조각과 같은 구체적인 사례, 분수가 아닌 수의 예시(대조적 사례)가 함께 제시되어야 학습자는 개념을 이해할 수 있다."

'도입' 단계의 선수 학습 확인 부분에서 굳이 한글 창제를 자세히 다룰 필요는 없으므로, '전개' 단계에서 제시되는 이 문답 내용은 불필요하게 느껴진다. 반면 ⑪의 경우 학습 목표와의 관련성을 상기시키는 한편, '활동 2'로 자연스럽게 연계되기에 적절한 장치로 보인다.

| 형식 | • 지도안의 항목이 체계적으로 구성되어 있는가?<br> - 지도안에서 다루어야 하는 항목 중에 누락된 것은 없는가? |
| --- | --- |
|  | - '활동 1'의 학습자 구성원의 조직이나 진행 방식을 '5. 라.'의 서술만으로는 파악하기가 어렵다. |

    지도안의 형식 측면에서는 '전개' 부분의 기재 내용을 보완할 필요가 있다. '활동 1'이 모둠 활동이고, 그 진행 방식이 ①~⑪과 같다는 것은 '6. 수업 자료'를 검토한 결과로, '5. 라.'의 서술만으로는 파악하기가 어렵다. '6.수업 자료'에 제시한 내용 중 일부가 '5. 라.'에서 제시될 필요가 있으며, 특히 활동명 아래 등에 '모둠 활동' 등과 같이 '학습자 구성원의 조직'을 명시할 필요가 있어 보인다.

### 〔3〕 5. 학습 전개 계획 – 라. 교수·학습 과정안 – 전개 – 목표 활동 2

| 교수·학습<br>방법 | • 학습 목표 달성에 적합한 활동을 구성하였는가?<br>• 교사와 학생 간, 학생과 학생 간 상호작용이 적절히 일어날 수 있도록 지도안을 작성하였는가?<br>• 학습자의 수준과 흥미를 고려하여 활동을 구성하였는가? |
| --- | --- |
|  | - 학습 목표 달성에 적합한 활동을 구성하였다.<br>- 대체로 상호작용이 적절히 일어날 수 있도록 활동을 구성하고 지도안을 작성하였다.<br>- 학습자 참여를 촉진하는 활동을 구성하였다. |
| 교수·학습<br>자료 및<br>환경 | • 등교 수업/원격 수업, 교실, 학생 수 등 교수·학습 환경을 적절히 고려하였는가?<br>• 매체 자료를 적절히 선정/구성/재구성하였는가? |
|  | - 원격 수업 시 모둠 활동 상황을 고려해 교사의 소회의실 참여를 명시하였다.<br>- 음성 파일 등 매체 자료를 적절히 선정하였다. |

전개 단계의 두 번째 활동은 〈소리의 길이에 유의하여 발음하기〉('활동 2')이다. '활동 2'에 임의의 번호를 붙여 정리하면 다음과 같다.

---

① (교사) 소리의 길이에 대해 설명하기
② (학생) 줌 소회의실에서 모둠별로 제시문의 올바른 발음에 대해 토의하기
③ (학생) 교사의 시범을 참고하여 토의 결과물인 발음을 모둠별로 패들렛에 녹음해서 올리기
④ (교사) 학생 녹음 음성을 듣고 전체 피드백하기
⑤ (학생) 제시된 PPT를 통해 올바른 발음 확인 및 장음 실현 조건 확인하기

---

'활동 2'에서는 운소 '소리의 길이' 역시 단어의 뜻을 구분한다는 점을 파악하고, 소리의 길이에 따라 뜻이 달라지는 단어들을 바르게 발음하려는 목표를 성취해야 한다. 위 활동 내용을 살펴보면 목표 달성에 적합한 활동을 구성하였음을 알 수 있다.

②, ③ 활동에서는 모둠별로 정확한 발음에 대해 토의하는 과정을 거치며 학습자 간 상호작용이 촉진될 것으로 보인다. 다만 ②~③ 활동 시 인터넷 사전 검색이 가능한지 여부가 명시되어 있지 않아 이에 대한 판단이 필요해 보인다. 학습자가 정확한 발음을 알기 위해 사전 검색을 습관화하는 것은 바람직하나, 토의 과정을 거치지 않고 바로 검색을 할 경우 상호작용에 의한 지식 구성이 어려워질 수 있기 때문이다. ②, ③ 활동 시에는 검색 없이, ④, ⑤ 활동 시에는 검색 시범과 함께 활동을 진행하는 것도 한 방법일 듯하다.

특히 ③ 활동의 경우 바른 발음을 알려 주고 암기하게 하는 수업보다 학습자의 참여를 촉진하는 활동이기에 학습자 흥미를 고려한 의미 있는 활동이라 여겨진다.

또한 소회의실 기능을 활용해 토의할 때 학습자 참여도에 차이가 날 수 있는데, 〈사례〉에서는 교사가 소회의실에 참여해 독려한다는 점을 기술하여 환경에 따른 유의점을 명시하였다.

매체 측면에서도 학생 녹음 파일만으로 마무리한 것이 아니라 ⑤에서 정확한 음성 파일을 제시하여 적절히 활용하였다.

| 학습 내용 | • 학습 목표 도달에 적합한 학습 내용을 선정하였는가? |
| --- | --- |
| | - 대체로 적절하나 일부 불필요한 정보가 제시되었다. |

소리의 길이에 따라 의미가 달라지는 단어 예시 및 장음이 실현되는 조건[9] 등을 다룬 내용의 구성은 대체로 적절해 보이나 일부 불필요해 보이는 정보가 제시되었다. '활동 2'에 제시된 PPT의 내용을 살펴보면, '표기는 같지만 발음은 다른 한자어 단어들'이 있다. 이 차시에서 어종, 즉 단어의 기원에 따른 특성까지 학습자가 학습할 필요는 없으므로, '한자어' 등을 굳이 명시할 필요는 없어 보인다. 이 부분은 평가 단계에서도 다시 언급될 내용이다.

### [4] 5. 학습 전개 계획 – 라. 교수·학습 과정안 – 정착

| | |
|---|---|
| 평가 | • 학습 목표 달성 여부를 점검하는 방법이 적절한가?<br> - 평가 도구를 적절하게 제작 및 활용하였는가?<br>• 평가 결과를 적절히 활용하였는가?<br> - [형성평가] 평가 결과를 교수·학습에 적절히 환류하고 있는가? |
| | - 확인 학습과 개별 과제를 통해 학습 목표 달성 여부를 점검하고 환류하였다.<br>- 평가 문항은 대체로 적절히 구성되었으나 일부 수정될 부분이 있다. |

〈사례〉의 평가 부분은 비교적 잘 작성되었으며 특히 원격 수업의 장점[10]을 살려 형성평가를 계획한 것으로 보인다. 우선 구글 설문지를 활용해 실시간으로 '확인 학습'을 풀게 한 다음 다수 학생이 틀린 부분을 교사가 다시 설명해 주는 활동이 서술되어 있어, 정리 단계의 짧은 시간 내에서도 즉시 결과를 확인하고 피드백할 수 있게 구성하였다. 다음으로 '개별 과제'를 제시해, '확인 학습'의 결과에 따라 보충 학습 혹은 심화 학습을 수행하고 제출하게 한 점도 학습 목표 달성을 위한 정교한 장치로 보인다. 즉 학생들의 수준에 따라 두 유형의 개인화된 과제를 제시한 점이 적절하다.

---

**9** 이동석(2015)에서는 2009 개정 중학교 국어 교과서의 음운 체계 단원을 분석하였는데, 대부분의 교과서들이 장단과 관련하여 아주 기본적인 지식만 언급할 뿐 이와 관련된 유의점과 실제 언어생활의 양상을 다루지 않고 있어 실제성이 약한 문법 교육의 단점을 드러내고 있다고 비판하였다. 그는 소리의 길이와 관련해서는 장단의 구별이 첫음절에서만 유효하다는 점, 실제 언어생활에서는 장단의 구별이 잘 지켜지지 않는다는 점 등을 언급할 필요가 있다고 이야기하였다.

**10** 그래함 외(Graham et al., 2019/2021: 67)에서는 대면 및 온라인에서 관리되는 다양한 측정 유형의 강점을 제시하였다. '퀴즈와 시험'의 경우 대면의 장점은 '부정행위 방지 용이'가 제시되었고, 온라인의 장점으로는 '문제 선택 개인화, 자동화된 채점 및 피드백, 여러 번의 시도 가능'이 제시되었다.

# 3) 수업 지도안의 후반부 검토

## (1) 마. 본시 확인 학습

세부 문항 측면에서는, '1) 확인 학습 문제'의 세 문항이 모두 선다형이고 질문이 부정문으로 작성되었다. 목표 달성 여부를 점검하기 위해 굳이 부정문으로 문항 난도를 높일 필요는 없어 보이며, 5분이라는 촉박한 시간 내에서 정리 단계의 모든 활동을 수행해야 함을 고려할 필요도 있다. 예컨대 2번 문항은 다음과 같은 문항으로 수정할 수 있다.

| | |
|---|---|
| 기존 문항 | 2. 소리의 길이에 따라 뜻이 달라지는 단어를 올바르지 않게 발음한 사람은?<br><br>꿀벌 나라의 ㉠벌 마야는 꿀을 훔쳐서 ㉡벌을 받게 되었어요.<br>세상에 말도 안 돼! 어떻게 ㉢말이 ㉣말을 하겠어?<br>㉤눈에 ㉥눈이 들어가서 차갑다.<br><br>① 지혜: ㉠은 ㉡보다 길게 발음해야 해.<br>② 하은: ㉣은 ㉢보다 짧게 발음해야 해.<br>③ 윤아: ㉤은 ㉥보다 짧게 발음하는 게 맞아<br>④ 성민: ㉠,㉣,㉥은 모두 길게 발음하는 단어야. |
| 수정 문항 | 2. 밑줄 친 ㉠~㉥ 중 소리의 길이가 긴 것을 모두 고르면?<br><br>꿀벌 나라의 ㉠벌 마야는 꿀을 훔쳐서 ㉡벌을 받게 되었어요.<br>세상에 말도 안 돼! 어떻게 ㉢말이 ㉣말을 하겠어?<br>㉤눈에 ㉥눈이 들어가서 차갑다. |

'3) 심화 학습 문제'의 경우 '온라인 사전을 찾아보면서 문제를 해결하라'는 안내가 제시되었다. 일상 언어생활에 학습한 내용을 활용하는 습관 형성을 고려하면, 이러한 안내는 세심하고 적절하게 제시된 것으로 보인다. 다만 심화 학습 문항의 경우 ③이 올바른 답으로 제시되어 있는데, '① 한자어에서 소리의 길이에 따라 뜻이 달라지는 단어들은 매우 많다.'의 경우 어종 정보까지 제공할 필요가 없고, '많다'의 판단 기준이 모호하다는 문제가 있다. 이는 앞서 전개 단계에서 불필요한 교수·학습 내용

을 제시한 것이 평가에까지 이어진 예로 보인다. 이미 소리의 길이 학습 시 어종을 굳이 다룰 필요가 없다는 의견을 서술한바, 심화 학습 문제의 ①번 답지는 수정될 필요가 있어 보인다.

# 3

## 지도안 다시 작성해 보기

### 1) 지도안의 수정 방향

앞서 검토한 내용을 정리하면, 이 지도안은 원격 수업의 장점을 살려 비교적 잘 구성되었으며, 본 차시 설계의 경우 부분적으로 수정할 부분은 있으나 전개부의 학습 활동이나 평가 부분 설계는 대체로 적절하다. 다만 '단원 차시별 지도 계획' 측면의 수정이 필요해 보인다.

따라서 지도안의 주된 수정 방향은 '성취기준과 학습량을 고려한 차시별 지도 계획 설계', '본 차시 수업 지도안의 세부적 수정'이라 할 수 있다.

한편, 〈사례〉는 세안으로 작성되었으나 수정안에서 모든 항목을 다시 작성하기보다는 약안으로 작성하여 수정의 방향이 한눈에 보이도록 한다. 단, 일반적으로 약안에서는 '단원의 학습 목표, 단원 차시별 지도 계획' 등이 생략되는 경우가 많으나, 〈사례〉에서 '학습 목표'와 '단원 차시별 지도 계획' 측면의 검토 내용이 있었기에 해당 내용을 간략히 추가하여 제시하였다.

또한 〈사례〉가 원격 수업의 지도안으로 작성된 점을 고려하여, 향후 소단원 지도 시에도 혼합 수업이 적용될 가능성을 염두에 두고 단원 설계 시 '교수·학습 환경에 따른 수업 형태'를 작성하는 칸을 추가하였다. 단원 설계에 따라 '원격/등교' 등 적절해 보이는 형태를 작성해 볼 수 있을 것이다.

여기서는 단원 전체와 본 차시 부분을 스스로 설계하며 지도안을 다시 작성해 볼 것이다.

## 2) 단원 설계

단원 학습 목표와 단원 차시별 지도 계획을 수정해 보자.

| 단원<br>학습 목표 | | • | | |
|---|---|---|---|---|
| | 차시 | 주요 학습 내용 및 활동 | | 수업 형태 |
| 차시별<br>지도 계획 | 1<br>(본 차시) | •<br>• | | |
| | 2 | • | | |
| | 3 | • 국어의 모음 체계 탐구<br>- 혀의 높이(입이 벌어지는 정도)에 따라 단모음 비교하여 분류하기<br>- 입술 모양에 따라 단모음 비교하여 분류하기<br>- 국어의 단모음 체계표 완성하고 특성 탐구하기 | | 원격 수업 |
| | 4 | • | | |
| | 5 | • | | |
| | 6 | • 우리말 음운의 특성 탐구하고 활용하기<br>• 모음 체계, 자음 체계, 소리의 길이를 염두에 두고 발음 생활 점검하고 성찰하기 | | 등교 수업 |

## 3) 본 차시 설계

본 차시 수업 지도안을 다시 작성해 보자.

| 교과명 | 국어 | 교사 | ○○○ |
|---|---|---|---|
| 교재 | 중학교 국어 3-1(신유식 외) | 대상 학급 | 3학년 ○반 ○○명 |

| 일시 | 20○○년 ○월 ○일(수) ○교시 | | 장소 | 원격 수업(실시간 쌍방향 수업) |
|---|---|---|---|---|
| 단원 | 3. 국어와 소통 (1) 국어의 음운 | | 차시 | 1/6차시 |
| 본 차시 학습 목표 | • • | | | |

| 교수·학습 단계 | | 교수·학습 활동 | | 자료 및 유의점 | 시간 (분) |
|---|---|---|---|---|---|
| | | 교사 | 학생 | | |
| 도입 | 출석 확인 | • **출석 확인 및 접속 상태 점검** <br> - 미출석자 연락 및 접속 점검 | • **접속 상태 점검** <br> - 비디오 켜고 소리 점검 | 줌 <br> : 접속 상태 점검, 소리 공유 점검 <br><br> PPT <br> : 선수 학습 확인 | 6 |
| | 선수 학습 확인 | • **이전 학년 내용 질문 및 확인** <br> - | • **이전 학년 내용 상기하기** <br> - | | |
| | 동기 유발 | • **문제 상황 영상 제시** <br> - 음운 발음 오류로 인한 의사소통 문제 영상 2가지 제시 | • **문제의 원인 파악** <br> - 영상에서 문제의 원인 파악 및 배울 내용 예측 | 영상1 <br> : 모음 오류 <br> 영상2: <br> 소리의 길이 오류 | |
| | 학습 목표 확인 | • **본 차시 학습 목표 제시하기** <br> • **본 차시 수업 흐름 안내** | • **본 차시 학습 목표 인지** <br> • **본 차시 수업 흐름 인지** | PPT <br> : 학습 목표, 수업 흐름도 | 1 |
| 전개 | 활동 1 | | | | 17 |

| | | | | |
|---|---|---|---|---|
| 전개 | 활동 2 | | | 16 |
| 정리 | 학습 내용 정리 | **• 본 차시 학습 내용 정리**<br>- 본 차시 활동과 음운의 개념 및 종류 정리 | **• 내용 정리하며 회상하기**<br>- 학습 목표와 학습 내용 정리하고 활동 회상하기 | PPT<br>: 음운의 개념, 음운의 종류 |
| | 평가 | | | 5 |
| | 차시 예고<br>및<br>과제 제시 | | | |

# 4

# 지도안 수정 예시

## 1) 단원 설계 부분 수정 예시

| 단원<br>학습 목표 | | • 음운의 체계를 알고 그 특성을 이해한다. | |
|---|---|---|---|
| | 차시 | 주요 학습 내용 및 활동 | 수업 형태 |
| 차시별<br>지도 계획 | 1<br>(본 차시) | • **음운의 개념 파악하고 종류 알기**<br>• **소리의 길이 정확하게 발음하기** | **원격 수업** |
| | 2 | • 국어의 모음 체계 탐구<br>- 모음의 개념 알기<br>- 단모음과 이중 모음 개념 알고 분류하기<br>- 혀의 최고점의 위치에 따라 단모음 비교하여 분류하기 | 원격 수업 |
| | 3 | • 국어의 모음 체계 탐구<br>- 혀의 높이(입이 벌어지는 정도)에 따라 단모음 비교하여 분류하기<br>- 입술 모양에 따라 단모음 비교하여 분류하기<br>- 국어의 단모음 체계표 완성하고 특성 탐구하기 | 원격 수업 |

〈사례〉의 1차시에서는 모음의 개념과 자음의 개념을 다루지 않았던바, 2차시에서 모음의 개념을, 4차시에서 자음의 개념을 다루는 것으로 내용을 추가하였다.

〈사례〉에서는 3차시로 소단원 차시를 구성하였으나, 여기에서는 학습량을 고려해 6차시로 설계하고 학습 내용을 구체화하였다.

원격 수업/등교 수업 여부가 교수자의 판단이 아닌 외부 상황에 의해 결정되는 경우도 많다. 그러나 혼합 수업(Blended learning)이 교육 효과의 극대화를 위해 적용된 수업 설계 전략이란 점을 고려하면, 수업 설계 시 더 적절한 수업의 형태가 무엇일지 그 환경을 고려해 보는 것은 의미 있는 작업이 될 수 있다. 또한 수업 형태에 대한 판단은 주관적인 것이므로 교수자의 판단에 따라 다르게 설정 가능하다. 수정 예시에서는 실시간 쌍방향 형태의 원격 수업에서 여러 사람의 입 모양 변화를 한눈에 파악할 수 있다는 장점을 고려해 몇 개의 차시를 원격으로 설정해 보았다.

| | 4 | • 국어의 자음 체계 탐구<br>- 자음의 개념 알기<br>- 소리 나는 위치에 따라 자음 비교하여 분류하고 특성 탐구하기<br>- 입안이나 코안의 울림 여부에 따라 자음 비교하여 분류하기 | 원격 수업 |
|---|---|---|---|
| 차시별<br>지도 계획 | 5 | • 국어의 자음 체계 탐구<br>- 예사소리, 된소리, 거센소리 분류하고 느낌 비교하기<br>- 소리 내는 방법에 따라 안울림소리(장애음) 비교, 분류하기 •············<br>- 국어의 자음 체계표 완성하고 특성 탐구하기 | 원격 수업 |
| | 6 | • 우리말 음운의 특성 탐구하고 활용하기<br>• 모음 체계, 자음 체계, 소리의 길이를 염두에 두고 발음 생활 점검하고 성<br>찰하기 | 등교 수업 |

··ı 〈사례〉의 단원 차시별 지도 계획에는 제시되지 않았던 내용이다.
그러나 이해, 기능, 태도 면의 단원 학습 목표나 해당 교과서의
구성을 고려할 때 이러한 학습 내용을 추가할 필요가 있어 보인다.

해당 교과서에 '안울림소리'라는 용어가 사용되어 동일한 용어로
작성하였다. 또한 '장애음'이란 용어를 노출할 필요는 없지만,
'울림소리(공명음)/안울림소리(장애음)'가 '유성음/무성음'과 다른
층위의 구분이라는 점에 유의해야 한다.


## 2) 본 차시 설계 부분 수정 예시

| 교과명 | 국어 | 교사 | ○○○ |
|---|---|---|---|
| 교재 | 중학교 국어 3-1(신유식 외) | 대상 학급 | 3학년 ○반 ○○명 |
| 일시 | 20○○년 ○월 ○일(수) ○교시 | 장소/환경 | 원격 수업(실시간 쌍방향 수업) •········· |
| 단원 | 3. 국어와 소통<br>(1) 국어의 음운 | 차시 | 1/6차시 |
| 본 차시<br>학습 목표 | • 음운의 개념과 종류를 말할 수 있다.<br>• 소리의 길이에 따라 뜻이 달라지는 단어나 문장을 올바르게 발음할 수 있다. | | |

통상적으로는 수업 교실을 적는 부분이었으나 혼합 수업이
진행되는 경우를 고려해 원격 수업의 유형을 작성하였다.

| 교수·학습 단계 | | 교수·학습 활동 | | 자료 및 유의점 | 시간 (분) |
|---|---|---|---|---|---|
| | | 교사 | 학생 | | |
| 도입 | 출석 확인 | • 출석 확인 및 접속 상태 점검<br>- 미출석자 연락 및 접속 점검 | • 접속 상태 점검<br>- 비디오 켜고 소리 점검 | 줌<br>: 접속 상태 점검, 소리 공유 점검 | 6 |
| | 선수 학습 확인 | • 이전 학년 내용 질문 및 확인<br>- 표기의 단위인 한글 자음자와 모음자를 배웠는데, 이번 시간에는 소리의 단위를 배울 것임.<br>- '밖'을 발음하면 분석되는 소리의 단위<br>- '개'와 '게'의 의미를 혼동시키는 소리의 단위 | • 이전 학년 내용 상기하기<br>- 자음, 모음 용어 상기<br>- 표기가 아닌 소리의 단위를 배울 것임을 파악<br>- 소리 분석하고 비교하며 이번 시간에 배울 내용 예측 | PPT<br>: 선수 학습 확인 | |
| | 동기 유발 | • 문제 상황 영상 제시<br>- 음운 발음 오류로 인한 의사소통 문제 영상 2가지 제시 | • 문제의 원인 파악<br>- 영상에서 문제의 원인 파악 및 배울 내용 예측 | 영상 1<br>: 모음 오류<br>영상 2<br>: 소리의 길이 오류 | |
| | 학습 목표 확인 | • **본 차시 학습 목표 제시하기**<br>• **본 차시 수업 흐름 안내** • | • **본 차시 학습 목표 인지**<br>• **본 차시 수업 흐름 인지** | PPT<br>: 학습 목표, 수업 흐름도 | 1 |
| 전개 | • **활동 1**<br>• **(모둠 활동)**<br>**: 음운 바꾸기 게임** | • **활동 내용 및 규칙 설명**<br>- 제시어에서 하나의 음운을 바꾸어 가장 많은 명사를 만드는 모둠이 별표를 받는 게임임을 설명<br>- 모둠별 협의는 줌의 소회의실에서 진행되며, 만든 명사는 패들렛에 게시함을 설명 | • **활동 내용 및 규칙 파악**<br>- 하나의 음운이 바뀐 다른 의미의 단어를 찾는다는 것이 어떤 의미인지 파악<br>- 게임의 규칙 및 활동 내용 이해 | 줌<br><br>PPT<br>: 음운 바꾸기 게임 설명 | 12 |

학습자 구성원의 조직을 특정 위치에 명시하였다.

수업 흐름도를 제시한 〈사례〉의 방식을 그대로 유지하였다.

〈사례〉에서 제시한 활동 〈음운 바꾸기 게임〉의 큰 틀을 그대로 유지하고, 활동 개요가 잘 드러나도록 세부적인 서술을 수정하였다.

〈사례〉에서는 한글 창제 관련 퀴즈를 푸는 게임으로 제시된 부분이다. 게임을 통한 흥미 유발도 적절하지만, 여기서는 도입 단계의 시간 단축을 위해 게임이 아닌 질문으로 방식을 수정하였다. 질문 내용 측면에서는 본 차시 학습과의 관련성을 고려해 '자음', '모음' 용어 상기 정도로 한글 창제 관련 내용을 활용하였고, 표기가 아닌 소리의 단위를 배우게 된다는 것을 대조적으로 강조하였다. 또한 올바른 발음과 표기 관련 이전 학년 학습 내용을 선수 학습 내용으로 추가하였다.

| | | | | | |
|---|---|---|---|---|---|
| 전개 | 활동 1 (모둠 활동) : 음운 바꾸기 게임 | • **활동 시범 보이기**<br>- 방법 시범: 패들렛 접속, 패들렛 작성자 이름 쓰기, 단어 작성 관련 화면 공유해 시범<br>- 정답 오답 사례 제시: 정답(기름-거름), 오답(기름-기록, 입-잎) 제시 및 설명<br>• **활동 진행 점검**<br>- 제시어 공개(나비)<br>- 소회의실 열기(4모둠)<br>- 소회의실 참여해 토의 상황 점검 및 토의 참여 독려<br>- 패들렛 작성 완료 시간 안내<br>• **활동 결과 확인 및 피드백**<br>- 모둠별 게시어 정오답 판정 및 이유 설명<br>- 게시어 외 다양한 사례 및 대조적 사례 제시 | • **활동 방법 파악**<br>- 소회의실 참여 및 패들렛 게시 방법 확인<br><br>- 사례를 통해 하나의 음운이 달라 뜻이 변별되는 말에 대해 구체적으로 이해<br>• **모둠 활동 진행**<br>- 소회의실 참여해 토의<br>- 제시어 관련 논의 진행 및 학습자 간 피드백<br>- 토의 결과 패들렛에 게시<br><br>• **전체 활동 결과 확인**<br>- 사례의 적절성을 판단하면서 말의 뜻을 달라지게 하는 소리의 최소 단위를 파악 | 패들렛<br>: 모둠별 정해진 열에 단어 작성<br><br>PPT<br>: 다양한 사례 및 대조적 사례 | 12 |
| | | • **음운 개념 질문과 정리**<br>- 말의 뜻을 구별한다는 것과 관련된 질문<br>- 소리의 단위 관련 질문<br><br>- 최소 단위 관련 질문<br><br>• **음운의 종류 확인**<br>- 학생 답변을 바탕으로 음운의 개념과 종류를 정리한 후, 소리의 길이 관련 활동 예고 | • **음운 개념 탐구와 정리** •<br>- 뜻이 달라지는 사례를 활용해 답변<br>- 표기가 다른 쌍과 소리가 다른 쌍을 탐구해 답변<br>- 의미를 변별하는 단위가 더 나누어지는지 확인 후 답변<br>• **음운의 종류 확인**<br>- 자음과 모음 외에도 의미를 변별하는 요인이 더 있음을 인지 | ※유의점: 패들렛 게시어를 활용, 학생 탐구를 도움.<br><br>PPT<br>: 음운의 개념, 음운의 종류 | 5 |

활동 시범 보이기 단계, 활동 결과 확인 및 피드백 단계에서 다양한 사례와 대조적 사례를 활용하였다. 이를 통해 학습자가 완전한 이해에 도달할 수 있도록 구성하였다.

〈사례〉에서는 '왜 세종대왕은 자음자와 모음자를 따로 만들었을까?'라는 질문에 대답하는 활동을 제시하였으나 여기에서는 해당 문답을 삭제하였다. '활동 1'에서 생성했던 제시어들을 활용하여, 음운의 개념을 세 측면에서 탐구하여 정리하도록 구성하였다.

| 전개 | • 활동 2 (모둠 활동) : 소리의 길이에 유의하여 발음하기 | • 소리의 길이 관련 설명<br>- 동기 유발 영상의 예시를 활용해 소리의 길이가 의미를 변별함을 설명 | • 소리의 길이 학습 맥락 인지 •<br>- 소리의 길이가 의미를 변별함을 이해<br>- 소리의 길이가 음운에 속함을 이해 | PPT : 소리의 길이 | 1 |
|---|---|---|---|---|---|
| | | • 활동 내용 및 규칙 설명<br>- 모둠별로 소리의 길이에 유의해 제시문을 발음하여 녹음하는 활동임을 설명<br>- 모둠별로 배당받은 단어의 발음을 책임감 있게 떠올려 보되, 인터넷을 활용하지 말고 토의에 의해 결정하도록 안내<br>• 활동 시범 보이기<br>- 제시문을 패들렛에 녹음해 올리는 방법 시범 | • 활동 내용 및 규칙 파악<br>- 활동의 내용 파악<br>- 모둠별로 배당받은 단어는 아나운서와 같이 정확하게 발음하겠다는 책임감을 갖고, 소리의 길이에 초점을 두고 평소 발음을 떠올려 보겠다는 태도 견지<br><br>• 활동 방법 파악<br>- 특히 제시어의 길이를 강조해 녹음함을 확인<br>- 패들렛에서 녹음해 올리는 방법을 확인 | PPT : 소리의 길이에 유의하여 발음하기 설명 | 10 |
| | | • 활동 진행 점검<br>- '눈, 말, 벌, 굴'을 포함하는 4문장 제시 및 모둠별 문장 배당<br>- 소회의실 열기(4모둠)<br>- 소회의실 참여해 토의 상황 점검 및 토의 참여 독려<br>- 패들렛 녹음 완료 시간 안내 | • 모둠 활동 진행<br>- 소회의실 참여해 토의<br>- 모둠별로 배당받은 단어의 소리의 길이에 따른 의미 논의 및 학습자 간 피드백<br>- 다른 단어(말-말소리)의 발음도 떠올려 보며 활발히 토의 진행<br>- 모둠 대표가 패들렛에 녹음 게시 | 패들렛 : 모둠별로 녹음 게시<br><br>PPT : 제시어 바른 발음 음성 파일 | |
| | | • 활동 결과 확인 및 피드백<br>- 모둠별 녹음 공유 및 확인<br>- 정오답 판정 및 바른 발음 확인 | • 전체 활동 결과 확인<br>- 모둠별 녹음 듣고 정오답 여부 예측<br>- 바른 발음을 듣고 자신의 예측 성찰 | | |

〈사례〉에서 제시한 활동 〈소리의 길이에 유의하여 발음하기〉의 큰 틀을 그대로 유지하였다. 다만 세부 규칙을 추가하고 활동 진행 방식을 조금 수정하였다.

모둠 내 토의를 통해 문제를 해결하고 소리의 길이에 초점을 맞추어 발음 생활을 돌아볼 수 있도록 하기 위해, 인터넷을 활용하지 말라는 규칙을 추가하였다.

〈사례〉에서는 모둠별로 동일한 세 문장을 녹음하도록 제시하였다. 모둠에서 세 쌍의 단어에 대해 모두 숙고한다는 점에서 장점이 있을 수 있다. 다만 여기서는 모둠별 책무성 강화 및 결과 확인 시의 집중도, 활동 시간 등을 고려해 모둠별로 한 문장씩을 맡아 녹음하도록 방법을 변경해 보았다. 모집단이 따로 존재하지 않으므로 전문가 협동 학습 모형(직소 모형)을 적용한 것은 아니나, 책무성을 지니고 전문가 집단처럼 논의를 진행하도록 하였다.

소리의 길이를 바르게 발음하는 것도 학습 내용이겠으나, '음운'의 한 종류로서 '소리의 길이'를 배우는 것이라는 학습 맥락이 먼저 제시되어야 한다. 〈사례〉에서도 활동2 초반에 이러한 내용이 제시되었으나, 소제목을 달아 형식 측면에서 이를 좀 더 강조하여 표시하였다.

| | | 교사 활동 | 학생 활동 | 자료 | 시간 |
|---|---|---|---|---|---|
| 전개 | 활동 2<br>(모둠 활동)<br>: 소리의<br>길이에<br>유의하여<br>발음하기 | • **소리의 길이 관련 다양한 예 제시**<br>- 눈, 말, 벌, 굴 외의 예 제시<br>• - 인터넷 사전을 활용해 정확한 소리의 길이와 발음을 확인하는 방법 안내<br>• **장음 실현 조건 설명**<br>- 장음은 단어의 첫음절에만 올 수 있음을 설명<br>• **소리의 길이와 음운 연계**<br>- 소리의 길이도 말의 뜻을 구별하는 역할을 함을 정리 | • **소리의 길이 관련 다양한 예 인식**<br>- 소리의 길이에 따라 의미가 달라지는 다양한 예 및 사전 활용법 확인<br>• **장음 실현 조건 인식**<br>- '눈, 눈꽃, 첫눈, 잔말, 꿀벌' 등의 예시를 통해 장음 실현 조건 인식<br>• **소리의 길이와 음운 관계 파악** •<br>- 소리의 길이도 음운의 종류임을 확인 | 인터넷 표<br>준국어대사<br>전<br><br>PPT<br>: 소리의 길이 예, 장음 실현 조건, 음운의 종류 | 5 |
| 정리 | 학습 내용<br>정리 | • **본 차시 학습 내용 정리**<br>- 본 차시 활동과 음운의 개념 및 종류 정리 | • **내용 정리하며 회상하기**<br>- 학습 목표와 학습 내용 정리하고 활동 회상하기 | PPT<br>: 음운의 개념, 음운의 종류 | 5 |
| | 평가 | • **확인 학습 안내 및 피드백**<br>- 확인 학습 문항 구글 클래스룸 제시<br>- 확인 학습의 실시간 결과를 통해 다수 학생이 틀린 부분 설명 | • **확인 학습 수행**<br>- 구글 클래스룸을 통해 문항 풀이<br>- 틀릴 경우 개념 부분 재학습<br>- 교사의 설명을 통해 이해 | 구글 클래스룸(설문) | |
| | 차시 예고<br>및<br>과제 제시 | • **다음 차시 내용 예고하기**<br>- 국어 모음 체계 학습 예고<br><br>• **개별 과제 안내**<br>- 구글 클래스룸 개별 과제(보충 학습, 심화 학습) 풀이 안내 | • **다음 차시 내용 인지하기**<br>- 국어 모음의 체계에 대해 배울 것임을 인지<br>• **개별 과제 확인**<br>- 확인 학습을 한 문제 이상 틀린 학습자는 보충 학습을, 모두 맞힌 학생은 심화 학습을 기간 안에 풀이 및 제출 | 구글 클래스룸(설문) | |

원격 수업의 장점을 살려 확인 학습과 개별 과제를 온라인 형식으로 진행하는 〈사례〉의 방식을 그대로 활용하였다.

'실생활의 발음 능력 기르기'라는 학습 목표 성취를 위해서는 소리의 길이를 확인하는 방법도 알릴 필요가 있다고 생각해 사전 활용 시범을 추가하였다.

활동 끝부분에서 다시 소리의 길이를 본 차시에서 다루는 맥락을 확인 정리하도록 구성하였다.

# 3) 평가 계획 수정 예시

| | |
|---|---|
| 평가 요소 | - 음운의 개념과 종류 이해하기<br>- 소리의 길이에 따라 뜻이 달라지는 단어나 문장 정확히 발음하기 |
| 평가 방식 | - 정리 단계에서 확인 학습 문항을 온라인으로 제시하여, 학습자들이 풀게 함.<br>- 평가 결과의 환류: 확인 학습 풀이 결과를 실시간으로 확인하여 학습자들이 틀린 문항을 파악하고, 많은 학생들이 틀린 문항 중심으로 설명함.<br><br>(평가 문항 예시)<br><br>1. 음운의 뜻을 쓰시오.<br>2. '발-불'에서 확인할 수 있는 음운이 무엇인지 쓰시오.<br>3. 밑줄 친 ⊙~⊎을 소리 내어 읽어 보고, 소리의 길이가 긴 것을 모두 고르시오.<br><br>꿀벌 나라의 ⊙벌 마야는 꿀을 훔쳐서 ⓒ벌을 받게 되었어요.<br>세상에 말도 안 돼! 어떻게 ⓒ말이 ⓔ말을 하겠어?<br>⓪눈에 ⊎눈이 들어가서 차갑다.<br><br>- 정리 단계의 차시 예고 후 과제를 안내함. 과제는 온라인 형식으로 제시하고 학습자들의 과제 수행 결과를 확인하여 다음 수업 시간에 피드백함. |

〈사례〉 및 지도안 수정 예시에서 다루고 있는 '음운'은 2015 개정 국어과 교육과 정의 아래 성취기준과 관련되며, 따로 성취기준 해설이 제시되지는 않았다.

| 2015 개정 국어과 교육과정 | 성취기준 | (문법) [9국04-02] 음운의 체계를 알고 그 특성을 이해한다. |
|---|---|---|

교육과정에 따라 성취기준의 진술 범위, 진술 방식 등이 달라지므로 성취기준 간 일대일 대응은 어렵지만, 위 성취기준은 2022 개정 국어과 교육과정에서 다음의 성 취기준과 관련된다고 볼 수 있다.

| 2022 개정 국어과 교육과정 | 성취기준 | (문법) [9국04-01] 국어의 음운 체계와 문자 체계를 이해하고 국어생 활에 활용한다. |
|---|---|---|
| | 성취기준 해설 | 이 성취기준은 국어의 음운 체계와 문자 체계를 종합적으로 탐구함으로써, 말소리와 문자의 관련성을 체계적으로 이해하도록 하기 위해 설정하였다. 말소리와 음운의 관계, 음운 체계에 대한 이해를 바탕으로 발음 및 표기를 정확하게 할 수 있도록 한다. 이와 관련지어 훈민정음 창제 정신과 원리를 중심으로 국어의 문자 체계를 탐구하고, 디지털·정보화 시대에 한글이 지니는 가치 및 발전 방향을 다각도로 탐색하도록 한다. |

성취기준을 비교해 보면, 두 경우 모두 음운 체계에 대한 이해를 다루고 있음을 확인할 수 있다. 단, 2022 개정 교육과정에서는 음운 체계만을 다루지 않고 하나의 성취기준에서 음운 체계와 문자 체계를 함께 다루고 있다는 점에서 차이가 있다. 더하여 "이해한다"에 그치지 않고 "이해하고 국어생활에 활용한다"라고 표현하여 국어생활에서의 활용을 강조하고 있다는 점도 확인할 수 있다.

성취기준 해설을 보면 성취기준 간 차이를 다시 확인할 수 있다. 우선 "국어의 음운 체계와 문자 체계를 종합적으로 탐구", "말소리와 문자의 관련성을 체계적으로 이해" 등에서 음운 체계와 문자 체계를 하나의 성취기준에서 함께 다룬 취지를 파악할 수 있다. 다음으로 "말소리와 음운의 관계, 음운 체계에 대한 이해를 바탕으로 발음 및 표기를 정확하게 할 수 있도록"과 같은 설명을 통해 국어생활에 활용한다는 진술의 의미를 확인할 수 있다.

## 지도안과 국어 교육 이론 연결하기

혼합 수업 방식으로 문법 수업 설계하기

혼합 수업(Blended learning)은 온라인 학습과 오프라인 학습의 통합에 국한되지 않고 다양하게 정의되고 있다. 이상수(2007: 230)에서는 다음과 같은 세 준거에 기초해 그 개념을 정의하였다.

- 'on-line'과 'off-line'을 통합한 'all-line learning'의 전제이다.
- 단순한 온라인과 오프라인의 통합이 아닌 학습의 효과성, 효율성, 그리고 매력성을 높이기 위한 이들 두 환경의 장점만을 활용하는 학습 과학적 접근이 이루어져야 한다.
- 학습의 접근성, 편리성, 융통성 등을 높여주는 학습자 중심의 접근이 이루어져야 한다.

국어 문법 교육과 관련해 혼합 수업을 다룬 연구로는 김홍범·이경현(2010), 박덕유 외(2021) 등을 들 수 있다. 김홍범·이경현(2010)에서는 문법의 숙고 과정과 온라인의 비동시성을 활용한 글쓰기 중심의 문법 토론 교수법을 제안하였다. 박덕유 외(2021)에서는 '블렌디드 러닝을 활용한 문법 교수·학습 모형 개발 방향'을 '교수·학습 모형 개방화, 매체의 다양화, 평가의 다각화, 온라인과 오프라인 수업의 적절한 배합'과 같이 제안하였으며, 문법 학습 내용과 관련지어 '블렌디드 러닝을 활용한 문법 교수·학습 기초 모형'을 제시하였다.

음운의 개념 층위에 대한 오개념

김호정 외(2009)에서는 국어과 오개념 연구의 대상을 다시 '학습자'와 '환경(교사, 교재, 사회문화적 맥락)'으로 분류하였다. '학습자'의 음운에 대한 오개념을 다룬 연구로 박종미·강민이(2016), 전영주 외(2017) 등을 참고할 수 있는데, 이들 연구에서는 공통적으로 '음운의 개념 층위에 대한 학습자 오개념'이 발견된다.

박종미·강민이(2016)에서는 음운의 개념 관련 오개념의 유형 중 '문법 개념의 층위 혼동'을 제시하였다. 이는 '음운은 곧 글자를 의미한다'는 오개념으로, 즉 발음의 층위에 해당하는 '음운'과 표기의 층위에 해당하는 '글자'의 개념적 층위를 혼동한 것이다.

전영주 외(2017)에서도 '음운의 개념 층위 혼동' 유형, 즉 소리 차원의 음운 개념을 한글의 표기 차원의 층위와 구분하지 못함으로써 생기는 개념 층위의 혼동 유형을 제시하였고, 관련된 예로는 '싹'의 음운 구성을 'ㅅ+ㅅ+ㅏ+ㄱ'으로 작성한 것을 들었다.

이러한 학습자의 오개념에 영향을 끼친 요인은 여러 가지가 있겠으나, 〈사례〉의 도입 활동에서 한글 창제 원리를 선수 학습 자료로 구성한 것 관련해 오개념 형성 가능성을 이야기한 것처럼, 교재 차원의 원인을 살펴볼 필요가 있을 것이다. 이해숙(2013)에서는 2009 개정 교과서에서 음운론적 개념에 오해를 일으킬 수 있거나 혼란을 주는 서술과 활동을 다양하게 제시하였다. 음운의 개념 층위 혼동과 관련하여서는 "자음은 … 글자의 첫소리와 끝소리에 쓰여서"에서 '글자의 첫소리'와 같은 서술이 음운을 소리가 아닌 문자로 오인하게 한다고 분석하였고, '가고'를 '기고'로 잘못 작성한 문자 메시지로 인해 소통 오류가 생기는 활동 역시 음운 층위를 표기 층위로 헷갈리게 할 수 있다고 서술하였다.

# 9장

**7~9학년군:**
**문학, '상징'**

이 장에서는 중학교 문학 수업 지도안 사례를 살펴볼 것이다. 문학은 인간의 심미적 체험을 언어로 형상화한 작품을 매개로 타자와 소통하는 행위이다. 문학 소통의 관점에서 작가는 특정한 맥락에서 창의적으로 작품의 의미를 생산하고 독자는 다양한 방식으로 작품의 의미를 수용한다. 이때 문학 텍스트는 의미 생산과 수용을 매개하는 역할을 한다. 학습자들은 초등학교에서 문학이 '가치 있는 내용의 언어적 표현'임을, 중학교에서 문학이 '심미적 체험의 소통'임을, 고등학교에서 문학이 잘 짜인 '유기적 구조'임을 학습함으로써 문학의 본질을 단계적으로 이해해 간다. 이 중 중학교에서는 특히 '심미적 체험의 소통'에 초점을 맞추어 비유, 상징 등 심미적 효과를 가져오는 다양한 표현 방식을 학습하고 그 안에 담긴 개성적 발상이 무엇인지, 표현상의 특징과 효과는 무엇인지 등을 폭넓게 다루는데, 이는 〈사례〉가 속한 대단원의 교육 내용에 해당된다. 〈사례〉의 본 차시에서는 특히 '상징'에 초점을 맞추어 학습자들이 '상징'의 개념, 종류 및 효과를 학습하고 이를 바탕으로 문학 작품의 의미를 이해하는 활동들을 수행하도록 구성하였다.

〈사례〉에서 '상징'의 개념, 종류 및 효과에 대한 학습은 다른 소단원 교육 내용과의 유기적인 관련 속에서 대단원 학습 목표를 달성할 수 있도록 구성되어 있다. 따라서 수업 지도안을 검토할 때에도 대단원 학습 목표의 체계를 의식할 필요가 있다. 〈사례〉에 포함되어 있는 '가. 대단원 성취기준 및 성취 수준'은 대단원 구성 체계 내에서 본 차시가 놓여 있는 맥락을 포괄적으로 인식하는 데 도움을 준다. 이 단원에서는 문학 작품에서 다양하게 활용되는 '비유'와 '상징'의 표현 효과를 중심으로 학습자들의 표현 능력을 신장시킬 수 있도록 하고 있다.

앞서 살펴본 바와 같이, 2015 개정 교육과정의 내용 체계에서 중학교 1~3학년군
은 문학 '소통'의 측면에 초점을 맞추고 있으므로 생산이 수용으로, 그리고 수용이 다
시 생산으로 이어지는 순환적이고 연속적인 구도를 의식할 필요가 있다. 이는 필연적
으로 학습자 '활동'의 중요성을 강조하는 방향으로 이어지게 된다.[▶국어교육 이론1] 따라
서 〈사례〉의 세부 내용을 검토할 때에는 다음 사항에 대해 고려하여야 한다.

- 학습자들의 다양하고 창의적인 발상을 이끌어 낼 수 있는 교수·학습 방법
- 학습자들의 표현 활동에 대한 적절한 피드백

# 7

## 수업 지도안 〈사례 9〉

| 단 원 | 1. 표현의 즐거움 (2) 고래를 위하여 |
|---|---|
| 일 시 | 20○○년 ○월 ○일 목요일 2교시 |
| 장 소 | 1학년 ○반 교실 |
| 대 상 | 1학년 ○반 19명 |

### 가. 대단원 성취기준 및 성취 수준

| 성취기준 | | 성취 수준 |
|---|---|---|
| [9국05-02] 비유와 상징의 표현 효과를 바탕으로 작품을 수용하고 생산한다. | 상 | 여러 갈래의 작품에서 비유와 상징의 표현 효과를 주체적으로 수용하고 이를 활용하여 자신의 생각이나 느낌을 창의적으로 표현할 수 있다. |
| | 중 | 비유와 상징 표현의 효과에 주목하여 작품을 감상하고 자신의 생각이나 느낌을 비유와 상징을 통해 표현할 수 있다. |
| | 하 | 자신의 생각이나 느낌을 비유와 상징을 통해 부분적으로 표현할 수 있다. |

### 나. 본시 학습 목표

1. 상징의 개념과 종류를 설명할 수 있다.
2. 작품 속에 드러난 개인적 상징을 이해할 수 있다.

## 다. 지도상의 유의점

1. 전시 학습에 대한 숙지가 전반적으로 안 되어 있을 경우, 중요한 부분을 간략하게 설명한다.

2. 학생들이 개인적으로 느낀 분위기나 이미지를 그리는 활동은 비판을 삼가고, 학생들의 생각 및 표현을 존중하고 격려해야 한다.

3. 개인적 상징에 대한 수업인 만큼 학생들의 다양하고 창의적인 사고를 독려한다.

## 라. 수업 지도안

| 지도 단계 (시간) | 학습 과정 | 교수·학습 활동 | | 학습 자료 및 지도상 유의점 |
|---|---|---|---|---|
| | | 교사 활동 | 학생 활동 | |
| 도입 (5분) | 학습 분위기 조성 | ▶ 상호 인사 후 학습할 준비를 한다.<br>• 교사는 학생들로부터 출결 사항을 보고 받고 이를 출석부에 기재한다.<br>• 교사는 학생들에게 활동지를 배부하고 학생들은 이를 받음으로써 수업할 준비를 한다. | | |
| | 전시 학습 확인 | ▶ 전시 학습을 확인한다.<br>• 비유의 개념과 종류, 비유적 표현을 만드는 방법에 대해 정리한다. | | • 학습 자료<br>: PPT |
| | 학습 동기 유발 | ▶ 일상에서 발견할 수 있는 상징물<br>• 네잎클로버와 반지 사진을 제시하고, 이것들에 담긴 의미가 무엇일지 질문한다.<br>• 학생들이 어떻게 그 의미를 알아냈는지 질문하고, 이것이 상징임을 밝힌다.<br>• 네잎클로버와 반지의 의미를 바탕으로 추상적인 관념을 구체적인 사물로 표현하는 것이 상징임을 안내한다.<br>• 구체적인 내용은 활동 1에서 다룰 것을 예고한다. | | • 학습 자료<br>: PPT, 사진 자료 |
| | 학습 목표 제시 | ▶ PPT에 제시된 학습 목표를 다 같이 소리 내어 읽는다.<br>1. 상징의 개념과 종류를 설명할 수 있다.<br>2. 작품 속에 드러난 개인적 상징을 이해할 수 있다. | ▶ PPT에 제시된 학습 목표를 다 같이 소리 내어 읽는다.<br>1. 상징의 개념과 종류를 설명할 수 있다.<br>2. 작품 속에 드러난 개인적 상징을 이해할 수 있다. | • 학습 자료<br>: PPT |

| 전개<br>(35분) | 활동 1<br>(7분) | ▶ 상징의 개념 이해하기<br>• 동기 유발 단계에서 다루었던 네 잎클로버는 행운을, 반지는 결혼, 우정, 약속을 의미함을 전달한다. | ▶ 상징의 개념 이해하기<br>• 동기 유발 단계에서 다루었던 네 잎클로버는 행운을, 반지는 결혼, 우정, 약속을 의미함을 이해한다. | • 학습 자료<br>: PPT, 활동지, 판서, 사진 자료 |
|---|---|---|---|---|
| | | • 이 둘 모두 추상적인 개념을 구체적인 사물로 표현했음을 밝히고, 상징의 정의를 제시한다.<br>→ 상징: 인간의 내적 경험이나 감정, 사상 등의 추상적인 내용을 구체적인 사물로 나타내는 일<br>• 상징의 개념을 학습지에 정리하게 한다. | • 이 둘 모두 추상적인 개념을 구체적인 사물로 표현했음을 확인하고, 상징의 정의를 이해한다.<br>→ 상징: 인간의 내적 경험이나 감정, 사상 등의 추상적인 내용을 구체적인 사물로 나타내는 일<br>• 상징의 개념을 학습지에 정리한다. | |
| | | ▶ 상징의 종류 이해하기<br>(1) 관습적 상징과 원형적 상징의 이해<br>• 먼저, 비둘기와 왕관의 사진을 제시하고, 각 대상의 이름과 상징적인 의미를 질문한다.<br>→ 학생들이 각 사물에 대한 의미를 쉽게 대답하지 못할 경우, 유도 질문을 사용한다.<br>• 비둘기와 왕관의 의미에 대해 학생들이 대답하면, 이 의미를 어떻게 알았는지 질문한다.<br>• 학생들의 대답을 기반으로, 비둘기와 왕관과 같이 한 집단 내에서 통용되는 상징이 관습적 상징임을 간단히 안내한다.<br>• 이후, 물과 불의 사진을 제시하고, 각 대상의 이름과 상징적인 의미를 질문한다.<br>→ 물과 불의 상징을 학생들이 잘 모를 수 있으므로, 유도식 질문을 통해 상징의 의미를 도출한다.<br>→ "여러분은 하루 동안 물 없이 살아갈 수 있나요? 그렇다면, 일주일 동안 물 없이 살아갈 수 있나요?"<br>• 물이나 불과 같이 한 집단을 넘어 전 인류의 무의식중에 존재하는 상징이 원형적 상징임을 간단히 안내한다. | ▶ 상징의 종류 이해하기<br>(1) 관습적 상징과 원형적 상징의 이해<br>• 비둘기와 왕관의 사진을 보고, 각 대상의 이름과 상징적인 의미에 대해 대답한다.<br>→ 비둘기: 평화<br>→ 왕관: 지위, 권력<br><br>• 비둘기와 왕관의 의미를 어떻게 알게 되었는지 대답한다.<br>→ "그냥 알게 되었어요."<br>• 비둘기와 왕관과 같이 한 집단 내에서 통용되는 상징이 관습적 상징임을 이해한다.<br><br>• 물과 불의 사진을 보고, 각 대상의 이름과 상징적인 의미에 대해 대답한다.<br>→ 교사가 제시하는 유도식 질문에 대답하며, 물과 불의 상징적 의미에 대해 이해한다.<br>→ 물: 생명력, 순환 / 불: 소멸, 파괴<br><br>• 물이나 불과 같이 한 집단을 넘어 전 인류의 무의식중에 존재하는 상징이 원형적 상징임을 이해한다.<br>→ 물: 생명력, 탄생, 순환<br>→ 불: 파괴, 소멸 | • 학습 자료<br>: PPT, 활동지, 판서, 사진 자료, 시 자료 |

| | | (2) 개인적 상징의 이해<br>• '눈'이 자신에게 어떠한 의미인지 질문한다.<br>• '안도현, 「우리가 눈발이라면」'과 '최승호, 「대설주의보」'를 제시하여 학생들이 생각하는 눈의 의미와 두 시에 쓰인 눈의 의미 차이에 설명한다.<br>• 학생들의 눈의 의미와 각 시에서의 눈의 의미 차이를 언급하며, 동일한 대상에 다른 의미를 부여할 수 있음을 이야기하고, 개인적 상징의 개념을 설명한다.<br>• 문학 작품에는 개인적 상징이 빈번하게 쓰임을 안내하며 「고래를 위하여」를 통해 이를 확인하는 활동을 진행할 것을 안내한다. | (2) 개인적 상징의 이해<br>• '눈'이 자신에게 어떠한 의미인지 대답한다.<br>• '안도현, 「우리가 눈발이라면」'과 '최승호, 「대설주의보」'를 보고 자신이 생각하는 눈의 의미와 두 시에 쓰인 눈의 의미 차이를 비교한다.<br>• 교사의 설명을 듣고, 동일한 대상이라도 개인에 따라 다른 상징적 의미를 부여할 수 있고, 이러한 상징이 개인적 상징임을 이해한다.<br>• 문학 작품에는 개인적 상징이 빈번하게 쓰임을 이해하고, 「고래를 위하여」를 통해 이를 확인하는 활동을 할 것임을 인지한다. | • 학습 자료<br>: PPT, 활동지, 판서, 사진 자료, 시자료 |
|---|---|---|---|---|
| 전개<br>(35분) | 활동 1<br>(7분) | | | |
| | 활동 2<br>(28분) | ▶ 작품 감상 후 그림 그리기<br>• 시의 분위기를 고려하며, 「고래를 위하여」 낭독 영상을 듣도록 한다.<br>• 시의 분위기나 느낌을 고려하여, 학생들로 하여금 낭송하게 한다.<br>• 시를 낭송한 후, 시에서 느껴지는 분위기나 떠오르는 이미지를 그림으로 표현하게 한다.<br>→ 그림 그리는 시간은 먼저 8분을 주되, 부족하면 2분을 더 제공한다.<br>• 분단별로 그려야 할 연을 제시한다.<br>→ 1분단: 1연 / 2분단: 2연 / 3분단: 3연 / 4분단: 작품 전체<br>• 그림을 그린 후, 빨리 그린 학생부터 각 연에 해당하는 그림을 칠판에 가져다 붙이게 한다. | ▶ 작품 감상 후 그림 그리기<br>• 시의 분위기를 고려하며, 「고래를 위하여」 낭독 영상을 듣는다.<br>• 시의 분위기나 느낌을 고려하여, 다 함께 낭송한다.<br>• 시를 낭송한 후, 시에서 느껴지는 분위기나 떠오르는 이미지를 그림으로 표현한다.<br>→ 그림 그리는 시간을 총 10분 제공받는다.<br>• 분단별로 그려야 할 연을 할당받는다.<br>→ 1분단: 1연 / 2분단: 2연 / 3분단: 3연 / 4분단: 작품 전체<br>• 그림을 그린 후, 먼저 그린 학생부터 각 연에 해당하는 그림을 칠판에 가져다 붙인다. | • 학습 자료<br>: 교과서, PPT, A4종이, 색연필, 활동지, 허니콤보드<br><br>• 지도상 유의점<br>1. 활동 2를 들어가기에 앞서, 활동에서 사용할 학습 교구들을 배부한다.<br>2. 시를 낭송할 때에는 행과 연을 구분하며 낭송하고, 평소보다 느리게 낭송할 것을 안내한다. |

| 전개<br>(35분) | 활동 2<br>(28분) | • 1연부터 자신의 그림에 대해 설명하고 싶은 학생들을 발표시킨다.<br>• 각 연마다 학생들의 발표가 끝나면 발표 내용을 기반으로 하여 시의 내용을 정리한다.<br>• 학생 발표 내용을 기반으로 모든 연의 내용이 정리되면, 이 시에서 사용된 상징적 소재와 그 의미가 무엇인지 생각하여 허니콤보드에 두 개씩 적게 한다.<br>• 다 적은 학생부터 나와 칠판에 붙이고, 같은 상징적 시어끼리 붙여 분포를 확인한다.<br>• 학생들이 적은 상징적 시어가 무엇이 있는지 이야기하고, 가장 개수가 많은 것부터 의미를 확인한다.<br>• 다음 차시에는 학생들이 고른 상징이 실제로 「고래를 위하여」의 개인적 상징이 맞는지 확인할 것임을 안내한다. | • 1연부터 자신의 그림에 대해 설명하고 싶은 학생들은 발표한다.<br>• 각 연마다 학생들의 발표가 끝나면 발표 내용을 기반으로 하여 교사가 정리한 것을 확인한다.<br>• 모든 연의 내용이 정리되면, 이 시에서 사용된 상징적 소재와 그 의미가 무엇인지 생각하여 허니콤보드에 두 개씩 적는다.<br>• 다 적은 학생부터 나와 칠판에 붙이고, 같은 상징적 시어끼리 붙여 분포를 확인한다.<br>• 자신을 비롯한 다른 학생들이 적은 상징적 시어와 그 의미가 무엇인지 이야기한다.<br>• 다음 차시에는 활동을 통해 정리된 상징이 실제로 「고래를 위하여」의 개인적 상징이 맞는지 확인할 것임을 인지한다. | • 지도상 유의점<br>3. 학생들이 개인적으로 느낀 분위기나 이미지를 그리는 활동은 비판을 삼가고, 학생들의 생각 및 표현을 존중하고 격려해야 한다.<br>4. 개인적 상징에 대한 수업인 만큼 학생들의 다양하고 창의적인 사고를 독려한다. |
| 정착<br>(5분) | 학습<br>내용<br>정리 | ▶ 학습한 내용을 요약하여 정리한다.<br>• 상징의 개념 및 종류<br>  - 상징: 인간의 내적 경험이나 감정, 사상 등의 추상적인 내용을 구체적인 사물로 나타내는 일<br>  - 상징의 종류<br>  1. 원형적 상징: 인류의 잠재의식 속에 공통적으로 내재해 있는 상징<br>  2. 관습적 상징: 오랫동안 특수한 문화적 배경 아래 관습화되어 형성된 상징<br>  3. 문학적(개인적) 상징: 작가가 문학 작품 등에서 사용하는 독창적인 상징 | • 학습 자료<br>: PPT, 활동지 |
| 정착<br>(5분) | 확인<br>학습 | ▶ 확인 학습 문제를 풀고, 교사와 함께 문제에 대한 답을 확인하며 피드백의 시간을 가진다. | • 학습 자료<br>: PPT, 활동지 |
| | 차시<br>예고 및<br>마무리 | ▶ 다음 차시 학습을 예고한다.<br>• 교사와 함께 작품을 분석하고, 작품 속 상징의 소재와 의미, 상징의 표현 효과 및 비유와 상징의 차이점에 대해 설명할 것임을 예고한다.<br>• 상호 인사하며 마무리한다. | • 학습 자료<br>: PPT |

## 마. 본시 확인 학습

### 1) 확인 학습 문제

| 확인 학습 요소 | 확인 학습 문항 | 정답 |
|---|---|---|
| 상징의 개념<br><br>상징의 종류 | 1. 다음 문장에서 빈칸을 채워 보자.<br> • 상징: 인간의 내적 경험이나 감정, 사상 등의 (　　　) 내용을 (　　　) 사물로 나타내는 일<br> • (　) 상징: 작가가 문학 작품 등에서 사용하는 독창적 상징 | 추상적인<br>구체적인<br>문학적(개인적) |

### 2) 보충 학습 문제

| 보충 학습 요소 | 보충 학습 문항 | 정답 |
|---|---|---|
| 상징의 종류 | 1. 다음 문장에서 빈칸을 채워 보자.<br> • 상징의 종류에는 (　　　), (　　　), (　　　)이 있다.<br>2. 「고래를 위하여」에 쓰인 상징은 무엇일까?<br> ① 원형적 상징 ② 관습적 상징 ③ 문학적 상징<br> ④ 비유적 상징 ⑤ 표현적 상징 | 원형적 상징<br>관습적 상징<br>문학적 상징<br>③ |

### 3) 심화 학습 문제

| 심화 학습 요소 | 심화 학습 문항 | 정답 |
|---|---|---|
| 상징적 소재 찾기 | 1. 「고래를 위하여」에서 사용된 상징적 소재를 찾고, 그 의미를 서술하시오. | |
| 상징적 소재의<br>의미 발견 | (1) 상징적 소재:　　　/　　　/<br><br>(2) 상징적 소재의 의미:　　　/　　　/ | (1) 상징적 소재: 고래, 푸른 바다, 별<br>(2) 소재의 의미<br> • 고래: 꿈과 이상을 추구하는 존재<br> • 푸른 바다: 청년기의 삶<br> • 별: 꿈, 이상, 희망, 소망 |

※ 다음 두 항목은 원래 지도안에는 포함되어 있었으나 이 책에서는 지면 제약으로 생략하였음.

---

6 **수업 자료**

가. 판서안

나. PPT 자료

다. 학습지

7 **교과서 내용**

---

# 2

## 지도안 검토하기

### 1) 수업 지도안의 전반부 검토

#### (1) 차시 계획 및 학습 목표

| | |
|---|---|
| 학습 목표 | • 전체 차시 계획을 고려할 때 본 차시 학습 목표가 적절히 설정되었는가? |
| | - '대단원 성취기준 및 성취 수준'의 초점과 '본시 학습 목표'의 초점이 다르다.<br>- 대단원 성취기준, 교과서 내용, 학습자의 수준 등을 고려하여 학습 목표를 조정하여야한다. |
| 형식 | • 지도안의 항목에 맞게 하위 내용을 기술하였는가? |
| | - '지도상의 유의점'을 별도의 항목으로 두어 서술한 것은 실제 수업 진행에서 발생할 수 있는 문제들을 예측하는 데 도움을 줄 수 있어 적절하다.<br>- '다. 지도상의 유의점' 가운데 일부는 모든 학습에 보편적으로 적용되어야 할 내용을 다루고 있어 적합성이 떨어진다.<br>- '다. 지도상의 유의점'에서 본 차시의 특수성을 반영한 내용은 적절하게 작성되었으나, 학생-학생 간의 관계에 대한 내용을 추가할 필요가 있다. |

〈사례〉의 '가.'에서 대단원 성취 수준에 대한 일반화된 진술은 '표현'의 측면에 초점을 맞추고 있는 반면, 본 차시 학습 목표는 '상징' 개념의 이해, '개인적 상징'의 의미 이해 등 '이해'의 측면에 초점을 맞추고 있다. 소단원의 도입부인 만큼 주요 개념의 의미를 이해하는 것은 필요한 일이나, 이러한 경우에도 이후 차시에서 표현 활동으로 연계된다는 점을 염두에 두고 학습 내용 및 학습자의 활동을 설계해야 할 것이다.

학습 내용을 보면 본시 학습 목표에서는 '상징의 종류'(관습적 상징, 원형적 상징, 개인적 상징)를 중요한 학습 요소로 설정하고 있는데, 대단원 성취기준과의 연계성, 교과서 내용, 학습자의 수준 등을 종합적으로 고려하였을 때 이 내용이 필수적인지를 재고하여야 한다. 관련하여 '교사용 지도서'에 학습 자료로 '상징의 종류'가 제시되어 있기는 하지만, 교사용 지도서에 수록되어 있는 모든 자료를 학습자에게 반드시 전달해야 하는 것은 아니다. 표현 효과를 바탕으로 작품을 수용, 생산하는 데 있어 '상징의 종류'를 구분하는 것이 반드시 필요한 것은 아니며 현재 교과서에서도 관련된 내용을 찾아보기 어렵다. 중학교 1학년 학습자의 수준에서 '원형적 상징'이라는 개념을 이해할 수 있을지, 개인적 상징의 의미를 정교하게 읽어 낼 수 있을지도 의문스럽다. 뒤에 다시 언급하겠지만 학습자 수준에서 이해하기 어려운 표현들도 대부분 이 내용과 관련하여 발생한다. 이러한 문제들을 고려하여 작품 속에 활용된 상징의 의미를 이해하는 데에 초점을 맞추는 방식으로 학습 목표 및 내용을 재구성할 필요가 있다.

🙂➕ **도움말** --------------------------------------------------------

• 본 차시 목표 설정 시 대단원 학습 목표, 성취기준, 성취 수준과의 연계성을 고려한다.

--------------------------------------------------------

〈사례〉는 앞부분에 '지도상의 유의점'을 별도의 항목으로 두어 서술하고 있다. 이는 수업 진행 시 발생할 수 있는 다양한 문제 상황들을 예측해 보고, 각각의 상황에 맞는 대책을 미리 마련해 둘 수 있도록 한다는 점에서 실제 수업 진행 시 도움을 줄 수 있다. 다만 여기서 제시하고 있는 유의점의 세부 내용은 수업의 맥락을 고려하여 약간의 수정이 필요해 보인다.

먼저 '다. 지도상의 유의점'에서 "1. 전시 학습에 대한 숙지가 전반적으로 안 되어 있을 경우, 중요한 부분을 간략하게 설명한다."와 같이 서술하였는데, 현재 수업 지도 안에는 전시 학습 확인에 충분한 시간이 배정되어 있지 않으며, 숙지 정도를 확인하는 방법 역시 구체적으로 계획되어 있지 않아 실제 수업에서 실행될 가능성이 적어 보인다. 이는 뒤에 교수 학습 과정에 대한 분석에서도 언급하겠지만, 현재 〈사례〉가 전시 학습과의 연계성을 분명하게 보여 주지 못하기 때문이기도 하다. 수업 지도안에서 '지도상의 유의점'을 특기할 때에는 해당 수업에서 특별히 유의해야 할 사항들을 서술하는 것이 일반적인데, 이 내용은 모든 학습에 보편적으로 적용되어야 할 것이어서 특별히 강조하고자 하는 의도가 있는 것이 아니라면 삭제 가능해 보인다.

☺➕ **도움말** - - - - - - - - - - - - - - - - - - - - - - - - - - - - - - - - - - - - - - - - - - - - - - - - - - - - - - - - - - - - - - - - - - - - - - -

• 지도상의 유의점은 본 차시의 특수성을 고려하여 이에 적합한 내용으로 기술한다.

- - - - - - - - - - - - - - - - - - - - - - - - - - - - - - - - - - - - - - - - - - - - - - - - - - - - - - - - - - - - - - - - - - - - - - - - - - - - - - - -

반면 '다. 지도상의 유의점'에서 2번 항목과 3번 항목은 본 차시의 학습 목표 및 교수 학습 활동의 특수성을 어느 정도 반영하고 있어 적절한 내용으로 판단된다. 다만 현재 진술 내용은 교사 – 학생 간의 관계에만 초점을 맞추고 있는 것으로 읽히는데, 학생 – 학생 간의 관계에서도 존중, 격려, 독려 등은 가능하며, 필요하다고 볼 수 있으므로 지도상의 유의점에 이와 같은 내용을 추가하는 것이 적절할 것이다.

## 2) 교수·학습 단계별 검토

### (1) 교수·학습 단계: 도입

| 학습 내용 | • 교육과정의 성취기준 간 연계성을 고려하여 학습 내용의 범위와 수준이 적절히 설정되었는가? |
| --- | --- |
| | - 전시 학습 성취기준과의 연계성이 보완될 필요가 있다. |
| 교수·학습 자료 및 환경 | • 학습 목표, 학습 내용, 교수·학습 방법, 학습자를 적절히 고려하여 교재를 선정/구성/재구성하였는가? |
| | - 교과서 학습 활동을 그대로 활용하지 않고 수업의 목적에 맞게 재구성하는 것은 적절한 시도이다.<br>- 재구성된 내용 중 일부 활동을 수업의 흐름에 맞게 다시 배치할 필요가 있어 보인다. |
| 교수·학습 방법 | • 교사와 학생 간, 학생과 학생 간 상호작용이 적절히 일어날 수 있도록 지도안을 작성하였는가? |
| | - '학습 동기 유발' 단계에서 교육적 의사소통의 내용이 현재보다 구체화될 필요가 있다. |

앞서 '지도상의 유의점'에 대한 검토 의견에서도 간략히 언급했던 것처럼, 〈사례〉의 본 차시 학습 내용과 전시 학습 내용의 연계성이 부족하다. 구체적으로 전시 학습

에서 다루어진 것으로 상정된 '비유의 개념, 종류, 비유적 표현을 만드는 방법' 등이 '상징'에 대한 본 차시의 학습 내용과 어떻게 이어지는 것인지를 확인하기 어렵다. 전시 학습과 본 차시 학습의 연계성을 확보하기 위해서, 두 수업에서 다루어진 교육 내용의 매개 역할을 하는 교육적 의사소통이 추가될 필요가 있다. 예를 들어 도입 단계에서 비유의 개념으로 충분히 설명되지 않는 '상징'의 사례를 함께 검토하고, 비유와의 차이가 무엇인지 등을 논의하는 활동이 있다면 본시 교육 내용과도 자연스럽게 연결될 수 있을 것이다.[▶국어 교육 이론 2]

😀➕**도움말** --------------------------------------------------------

• 도입 단계에서 계획된 교수·학습 활동이 본 차시의 학습 목표, 교육 내용과 자연스럽게 연결되도록 설계한다.

-------------------------------------------------------------------

⟨사례⟩는 교과서의 도입 부분에서 제시한 자료 중 일부를 선별·재구성하여 '학습 동기 유발' 단계의 교수·학습 활동을 구성하였다. 이처럼 교과서의 내용을 제시된 그대로 활용하는 것이 아니라, 학습 목표, 교수·학습 환경 등을 종합적으로 고려하여 교사의 판단하에 재구성하는 것은 필요한 일이다.

그런데 이 과정에서 "사진 속 사물과 같이 우리 주변에서 의미를 지닌 사물을 더 찾아보자."(신유식 외, 2017)라는 활동을 배제하였는데, 이 활동은 '동기 유발'의 차원에서 학습자들이 "그것(학습 내용)이 우리 삶에 어떻게 연관되는지(연관성)"(박재현, 2021: 253)를 인식하는 것과 긴밀하게 연결될 수 있는 활동이기에 '학습 동기 유발' 단계에 포함하거나 유사한 기능의 다른 활동으로 대체하는 것이 적절해 보인다. 반면 현재 이 단계에 포함되는 것으로 서술된 교수·학습 활동 중 "네잎클로버와 반지의 의미를 바탕으로 추상적인 관념을 구체적인 사물로 표현하는 것이 상징임을 안내한다."라는 내용은 '활동 1'의 학습 내용과 차별화되는 지점이 모호하다는 점에서 전개 단계에 배치하는 것이 바람직하다.

또, ⟨사례⟩의 '학습 동기 유발' 단계는 교사의 활동과 학생의 활동을 통합하는 방식으로 교수·학습 활동을 서술하고 있어 교육적 의사소통의 흐름이 적절한지 여부를 평가하기 어렵다. 특히 교사가 "학생들이 어떻게 그 의미를 알아냈는지 질문"하였을 때 의도했던 바가 무엇이었는지, 학생이 어떤 답을 할 것이라 예상하였는지, 학생들의 답을 어떻게 다음 내용으로 이어 갈 것인지가 모두 불분명하다. 수업 시간에 이루어지는 모든 교육적 의사소통을 지도안에 포함할 수는 없지만, 특정 단계에서 교사가 이끌어 내고자 의도하였던 학생의 반응이 무엇인지, 이에 대한 교사의 피드백은 무엇인지 등을 확인할 수 있어야 적절성을 판단할 수 있다.

😊➕ 도움말 --------------------------------------------------------------------------

• 교육적 의사소통(교사의 발화, (예측한) 학생의 반응, 피드백 등)의 내용을 충분히 구체화할 필요가 있다.

-----------------------------------------------------------------------------------

### (2) 교수·학습 단계 – 전개 – 활동 1

| | |
|---|---|
| 학습 내용 | • 학습 내용상의 오류는 없는가?<br>• 학습자의 수준과 흥미를 고려하여 학습 내용을 선정하였는가? |
| | - 핵심 개념의 의미를 명료하고 정확하게 서술할 필요가 있다.<br>- 학습 내용을 학습자의 수준에서 이해 가능한 내용으로 다듬을 필요가 있다. |
| 교수·학습 방법 | • 구성된 활동의 시간을 적절히 배분하였는가?<br>• 교사와 학생 간, 학생과 학생 간 상호작용이 적절히 일어날 수 있도록 지도안을 작성하였는가? |
| | - 활동 1의 소요 시간이 지나치게 짧아, 일방적인 지식 전달이 되기 쉬워 보인다.<br>- '유도 질문'이 구체화되어야 한다.<br>- 교사와 학생 간 상호작용이 적절하지 않아 보이는 지점이 있다. |
| 형식 | • 지도안의 항목이 체계적으로 구성되어 있는가?<br>- 지도안에서 다루어야 하는 항목 중에 누락된 것은 없는가?<br>• 지도안의 서술이 의미하는 바가 명료한가? |
| | - 소요 시간이 누락된 곳이 있다.<br>- 활동지, 학습지 등 용어의 통일이 필요하다. |

수업 지도안에서 교육 내용은 계획한 바가 명료하고 정확한 서술을 통해 전달되어야 한다. 이 점을 고려하였을 때, '활동 1'의 내용 중 그 의미가 일부 혼란스럽게 서술된 곳이 있어 수정이 필요하다. 구체적인 사례를 검토하면 아래와 같다.

- 이 둘 모두 <u>추상적인 개념</u>을 구체적인 사물로 <u>표현했음</u>을 밝히고, 상징의 정의를 제시한다.
  → 상징: 인간의 내적 경험이나 감정, 사상 등의 <u>추상적인 내용</u>을 구체적인 사물로 <u>나타내는</u> 일

위에서 보는 것처럼 상징의 정의에 대한 내용이 어떤 곳에서는 '추상적인 개념'으로, 어떤 곳에서는 '추상적인 내용'으로 서술되어 있는데, 이들이 동일한 의미로 이해되지 않는다. 해당 내용이 핵심 개념에 대한 정의라는 점을 고려하여 의미상의 혼란이 없도록 지도안의 서술을 통일성 있게 다듬을 필요가 있다. '표현했음을'과 '나타내는'의 경우도 의미상의 차이는 크지 않지만 동일하게 서술하는 것이 적절하다. 관련하여 교과서에서는 상징의 정의를 "추상적인 사물이나 관념 또는 사상을 구체적인 사물로 나타내는 것"이라 하고 있어 특별한 까닭이 없다면 교과서의 표기를 그대로 활용하거나 소폭 변형하는 것이 적절해 보인다.

상징의 개념과 종류를 설명하는 과정에서 교수자가 사용한 '내적 경험', '통용되는', '무의식중에 존재하는' 등의 표현이 중학교 1학년(7학년) 학습자의 수준에서 이해 가능한 범위에 있는지 확인이 필요하다. 해당 표현들을 실제 수업에서는 다른 방식으로 풀어서 설명할 계획이라면 그 표현이 무엇인지가 명시되어야 한다. 다만 학습 목표에서도 언급한 바와 같이 '상징의 종류'를 가르치는 것 자체가 대단원 성취기준 및 학습자의 수준을 넘어서는 측면이 있어 현재로서는 교육 내용을 전면적으로 재구성하는 방향이 보다 적절해 보인다.

교수·학습 방법의 측면에서 보면, 소요 시간, 상호작용의 측면에서 점검이 필요해 보이는 내용들이 있다. 먼저 소요 시간과 관련하여 '활동 1'에 배정된 시간이 총 7분인데, 이 시간 동안 '상징'의 개념, '상징'의 종류(관습적 상징, 원형적 상징, 개인적 상징), 두 편의 시에서 사용된 시어의 의미 차이 등이 교사와 학생의 상호작용을 통해 다루어지게 설계되어 있다. 이 경우 다루어져야 할 학습 내용의 양과 중요도에 비해 소요 시간이 지나치게 짧아, 필요한 내용을 교사가 일방적으로 전달하는 방식이 되기 쉬워 보인다. 문답의 형식으로 활동이 진행될 때 교사가 본래 의도하였던 답변이 나오지 않을 수 있는데, '유도 질문'을 적절히 활용한다 하더라도 실제 수업에서는 진행이 지연될 가능성이 높다. 이 점을 고려하여 지금보다는 넉넉한 시간을 배정하거나, 학습 내용의 양을 줄일 필요가 있다.

'활동 1'과 같은 교수·학습 활동에서 유도 질문을 적절히 하는 것은 중요한 일이면서도 매우 어려운 일이다. 정답은 정해져 있고 이를 학생이 말하도록 강제하는 방식의 질문이 되지 않기 위해서는 의도한 답변을 적절히 감추어 생각할 여지를 주는 한편, 의도한 답변으로 이끌어 가는 균형 감각이 필요한데, 실제 수업에서 이를 임기응변식으로 만들어 내는 것은 매우 어렵다. 매끄러운 진행을 위해서는 적절한 유도 질문이 무엇인지를 미리 생각해 보고, 이 중 일부는 기록해 두는 것이 바람직하다. 관련하여 현재 지도안에서 찾아볼 수 있는 유도 질문의 사례로는 다음과 같은 것들이 확인된다.

> 교사: 여러분은 하루 동안 물 없이 살아갈 수 있나요? 그렇다면, 일주일 동안 물 없이 살아갈 수 있나요?
> 학생: 물: 생명력, 순환 / 불: 소멸, 파괴

여기서 교사의 질문과 학생의 대답이 자연스럽게 짝지어져 있는 것으로 보이지 않는다. 이 질문에 대한 학생의 자연스러운 답변은 '아니요'가 아닌 다른 것이 되기 어렵다. 본래 교사의 의도가 원형적 상징으로서 '물'의 의미가 '생명력'이라는 것을 이끌어 내는 데에 있었다면, 현재와는 다른 방식으로 질문을 구성해야 할 것이다.

아래와 같은 교육적 의사소통도 다소 부자연스러운 느낌을 준다.

> 교사: 비둘기와 왕관의 의미에 대해 학생들이 대답하면, 이 의미를 어떻게 알았는지 질문한다.
> 학생: 비둘기와 왕관의 의미를 어떻게 알게 되었는지 대답한다. → "그냥 알게 되었어요."
> 교사: 학생들의 대답을 기반으로, 비둘기와 왕관과 같이 한 집단 내에서 통용되는 상징이 관습적 상징임을 간단히 안내한다.

인용된 부분에서 교사가 '이 의미를 어떻게 알았는지'라고 물었을 때 의도한 답변이 무엇이었는지를 짐작하기 어렵다. 현재 지도안에 제시된 학생의 답변은 "그냥 알게 되었어요."인데, 이를 교육적으로 적절한 반응이라 의미화하기는 어려울 듯하다. 이어지는 "학생들의 대답을 기반으로 … 한 집단 내에서 통용되는 상징이 관습적 상징임을 간단히 안내한다."를 근거로 삼아 본래 교사의 의도가 관습적 상징이 "한 집단 내에서 통용되는 상징"임을 학습하는 데에 있었을 것이라 역으로 추론해 볼 수는 있다. 그러나 현재 지도안에 서술된 내용으로는 이러한 목표에 효과적으로 도달하기 어려울 것이라 판단되어 재설계가 필요해 보인다.

'교수·학습 활동'에서는 '학습지'로, '학습 자료 및 지도상 유의점'에서는 '활동지'로 제시되어 있는 것은 다듬을 필요가 있다. 학습 자료 및 지도상 유의점에서 별개의 자료처럼 제시된 '사진 자료'도 실제 수업에서는 PPT로 제시되는 것이 아닌지 확인해 보아야 한다.

### (3) 교수·학습 단계 – 전개 – 활동 2

| 교수·학습 방법 | • 구성된 활동의 시간을 적절히 배분하였는가?<br>• 지도안의 교수·학습 상황이 실제 현장의 모습을 반영하고 있는가? |
| --- | --- |
| | - 소요 시간이 적어 각각의 활동이 충실히 이루어질 것으로 보이지 않는다.<br>- 일부 활동은 실제 수업 장면을 고려하여 정교화 및 조정이 필요해 보인다. |
| 교수·학습 자료 및 환경 | • 학습 목표, 학습 내용, 교수·학습 방법, 학습자를 적절히 고려하여 교재를 선정/구성/재구성하였는가? |
| | - 교재 재구성 결과, 대단원 성취기준과의 연계성이 상대적으로 낮아졌다. |

'활동 2'는 교과서의 '이해와 탐구' 활동을 재구성하는 방식으로 설계되었다. 비교를 위해 교과서 및 〈사례〉의 교수·학습 활동의 흐름을 정리하면 아래와 같다.

| 〈사례〉 활동 2 | 교과서 '이해와 탐구' |
|---|---|
| 1. 작품 감상 후 그림 그리기<br>(1) 낭독 영상 시청 및 시 낭송하기<br>(2) 분단별로 그림 그리기<br>(3) 그림 발표하기<br>(4) 발표 내용 정리하기 | 1. 시의 내용과 의미 파악<br>(1) 시어의 의미를 보고 해당하는 시어 찾기<br>(2) 시의 내용을 그림으로 그리고 각 연별로 의미를 정리하여 동료 학습자와 이야기하기 |
| 2. 상징적 시어(소재)의 의미 이해하기<br>(1) 시에서 사용된 상징적 소재와 의미 적기<br>(2) 상징적 시어의 분포 확인하기<br>(3) 상징적 시어의 의미에 대해 이야기하기 | 2. 상징의 표현과 효과 이해<br>(1) 시어의 의미 이해하기<br>(2) 시의 의미 파악하기<br>(3) <u>비교를 통해 상징의 표현 효과 이해하기</u> |

교수자는 '활동 2'의 소요 시간을 28분으로 계획하였다. 전체 수업의 절반이 넘는 시간을 할애하였음에도 불구하고, 현재의 계획대로라면 소요 시간 대비 활동이 과다하여 각각의 활동이 충실히 이루어질 것으로 보이지 않는다. 소요 시간에 초점을 맞추어 활동 내용을 검토해 보면 '그림 그리기' 활동의 소요 시간이 일단 10분으로 설정되어 있고, 이어서 그 결과물을 칠판에 붙여 공유한 뒤에 분단별로 발표하는 활동이 이어지게 된다. '그림 그리기' 이외의 활동에는 지도안에 소요 시간이 명시되어 있지 않아 분명하지는 않지만 활동 사이의 경과 시간이 전혀 없이 1인당 발표 시간을 1분 내외로, 각 분단별로 2인씩 발표하도록 제한하더라도 8분이 소요된다. 남은 10분 안에 시 낭독 영상을 듣고, 시를 낭송하고, 상징적 소재와 의미를 허니콤보드에 정리하고, 칠판에 붙여서 분포를 확인하고, 상징적 시어의 의미를 이야기하는 활동이 이루어져야 한다. 실제 교실 상황에서 학생 활동이 매끄럽게 수행되는 것이 아니라는 점을 고려해 보면 시간 내에 계획된 활동을 모두 충실히 진행하는 것은 어려워 보인다.

😊⁺ **도움말**
- 세부 활동별 소요 시간을 점검하여 실제 진행 가능한 계획인지를 확인하고 계획을 정교화하여야 한다.

교과서의 활동을 재구성하는 과정에서 전체 수업의 중심에 '그림 그리기' 활동이 자리하였다. '그림 그리기' 활동은 학습자의 흥미를 불러일으키고, 참여를 이끌어 내기 수월하며, 결과물을 확인할 수 있다는 등의 장점을 가진다. 그러나 이 활동만으로 학습 목표인 상징의 의미, 표현 효과 등의 이해에 도달하는 것은 어려워 보인다. 교과서의 활동 중 대단원 학습 목표와 가장 긴밀한 관련을 가지는 활동은 "2. (3) 비교를 통해 상징의 표현 효과 이해하기" 활동인데, 〈사례〉에서는 이 활동이 다른 활동으로 바뀌어 있다.

교과서의 '이해와 탐구' 활동은 교육 내용과 밀접한 관련을 가지는 시어(바다, 고래, 별)를 초점화하고, '그림 그리기' 활동을 통해 시의 의미를 대략적으로 이해한 뒤, 상징의 의미와 표현 효과를 확인하는 단계로 구성되어 있다. 대단원 성취기준과의 연계성을 고려하여 보면, 교과서 '이해와 탐구' 활동의 초점이 이 중 마지막 단계인 "2. (3) 비교를 통해 상징의 표현 효과 이해하기" 활동으로 모아지고 있음을 쉽게 알 수 있는데, 정작 〈사례〉는 이 단계를 포함하고 있지 않아서, 수업의 완결성이 부족해 보인다.

차시 예고 내용 등을 참고하면 표현 효과와 관련된 내용들을 완전히 누락하지는 않았다는 점을 알 수 있다. 아마도 소요 시간 등을 고려하여 다음 차시에 둔 것으로 짐작되나, 교수·학습 활동을 재구성하는 과정에서 학습 목표 달성과 가장 긴밀하게 연결되어 있는 활동을 다음 차시로 분절하여 제시하는 것은 적절한 재구성 방식이라고 보기 어렵다.

😀⁺ 도움말 ----------------------------------------------------------------

- 각각의 활동들은 학습자들이 학습 목표와의 관련성을 충분히 인식할 수 있는 방식으로 제시되어야 한다.

----------------------------------------------------------------

기타 '활동 2'에서 지도안 내용의 정교화가 필요해 보이는 부분을 간략히 정리하면 다음과 같다. 첫째, 1~3분단은 하나의 연을, 4분단은 작품 전체를 '그림 그리기' 활동의 과제로 할당하였는데, 4분단의 작품 전체를 그림으로 그리는 과제는 층위도 다르고 다소 이질적이다. 교과서에 이미 전체 작품에 대한 삽화가 제시되어 있는 상황에서 학생들의 활동에 일정 부분 간섭이 있을 것으로도 보인다. 둘째, 교수·학습 환경과 관련하여 학생 수가 총 19명으로 설정되어 있는데 4분단으로 나누어져 있다면 분단당 5명 내외로 구성되어 자연스럽지 않다. 학생 수를 고려해 보면 모둠이라는 용어가 더 자연스럽지는 않은지, 앞선 내용과 관련하여 3개 모둠 정도로 구성하는

것이 더 적절하지는 않은지 등에 대해 검토가 필요하다. 초등학교급에서 일반적으로 4명을 한 모둠으로 구성하는 것을 고려한다면, 2개 모둠이 동일한 연을 작성하는 방식으로 총 6개 모둠을 구성하는 것도 가능하다. 셋째, 본 차시 학습 목표, 소요 시간 등을 고려할 때 낭독 영상 감상, 학생 낭송이 꼭 필요한지, '낭독'이라는 학습 요소가 중복되는 것은 아닌지 등에 대해서도 면밀히 검토해 볼 필요가 있다. 현재는 전개 단계에서 다시 '동기 유발 활동'이 제시되고 있는 것 같아 수업의 흐름이 매끄럽지 않아 보인다.

### (4) 교수·학습 단계 – 정착

| 학습 내용 | • 학습 내용상의 오류는 없는가? |
| --- | --- |
| | - 상징의 유형 구분 체계가 안정적이지 않다. |
| 교수·학습 방법 | • 구성된 활동의 시간을 적절히 배분하였는가? |
| | - 평가 및 피드백을 수행할 수 있는 시간이 부족해 보인다. |

먼저 '정착' 단계의 설정과 관련하여, 일반적으로는 '도입 – 전개 – 정리'의 단계를 취하는 경우가 많으므로 용어의 일반성을 고려하여 '정리'로 수정하는 방안을 검토할 필요가 있다. 전개 단계와 마찬가지로 정착 단계에서도 활동을 수행하는 시간이 다소 부족할 것으로 판단된다. 지도안상으로는 학습한 내용을 요약하여 정리하기, 확인 학습 문제를 풀고 답을 확인하며 피드백의 시간을 가지기, 차시 학습을 예고하기 등이 5분 안에 마무리되는 것으로 계획되어 있다. 세부 단계별 소요 시간은 명시되어 있지 않아 판단에 어려움이 있지만 특히 평가 및 피드백을 수행하기 위한 시간이 부족해 보인다. 다른 단계는 비교적 교사 위주의 진행이 가능하여 소요 시간을 어느 정도 조절할 수 있다 하더라도 평가 및 피드백 과정에서는 교사와 학습자의 상호작용이 필수적이기 때문에 조절이 어렵다. 이러한 점을 고려하여 전개 및 정착 단계의 활동을 전면적으로 재구성할 필요가 있다.

## 3) 수업 지도안의 후반부 검토

### (1) 평가

| 평가 | • 학습 목표 달성 여부를 점검하는 방법이 적절한가?<br>- 평가 기준을 적절하게 구성하였는가?<br>- 평가 도구를 적절하게 제작 및 활용하였는가? |
| --- | --- |
| | - 평가 기준과 문항 설계가 상응하지 않는다.<br>- 평가 도구와 관련하여 문항 설계상에 결함이 있다. |

〈사례〉의 '평가'는 확인 학습 1문항, 보충 학습 2문항, 심화 학습 1문항으로 설계되어 있다. 이러한 구성이라면 확인 학습의 결과에 따라 보충 학습을 실시할지(학습 목표 미도달), 심화 학습을 실시할지(학습 목표 도달) 여부가 결정되어야 하는데 현재 계획된 평가 문항의 내용을 살펴보면 '확인 학습', '보충 학습', '심화 학습'의 내용상 위계가 불분명하여 이와 같이 기능할 수 없을 것으로 보인다. 더불어 지도안의 계획 상으로는 '확인 학습' 직전에 진행되는 '학습 내용 정리'에서 본 차시 교육 내용을 요약적으로 확인하게 되어 있는데, 평가 직전에 답을 확인하는 이러한 방식이 평가 목적에 부합하는 것인지도 검토해 보아야 한다.

평가 문항의 세부 내용을 살펴보면 여러 가지 측면에서 설계상의 결함이 확인된다. 먼저 확인 학습 문제에서 문항 내용이 본시 '학습 목표'를 모두 포괄하고 있는 것으로 보이지 않는다. 관련하여 이 수업의 본시 학습 목표는 아래와 같다.

1. 상징의 개념과 종류를 설명할 수 있다.
2. 작품 속에 드러난 개인적 상징을 이해할 수 있다.

이 가운데 확인 학습의 문항으로 도달 여부를 확인할 수 있는 것은 "1. 상징의 개념과 종류를 설명할 수 있다."뿐이다. 엄밀히 말하면 현재 확인 학습의 문항은 상징의 종류와 관련하여서는 문학적(개인적) 상징의 의미만을 확인하고 있어서, 학습자가 '상징의 종류'를 모두 설명할 수 있는지 여부도 확인하기 어렵다. 따라서 이 문항이 본시 학습 목표의 도달 여부를 확인하는 확인 학습 문항으로서의 기능을 온전히 하고 있다고 볼 수 없다.

보충 학습 문제에서는 크게 두 가지 결함이 확인되었다. 먼저, 1번 문항의 답이 2번 문항의 선지로 제시되어 있다. 이럴 경우 문항 간 간섭이 발생하여 온전한 평가가 이루어지기 어렵다. 다음으로 2번 문항에서 「고래를 위하여」에 쓰인 상징은 무엇일까?"라고 하였는데, '별'이 '꿈, 이상, 희망 소망'을 의미하는 것이 반드시 '문학적(개인적) 상징'으로만 설명될 수 있는지, '관습적 상징'으로 설명될 수 있는 여지는 없는지 등을 검토해 보아야 한다. 여기서 관습적 상징과 문학적 상징의 구분이 '독창성'의 유무에 있는 것으로 읽히는데, '독창성'에 대한 판단은 관점에 따라 달라질 수 있어 정답이 안정적이지 않다.

마지막 심화 학습 문제에서는 작품 속 '상징적 소재'를 찾도록 하였는데, 교수·학습 활동에서 해당 내용을 상징적 시어라고 한 부분이 있어 용어상의 통일이 필요하다. 확인 학습 문제의 검토 내용과 관련하여, 이 문항은 '본시 학습 목표 2.'와 밀접한 관련성을 가지기 때문에 확인 학습으로 옮기는 것이 적절하다고 판단된다. 덧붙여 '(2) 상징적 소재의 의미'에 정답을 설정하는 것은, "학생들의 다양하고 창의적인 사고를 독려"하는 것과는 거리가 있어 보인다.

〈사례〉의 '전개' 마지막 부분, '정착'의 차시 예고 등을 살펴보면 다음 차시에 「고래를 위하여」에 사용된 개인적 상징이 무엇인지를 교사와 함께 분석하고, 그 의미, 표현 효과 등에 대해 학습하도록 계획되어 있음을 알 수 있다. 그런데, 심화 학습 평가에서 이미 상징적 소재와 그 의미를 확정적으로 정리하는 문항이 제시되어 있어 차시 학습 내용과 중첩될 것으로 보이므로 조정이 필요하다. 그리고 본시 전개 단계에서 권장되었던 "다양하고 창의적인 사고"가 "실제로 「고래를 위하여」의 개인적 상징이 맞는지 확인"하는 단계에서 위축되거나 그 취지가 훼손될 가능성은 없는지를 섬세하게 검토해 볼 필요가 있다.

# 3

## 지도안 다시 작성해 보기

### 1) 지도안의 수정 방향

앞서 검토한 내용을 정리하면, 이 지도안은 특히 '학습 목표'의 연계성 확보, '학습 내용'의 오류 수정, '교수·학습 방법'의 정교화 측면에서 수정과 보완이 필요하다. 이와 연동하여 '평가' 문항도 전면적인 수정이 이루어져야 한다. 따라서 지도안의 주된 수정 방향은 '대단원 성취기준과 본 차시 학습 목표의 연계성 확보', '학습 내용의 재구성', '학습 목표를 고려한 교수·학습 활동 및 평가의 정교화'로 설정하였다.

〈사례〉의 수정안은 약안으로 작성하여 수정의 방향이 한눈에 보이도록 하였다. 일반적으로 약안에서는 '단원의 학습 목표, 단원 차시별 지도 계획' 등이 생략되는 경우가 많으나, 〈사례〉에서 '대단원 성취기준과 본 차시 학습 목표의 연계성 확보'를 주된 과제로 삼았기 때문에 이를 포함하여 제시하였다.

여기서는 대단원 성취기준과의 연계성을 고려하여 본 차시 학습 목표를 재설정하고 이에 따라 지도안을 다시 작성해 볼 것이다.

### 2) 단원 설계

대단원 성취기준을 고려하여 차시별 지도 계획을 작성해 보자.(단, 소단원 차시별 지도 계획은 7차시를 기준으로 하고, 블록 수업이 포함되도록 함.)

## ※ 대단원 성취기준

[9국05-02] 비유와 상징의 표현 효과를 바탕으로 작품을 수용하고 생산한다.

| 대단원<br>학습 목표 | 1. 비유와 상징의 표현 효과를 바탕으로 작품을 수용하고 생산할 수 있다.<br>2. 자신의 삶과 경험을 바탕으로 하여 독자에게 감동이나 즐거움을 주는 글을 쓸 수 있다. | |
|---|---|---|
| 차시별<br>지도 계획 | **차시** | **주요 학습 내용** |
| | | |
| | | |
| | | |
| | | |
| | | |

# 3) 본 차시 설계

본 차시 수업 지도안을 수정하여 작성해 보자.

| 교과명 | 국어 | 교사 | ○○○ |
|---|---|---|---|
| 교재 | 중학교 국어 1-1(신유식 외) | 대상 학급 | 1학년 ○반 ○○명 |
| 일시 | 20○○년 ○월 ○일(수) ○교시 | 장소 | 1-○ 교실 |
| 단원 | 1. 표현의 즐거움<br>(2) 고래를 위하여 | 차시 | 4-5/7차시 |
| 본 차시<br>학습 목표 | 1. '상징'의 개념을 이해한다.<br>2. 작품 속에서 사용된 '상징'의 의미와 표현 효과를 이해한다. | | |

| 교수·학습 단계 | | 교수·학습 활동 | | 자료 및 유의점 | 시간 (분) |
|---|---|---|---|---|---|
| | | 교사 | 학생 | | |
| 도입 | 전시 학습 확인 | **• 전시 수업 질문과 확인하기**<br>- 비유의 개념과 사례 질문 | **• 전시 수업 상기하기**<br>- 비유의 개념과 사례 떠올리기 | 판서 | 3 |
| | 동기 유발 | **• 일상 속 사물의 의미 확인하기**<br>- 일상 속에서 네잎클로버, 신호등의 파란불, 반지 등의 의미가 무엇인지 질문하기 | **• 일상 속 사물의 의미 이해하기**<br>- 네잎클로버: 행운<br>- 신호등의 파란불: 통행 가능<br>- 반지: 약속, 결혼 | PPT<br>: 비유와의 차이를 인식하도록 한다. | 3 |
| | 학습 목표 확인 | **• 본 차시 학습 목표 제시하기** | **• 본 차시 학습 목표 인지하기** | PPT<br>: 학습 목표 | 2 |
| 전개 | 활동 1 | | | | |
| | 활동 2 | | | | |

| | | | | | |
|---|---|---|---|---|---|
| 정리 | 학습 내용 정리 및 평가 | • **형성평가**<br>- 문항 1: 상징의 개념<br>　문항 2: 자신이 인상 깊게 보았던 상징의 사례와 그 까닭<br>- 모둠별로 1인 이상 발표하게 하여 간단한 피드백을 주고, 발표하지 않은 학생들에게는 다음 시간에 피드백을 줄 것이라 설명. | • **형성평가 자료 제출**<br>- 형성평가 문항을 풀며 학습 내용을 정리<br><br>- 자신이 작성한 내용을 발표<br>- 작성한 형성평가 활동지를 제출 | 활동지<br>: 형성평가 | 4 |
| | 차시 예고 | • **다음 차시 내용 예고하기**<br>- 다른 작품에서 사용된 '상징'의 사례를 다양하게 검토할 것임을 예고<br>- 과제: '상징'이 사용된 다른 문학 작품 찾아오기 | • **다음 차시 내용 인지하기**<br>- 차시 학습 내용과 과제를 인지하기 | | 1 |

# 4

# 지도안 수정 예시

## 1) 단원 설계 부분 수정 예시

| 대단원 학습 목표 | 1. 비유와 상징의 표현 효과를 바탕으로 작품을 수용하고 생산할 수 있다. 2. 자신의 삶과 경험을 바탕으로 하여 독자에게 감동이나 즐거움을 주는 글을 쓸 수 있다. | |
|---|---|---|
| | 차시 | 주요 학습 내용 |
| 차시별 지도 계획 | 1-2 | • 비유의 개념 이해하기 • 작품 속에서 사용된 '비유'의 의미와 표현 효과 이해하기 |
| | 3 | • 비유를 활용한 작품 감상하기 • 비유를 활용하여 자신의 경험 표현하기 |
| | 4-5 (본차시) | **• 상징의 개념 이해하기 • 작품 속에서 사용된 '상징'의 의미와 표현 효과 이해하기** |
| | 6 | • 상징을 활용한 작품 감상하기 • 상징을 활용하여 자신의 마음 표현하기 |
| | 7 | • 비유와 상징의 표현 효과 이해하기 • 비유와 상징을 활용하여 동시 작품 창작하기 |

'전개'와 '정착' 단계에서 소요 시간의 부족이 지적되었던 것을 고려하여 본 차시 학습을 블록 수업으로 설계하였다. 본 차시에서는 '상징'의 개념에 대한 지식 측면의 학습이 이루어지고, 이를 실제 작품에 적용해 보는 활동이 이어져야 하기 때문에 별개의 차시로 구분하여 설계하는 것보다는 연이어 진행하는 블록 수업으로서의 설계가 더 적절하다고 판단하였다.

'차시별 지도 계획'은 본 차시의 상대적 위치를 확인하고, 본 차시에서 다루어지지 않은 학습 내용은 어디에서 다루어질지를 확인하는 수준으로 간략히 작성하도록 한다. 현재 해당 교과서의 대단원 구성안에 따르면, 3개의 소단원 총 23차시 정도로 설계되어 있어 이를 모두 다루는 것은 어려우므로, 여기서 차시별 지도 계획은 소단원/7차시 기준으로 작성하였다.

관련 교육과정 성취기준이 작품을 수용하고 생산하는 활동을 함께 제시하고 있어 비유와 상징을 활용한 창작 활동을 마지막 차시에 배치하였다.

## 2) 본 차시 설계 부분 수정 예시

| 교과명 | 국어 | 교사 | ○○○ |
|---|---|---|---|
| 교재 | 중학교 국어 1-1(신유식 외) | 대상 학급 | 1학년 ○반 ○○명 |
| 일시 | 20○○년 ○월 ○일(수) ○교시 | 장소 | 1-○ 교실 |
| 단원 | 1. 표현의 즐거움<br>(2) 고래를 위하여 | 차시 | 4-5/7차시 |

본 차시 학습 목표
1. '상징'의 개념을 이해한다.
2. 작품 속에서 사용된 '상징'의 의미와 표현 효과를 이해한다.

| 교수·학습 단계 | | 교수·학습 활동 | | 자료 및 유의점 | 시간 (분) |
|---|---|---|---|---|---|
| | | 교사 | 학생 | | |
| 도입 | 전시 학습 확인 | • **전시 수업 질문과 확인하기**<br>- 비유의 개념과 사례 질문 | • **전시 수업 상기하기**<br>- 비유의 개념과 사례 떠올리기 | 판서 | 3 |
| | 동기 유발 | • **일상 속 사물의 의미 확인하기**<br>- 일상 속에서 네잎클로버, 신호등의 파란불, 반지 등의 의미가 무엇인지 질문하기 | • **일상 속 사물의 의미 이해하기**<br>- 네잎클로버: 행운<br>- 신호등의 파란불: 통행 가능<br>- 반지: 약속, 결혼 | PPT<br>: 비유와의 차이를 인식하도록 한다. | 3 |
| | 학습 목표 확인 | • **본 차시 학습 목표 제시하기** | • **본 차시 학습 목표 인지하기** | PPT<br>: 학습 목표 | 2 |

이 지도안은 블록 수업을 염두에 두어 다양한 교수·학습 활동을 활용하고 있으며, 특정한 교수·학습 모형을 상정하지 않고 일반적인 도입-전개-정리의 단계를 활용하였다.

본 차시 학습 목표에서 '상징의 종류'와 관련된 내용을 삭제하였다. '상징의 종류'에 대한 학습은 대단원 성취기준과 직접적인 관련성을 가지지 않으며, 중학교 1학년 학습자 수준에서 실제 적용하는 데에도 여러 어려움이 있음을 고려하였다.

기존의 교재를 재구성한 지도안이므로, 해당 검정 교과서의 출판사와 단원을 명시하였다.

이 단계에서 예로 들었던 사물의 의미가 전시에 학습하였던 '비유' 개념으로는 설명되지 않는다는 점을 간단히 언급해 두어야 한다. 비유와 상징의 차이는 '전개-활동 1'에서 다시 다루어지므로, 이 단계에서 차이점을 상세히 설명할 필요는 없다. 지난 시간에 배운 것과 다른 내용을 다룬다는 것만 인식시키는 것으로 충분하다.

소요 시간을 별도의 칸으로 분리하여 기입하면, 전체적인 수업의 흐름과 개별 활동의 비중을 파악하기 수월하여 수업 진행에 도움이 된다.

| | 전개 | 활동 1 - 상징의 개념 이해하기 | • 상징의 개념 설명하기<br>- 도입부와 관련짓기<br>  네잎클로버, 신호등의 파란불, 반지 등을 상징이라고 함.<br>- 상징의 정의 설명하기<br>• 상징이란, 추상적인 사물이나 관념 또는 사상을 구체적인 사물로 나타내는 것 | • 상징의 개념 이해하기<br>- 도입부의 사례 떠올리기<br><br>- '상징'의 정의 이해하기<br>(상징에는 또 어떠한 것들이 있을지 생각해 보기) | PPT<br>: 상징의 정의 | 5 |
| | | | • 비유와 상징의 차이 설명하기<br>- 구체적인 사례를 통해 비유와 상징의 차이 인식시키기<br>"비유는 두 대상(원관념-보조관념)의 비슷한 점(유사성의 원리)을 활용하여 만들어지지만 상징은 그렇지 않고, 드러내고자 하는 의미(원관념)가 감추어져 있음." | • 비유와 상징의 차이 이해하기<br>- 구체적인 사례를 통해 비유와 상징의 차이를 이해하기<br>- 의문점 질문하기 | PPT<br>: 비유와 상징의 정의 함께 제시하기<br><br>차이점을 강조하여 제시하기 | 5 |
| | | | • 모둠별 활동 안내 및 순회 지도<br>- 6명 내외, 3개 모둠으로 구성<br>- 모둠별로 상징 사전 만들기 활동을 안내<br>- 모둠 활동 중 순회 지도를 통해 학생들이 제시한 사례의 적절성 검토 | • 모둠별 상징 사전 만들기<br>- 활동지의 빈칸을 채우는 방식으로 상징 사전 완성하기<br>- 모둠 구성원별로 하나 이상의 사례를 작성<br>- 모둠별로 상징 사전의 대표적인 사례를 1~2개 발표 | 활동지 ①<br>: 상징 사전 만들기 | 20 |

전시 학습에서 교과 개념어(원관념, 보조관념, 유사성의 원리)를 학습하였다면 이를 직접 제시하는 것도 가능하나, 학습자의 수준을 고려하였을 때, 교과 개념어를 사용하기보다는 현재 작성된 수준으로 풀어서 설명하는 것을 권장한다.

수업의 전반적인 흐름을 알기 쉽게, 같은 학습 목표를 공유하는 세부 활동들을 묶어 하나의 단계로 제시하고, 세부 활동의 명칭은 교수·학습 활동 칸에 볼드체로 작성하였다.

이 개념 정의는 사용하는 교과서의 정의를 그대로 가져온 것이다. 활동지, PPT 등 다양한 자료에서 통일된 정의를 활용할 수 있도록 주의가 필요하다.

'상징 사전 만들기'는 학습자들의 활동을 통해 상징의 사례를 다양하게 검토하기 위해 고안한 것이다. 상징의 사례와 의미를 적는 것으로 충분하며, 활동 부담을 줄이기 위해 1~2페이지로 하는 것이 적절해 보인다. 자료 검색이 가능한 환경일 경우에는 그러한 상징이 실제로 사용된 자료를 찾아보는 활동도 가능하다.

시간상의 여유가 있다면, '상징'의 사례에 어떠한 것이 있을지를 떠올려 보도록 하고, 교사와 학생의 상호작용을 통해 상징의 개념을 구체화해 가는 것도 가능하다. 이 결과는 이후 모둠별 상징 사전 만들기 활동으로 이어질 수 있다.

| | | | | 학습 자료 | 시간 |
|---|---|---|---|---|---|
| | | • 상징에 초점을 맞추어 작품을 읽도록 하기<br>- 작품의 분위기를 고려하여 작품을 읽도록 하기<br>• - 학습자들이 찾은 '시어'들을 앞서 설명한 '상징'으로 볼 수 있다는 점을 강조하기<br>- 작품 다시 읽기 | • 상징에 초점을 맞추어 작품 이해하기<br>- 작품을 읽고, 주어진 의미에 해당하는 시어 찾기<br>- '상징'에 초점을 맞추어 각각의 시어에 주어진 의미를 고려하며 작품 다시 읽기 | 학습 자료<br>: 교과서 | 5 |
| 전개 | 활동 2 -<br>「고래를<br>위하여」<br>에서 '상징'<br>의 의미<br>이해하기 | • 각 연의 의미를 고려하여 그림 그리기 활동 지도하기<br>• - 세 가지 시어를 중심으로 각 연이 나타내는 의미를 정리하여 모둠별 활동 안내<br>* 1모둠: 1연(푸른 바다, 고래)<br>   2모둠: 2연(푸른 바다, 고래)<br>   3모둠: 3연(고래, 별)<br>- 모둠별로 자신의 그림에 대해 설명하고 싶은 학생들을 2인 이상 발표시키기 | • 각 연의 의미를 고려하여 그림 그리기<br>- 모둠별로 그려야 할 연을 나누어 그림 그리기<br><br><br><br>- 자신이 그린 그림을 보여 주고, 그렇게 그린 까닭에 대해 설명하기 • | 학습 자료<br>: 교과서,<br>PPT, A4종이, 색연필 | 20 |
| | | • 작품 속 상징의 의미를 구체화할 수 있도록 질문하기<br>• - 세 가지 시어의 의미가 무엇인지 질문하기<br>- 세 가지 시어의 의미가 작품 속에서 어떻게 서로 관련되는지 질문하기 | • 작품 속 상징의 의미를 구체화하여 작품 감상하기<br>- 질문에 답변하며 세 가지 시어의 의미를 구체화하기<br>- 세 가지 시어의 의미를 맥락화하여 작품의 주제와 연결 짓기 | 학습 자료<br>: 교과서,<br>PPT | 10 |

상징의 의미를 작품의 주제와 관련시키는 활동이다. 교사의 질문과 학생의 답변으로 진행되는데, 이때 교사의 질문은 '정답'을 요구하는 방식이 아니라, 다양한 방향으로 생각의 길을 열어 줄 수 있는 방식이어야 한다.

가능하다면 직전 활동에서 학생들이 작성한 그림들과 관련지어 시어, 시행의 의미를 설명하는 것도 유용한 방법이 될 수 있다.

학습 목표와 활동의 관련성을 높이기 위해, 세 가지 시어에 초점을 맞추는 조건을 추가하였다.

블록 수업은 다양한 활동으로 구성되므로, 각각의 활동이 학습 목표와 어떻게 연결되는지를 반복적으로 강조할 필요가 있다.

학습자가 자신이 그린 그림에 대해 잘 설명하지 못할 경우, 적절한 유도 질문을 활용하여 상호작용을 활성화하는 것이 중요하다.

예) ~는 고래를 ~게 그렸구나. 왜 이렇게 그렸을까?

그림 그리기 및 발표 활동이 학습 목표와 무관하게 너무 재미나 흥미 위주로 가볍게 흘러가지 않도록 유의해야 한다.

| | | | | | |
|---|---|---|---|---|---|
| | | • **상징의 표현 효과 설명하기**<br>- 상징을 활용한 표현과, 상징을 활용하지 않은 표현(늑상징의 의미)을 나란히 제시하여 차이 묻기<br><br>- 학습자들이 설명한 상징의 표현 효과를 판서로 정리하여 공유하기 | • **상징의 표현 효과 이해하기**<br>- 상징을 활용한 표현과, 상징을 활용하지 않은 표현을 비교하여 읽고, 상징으로 표현하였을 때의 효과 말하기<br>- 판서된 내용을 정리하기 | 판서 | 5 |
| 정리 | 학습<br>내용 정리<br>및 평가 | • **형성평가**<br>- 문항 1: 상징의 개념<br>　문항 2: 자신이 인상 깊게 보았던 상징의 사례와 그 까닭<br>- 모둠별로 1인 이상 발표하게 하여 간단한 피드백을 주고, 발표하지 않은 학생들에게는 다음 시간에 피드백을 줄 것이라 설명. | • **형성평가 자료 제출**<br>- 형성평가 문항을 풀며 학습 내용을 정리<br><br>- 자신이 작성한 내용을 발표<br>- 작성한 형성평가 활동지를 제출 | 활동지<br>: 형성평가 | 10 |
| | 차시 예고 | • **다음 차시 내용 예고하기**<br>- 다른 작품에서 사용된 '상징'의 사례를 다양하게 검토할 것임을 예고<br>- 과제: '상징'이 사용된 다른 문학 작품 찾아오기 | • **다음 차시 내용 인지하기**<br>- 차시 학습 내용과 과제를 인지하기 | | 2 |

교수·학습 환경을 고려하였을 때 모든 학생에게 바로 적절한 피드백을 주는 것이 불가능하므로, 다음 시간에 피드백을 주는 것으로 계획하였다. 이때 문항 1에 대한 피드백은 교과 개념어에 대한 지식을 전달하는 것에 중점을 두고, 문항 2에 대한 피드백은 학습자들의 활동 결과에 대한 '긍정적 강화'에 중점을 두는 것이 바람직하다.

일반적인 용어로 수정하였다.

학습 내용 정리가 평가 결과에 영향을 미치지 않도록 두 단계를 통합하여 제시하는 방식으로 수정하였다.

학습자들이 과제를 어려워한다면, 학습자의 수준에 적합한 선집 형태의 도서를 지정하여 그 안에서 찾도록 하는 것도 유용한 방법이다.

## 3) 평가 계획 수정 예시

| 평가 요소 | - '상징'의 개념을 이해한다.<br>- 작품 속에서 사용된 '상징'의 의미와 표현 효과를 이해한다. |
|---|---|
| 평가 방식 | - '활동 1'에 포함된 '모둠별 상징 사전 만들기'는 평가 요소 중 '상징'의 개념 이해와 관련된 수행평가 자료로 활용될 수 있다. 현재 수정 예시에서는 지면 관계상 이 활동이 구체적으로 설계되어 있지 않으며, 교수 학습 환경에 따라 유연하게 실행될 수 있는 것으로 설정되어 있다. 수행 과정에서 학생들이 작성한 사례를 함께 살펴보며, 상징의 개념에 적합한 것과 그렇지 않은 것을 공유하고, 상징의 개념을 더욱 구체화해가는 것은 본 차시 학습 목표 달성에 효과적일 것이다.<br>- "작품 속에서 사용된 '상징'의 의미와 표현 효과를 이해"하는 것에 대한 평가는 활동 2에서 이루어지는 문답을 활용하는 것이 적절해 보인다. 각 연에서 활용된 상징들의 의미를 학생들이 어떻게 이해하였는지를 확인하고, 전체 작품의 의미 맥락에서 어떻게 관계를 맺고 있는지를 확인하는 것은 '상징'을 중심으로 작품을 감상하는 능력을 기르는 것과 밀접한 관련성을 가진다. 이 과정에서 혹시 상징에 대한 오개념이 확인되거나, 작품의 의미 맥락에서 지나치게 벗어나 있는 내용으로 감상하는 것이 확인될 경우 개별 지도를 통해 도움을 주는 것이 가능하다.<br>- 정리 단계에서 제시된 문항 1은 다시 첫째, 수업에 활용된 개념적 지식인 "추상적인 사물이나 관념 또는 사상을 구체적인 사물로 나타내는 것"을 이해하고 있는지를 확인하는 서술형 문항 하나, 둘째, '비유'와의 차이점을 이해하고 있는지를 확인하는 서술형 문항 하나 등의 세부 문항으로 나누어 구성하는 것이 적절해 보인다. 이 평가는 학생들의 변별을 목표로 하는 것이 아니라, 수업 내용과 관련하여 학생들이 이해한 바를 묻고, 핵심적인 내용이 누락되지 않았는지를 확인하여 보충·심화할 내용을 결정하는 것을 목표로 한다.<br>- 정리 단계에서 제시된 문항 2는 수업 시간에 학습한 내용을 학생들이 자기주도적으로 적용해 볼 수 있도록 유도한다. 이 과정에서도 활동 2에서의 문답에 대한 피드백과 마찬가지로, 상징에 대한 오개념 등이 확인될 경우 개별 지도를 통해 도움을 줄 수 있으며, 필요한 경우 전체 학급 단위에서 공유하여 수업의 효용을 제고하는 것도 가능하다. |

〈사례〉 및 지도안 수정 예시의 학습 주제는 '상징 이해하기'이다. 이는 2015 개정 국어과 교육과정의 아래 성취기준과 관련된다.

| 2015 개정 국어과 교육과정 | 성취기준 | [9국05-02] 비유와 상징의 표현 효과를 바탕으로 작품을 수용하고 생산한다. |
| --- | --- | --- |
| | 성취기준 해설 | 이 성취기준은 여러 갈래의 작품을 통해 비유와 상징을 이해하고 비유적·상징적 표현의 의미를 주체적으로 해석하며 이를 활용하여 자신의 생각이나 느낌, 경험을 표현하는 능력을 기르기 위해 설정하였다. 문학의 언어는 형상화를 지향한다는 점에서 과학 등 다른 분야의 언어와 구별된다. 비유와 상징이 심상이나 정서, 주제를 드러내는 데 기여하는 바를 중심으로 작품 전체를 감상하고, 비유와 상징의 효과를 살려 생각과 느낌을 표현하는 능력을 기르도록 한다. |

성취기준에서 '상징'은 '비유'와 함께 표현의 효과에 초점을 맞추어 작품을 수용하고 생산하는 활동 전반과 관련되는 것으로 서술되고 있다. 이에 대한 성취기준 해설에서는 문학의 언어가 다른 분야의 언어와 구별된다는 점을 강조하며, 이와 같은 맥락에서 "비유와 상징의 효과"를 살려 이해 및 표현 활동에 두루 활용할 수 있는 능력을 기르도록 하였다.

2022 개정 국어과 교육과정에서 '상징 이해하기'와 관련된 성취기준은 다음의 것으로 확인된다.

| | 성취기준 | (문학) [9국05-01] 운율, 비유, 상징의 특성과 효과에 유의하며 작품을 감상하고 창작한다. |
|---|---|---|
| 2022 개정 국어과 교육과정 | 성취기준 적용 시 고려사항 | • 문학에 사용되는 다양한 장치나 요소들을 이해하고 그 효과에 유의하여 작품을 해석하고 감상하는 능력을 갖출 수 있게 한다. 또한 개별 작품에 대한 이해에 그치지 않고 문학과 사회의 영향 관계나 다른 작품들과의 관계 등 작품을 둘러싼 다양한 맥락을 고려하며 작품을 수용하고 생산하는 능력을 기르도록 한다.<br>• 성취기준별로 강조되는 요소, 예를 들어 '운율, 비유, 상징의 특성과 효과'나 '개성적인 발상과 표현' 등의 요소를 포함하여 창작을 하고자 할 경우, 의도한 요소가 충분히 반영되었는지 확인하며 창작을 수행할 수 있도록 적절한 단계에 점검과 조정 과정을 마련한다. |

두 성취기준을 비교해 보면, 2022 개정 국어과 교육과정의 성취기준에서 "운율"이 추가되었고, 작품의 "수용"과 "생산"이 작품의 "감상"과 "창작"으로 바뀌었음을 확인할 수 있다. 해당 성취기준에 별도의 해설이 제공되고 있지 않기 때문에 2022 개정 국어과 교육과정에서 '운율'이 추가된 까닭을 명확히 밝히기는 어렵다. 다만 '성취기준 적용 시 고려사항'의 서술 등을 근거로 해당 표현들이 "문학에 사용되는 다양한 장치나 요소" 등에 포함된다는 점을 파악할 수 있다. 이어지는 서술에서 이러한 요소들은 작품의 해석, 이해, 감상, 창작 등에 두루 활용될 수 있는 것으로 규정됨으로써 교육적 가치를 확보하게 된다. 문학 교육에서 '수용'과 '감상', '생산'과 '창작'은 각기 다른 이론적 배경에 기반하여 창안된 용어로, 강조하고자 하는 바나 관점에 따라 선택적으로 사용 가능하나, 둘 모두 문학 작품을 중심에 둔 활동을 가리킨다는 점에서는 유사한 의미로 이해될 수 있다. 요컨대 2015 개정 국어과 교육과정에서 2022 개정 국어과 교육과정으로의 변화는 학습 내용과 관련하여 강조하고자 하는 바, 또는 관점이 미세하게 달라진 결과로 파악할 수 있으며, 교사나 학습자들이 교수·학습 과정에서 그러한 변화를 체감할 수 있을지에 대해서는 구체적인 수업에서의 교수·학습 맥락에 따라 달라질 수 있을 것으로 보인다.

### 지식 중심의 문학 교육에서 활동 중심의 문학 교육으로

문학 교육에서 학습자 '활동'의 중요성을 강조하는 움직임은 과거 문학 교육에 대한 반성에서 시작되었다. 이는 특정 시기에 보편적으로 이루어져 왔던 "분석과 주해 중심의 설명적 접근"에서 탈피하고자 하는 다양한 노력의 일환으로 볼 수 있다. 관련하여 최근 문학 교육 연구자들은 비유나 상징을 개념적·지식적인 측면에서만 가르치려 하는 전통적인 교육 방식을 "보아야 할 달은 보지 못하고 달을 가리키는 손가락만 보는 형국"과 같다고 비판하며, "비유 혹은 상징을 통해 시의 정서와 분위기, 주제 의식이 어떻게 구체적으로 구현되고 심화되었는지 이해하고 또 비유와 상징을 통해 가능해진 시의 울림의 깊이에 동참"하는 것이 주된 목표가 되어야 함을 주장하고 있다(정재찬 외, 2017: 117-118). 이러한 시도가 문학 교육에서 '지식'을 완전히 배제하는 것을 의미하지는 않는다. 그보다는 그러한 '지식'을 알게 됨으로써 문학 작품에 대한 이해와 감상이 어떻게 달라질 수 있는지에 주목하자는 것에 가깝다.

지도안 수정 예시 역시 이러한 문제의식을 공유하며, 개별 상징의 의미가 작품 전체의 맥락에서 어떻게 주제 의식의 일부분으로 자리할 수 있는지를 함께 살피고자 하였다. 지식적 측면에서 작품을 이해하는 것에 그치지 않고, '상징 사전 만들기', '그림 그리기' 등 다양한 학습 활동을 통해 작품을 감상하고 향유하도록 유도하였다. 내용적 측면에서도 개념을 명확하게 정의하고, 엄밀하게 분류하는 것보다는 개별 상징을 활용하여 무엇을 의미할 수 있는지, 이때 어떠한 표현 효과가 발생하는지에 초점을 맞추었다.

### 비유와 상징의 차이

비유와 상징의 개념은 어떠한 차이가 있을까? 표면적으로 드러나 있는 의미와 다른 심층적 의미를 가진다는 점에서 유사한 것처럼 보일 수 있으나, 문학 이론에서는 이를 엄밀하게 구분하고 있다.

상징은 비유 가운데에서도 특히 은유와 대비하여 설명하는 경우가 많다. 학교 교육에서는 상징을 '원관념이 생략된 은유'(Brooks & Warren, 1960: 556)라 하여 간명하게 가르치는 경우가 있는데, 이는 틀린 말은 아니나 완전한 설명이라고 보기는 어렵다. 상징과 은유는 원관념이 생략되었다는 점 외에도, ① 심상 제시 방식, ② 지적 수준이나 사회적 약정의 성립 여부, ③ 기능적 심상 체계의 측면에서 차이를 보이기 때문이다(윤여탁 외, 2001: 105). 그럼에도 불구하고 학교 교육에서 상징의 의미를 '원관념이 생략된 은유'라 설명하는 것에는, 학교 교육의 목표, 학습자의 수준 등을 종합적으로 고려하였을 때 지나치게 전문적인 지식을 전달하기보다는 그 차이를 인지할 수 있는 선에서 가르치는 것이 더 적절하다는 판단이 전제되어 있는 것으로 보인다.

지도안 수정 예시 역시 학습자의 수준을 고려하여 비유와 상징의 차이를 분석적으로 깊이 있게 설명하기보다는 큰 틀에서 어떻게 다른지를 간략히 살펴볼 수 있도록 설계하였다. 이를 통해 비유에서 나타나는 '원관념-보조관념'의 관계, 그리고 그 사이에서 성립하는 '유사성의 원리'에 초점을 맞추어 상징과의 차이를 보이고자 하였다.

# 10장

## 10학년:
## 듣기·말하기, '토론'

이 장에서는 고등학교 듣기·말하기 수업 지도안 사례를 살펴볼 것이다. 듣기·말하기에서는 의사소통의 목적, 상황, 매체 등에 따라 다양한 담화 유형이 있고, 담화유형에 따라 듣기와 말하기의 방법이 다르다. 2015 개정 국어과 교육과정의 공통 과목 국어에서는 듣기·말하기 영역에서 다룰 담화 유형으로 대화, 토의, 토론, 발표, 면담, 협상 등을 제시하고 있다. 이 가운데 토론은 초등학교 5~6학년, 중학교 1~3학년, 고등학교 1학년 시기에 지속적으로 다루어지도록 제시되어 있다. 다만 초등학교 때에는 토론의 절차와 규칙을 지키고 근거를 제시하며 토론하는 데에 중점을 두고, 중학교 때에는 타당한 근거를 들어 논박하는 데에 중점을 둔다면, 고등학교 때에는 논제에 따라 쟁점별로 논증을 구성하여 토론에 참여하는 데에 초점을 맞추고 있다.[▶국어교육 이론] 〈사례〉는 고등학교 1학년을 대상으로 한 토론 학습 내용을 다루고 있으며, 본 차시(3차시)에서는 논증을 분석하여 주장의 타당성을 판단하는 활동을 수행한다.

소단원 전체 차시 계획이 학습자의 자연스러운 학습 과정에 비추어 적절한지, 학습목표의 설정이 교육과정 성취기준에 비추어 타당한지, 교수·학습 방법의 선택이 학습목표와 학습자의 특성에 비추어 적절한지를 중점적으로 살펴볼 필요가 있다. 그 밖에도 차시 내에서 활동 간 시간 배분이 적절하게 이루어졌는지도 함께 살펴보도록 한다.

- 소단원 차시 계획의 적절성
- 학습 목표 설정의 타당성
- 교수·학습 방법의 적절성
- 활동 시간 배분의 적절성

# 1

## 수업 지도안 〈사례 10〉

### 1] 소단원 차시 계획

| | | |
|---|---|---|
| (1) 토론하기 | 1차시 | - 토론 지문을 통해 토론 과정을 정리하고 쟁점 찾기<br>- 각 쟁점별 논증의 타당성을 판단하여 조별로 발표하기 |
| | 2차시 | - 직접 정책 토론을 해 보기<br>- 조별로 토론의 필수 쟁점 정리하여 발표하기 |
| | 3차시<br>(본 차시) | **- 논증을 분석하여 주장의 타당성을 판단하기<br>- 판단을 바탕으로 자기 평가와 동료 평가하기** |

### 2] 본 차시 교수·학습 지도안

| 단원 | 5. 마음을 움직이는 말과 글<br>(1) 토론하기 | | | | |
|---|---|---|---|---|---|
| 학습<br>목표 | 1. 논증을 분석하여 주장의 타당성을 판단할 수 있다.<br>2. 논증의 타당성을 바탕으로 토론 활동에 대한 자기 평가 및 동료 평가를 할 수 있다. | | | | |
| 단계 | 수업 내용 | 교수·학습 활동 | | 시간<br>(분) | 자료 및<br>지도상의<br>유의점 |
| | | 교사 | 학생 | | |
| 도입 | 수업 분위기 조성<br>전시 학습 회상 | • 학생들에게 인사, 출결 확인<br>• 전시 학습 내용 상기시키기 | • 교사에게 인사하기<br>• 질문에 답하기 | 5 | 판서,<br>PPT |

| 도입 | 학습 목표 제시<br>학습 흐름 제시<br><br>학습 동기 유발 | • 단원명과 학습 목표 제시<br>• 순서도 보여 주며 수업 흐름 안내<br>• 오늘 할 활동의 중요성 설명 | • 단원명과 학습 목표 따라 읽기<br>• 순서도를 보며 배울 내용 확인<br><br>• 교사의 질문에 대답하기 | 5 | 판서,<br>PPT |
|---|---|---|---|---|---|
| 전개 1 | 필수 쟁점 내용 정리 및 논증 분석 활동 | • 모둠 만들게 하고, 학습지 배부<br>• 필수 쟁점 정리하기 활동 안내<br>- 활동 방법 설명 및 시범 보이기<br>• 모둠별 토의 순회 지도<br>- 학생의 질문에 피드백 제공<br>• 발표<br>- 발표 후 다른 의견 있는지 묻기<br>- 발표에 대한 피드백<br>• 논증 분석 활동 안내<br>- 논증 분석 설명 및 시범 보이기<br>• 모둠별 토의 순회 지도<br>- 학생의 질문에 피드백 제공<br>• 모둠별 발표<br>- 발표 내용 정리<br>- 발표 내용에 대해 피드백 | • 모둠 만들고 학습지 받기<br>• 필수 쟁점 정리하기 활동 안내<br>- 활동 설명 듣기<br>• 모둠별 토의<br>- 활동 결과 나누고 내용 정리<br>• 모둠별 발표<br>- 모둠별로 발표<br>- 발표에 대한 피드백 받기<br>• 논증 분석 활동 하기<br>- 쟁점별로 논증 분석<br>• 모둠별 토의<br>- 활동 결과 나누고, 결과 정리<br>• 모둠별 발표<br>- 모둠별로 토의 결과 발표하기<br>- 의견이 다를 경우 질문 | 24 | 학습지,<br>PPT,<br>판서 |
| 전개 2 | 주장의 타당성 판단 및 토론 평가 활동 | • 토론 주제에 대한 의견 정리<br>- 활동 방법 설명<br><br><br><br>• 순회 지도<br>- 어려움 겪는 학생에게 피드백<br>- 학생의 질문에 답변<br>• 발표<br>- 발표 시 유의 사항 안내<br>- 발표 내용 정리<br>- 발표 내용에 대해 피드백<br><br>• 자기 평가 및 동료 평가<br>- 평가 시 유의사항 안내<br>- 평가 결과 전달에 대해 안내 | • 토론 주제에 대한 의견 정리하여 발표하기 활동<br>- 전개 1 활동 바탕으로 토론 주제에 대해 자신의 의견 정리하기<br>• 모둠별로 의견 돌려 읽기<br>- 돌려 읽고 토의하기<br><br>• 발표<br>- 발표하기<br>- 다른 학생의 발표에 대해 질문, 다른 의견 제시 혹은 공감하기<br>• 자기 평가 및 동료 평가<br>- 토론에 대해 평가하기<br>- 토론 참여자는 자기 평가 및 동료 평가, 비참여자는 동료 평가 | 13 | 학습지,<br>PPT,<br>판서 |

| | | | | | |
|---|---|---|---|---|---|
| 정리 | 학습 내용 정리<br>형성평가 | • 수업 내용 정리<br>• 짧은 글 읽고 논증 분석하기<br>- 활동하게 하기<br>• 빌표<br>- 발표 후 다른 의견 있는지 묻기<br>- 발표에 대해 피드백 주기<br>• 학습지 걷기 | • 교사의 질문에 대답<br>• 짧은 글 읽고 논증 분석하기<br>- 주장의 타당성 판단하기<br>• 발표<br>- 발표 후 피드백 받기<br><br>• 학습지 제출 | 8 | 학습지,<br>PPT,<br>판서 |
| | 차시 예고 | • 다음 차시 수업 내용 예고하기 | • 다음 차시 수업 내용 듣기 | | |

# 학습지

(　　　　)고등학교 1학년 (　　)반 (　　)번 이름: (　　　　　　)

다음은 토론 내용을 글로 옮겨 작성한 것이다. 이를 바탕으로 활동을 수행해 보자.

---

(찬성 측 입론)
국민 발안제는 국민이 헌법 개정안이나 법률안을 직접 제안하는 제도입니다. 본 팀은 세 가지 근거를 들어 국민 발안제를 찬성합니다. 첫째, 민주주의를 강화할 수 있습니다. 우리나라 국민들은 국회가 자신의 의견을 충분히 반영하지 못한다고 생각합니다. 국민 발안제의 핵심은 모든 국민들이 자신에게 필요한 법안을 만드는 가능성을 만드는 것이며, 이를 통해 민주주의를 강화할 수 있습니다. 둘째, 국민 발안을 입법과 행정부 견제 수단으로 사용할 수 있습니다. … 끝으로, 공론의 장을 형성할 수 있습니다. …

(반대 측 입론)
저희 반대 측은 다음과 같은 근거로 이번 논제에 대해 반대하는 바입니다. 첫 번째로, 도입 과정에서 드는 시간적 물리적 비용이 막대합니다. 국민 발안제는 많은 시간이 소요되며, 더불어 국민 투표 과정에서 막대한 비용이 들어갑니다. GDP 대비 231%를 기록하고 있는 우리나라의 국가 부채 현황을 고려했을 때, 국민 발안제를 실시하기에는 무리가 있다는 것을 알 수 있습니다. 둘째, 민주주의에 현실적으로 기여하기 어려운 제도입니다. … 셋째, 중우정치의 우려가 있습니다. …
(중략)

출처: 2017년 전국고등학생토론대회 결승, 중앙선거관리위원회

---

**[활동 1] 찬성 측과 반대 측의 필수 쟁점에 따른 내용을 정리해 보자.**

| 찬성 측 | 필수 쟁점 | 반대 측 |
|---|---|---|
| | 당장 시행해야 할 만큼 문제가 심각한가? | |
| | 국민 발안제가 시행될 수 있을까? | |
| | 국민 발안제가 국민에게 이익을 가져다줄까? | |

**[활동 2] 각 쟁점에 따른 찬성 측과 반대 측의 논증을 분석해 보자.**

| 쟁점 1 | 국민 발안제가 민주주의를 강화하는가? | |
|---|---|---|
| | 찬성 측 | 반대 측 |
| 주장 | | |
| 이유 | | |
| 근거 | | |

| 쟁점 2 | 국민 발안제가 실현 가능한가? | |
|---|---|---|
| | 찬성 측 | 반대 측 |
| 주장 | | |
| 이유 | | |
| 근거 | | |

**[활동 3] 위의 활동들을 바탕으로, 어느 쪽 주장이 더 타당한지 판단해 보자.**

| | | | | | |
|---|---|---|---|---|---|
| | | | | | |

**[활동 4] 위의 활동들을 바탕으로, 자기 평가와 동료 평가를 하자.**

| | 태도 | 근거의 타당성 | 논증의 효과적 구성 | 합계 | 이유 및 의견 |
|---|---|---|---|---|---|
| 찬성 측 | | | | | |
| 반대 측 | | | | | |
| 자기 평가 | | | | | |

※ 1~5점까지 점수를 매기시오.

**[형성평가]**

다음 글을 읽고, 논증을 분석하여 주장의 타당성을 판단해 보자.

교복을 자율화하는 것은 여러 문제를 일으킬 수 있다. 일단 학생들 사이에서의 빈부 격차를 드러나게 할 가능성이 있다. 교복이 자율화되면 학생들의 취향에 맞는 다양한 옷을 입고 학교를 다닐 텐데, 집안이 여유로운 학생들은 비싼 브랜드 옷을 입고 다니면서 나머지 학생들이 상대적 박탈감이나 위화감을 느낀다는 것이다. 교복 자율화는 탈선과 범죄를 증가시킬 우려도 있다. 교복이 학생임을 나타내는 옷인 만큼 교복을 입고서는 위험하거나 나쁜 행동을 자제하는 경향이 있다. 하지만 교복이 사라진다면 학생들은 자신의 신분을 드러내지 않게 돼 나쁜 행동을 할 가능성이 커진다. 교복이 사라지면 학생들의 집중력이 떨어지고 학습 효과가 저하될 수 있다. 교복의 특징 중 하나가 통일성으로, 교실에서 모두 같은 교복을 입고 수업을 들으면 시선이 분산되지 않아 집중하기 쉽다. 또 자신을 꾸미는 것에 더 집중하므로 학업에 소홀해지기도 한다. 학교에 대한 소속감을 잃어버린다는 것도 문제다. 교복을 통해 같은 학교 학생들끼리의 소속감을 느끼고 학교에 대한 자부심을 갖는다.

출처: 송준기 생글기자(대전외고 2년), [생글 기자코너] 교복 자율화는 좋기만 할까?

※ 출처 : 이성영 외, 『고등학교 국어』, 2015 참고

# 2

## 지도안 검토하기

### 1) 수업 지도안의 전반부 검토

#### (1) 1. 소단원 차시 계획

| 학습 목표 | • 전체 차시 계획을 고려할 때 본 차시 학습 목표가 적절히 설정되었는가? |
|---|---|
| | - 전체 차시 계획을 고려해 볼 때 1~3차시 학습 목표의 배열 순서가 적절하지 않다. |
| 학습 내용 | • 대단원 또는 소단원의 차시별 지도 계획이 적절히 수립되었는가? |
| | - 소단원 내에서 1~3차시 계획의 순서가 적절하지 않다. |

'소단원 차시 계획'을 살펴보면, 1차시에 토론 지문을 주고 이에 나타난 쟁점을 찾아 쟁점별로 논증의 타당성을 판단하는 활동을 하고, 2차시에 직접 토론을 수행해 보게 하고 있다. 그렇다면 3차시에는 2차시에 수행한 토론에 나타난 쟁점을 찾고 쟁점별로 논증의 타당성을 판단하는 활동을 하는 것이 적절할 것이다. 이렇게 한다면 1차시에 학생이 참여하지 않은 토론을 두고 쟁점별로 논증의 타당성을 판단해 보는 연습을 하고, 2차시에 학생이 직접 토론에 참여해 본 뒤, 3차시에 학생 본인이 참여하였던 토론을 두고 쟁점별로 논증의 타당성을 판단해 보는 순서를 따라가며 토론에 관한 학습이 자연스럽게 심화될 수 있을 것이다.

그러나 〈사례〉에서는 3차시에 수행하는 활동을 "논증을 분석하여 주장의 타당성을 판단하기"와 "판단을 바탕으로 자기 평가와 동료 평가하기"라고만 기술하여, 이

것이 자신이 참여하지 않은 토론을 대상으로 하는 것인지 자신이 실제로 참여한 토론을 대상으로 하는 것인지 알 수 없도록 모호하게 기술하고 있다. 3차시에 수행하는 활동이 어떠한 토론을 대상으로 하는 것인지는 활동지를 보아야 파악할 수 있는데, 활동지에서는 2017년 전국고등학생토론대회 결승에서 이루어진 찬성 측 입론과 반대 측 입론의 일부를 지문으로 주고 쟁점별로 논증을 분석해 보도록 활동을 구성하고 있다. 즉, 〈사례〉의 3차시는 2차시에 수행하였던 실제의 토론을 대상으로 한 활동이 아니라 1차시에서와 마찬가지로 학생이 참여하지 않은 토론을 대상으로 한 활동인 것이다.

서두에 밝힌 바와 같이 토론에 관한 학습이 자연스럽게 심화될 수 있으려면 3차시는 2차시에 학생이 직접 참여하였던 토론을 대상으로 이에 나타난 쟁점별로 논증의 타당성을 판단해 보는 활동을 계획했어야 할 것이다. 이미 2차시에 실제 토론을 수행해 보게 하였음에도 불구하고 이를 3차시의 논증 분석하기 활동에 활용하지 않는다면, 2차시와 3차시 간 연계성이 부족해지는 것은 물론이고, 1~3차시에 걸친 소단원 전체 설계의 타당성이 약화될 수 있다.

## 2) 교수·학습 단계별 검토

### (1) 2. 본 차시 지도안

| 학습 목표 | • 교육과정의 성취기준에 근거하여 학습 목표가 설정되었는가? |
|---|---|
| | - 표현하기가 아닌 이해하기에 초점이 맞춰져 있어 적절하지 않다. |
| 학습 내용 | • 교육과정의 성취기준 간 연계성을 고려하여 학습 내용의 범위와 수준이 적절히 설정되었는가? |
| | - 정책 논제에 따른 쟁점별 논증 구성에 초점을 맞춰 그 범위와 수준을 적절하게 설정하였다. |

본 차시 지도안을 살펴보면 '학습 목표'를 두 가지로 제시하고 있다. 첫째는 "논증을 분석하여 주장의 타당성을 판단할 수 있다."이고, 둘째는 "논증의 타당성을 바탕으로 토론 활동에 대한 자기 평가 및 동료 평가를 할 수 있다."이다. 이러한 두 가지

학습 목표는 모두 이미 완료된 토론에 나타난 논증을 비판적으로 이해하는 데 초점을 맞추고 있는 것이다. 그런데 소단원 설정의 근거가 된 성취기준은 "[10국01-03] 논제에 따라 쟁점별로 논증을 구성하여 토론에 참여한다."로서 이는 실제로 논증을 구성해 토론에서 주장을 펼치는 표현하기에 초점을 맞추고 있는 성취기준이다. 본 차시가 전체 1~3차시로 구성된 소단원 전체 계획 중 마지막인 3차시에 해당한다는 점을 고려해 볼 때, 본 차시에서는 성취기준이 궁극적으로 의도한 목표가 잘 달성될 수 있도록 목표를 설정하는 편이 적절할 것이다. 따라서 현재와 같이 이미 수행된 토론을 두고 이에 나타난 논증을 분석하여 이해하게 하는 목표를 설정하는 것보다는 실제 논증을 구성하고 토론에서 표현하는 활동을 하는 것으로 목표를 설정하는 편이 더 적절하리라 보인다.

교육 내용은 토론에 관한 여러 가지 학습 내용 중 정책 논제에 따른 쟁점별 논증 구성에 초점을 맞춰 설정된 것으로 보인다. 수업의 단계 중 전개 1에서는 필수 쟁점 정리하기 활동과 논증 분석 활동을 잇따라 수행하도록 계획하고 있는데, 이는 근거가 된 성취기준인 "[10국01-03] 논제에 따라 쟁점별로 논증을 구성하여 토론에 참여한다."에서 초점을 맞추고 있는 바에 비교적 부합한다. 비록 지도안 내에서 선수 학습이나 이전 성취기준과의 연계성에 관해 별도로 제시하고 있지는 않으나 소단원 설정의 근거가 된 성취기준의 초점을 비교적 잘 파악한 덕분에 이처럼 교육 내용의 범위와 수준이 잘 설정될 수 있었으리라 짐작된다.

'교수·학습 방법'과 관련하여서는 직접 교수법을 선택하여 적용한 점이 아쉽다. 〈사례〉에서는 '전개 1'의 두 가지 활동 즉, '필수 쟁점 내용 정리하기' 활동과 '논증 분석' 활동에서 모두 직접 교수법을 적용하고 있다. 그런데 본래 직접 교수법은 무언가를 행할 줄 아는 능력을 길러 주기 위한 목적에서 해당 능력을 하위 기능으로 분절하여 하나하나를 명시적으로 익히게 한 후 최종적으로는 분절하여 익힌 기능들을 종합적으로 발휘하여 무언가를 행하는 능력을 갖추게 하려는 취지에서 고안된 것이다. 국어과 교육에서는 이러한 직접 교수법이 대개 듣기·말하기, 읽기, 쓰기와 같은 의사소통 영역에서, 그리고 초등학교와 같은 낮은 학령기에 주로 사용되곤 한다. 〈사례〉에서 목표로 하는 바는 고등학생 학습자가 쟁점별로 논증을 구성하여 토론하는 능력을 길러 주는 것이다. 이를 위해 직접 교수법을 적용하는 것이 적절한가의 여부는 논증 구성하기가 행동적 기능에 가까운 것인지, 아니면 고차적인 정신 능력에 가까운 것인지에 달려 있을 것이다. 결론부터 말하자면 논증 구성하기는 단순 행동적 기능이라기보다는 고차적인 정신 능력과 관련된 것으로서, 특히 논리적 사고력을 요하는 것이다. 즉 논증 구성하기는 교사가 한두 차례 시범을 보이는 것을 보고 학생이 따라 하면 익힐 수 있는 것이 아니라는 것이다. 더구나 고등학생 학습자의 지적 수준을 고려해 볼 때 논리적 사고와 관련된 학습 목표와 교육 내용을 마치 어떤 절차를 따르면 행할 수 있는 행동처럼 단순화하여 지도하는 것은 부적절하다고 보인다. 다만, '전개 1'에서 모둠별 토의 활동을 계획하고, '전개 1'과 '전개 2'는 물론 '정리' 단계에서도 계속해서 학생에게 발표 기회를 주고 이에 대해 피드백을 제공하는 활동을 계획한 점은 교사와 학생 간 그리고 학생과 학생 간 상호작용이 적절히 일어날 수 있게 하였다는 점에서 긍정적이다.

'교수·학습 활동' 중 '시간'과 관련하여서는 '도입'에 5분, '전개 1'에 24분, '전개 2'에 13분, '정리'에 8분의 시간을 배정하였다. 이 가운데 '전개 2'에 비해 '전개 1'에 두 배에 가까운 시간을 배정한 대목에서 시간 배분이 다소 불균형하게 이루어졌다는 지적이 가능하리라 보인다. 교수·학습의 흐름을 고려해 볼 때 〈사례〉를 작성한 예비 교사는 '전개 1'의 활동을 통해 쟁점을 정리하고 이에 따라 논증을 분석하여 파악하는 법을 익히게 한 뒤, '전개 2'의 활동에서 앞서 배운 것을 적용해 자신과 동료가 참여한 토론에서의 논증 구성에 대하여 자기 평가 및 동료 평가를 행하도록 의도하였다고 보인다. 의도한 교수·학습의 흐름이 이와 같다고 한다면, '전개 1'의 활동은 '전개 2'의 활동을 위한 사전 학습의 성격을 지닌다. 더구나 1~3차시 전체의 흐름을 볼 때 이미 본 차시(3차시)에 앞서 1차시에서 '전개 1'에서 계획하고 있는 것과 유사한 활동을 수행한 상황이므로, '전개 1'의 활동을 위해 수업 시간의 절반에 가까운 24분을 할애하는 것은 불균형해 보인다. 그보다는 궁극적으로 목표하는 바가 달성될 수 있는 '전개 2'에 더 많은 시간을 할애하는 것이 적절하리라 보인다. 다만, 이처럼 조정하는 과정에서 실질적으로 1차시 수업 시간인 50분만으로는 부족하다는 판단이 들 수도 있다. 이 경우 2차시 수업을 블록 수업으로 묶어서 수업 시간을 100분까지 확보하여 교수·학습 과정을 계획해 보는 것도 가능하리라 보인다.

## 3) 수업 지도안의 후반부 검토

### [1] 학습지 − [활동 1]~[활동 4]

| | |
|---|---|
| 교수·학습 방법 | • 학습 목표 달성에 적합한 활동을 구성하였는가?<br>• 학습자의 수준과 흥미를 고려하여 활동을 구성하였는가? |
| | - 학습 목표가 근거가 된 성취기준을 잘못 반영한 탓에 활동 또한 성취기준의 취지에 부합하지 못하는 방향으로 구성되었다.<br>- 고등학생이 수행한 토론 자료를 활용하여 학생의 수준과 흥미를 고려하였다. |
| 교수·학습 자료 및 환경 | • 학습 목표, 학습 내용, 교수·학습 방법, 학습자를 적절히 고려하여 교재를 선정/구성/재구성하였는가?<br>• 매체 자료를 적절히 선정/구성/재구성하였는가? |
| | - 교과서를 재구성했는데, 토론 제재를 교체한 점은 적절한 것일 수 있으나 목표 활동을 간소화한 점은 부적절하다.<br>- 토론을 영상 자료 대신 글로 적힌 지문을 통해 보여준 점이 아쉽다. |

학습지를 살펴보면 [활동 1]에서 필수 쟁점에 따른 내용 정리하기를, [활동 2]에서 쟁점별로 찬성 측과 반대 측의 논증 분석하기를, [활동 3]에서 논증 분석하기 결과를 바탕으로 주장의 타당성 판단하기를, [활동 4]에서 자기 평가와 동료 평가하기를 수행하게 하고 있다. 이러한 활동의 흐름은 이성영 외(2015: 183-185)에 제시된 학습 활동의 흐름을 거의 그대로 따라가되, 제재로 사용되는 토론만 바꾼 것이다. 국어 교과서에서는 "유전자 변형 작물의 재배를 허용해야 한다."라는 논제의 토론을 제재로 활용했는데, ⟨사례⟩의 학습지에서는 논제를 명확히 밝히지 않은 '2017년 전국고등학생토론대회 결승' 자료를 제재로 활용하였다. 이처럼 토론 제재를 바꾼 이유가 실제 가르치는 학생의 수준과 흥미를 고려하여 이루어진 조치라면 적절한 조치라고 볼 수 있다.

한편, [활동 1]~[활동 3]의 경우 국어 교과서에 제시된 이해 활동의 흐름을 거의 그대로 따라간 것이지만, [활동 4]의 경우 국어 교과서에서는 목표 활동으로 제시하여 직접 토론을 수행하고 해당 토론에 대하여 쟁점별로 논증을 구성하여 실제 토론을 수행하게 하였던 것을 지나치게 간략하게 재구성한 것으로 보인다. 국어 교과서의 목표 활동에서는 "고등학교 수업을 수준별로 실시해야 한다."라는 논제를 설정하고 관련 자료를 제시하며 이에 관한 토론을 수행해 보도록 하고 있다. 토론을 수행하기 위하여 먼저 필수 쟁점을 정리하고, 쟁점별로 논증을 구성한 뒤, 입론을 작성하고, 실제 토론을 수행해 보게 하였다. 반면, 〈사례〉의 [활동 4]에서는 쟁점별로 논증을 구성하여 토론을 수행해 보도록 하는 활동이 없이 곧장 이미 수행한 토론에서 자기 평가와 동료 평가를 실시해 보도록 하고 있다. 쟁점별로 논증을 구성하여 토론에 참여할 수 있도록 할 수 있게 하는 것이 소단원 설정의 근거가 된 성취기준인, "[10국01-03] 논제에 따라 쟁점별로 논증을 구성하여 토론에 참여한다."의 취지에 해당하는 만큼, 이를 국어 교과서에서 목표 활동으로서 잘 구현한 것을 [활동 4]에서 오히려 지나치게 간소화해 버린 점은 재고가 필요하다고 보인다.

끝으로, 매체 자료와 관련하여 필수 쟁점을 정리하고 논증을 분석하는 [활동 1]~[활동 3]에서 제재로 삼은 '2017년 전국고등학생토론대회 결승' 자료를 실제 토론을 녹화한 영상 자료로 보여 주는 것이 더 적절했으리라 보인다. 〈사례〉에서는 이를 영상 자료 대신 참여자들의 말을 글로 옮겨 적은 지문 자료로 구성하여 제시하였는데, 현재의 수업이 듣기·말하기 영역의 수업이라는 점을 제대로 고려하였다면 문어 자료보다는 듣기·말하기 능력으로의 전이가 더 잘 일어날 수 있는 구어 자료를 매체 자료로 활용하는 것이 더 적절하였으리라 보인다.

## [2] 학습지 – [형성평가]

| 평가 | • 학습 목표 달성 여부를 점검하는 방법이 적절한가?<br> - 평가 도구를 적절하게 제작 및 활용하였는가?<br>• 평가 결과를 적절히 활용하였는가?<br> - [진단 평가] 학습자의 수준을 진단하고 그 결과를 수업 계획에 활용하였는가?<br> - [형성평가] 평가 결과를 교수·학습에 적절히 환류하고 있는가?<br> - [총괄 평가] 학습자가 학습 목표에 어느 정도 도달했는지 평가하고 있는가? |
|---|---|
| | - 토론에서의 입론 등이 아니라 논설문에서의 논증 분석을 평가하고 있는 점이 부적절하다.<br>- 진단 평가를 통해 학습자의 사전 수준을 진단하는 조치를 취하지 않았다.<br>- 평가 결과를 교수·학습에 환류하고자 하는 조치가 보이지 않는다.<br>- 채점 기준이 없는 탓에 학습자가 학습 목표에 어느 정도 도달했는지 가늠할 수 있는 기준을 마련할 필요가 있다. |

형성평가 문항을 살펴보면, 송준기 생글기자가 쓴 글을 제시하고 글에 나타난 논증을 분석하여 주장의 타당성을 판단해 보도록 지시하고 있다. 해당 글은 토론을 위해 작성된 입론문 등이 아니라 학생신문에 실릴 일종의 사설로서 작성된 글로 보인다. 따라서 이는 전형적인 논설문의 형식을 취하고 있다. 비록 토론에서 이루어지는 주장하는 말 하기와 논설문에서 이루어지는 주장하는 글 쓰기가 모두 논증에 근간을 두어 이루어지는 것은 맞지만, 말로써 주장하기 위해 시도되는 논증의 방식과 글로써 주장하기 위해 시도되는 논증의 방식이 일치하는 것은 아니다. 가령, 글에서는 독자가 기억의 부담이 없기 때문에 비교적 복잡한 논증의 형식을 취하는 것이 효과적일 수 있지만 말에서는 청자가 늘 기억의 부담을 져야 하기 때문에 지나치게 복잡한 논증의 형식을 취할 경우 효과적이지 않을 가능성이 크다. 이러한 점을 감안해 본다면, 토론에서의 논증 구성하기와 연관된 학습 목표를 다루는 소단원에서, 학습자가 학습 목표를 달성했는지를 제대로 평가하고자 한다면, 반드시 토론 상황에서 주장하는 말을 수행하게 하고 이에 나타난 논증 및 주장의 타당성을 평가해야 할 것이다. 따라서 〈사례〉의 형성평가에서 논설문을 제시하고 평가를 시도하고 있는 점은 부적절하다.

나아가 〈사례〉에서는 본 차시 학습을 마치고 난 직후 사용할 형성평가 문항만을 마련하고 있을 뿐, 해당 소단원의 교수·학습을 설계하기 전 학습자의 수준을 진단하기 위해 진단 평가를 실시하였다거나 나아가 진단 평가 결과에 근거하여 교수·학습을 설계한 흔적을 찾아보기가 어렵다. 현직 교사의 경우 수년간 학교 현장에서 학생들과 상호작용하였던 경험, 그리고 동일한 소단원을 여러 해 반복적으로 다루어 왔던 경험에 비추어 학습자의 수준을 짐작하고 이를 기초로 교수·학습을 설계하는 것이 가능하다. 반면에 예비 교사는 아직 축적된 현장 경험이 없고 따라서 학습자의 수준에 대한 판단이 어려울 수밖에 없으므로 가능한 한 진단 평가를 실시한 후 그 결과를 근거로 교수·학습을 설계하는 것이 바람직할 것이다.

〈사례〉에서는 제시한 형성평가 문항에 따라 평가를 실시하고 난 후 그 결과를 차후의 교수·학습에 어떻게 환류할 것인지에 대한 고려도 찾아보기가 어렵다. 대개 예비 교사들은 자신이 수행하게 될 모의 수업 혹은 실습 수업이 일회적이라는 생각을 갖기가 쉽고, 따라서 평가를 실시한 후 그 결과를 차후의 교수·학습에 환류해야 한다는 생각을 갖지 못하는 경우가 많다. 그러나 예비 교사 또한 언젠가는 학교 현장에서 정식 교사로서의 역할을 담당해야 하므로, 모의 수업이나 실습 수업에서 이루어진 평가라 할지라도 그 결과를 미래에 있을 자신의 수업으로 환류해야 한다는 생각을 가질 필요가 있다. 평가 결과, 학생 대부분이 교사로서 자신이 목표한 바에 잘 도달하였는지 확인하고, 만약 목표에 도달하지 못했다면 자신의 교수·학습 설계나 실행 중 어느 지점을 보완해야 향후에는 목표한 바에 잘 도달할 수 있을 것인지를 성찰하는 노력이 필요하다.

〈사례〉의 형성평가 문항에서 발견할 수 있는 가장 큰 문제점은 평가 결과를 어떻게 해석할 수 있고, 이에 따라 학생들이 학습 목표에 어느 정도 도달했는지를 가늠할 수 있는 해석의 기준이 없다는 점이다. 대개 학생이 자유롭게 응답할 수 있도록 설계된 개방형 문항을 제작할 경우 학생의 응답을 어떻게 채점해야 할지를 사전에 정해둔 채점 기준표를 함께 작성해야만 한다. 채점 기준표가 있어야만 학생들의 다양한 응답을 체계적이고 일관된 기준에 따라 타당하고 신뢰할 수 있게 채점할 수 있다. 나아가 채점 결과가 객관적인 수치로서 표현될 수 있으므로 학생들이 보인 응답이 얼마나 질적으로 우수한 것인지를 가늠할 수 있고, 이를 토대로 학생들이 학습 목표에 어느 정도 도달했는지를 가늠할 수 있게 된다. 그러나 〈사례〉의 형성평가 문항은 서술형 문항으로서 설계되었음에도 불구하고 문항만 존재할 뿐 채점 기준표가 없어 현재의 문항만으로는 학생들이 학습 목표에 어느 정도 도달했는지를 가늠하기가 어렵다.

# 3

# 지도안 다시 작성해 보기

## 1) 지도안의 수정 방향

앞서 〈사례〉에서 다양한 사항이 수정 혹은 보완될 필요가 있음을 지적하였으나 이 모든 것을 반영하여 지도안을 수정하기는 어려울 것이다. 어느 한 가지를 수정 혹은 보완하게 되면 이에 따라 다른 수정 혹은 보완 사항은 아예 사라져 버릴 수 있기 때문이다. 따라서 지도안을 수정할 때에는 중핵적으로 수정해야 할 사항 몇 가지를 정하고 이에 초점을 두어 수정하는 것을 추천한다. 다만 중핵적으로 수정해야 할 사항에 포함되지 않았을지라도 앞서 검토한 내용 중 비교적 손쉽게 수정할 수 있는 것이라면 최대한 수정할 필요가 있다.

〈사례〉에서 중핵적으로 수정해야 할 사항은 다음과 같다. 첫째, 소단원 설정의 근거가 된 성취기준의 취지에 맞게 이해하기가 아닌 표현하기에 초점을 두어 학습 목표를 새롭게 설정해야 한다. 둘째, 직접 교수법 대신에, 고등학생 수준에서 토론에 대한 실제적이고 총체적인 학습이 이루어지도록 하는 데 적합한 토의·토론 학습 모형을 적용해 볼 필요가 있다.[▶ 국어 교육 이론] 셋째, 학습자가 학습 목표에 어느 정도 도달했는지 가늠할 수 있는 평가 기준을 마련하여 제시해야 한다. 이상의 세 가지 수정 사항에 초점을 맞춰 지도안을 수정하도록 한다.

## 2) 단원 설계

단원의 학습 목표와 차시별 지도 계획을 세워 보자.

| 단원 학습 목표 | | |
|---|---|---|
| 차시별<br>지도 계획 | 차시 | 주요 학습 내용 및 활동 |
| | | |
| | | |
| | | |
| | | |

## 3] 본 차시 설계

다음은 본 차시 수정 예시의 일부이다 앞서 제시한 수정 방향을 고려하여 전개 1 부분의 빈칸을 작성해 보자.

| 단원명 | 5. 마음을 움직이는 말과 글<br>(1) 토론하기 | 지도 교사 | ○○○ |
|---|---|---|---|
| 차시 | 3차시/3차시 | 일시 | 20○○년 ○월 ○일 ○교시 |
| 교재 | 고등학교 국어(이성영 외) | 교수·학습 모형 | 토의·토론 학습 모형 |
| 관련 성취기준 | [10국01-03] 논제에 따라 쟁점별로 논증을 구성하여 토론에 참여한다. | | |
| 학습 목표 | 1. 논증을 구성하여 토론에 참여할 수 있다.<br>2. 자신과 동료의 논증이 타당했는지 평가할 수 있다. | | |

| 단계 | 수업 내용 | 교수·학습 활동 | 시간 (분) | 자료 및 지도 상의 유의점 |
|---|---|---|---|---|
| 도입 | 수업 분위기 조성, 전시 학습 회상, 학습 목표 제시, 본 차시 학습 안내 | • 인사, 출결 확인<br>• 전시 학습 내용 상기하기<br>• 단원명과 학습 목표 확인하기<br>• 주제 확인하기<br>- 토론 논제 확인하기<br>• 토론 준비하기<br>- 모둠별로 반대 신문식 토론 진행에 적합하게 좌석 배치하게 하기<br>- 반대 신문식 토론의 절차를 판서하고 확인하기<br>- 모둠별로 사회자, 찬성 측 토론자, 반대 측 토론자 등 각자 맡은 역할이 무엇인지 다시 한번 숙지하기<br>- 활동지를 배부하고, 활동지를 통해 어떻게 토론 쟁점을 기록하고 쟁점별로 논증의 타당성을 평가하는지 확인 | 5 | 판서, PPT |
| 전개1 | | | | |
| 전개2 | 논증의 타당성 평가 활동 | • 정리 및 평가하기<br>- 활동지 기록을 바탕으로 토론 중 자신의 논증이 타당했는지 모둠 안에서 평가하기<br>- 활동지 기록을 바탕으로 토론 중 동료의 논증이 타당했는지 모둠 안에서 평가하기 | 10 | 활동지, 판서, PPT |
| 정리 | 학습 내용 정리, 차시 예고 | • 수업 내용 정리<br>• 활동지 수합하기<br>• 다음 차시 수업 내용 예고하기 | 3 | 활동지, 판서, PPT |

# 4

# 지도안 수정 예시

## 1) 단원 설계 부분 수정 예시

| 단원 학습 목표 | 1. 논증을 구성하여 토론에 참여할 수 있다.<br>2. 자신과 동료의 논증이 타당했는지 평가할 수 있다. | |
|---|---|---|
| **차시별<br>지도 계획** | 차시 | 주요 학습 내용 및 활동 |
| | 1차시 | - 토론 지문을 통해 토론 과정을 정리하고 쟁점 찾기<br>- 각 쟁점별 논증의 타당성을 판단하여 조별로 발표하기 |
| | ●2차시 | - 논제를 정하고 입장과 역할을 나누어 토론 준비하기<br>- 입장과 역할에 따라 논증을 구성하여 입론문 작성하기 |
| | ●3차시<br>(본 차시) | **- 논증을 구성하여 토론 수행하기<br>- 논증의 타당성에 대한 자기 평가 및 동료 평가** |

〈사례〉에서 3차시 학습 목표를 논증 분석 및 주장의 타당성 판단하기에 초점을 둠으로써 소단원을 '이해하기' 활동으로 마무리한 점이 관련 성취기준의 취지에 맞지 않다고 판단하여, 3차시 학습 목표를 논증을 구성하여 토론을 수행하는 것으로 재설정함으로써 소단원을 '표현하기' 활동으로 마무리할 수 있도록 수정하였다.

3차시에서 관련 성취기준을 본격적으로 달성하기 위한 토론 활동을 실시하기 위하여, 2차시에서는 토론에 대한 사전 준비 활동을 행하는 것으로 수정하였다.

## 2) 본 차시 설계 부분 수정 예시

| 단원명 | 5. 마음을 움직이는 말과 글<br>(1) 토론하기 | | 교사 • ┅ | ○○○ |
|---|---|---|---|---|
| • 차시 | 3차시/3차시 | | 일시 • ┅ | 20○○년 ○월 ○일 ○교시 |
| 교재 | 고등학교 국어(이성영 외) | ┅ • 교수·학습 모형 | | 토의·토론 학습 모형 • |
| • 관련 성취기준 | [10국01-03] 논제에 따라 쟁점별로 논증을 구성하여 토론에 참여한다. | | | |
| 학습 목표 | 1. 논증을 구성하여 토론에 참여할 수 있다.<br>2. 자신과 동료의 논증이 타당했는지 평가할 수 있다. | | | |

| 단계 | 수업 내용 | 교수·학습 활동 | 시간<br>(분) | 자료 및 지도<br>상의 유의점 |
|---|---|---|---|---|
| 도입 | 수업 분위기 조성,<br>전시 학습 회상,<br>학습 목표 제시,<br>본 차시 학습 안내 | • 인사, 출결 확인<br>• 전시 학습 내용 상기하기<br>• 단원명과 학습 목표 확인하기<br>• • 주제 확인하기<br>- 토론 논제 확인하기<br>• 토론 준비하기 •<br>- 모둠별로 반대 신문식 토론 진행에 적합하게 좌석 배치하게 하기<br>- 반대 신문식 토론의 절차를 판서하고 확인하기<br>- 모둠별로 사회자, 찬성 측 토론자, 반대 측 토론자 등 각자 맡은 역할이 무엇인지 다시 한번 숙지하기<br>- 활동지를 배부하고, 활동지를 통해 어떻게 토론 쟁점을 기록하고 쟁점별로 논증의 타당성을 평가하는지 확인 | 5 | 판서, PPT |

지도안의 형식적 요건을 충족하기 위해 '관련 성취기준' 정보를 추가하였다.

토의·토론 학습 모형을 적용하였으므로 교수·학습 모형 항목에 이 내용을 제시하였다.

지도안의 형식적 요건을 충족하기 위해 '차시' 정보를 추가하였다.

토의·토론 학습 모형의 첫 번째 단계인 '주제 확인하기'에 해당하는 교수·학습 활동을 계획하였다.

고등학생 수준에 적합하고, 토론에 대한 실제적이고 총체적인 학습이 가능하도록, 직접 교수법 대신 토의·토론 학습 모형을 적용하였다.

지도안의 형식적 요건을 충족하기 위해 '일시' 정보를 추가하였다.

지도안의 형식적 요건을 충족하기 위해 '교사' 정보를 추가하였다.

토의·토론 학습 모형의 두 번째 단계인 '토론 준비하기'에 해당하는 교수·학습 활동을 계획하였다.

| | | | | |
|---|---|---|---|---|
| 전개 1 | 논증 구성 및 토론 활동 | •• 토론하기<br>- 사전에 논증 구성하여 준비한 입론문을 바탕으로 입론 수행하기<br>- 상대편 입론에 담긴 논증의 타당성을 평가하여 활동지에 기록하고 이를 바탕으로 반대 신문 및 반론하기<br>- 상대편 반대 신문 및 반론으로부터 자기편 입장을 방어하기에 적합한 논증을 구성하여 활동지에 기록하고 답변 및 재반론하기 | 32 | 활동지, 판서, PPT |
| 전개 2 | 논증의 타당성 평가 활동 | •• 정리 및 평가하기<br>- 활동지 기록을 바탕으로 토론 중 자신의 논증이 타당했는지 모둠 안에서 평가하기<br>- 활동지 기록을 바탕으로 토론 중 동료의 논증이 타당했는지 모둠 안에서 평가하기 | 10 | 활동지, 판서, PPT |
| 정리 | 학습 내용 정리, 차시 예고 | • 수업 내용 정리<br>•• 활동지 수합하기<br>• 다음 차시 수업 내용 예고하기 | 3 | 활동지, 판서, PPT |

학생들이 활동지에 기록한 자기 평가 및 동료 평가 결과를 합산하여 각 학생에 대한 형성평가를 실시할 수 있다.

토의·토론 학습 모형의 네 번째 단계인 '정리 및 평가하기'에 해당하며, 본 차시의 두 번째 학습 목표인 '자신과 동료의 논증이 타당했는지 평가할 수 있다.'의 달성을 위한 교수·학습 활동을 계획하였다.

토의·토론 학습 모형의 세 번째 단계인 '토론하기'에 해당하며 본 차시의 첫 번째 학습 목표인 '논증을 구성하여 토론에 참여할 수 있다.'의 달성을 위한 교수·학습 활동을 계획하였다.

## 3) 평가 계획 수정 예시

| 평가 요소 | (1) 논제에 따라 쟁점 파악하기<br>(2) 쟁점별로 논증 구성하여 토론하기 |
|---|---|
| 평가 방식 | - '(1) 논제에 따라 쟁점 파악하기'는 토론에서 제기된 쟁점을 파악하여 정리하는 활동(즉, 전개 1의 '토론하기' 및 활동지의 '[활동 1] 토론에서 제기된 쟁점을 파악하여 정리해 보자.')에서 학생이 활동지에 정리한 내용을 읽고 교사가 이를 평가한다. 평가 시, 학생이 토론 중에 제기된 쟁점을 모두 빠짐없이 파악하였는지, 모두 정확하게 파악하였는지를 종합적으로 고려하여 평가한다. |

| 평가 방식 | - '(2) 쟁점별로 논증 구성하여 토론하기'는 수업 중 논증을 구성하여 토론하는 활동(즉, 전개 1의 '토론하기')에서 학생이 쟁점마다 논증을 타당하게 구성하여 토론에 참여하였는지를 토론 중 학생이 발화한 바를 듣고 동료 학생과 교사가 이를 평가한다. 평가 시, 학생이 각 쟁점마다 자신의 입장에 맞는 주장을 하였는지, 주장을 타당하게 뒷받침하는 이유와 근거를 제시하였는지를 종합적으로 평가한다. 동료 학생들은 활동지를 작성하는 활동을 통해 평가하고, 교사는 수업 중 이루어진 토론에서 학생이 발화한 바를 듣고 평가하되 한꺼번에 여러 학생들을 평가해야 하는 부담을 줄이기 위해 미리 토론을 녹화해 두고 사후에 다시 보면서 평가하거나, 동료 학생들이 활동지에 기록한 바를 참고하여 평가하도록 한다.<br>- 평가 결과를 기록할 때에는, (1)과 (2)의 평가 요소를 각각 확인하여 기록한다. 단, 각 평가 요소에 대한 학습자의 달성 수준이 매우 다양할 수 있으므로 '상, 중, 하'와 같이 도달 수준을 나누기보다는 각 평가 요소별 도달 수준의 '특성 진술형 서술식 보고'(최미숙 외, 2016: 147) 방식으로 구체적으로 기술한다. |
|---|---|

(예) A 학생에 대한 평가 기록

| (1) 논제에 따라 쟁점 파악하기 | (2) 쟁점별로 논증 구성하여 토론하기 |
|---|---|
| 토론 중 제기된 두 가지 쟁점 중 하나를 잘못 파악하였으나 나머지 하나는 정확하게 파악하였음. | 첫 번째 쟁점에서는 찬성 측의 입장에 맞는 주장을 제시하였으나 그 근거가 주장을 뒷받침하기에 타당성이 다소 부족하였음. 두 번째 쟁점에서는 찬성 측의 입장에 맞는 주장을 타당한 이유 및 근거를 들어 제시하였음. |

---

## 학습지

(　　　)고등학교 1학년 (　　)반 (　　)번 이름: (　　　　　　　)

♣ 모둠원들과 함께 토론에 참여하면서 다음 활동을 수행해 보자.

**[활동 1] 토론에서 제기된 쟁점을 파악하여 정리해 보자.**

▪ 쟁점 1: _____

▪ 쟁점 2: _____

▪ 쟁점 3: _____

　　⋮　　 _____

**[활동 2]** [활동 1]에서 파악한 쟁점별로 찬성 측과 반대 측이 제시한 논증을 분석해 보자.

| 쟁점 1 | | |
|---|---|---|
| | 찬성 측 | 반대 측 |
| 주장 | | |
| 이유 | | |
| 근거 | | |

| 쟁점 2 | | |
|---|---|---|
| | 찬성 측 | 반대 측 |
| 주장 | | |
| 이유 | | |
| 근거 | | |

| 쟁점 3 | | |
|---|---|---|
| | 찬성 측 | 반대 측 |
| 주장 | | |
| 이유 | | |
| 근거 | | |

**[활동 3]** [활동 1]과 [활동 2]를 바탕으로, 찬성 측과 반대 측 중 어느 쪽 주장이 더 타당한지 판단하고 그렇게 판단한 이유나 근거를 적어 보자.

<br>
<br>
<br>
<br>
<br>

**[활동 4]** [활동 1]~[활동 3]을 바탕으로 자기 평가와 동료 평가를 해 보자.

| 역할 및 성명 | 평가 유형 | 논증의 타당성 | | 판단의 이유나 근거 |
|---|---|---|---|---|
| 찬성 측 1<br>( ) | □ 자기 □ 동료 | | ( )점 | |
| 반대 측 1<br>( ) | □ 자기 □ 동료 | 매우 타당치 않음(1점)<br>타당치 않음(2점)<br>타당함(3점)<br>매우 타당함(4점) | ( )점 | |
| 찬성 측 2<br>( ) | □ 자기 □ 동료 | | ( )점 | |
| 반대 측 2<br>( ) | □ 자기 □ 동료 | | ( )점 | |

〈사례〉 및 지도안 수정 예시에서 다루고 있는, 논제에 따라 쟁점별로 논증을 구성하여 토론하기는 2015 개정 국어과 교육과정의 아래 성취기준과 관련된다.

| 2015 개정 국어과 교육과정 | 성취기준 | (듣기·말하기) [10국01-03] 논제에 따라 쟁점별로 논증을 구성하여 토론에 참여한다. |
| --- | --- | --- |
| | 성취기준 해설 | 이 성취기준은 논제에 따라 쟁점을 선정하고 토론의 절차에 따라 논증하며 수준 높은 토론을 하는 능력을 기르기 위해 설정하였다. 쟁점이란 찬반 양측이 각자 찬성하는 입장과 반대하는 입장에서 서로 치열하게 맞대결하는 세부 주장이며, 필수 쟁점은 논제와 관련해 반드시 짚어야 할 쟁점을 말한다. 이 성취기준의 학습에서는 정책 논제의 필수 쟁점별로 논증을 구성하여 입론 단계를 수행하는 데 중점을 두도록 한다. 정책 논제의 필수 쟁점으로는 문제의 심각성, 제시된 방안의 문제 해결 가능성 및 실행 가능성, 방안의 실행에 따른 효과 및 개선 이익 등을 들 수 있다. 찬성 측에서는 이를 입증할 수 있는 논증을 구성해야 하고, 반대 측은 찬성 측이 제기한 쟁점에 대해 반증할 수 있는 논증을 구성해야 함을 이해하도록 지도한다. 쟁점별로 논증을 구성하여 토론하기 위해서는 쟁점별 찬반 양측에서의 주장, 주장을 지지해 주는 근거 자료, 근거 자료에 기반한 주장을 가능하게 해 주는 이유를 갖추어 타당함을 입증해야 한다. |

교육과정에 따라 성취기준의 진술 범위, 진술 방식 등이 달라지므로 성취기준 간 일대일 대응은 어렵지만, 위 성취기준은 2022 개정 국어과 교육과정에서 다음의 성취기준과 관련된다고 볼 수 있다.

| | 성취기준 | (듣기·말하기) [10공국1-01-02] 논제의 필수 쟁점별로 논증을 구성하고 논증이 타당한지 평가하며 토론한다. |
|---|---|---|
| 2022 개정 국어과 교육과정 | 성취기준 적용 시 고려 사항 | 토론하기를 지도할 때는 학습자가 참여하여 지역사회 문제 또는 국가적 문제에 대한 논제를 정해 봄으로써 공동체 문제에 대해 생각해 볼 수 있는 계기를 마련한다. 토론 과정에서는 승패에 집중하기보다 찬성 측과 반대 측의 상반된 입장과 관점을 서로 교환하고 문제의 발생 원인과 이유를 분명히 인식함으로써 상호 이해의 폭을 넓히고 문제에 대한 합리적인 해결 방안을 탐색하도록 한다. |

성취기준을 비교해 보면, 2015 개정 교육과정의 "쟁점"이라는 표현이 "필수 쟁점"으로 바뀌었고, "논증이 타당한지 평가하며"가 추가되었음을 확인할 수 있다. '필수 쟁점'이란 사실, 가치, 정책 논제 등 특정 유형의 논제를 다루는 대부분의 토론에 존재하는 공통된 쟁점을 일컫는 말로서, 가령 정책 논제 토론에서는 찬성 측이 대책이 없으면 중대한 해(害)가 초래될 것이라고 주장하고 반대 측이 이를 반박하는 '피해 쟁점'이 필수 쟁점 중 하나이다. 기존 교육과정에서 막연히 '쟁점'이라고 가리켰던 것을 '필수 쟁점'으로 명시함으로써 다른 토론 수행에서도 전이 가능성이 높은 쟁점을 중심으로 지도가 이루어질 것을 의도하였다고 보인다. 한편, 듣기·말하기의 상호 교섭성을 강화하기 위한 취지에서 토론 중 청자의 입장에서 수행할 수 있어야 할 목표로 상대의 논증이 타당한지 평가하는 것을 추가하여 제시하였다고 보인다.

## 토론의 쟁점과 논증

토론에서 쟁점(issue)이란 "찬성 측이 반드시 규명해야 하는 논제에 내재되어 있는 중요한 주장"을 말한다(Freely & Steinberg, 2014/2018: 294). 따라서 비록 토론이 하나의 논제를 두고 찬성 측과 반대 측이 논쟁을 벌이는 것이기는 하지만, 논쟁 내용을 구체적으로 살펴보면 하나의 논제에 내재되어 있는 여러 쟁점을 두고 다양한 측면에서 논쟁이 벌어지는 것을 확인할 수 있다. 이러한 쟁점은 흔히 토론에서 이루어지는 논증들이 수렴되는 지점이 되곤 한다. 따라서 토론에서 나타난 논증을 분석하기 위해서는 우선 토론에서 형성된 쟁점들이 무엇이었는지를 파악한 다음, 각각의 쟁점별로 논증을 분석할 필요가 있다. 정책 논제 토론에서의 경우 흔히 논제에 내재하게 되는 기본 요소인 '피해(harm)', '내재성(inherency)', '해결성(solvency)'의 세 가지 측면에서 쟁점이 도출되곤 한다(Freely & Steinberg, 2014/2018: 301-304).

다음으로 논증(argumentation)이란 "어떤 행위, 신념, 태도, 가치를 정당화하고자 하는 사람이 의사소통 상황에서 하는 추론"을 말한다(Freely & Steinberg, 2014/2018: 22). 논증의 능력 혹은 기술은 이미 2000년도 더 전인 고대 그리스 시대부터 중요한 것으로 간주되어 왔고 이미 이때부터 다양한 형식의 삼단논법들이 정립되어 중요한 논증 기법으로 활용되기도 하였다. 현대에 와서는 철학자 스티븐 툴민(Stephen Toulmin)이 논증에 나타나는 추론 구조를 더 잘 이해할 수 있는 모형을 제안하였고 여러 학자들이 이를 수정하여 새로운 모형을 제안해 왔는데, 현재 국어 교육에서 다루는 논증을 이해하는 데 가장 도움이 될 만한 것으로 윌리엄스와 콜럼(Williams & Colomb, 2008)의 모형을 참고할 수 있다. 여기에서는 대부분의 논증에 나타나는 구성 요소로 '주장(claim)', '이유(reason)', '근거(evidence)', '전제(warrant)', '반론수용과 반박(acknowledgments and responses)'의 다섯 가지를 제안한다. 국어 교육에서는 특히 주장을 뒷받침하는 이유나 근거의 타당성을 판단하는 데 초점을 두어 논증을 다루고 있다.

## 토의·토론 학습 모형

토의·토론 학습 모형이란 2015 개정 초등학교 국어 교사용 지도서에서 제시한 9가지 교수·학습 모형 중 하나로서, 교사와 학생이, 또는 학생들끼리 일정한 규칙과 단계에 따라 토의 혹은 토론을 수행함으로써 학습 문제를 해결하거나 학습 목표에 도달하고자 하는 공동 학습 모형의 한 형태이다. 그 절차는 토의·토론 목적 및 주제의 확인을 핵심으로 하는 '주제 확인하기', 주제에 대한 자신의 관점을 정하고 자료를 수집하며 토의·토론 방법 및 절차를 확인하는 '토의·토론 준비하기', 반대 또는 찬성 의견을 제시하는 '토의·토론하기', 토의·토론 결과를 정리하고 평가하는 '정리 및 평가하기'의 총 4단계로 이루어져 있다. 비록 2015 개정 초등학교 국어 교사용 지도서에서 이러한 토의·토론 학습 모형을 제시한 근거나 출처는 불분명하지만, 화법 영역 교수·학습 모형으로서 일찍이 제안되어 온 것 중, 이주행 외(2004: 342-343)에서 토론의 교수·학습에 적합한 것으로서 제시한 '사회적 상호작용 교수법'이 가장 유사한 절차를 제안하고 있는 것으로 보인다. 여기에서는 '과제와 역할 확인하기', '준비하기', '과제를 수행하기', '평가하기'의 4단계를 제안하고 있다.

# 11<sub>장</sub>

## 10학년:
## 문학, 소설의 사건 전개

이 장에서는 고등학교 문학 수업 지도안 사례를 살펴볼 것이다. 〈사례〉에는 서정, 서사, 극, 교술로 범주화되는 문학의 기본 갈래 가운데 서사 갈래에 대한 수업이 제시되어 있다. 2015 개정 국어과 교육과정에 따르면, '서정, 서사, 극, 교술'은 공통국어의 문학 영역 내용 체계에서 다루어지는 핵심 개념인 '문학의 갈래와 역사'의 하위 요소로 제시되어 있다. 이 가운데 서사 갈래는 초등학교 1~2학년군 및 3~4학년군에서 '동화', 초등학교 5~6학년군과 중학교 1~3학년군에서 '소설', 고등학교 1학년에서 '서사'라는 내용 요소를 통해 문학 영역에서 지속적으로 다루어지고 있다.

〈사례〉는 서사 갈래의 대표적인 하위 갈래라고 할 수 있는 '소설'에 관한 고등학교 1학년 수업을 설계한 지도안이다. 관련하여 2015 개정 국어과 교육과정을 살펴보면, 이전 학년군인 중학교 1~3학년 문학 영역에서는 '갈등의 진행과 해결 과정'이라는 내용 요소를 다루고 있으며, 관련 성취기준인 "[9국05-03] 갈등의 진행과 해결 과정에 유의하며 작품을 감상한다."에서도 '갈등의 진행과 해결'이라는 학습 요소를 다루고 있어 소설에 관한 교수·학습의 방향을 파악할 수 있다. 〈사례〉와 관련하여 고등학교 1학년 문학 영역에서는 '서정, 서사, 극, 교술'과 '갈래 특성에 따른 형상화 방법'이라는 내용 요소를 다루고 있음이 확인된다. 또한 〈사례〉의 소단원과 관련된 성취기준인 "[10국05-01] 문학 작품은 구성 요소들과 전체가 유기적 관계를 맺고 있는 구조물임을 이해하고 문학 활동을 한다." 및 "[10국05-02] 갈래의 특성에 따른 형상화 방법을 중심으로 작품을 감상한다."에서는 '작품 전체와 구성 요소의 관계', '갈래의 개념과 특징', '문학적 형상화 방법'이라는 학습 요소를 다루고 있다. 이러한 내용 요소 및 성취기준에 근거하여 고등학교 1학년 문학 영역에서 이루어지는 서사 갈래에 관한 교수·학습을 통해, 학습자는 서사 갈래에 속하는 작품을 감상하며 작품의 구성 요소와 작품 전체가 맺고 있는 관계를 파악하고, 서사 갈래의 개념과 특징 및 문학적 형상화 방법을 이해할 수 있을 것으로 기대된다.

한편, 〈사례〉와 관련된 『고등학교 국어』교과서에서 대단원 '문학의 빛깔'은 서정, 서사, 극, 교술 갈래의 순으로 문학의 갈래와 갈래별 작품을 학습하도록 구성되어 있다(신유식 외, 2018: 12-13). 〈사례〉는 이 가운데 소단원 '서사 갈래의 이해'를 바탕으로 본 차시 수업을 설계하였다. 다만, 교과서의 소단원에 실려 있는 작품을 그대로 활용하지 않고 새로운 작품을 선정하여 본 차시 수업의 학습 제재로 활용하고 있다. 이를 고려할 때 이 장에서는 아래에 제시된 사항에 주목하여 〈사례〉를 살펴보고, 더 나아가 문학의 갈래에 따른 효과적인 교수·학습 방법을 적극적으로 모색해 볼 것을 권한다.

- 본 차시 학습 목표 달성에 적합한 교수·학습 내용 및 방법
- 교재 재구성 시 고려해야 할 점

# 1

## 수업 지도안 〈사례 11〉

| 단원명 | 문학의 빛깔 | 소단원명 | 서사 갈래의 이해 | 교수 학습 방법 | 직접 교수법 |
| --- | --- | --- | --- | --- | --- |
| | | | | 차시 | 2/10 |
| 지도 일시 | ○월 ○일 금요일 6교시 | 대상 | 1학년 반 학생들 | 지도 교사 | |
| 학습 목표 | 1. 「우상의 눈물」을 읽고 사건을 중심으로 줄거리를 설명할 수 있다. | | | | |

| 지도 단계 | 학습 문제 | 교수-학습 활동 | | 학습 자료 및 지도상의 유의점 |
| --- | --- | --- | --- | --- |
| | | 교사 | 학생 | |
| 도입 (6분) | 학습 분위기 조성 | ▶ 상호 인사를 한 후 학습 분위기를 조성한다.<br>- 짧게 자기 소개를 한다.<br>- 주변을 정리하고 수업 준비물이 갖추어져 있는지 확인 후 학생들의 자세를 점검한다. | ▶ 상호 인사를 한 후 학습 분위기를 조성한다.<br>- 교사의 소개를 듣는다.<br>- 주변을 정리하고 수업 준비물이 갖추어져 있는지 확인 후 바르게 앉는다. | - |
| | 전시 학습 확인 | ▶ 문제를 통해 전시 학습 내용을 확인한다.<br>- 서사의 개념에 대해서 질문한다. | ▶ 문제를 풀며 전시 학습 내용을 확인한다.<br>- 서사의 개념을 상기한다. | PPT |
| | | ※ 전시학습 확인 문제<br>1. 개념 이해하기<br>서사란 무엇일까?<br>(현실에서 실제로 일어날 법한 이야기를 허구적 인물과 사건을 통해 형상화한 문학 양식) | | |

| | | ▶ PPT를 통해 수업의 흐름을 제시한다. | ▶ PPT를 보며 수업의 흐름을 확인한다. | PPT |
|---|---|---|---|---|
| | 수업 흐름도 제시 | | | |
| | 학습 목표 제시 | ▶ PPT를 통해 오늘의 학습 목표를 제시한 후 다 같이 읽는다. | ▶ PPT를 통해 학습 목표를 확인하고 다 같이 읽는다. | PPT |
| 도입<br>(6분) | 동기 유발 | ▶ 사이버 불링을 당한 고등학생이 극단적 선택을 하여 뉴스에 보도되는 영상을 보여 준다.<br>- 물리적인 폭력 외에도 보이지 않는 폭력도 피해자의 고통이 크다는 것을 설명한다.<br>- 오늘 학습할 작품인 「우상의 눈물」에서도 보이지 않는 폭력이 등장함을 설명하고 작품의 주인공 기표의 변화와 연관 지어 생각해 보게 한다. | ▶ 사이버 불링을 당한 고등학생이 극단적 선택을 하여 뉴스에 보도되는 영상을 본다.<br>- 물리적인 폭력 외에도 보이지 않는 폭력도 피해자의 고통이 크다는 것을 이해한다.<br>- 오늘 학습할 작품인 「우상의 눈물」에서도 보이지 않는 폭력이 등장함을 이해하고 작품의 주인공 기표와 연관시켜 생각해 본다. | PPT, 동영상 |
| 전개<br>(38분) | 줄거리 파악하기 | ▶ 학습지를 통해 「우상의 눈물」의 줄거리를 설명한다.<br>- 소설의 줄거리를 다섯 부분으로 나누고, 각 부분별로 소설의 내용에 대한 질문이 제시되어 있는 학습지를 풀게 한다.<br>- 순회 지도하며 학생들의 이해도를 점검한다. 어려워하는 학생들에게 간단한 설명을 하고, 질문하는 학생에게 답변한다.<br>- 순회 지도를 마치고 함께 답을 풀이한다.<br>- 각 부분별로 풀이를 마친 뒤에는 줄거리에 대한 설명을 덧붙인다.<br>- 쉬운 문제는 다 같이, 어려운 문제는 손을 들어 발표하게 한다. | ▶ 학습지를 통해 「우상의 눈물」의 내용을 이해한다.<br>- 소설의 줄거리를 다섯 부분으로 나누고, 각 부분별로 소설의 내용에 대한 질문이 제시되어 있는 학습지를 푼다.<br>- 문제를 풀며 어려운 부분이 생겼다면 교사에게 질문한다.<br><br>- 문제 푸는 것을 마치고 교사와 함께 문제의 답을 찾는다.<br>- 각 부분별로 풀이를 마친 뒤에 줄거리에 대한 설명을 들으며 소설의 내용을 상기시킨다.<br>- 쉬운 문제는 다 같이 대답하고 어려운 문제는 손을 들어 발표한다. | PPT, 학습지 |

| | | | | |
|---|---|---|---|---|
| 전개<br>(38분) | 인물<br>파악하기 | ▶ 학습지를 통해 「우상의 눈물」의 인물들의 관계와 주인공의 변화 과정을 설명한다.<br>- 제시된 문제를 풀게 한다.<br>- 순회 지도하며 학생들의 이해도를 점검한다. 어려워하는 학생들에게는 간단한 설명을 하고, 질문하는 학생에게 답변한다.<br>- 순회 지도를 마치고 학생들의 발표를 중심으로 인물들의 관계와 주인공의 변화를 설명한다. | ▶ 학습지를 통해 「우상의 눈물」의 인물들의 관계와 주인공의 변화 과정을 이해한다.<br>- 제시된 문제를 푼다.<br>- 순회 지도하며 학생들의 이해도를 점검한다. 어려워하는 학생들에게는 간단한 설명을 하고, 질문하는 학생에게 답변한다.<br>- 순회 지도를 마치고 학생들의 발표를 중심으로 인물들의 관계와 주인공의 변화를 설명한다. | PPT, 학습지 |
| 정리<br>(6분) | 본시 학습<br>정리 | ▶ 학습 목표를 다시 확인하며 본시 학습 내용을 정리한다.<br>- PPT를 통해 작품의 줄거리를 다섯 가지의 큰 사건으로 나누어 설명한다. | ▶ 학습 목표를 다시 확인하며 본시 학습 내용을 정리한다.<br>- PPT를 통해 작품의 줄거리를 다섯 가지의 큰 사건으로 나눈 교사의 설명을 이해한다. | PPT |
| | 형성평가 | ▶ 오엑스 문제를 통해 학습 목표 도달 여부를 확인한다.<br>- PPT에 형성평가를 제시하여 질문한다.<br><br>※ 형성평가 문제<br>1. 담임 선생님과 형우는 기표를 진심으로 배려하며 돕고자 한다. (X)<br>2. 기표가 사라져 버린 이유는 합법적 폭력의 무서움 때문이다. (O)<br>3. 작품의 주된 갈등은 유대와 형우와의 관계에서 나온다. (X) | ▶ 오엑스 문제를 통해 학습 목표 도달 여부를 확인한다.<br>- PPT를 보며 형성평가의 답을 말한다. | PPT |
| | 차시 예고<br>및 인사 | ▶ 차시 학습을 예고한다.<br>- 서평에 관해 수업할 것임을 제시한다.<br>- 서평 쓰기 활동이 수행평가임을 강조하며 책을 읽어 올 것과 가져올 것을 강조한다.<br>▶ 학생들의 노력을 칭찬하며 인사를 나누고 수업을 마무리한다. | ▶ 차시 학습을 확인한다.<br>- 서평에 관해 수업할 것임을 안다.<br>- 서평 쓰기 활동이 수행평가임과 책을 읽어 오고 학교에 가져오는 것을 숙지한다.<br>▶ 인사를 나누고 수업을 마무리한다. | PPT |

# 2

## 지도안 검토하기

### 1) 수업 지도안의 전반부 검토

#### (1) 소단원 차시 구성

| 학습 내용 | • 대단원 또는 소단원의 차시별 지도 계획이 적절히 수립되었는가? |
|---|---|
| | - 소단원 학습 목표와 차시별 수업 내용이 제시되어 있지 않아, 소단원 전체를 10차시로 계획한 이유와 본 차시 수업의 교육적 맥락을 구체적으로 파악하기 어렵다. |

〈사례〉는 약안에 해당하여 소단원 차시 계획이 제시되어 있지 않다. '차시' 항목을 통해 알 수 있는 것은 소단원 전체 차시를 10차시로 계획하였다는 것과 그중 2차시에 대해 본 차시 수업 지도안을 설계하였다는 것이다. 이와 관련하여 『고등학교 국어』 교과서 지도서를 살펴보면 해당 소단원에 대한 수업을 5차시로 계획하고 있음을 확인할 수 있다(신유식 외, 2018: 4). 물론 지도서의 교수·학습 계획은 학교 현장과 교사의 수업 운영에 따라 유연하게 적용될 수 있는 참고 사항일 뿐이므로 이를 무조건 반영해야 하는 것은 아니다. 다만, 〈사례〉의 소단원 차시 구성이 지도서에 제시된 5차시 구성의 두 배 분량에 달하는 10차시로 계획되어 있다는 점, 그리고 앞서 언급한 바와 같이 〈사례〉의 본 차시 수업에서 다루고 있는 학습 제재가 교과서에 수록되지 않은 새로운 작품이라는 점을 고려할 때, 〈사례〉에서 소단원 전체 차시와 본 차시를 단순히 숫자로만 명시하는 방식으로는 해당 작품이 어떠한 교육적 맥락에서 활용되는지를 파악할 수 없다. 그러므로 소단원 차시 계획을 통해 소단원 학습 목표와 차

시별 수업 내용을 구체적으로 제시할 필요가 있다.

😊 **도움말** --------------------------------------------------------------------------------

- 교과서 밖의 작품을 학습 제재로 활용하는 것과 같이 교재의 내용을 새구성할 경우, 소단원 차시 계획을 구체적으로 제시하여 교육적 맥락을 명확히 드러낼 수 있도록 한다.

--------------------------------------------------------------------------------

### (2) 학습 목표

| 학습 목표 | • 교육과정의 성취기준에 근거하여 학습 목표가 설정되었는가? |
|---|---|
| | - 소설의 사건 및 줄거리 설명이 교육과정 성취기준에 부합하는 본질적인 학습 목표라고 보기 어렵다. |

〈사례〉의 본 차시 '학습 목표'는 크게 '소설 읽기'와 '소설의 사건을 중심으로 줄거리 설명하기'로 구분된다. 우선 '소설 읽기'에 대해서는, 앞서 살펴본 소단원 차시 구성을 고려할 때 이전 차시인 1차시와 본 차시인 2차시에서 소설「우상의 눈물」에 대한 독서 활동이 이루어질 것이라고 짐작해 볼 수 있다.

다음으로 '소설의 사건 및 줄거리 설명하기'라는 학습 목표의 적절성을 판단하기 위해서는 관련된 교육과정의 성취기준 및 해설을 살펴볼 필요가 있다. 〈사례〉의 해당 소단원과 관련된 2015 개정 국어과 교육과정의 성취기준 및 해설은 다음과 같다.

| 영역 | 성취기준 |
|---|---|
| 문학 | [10국05-01] 문학 작품은 구성 요소들과 전체가 유기적 관계를 맺고 있는 구조물임을 이해하고 문학 활동을 한다.<br>[10국05-02] 갈래의 특성에 따른 형상화 방법을 중심으로 작품을 감상한다. |
| | **성취기준 해설** |
| | [10국05-02] 이 성취기준은 문학 갈래의 개념과 특징을 이해하고 대표적인 작품을 통해 문학적 형상화의 방법을 이해하며 문학 활동을 하도록 하기 위해 설정하였다. 문학의 이론적 갈래인 서정, 서사, 극, 교술의 4분법 체계에 따라 각각의 갈래에서 삶을 형상화하는 데 어떠한 요소들이 주요한 역할을 하는지를 이해하도록 한다. |

앞의 내용에 따르면, 학생들은 〈사례〉의 소단원 학습을 통해 서사 갈래의 개념과 특성을 이해하고 서사 갈래의 대표적인 작품을 감상하며 작품의 구성 요소들이 작품 전체와 맺고 있는 유기적 관계를 파악함으로써 서사 갈래의 문학적 형상화 방법을 이해해야 한다. 이러한 소단원 학습의 맥락을 고려할 때 〈사례〉의 본 차시 수업 역시 학습 목표에 언급되어 있는 사건과 줄거리에 대한 설명에 그치지 않고, 사건과 줄거리를 통해 작품에서 어떠한 방식으로 삶을 형상화하고 있는지를 이해하는 데 도달할 수 있도록 학습 목표와 교수·학습 활동이 설계될 필요가 있다. 물론 한 차시의 학습 목표에 이러한 내용을 모두 포함하기보다는 두 차시 이상에 걸쳐 학습 목표를 세분화하고 충분한 수업 차시를 확보하는 방향도 가능할 것이다. 한편으로는 앞서 언급한 것처럼 〈사례〉에 소단원 차시 계획이 제시되어 있지 않으므로, 본 차시와 이후 차시의 학습 내용 간 연계를 파악할 수 없다는 점에서 학습 목표에 대한 판단상의 한계가 존재한다. 이러한 한계를 감안하여 본 차시 학습 목표만을 판단의 대상으로 삼는다면, '사건을 중심으로 줄거리를 설명'하는 학습 목표가 교육과정 성취기준에 부합하는 본질적이고 핵심적인 목표라고 보기는 어렵다.

### [3] 교수·학습 방법 – 직접 교수법

| 학습 내용 | • 학습 내용의 흐름이 자연스러운가? |
| --- | --- |
| | - 본 차시 교수·학습 활동에서 직접 교수법의 단계별 활동이 전혀 적용되지 않았다. |
| 교수·학습 방법 | • 학습 목표에 적합한 교수·학습 방법을 사용하였는가? |
| | - 본 차시 학습 목표의 초점에 비추어 볼 때, 직접 교수법을 활용하는 것이 적절한지를 재고할 필요가 있다. |

직접 교수법은 6차 교육과정에서 국어과 교수·학습 모형으로 도입되었으며, 일반적으로 '설명하기 – 시범 보이기 – 질문하기 – 활동하기'의 단계로 이루어진다(임천택, 2011: 152). 〈사례〉에서는 소설의 사건을 중심으로 줄거리를 설명하는 학습 목표를 설정하고, 이를 달성하기 위하여 직접 교수법을 활용하도록 계획하고 있다.

이러한 계획에 따르면, 본 차시 수업에서는 교사가 소설의 줄거리를 설명하는 방법을 안내하고 직접 시범을 보인 후, 질문을 통해 학생의 이해를 확인하면서 학생이 소설의 줄거리를 직접 설명하는 데까지 나아갈 수 있도록 교수·학습 활동을 진행하리라고 예상해 볼 수 있다. 그러나 '도입 – 전개 – 정리' 단계로 구성된 본 차시 교수·학습 활동에서 이러한 직접 교수법의 단계별 활동이 전혀 적용되지 않아 '교수·학습 방법' 항목의 내용과 불일치하는 모습을 보인다.

한편, 직접 교수법은 국어과에서 주로 듣기·말하기, 읽기, 쓰기 등 기능 영역의 세부 기능을 학습하는 데 적용된다(박재현, 2021: 34). 〈사례〉에서 이러한 직접 교수법을 활용하고자 한 것은, '줄거리 설명'이라는 본 차시 학습 목표가 학생의 인지 기능과 연관되어 있다는 점에 근거했을 것이라 짐작해 볼 수 있다. 이와 같이 기능 영역의 수업이 아니더라도 학습 목표의 특성을 고려하여 문학 수업에 직접 교수법을 유연하게 활용하는 것은 가능하다. 하지만 이에 앞서 〈사례〉에 제시된 '줄거리 설명'이라는 학습 목표가 소설의 줄거리를 요약하여 설명하는 방법, 즉 절차적 요소를 익히는 것에 초점을 둔 것인지, 아니면 「우상의 눈물」이라는 작품의 사건과 줄거리를 이해하는 데 초점을 둔 것인지를 판단해야 한다. 앞서 〈사례〉의 소단원과 관련하여 살펴본 성취기준 [10국05-01], [10국05-02] 및 해설에 따르면, 본 차시 학습 목표의 초점은 「우상의 눈물」이라는 작품의 사건과 줄거리의 이해에 맞추어져 있다고 보는 것이 적절하다. 이 점을 고려한다면 〈사례〉의 본 차시 교수·학습 방법으로 직접 교수법을 활용하는 것이 적절한지를 재고할 필요가 있다.

## 2) 교수·학습 단계별 검토

### (1) 본 차시 수업 지도안 – 지도안의 형식, 교수·학습 자료

| 형식 | • 지도안의 항목이 체계적으로 구성되어 있는가?<br> - 지도안에서 다루어야 하는 항목 중에 누락되어 있는 것은 없는가? |
|---|---|
| | - 본 차시 수업에서 다루고 있는 문학 작품이 '학습 자료' 항목에 누락되어 있다.<br> - 소단원 성취기준 및 본 차시 학습 목표를 고려하여, 교재를 재구성한 이유를 지도안에 밝히는 것이 좋다. |

| 교수·학습<br>자료 및<br>환경 | • 학습 목표, 학습 내용, 교수·학습 방법, 학습자를 적절히 고려하여 교재를 선정/구성/<br>재구성하였는가? |
|---|---|
| | - 전개 단계에 사용되는 학습지도 수업의 교재로 볼 수 있으나, 〈사례〉가 약안에 해당하<br>여 학습지의 구성과 내용을 구체적으로 파악하기 어렵다. |

표준국어대사전에 따르면, 교재란 "학문이나 기예 따위를 가르치거나 배우는 데 필요한 여러 가지 재료"로 정의된다. 일반적으로 학교 수업에서 다루어지는 가장 기본적인 교재는 교과서라고 할 수 있다. 그러나 〈사례〉의 본 차시 수업에서는 교과서를 활용하지 않고, 「우상의 눈물」이라는 교과서 밖의 작품을 학습 제재로 활용하고 있다. 이 경우에는 학습 자료 항목에 해당 작품이 제시되어야 할 것으로 보이나, 〈사례〉에는 해당 작품이 누락되어 있다.

또한 새로운 학습 제재를 활용하는 것과 같이 교재를 재구성할 때에는 학습 목표에의 도달, 학습자의 흥미와 동기 유발, 교수·학습 방법의 효과, 교육적 측면 등에서 교재 활용의 적절성을 종합적으로 검토할 필요가 있다. 「우상의 눈물」은 학교와 교실 내 다양한 폭력의 양상과 이를 겪는 인물들의 내면 심리를 드러내고 있다는 점에서 고등학생 학습자의 삶과 연관성이 높고 학습자의 흥미를 충분히 유발해 낼 수 있으며, 작품을 통해 학습자가 자신의 삶의 모습을 반추해 볼 수 있으므로 수업에서의 활용 가능성이 있다. 다만, 〈사례〉의 소단원과 관련된 성취기준 및 본 차시 학습 목표를 고려할 때, 소단원 전체 차시 중 2차시에 해당하는 본 차시 수업에서 교과서에 실려 있는 이태준의 「달밤」 대신 「우상의 눈물」을 선택하여 활용한 교육적 차원의 이유가 드러나 있지 않으므로 이를 분명히 밝힐 필요가 있다. 〈사례〉가 비록 약안의 형식을 띠고 있기는 하나, 이 경우에는 본 차시 수업을 제시하기에 앞서 소단원 차시 계획과 더불어 교재를 재구성한 이유를 서술하는 것이 좋다.

한편, 고미령·심영택(2020: 7)에서는 하나의 작품 자체를 교재로 볼 수 있음을 언급하면서도, 교사와 학생이 작품과의 대화를 나눌 수 있도록 단계별 질문을 고안하고 구성한 결과물에 대하여 교재라는 개념을 부여하고 있다. 이에 따르면 〈사례〉의 전개 단계에서 학습 자료로 제시되어 교수·학습 활동에 활용되고 있는 '학습지'도 수업의 교재로 볼 수 있다. 전개 단계의 교수·학습 활동에서는 소설의 줄거리, 인물들의 관계와 주인공의 변화를 이해하기 위한 문제를 학습지에 제시하고 이를 학생들이 풀도록 하고 있다. 하지만 〈사례〉가 약안의 형식을 띠고 있어 학습지의 구성과 내용을 구체적으로 제시하지 않고 있으므로, 교재로서의 학습지 구성의 적절성을 판단하는 데 제약이 따른다.

| 형식 | • 지도안의 서술이 의미하는 바가 명료한가? |
| --- | --- |
| | - 교수·학습의 상위 활동과 하위 활동의 서술 형식을 구분할 필요가 있다. |
| | • 지도안의 항목에 맞게 하위 내용을 기술하였는가? |
| | - '학습 문제'라는 용어를 '교수·학습 과정' 또는 '교수·학습 단계'로 수정할 필요가 있다.<br>- 교사와 학생 활동의 중복을 없애고, 서로 호응하도록 표현을 수정해야 한다. |

〈사례〉에서는 '도입 – 전개 – 정리'로 지도 단계를 구분하고, 그 안에서 이루어지는 일련의 교수·학습 활동의 흐름을 '학습 문제'라는 용어로 지칭하고 있다. '학습 문제'는 흔히 교과서에서 학습을 위해 제시된 문제를 가리키거나, 학습 과정에서 겪는 어려움을 뜻하는 말로 쓰인다. 수업 지도안에서 일반적으로 쓰이는 표현을 참고할 때, 이를 '교수·학습 과정'이나 '교수·학습 단계'로 수정하면 용어에서 비롯되는 의미상의 혼동을 줄일 수 있을 것이다.

다음으로 〈사례〉의 교사와 학생 활동을 살펴볼 필요가 있다. 앞선 사례들을 통해 확인한 바와 같이, 수업 지도안의 가독성을 높이기 위해서는 교사와 학생의 활동을 서술할 때 일정한 위계와 형식을 갖출 필요가 있다. 〈사례〉에서는 '▶' 기호를 상위 활동으로, '–' 기호를 하위 활동으로 구분하여 사용하고 있으나, 상위 및 하위 활동의 문장 종결 형태가 동일하다. 이 경우 '▶' 기호로 표시되는 상위 활동은 명사형 어미로, '–' 기호로 표시되는 하위 활동은 평서형 어미로 종결하여 서로 구분하면 교수·학습 활동의 위계와 흐름을 더 간명하게 파악할 수 있다.

또한 교사와 학생의 활동이 호응하지 않거나, 서술 내용이 중복된 부분들이 있어

이에 대한 수정이 필요하다. 예를 들어 "「우상의 눈물」의 줄거리를 설명"하는 교사 활동에 대하여 학생 활동에서는 "「우상의 눈물」의 내용을 이해"한다고 서술되어 있는데, 이때 '줄거리'와 '내용'이 동일한 의미를 나타내지 않으므로 하나의 용어로 통일하여 서술의 명료성을 확보할 필요가 있다. 그리고 전개 단계의 '인물 파악하기' 활동에서는 순회 지도와 관련된 교사 칸의 서술 내용이 학생 칸에 반복적으로 제시되어 있다. 이처럼 교사 및 학생 활동의 서술이 적절하게 호응하지 않거나 중복되는 문제가 반복되면 교수·학습의 흐름이 부자연스러워지므로 유의해야 한다.

☺️도움말 --------------------------------------------------------------------

• 교사 및 학생 활동을 서술할 때에는 교수·학습 활동의 흐름과 언어적 상호작용 측면에서 중복이나 논리적 오류가 나타나지 않도록 유의한다.

------------------------------------------------------------------------------

### 〔2〕본 차시 수업 지도안 – 도입

| 교수·학습 자료 및 환경 | • 매체 자료를 적절히 선정/구성/재구성하였는가? |
|---|---|
| | - 학습 제재와 관련된 매체 자료를 활용하여 학생의 학습 동기를 유발하고 있다.<br>- 매체 자료의 내용이 학생에게 부정적인 영향을 끼칠 수 있다는 우려가 존재한다.<br>- 매체 자료의 내용과 학습 제재를 연관 짓는 방식이 적절한지를 재고할 필요가 있다. |

〈사례〉의 '도입' 단계에서는 학습 목표를 제시한 후에 마지막으로 '동기 유발' 활동을 설계하고 있다. 학습의 제재인 소설 「우상의 눈물」과 관련하여, 사이버 불링(가상 공간에서의 괴롭힘)으로 인한 피해 사례를 보도하는 뉴스 영상을 제시한 것이다. 이처럼 매체 자료를 활용하여 학습 제재와의 연관성을 드러내는 것은 학생들이 학습 내용을 자신의 삶과 관련지을 수 있도록 한다는 점에서 효과적인 동기 유발 방법이라고 할 수 있다. 다만, 피해 학생이 극단적 선택을 한 실제 사건을 노출하는 것이 학생들에게 어떤 영향을 끼칠 수 있는지를 신중하게 검토해야 한다. 비슷한 나이 또래의 피해 학생이 극단적 선택을 하였다는 사실 자체가 학생들에게 커다란 자극이나 충격으로 다가올 수 있기 때문이다. 이것이 단순히 감각이나 정보의 차원에서 느끼는 자극이나 충격을 넘어, 학생의 개별 상황이나 심리 상태에 따라 자살의 잠재적 위험

에 영향을 끼칠 수 있음을 고려할 필요가 있다.

다음으로 학습 제재인 소설과 뉴스 영상을 연관 짓는 방법의 적절성을 점검하고자 한다. 「우상의 눈물」은 학교에서 벌어지는 폭력의 여러 양상을 제시하고 있다. 소설의 전반부에는 '기표'와 '재수파' 아이들이 학급 친구들에게 가하는 물리적 폭력이 중점적으로 드러나며, 담임인 '김 선생'과 학급 반장인 '형우'가 주도하는 합법적이고 교묘한 정신적 폭력을 통해 '기표'가 공포의 대상인 문제아에서 부끄러움을 잘 타는 학생으로 변해 가는 모습이 소설의 후반부에 나타나 있다(주지영, 2017: 394).

〈사례〉의 '도입' 단계에서는 교사가 뉴스 영상을 제시하여 물리적인 폭력 외에 보이지 않는 폭력도 피해자에게 큰 고통을 준다는 점을 밝히고, 소설 「우상의 눈물」에서도 보이지 않는 폭력이 등장한다는 점을 설명한 후, 이를 작품 속 인물 '기표'와 연관 지어 생각해 보도록 유도하고 있다. 즉, '보이지 않는 폭력'이라는 용어를 사용함으로써 뉴스에 드러난 '사이버 폭력'과 소설 속에 드러난 '정신적 폭력'의 연관성을 부각하고 있음을 알 수 있다. 이때 '보이지 않는 폭력'이라는 것은 피해 학생에게 직접적으로 신체적 위해를 가하지 않는다는 의미로 사용되고 있는 듯하다. 그런데 〈사례〉의 뉴스 영상 속 사이버 폭력이 가상 공간에서 주로 언어적, 시각적으로 일어나는 또래 간의 폭력인 반면, 소설 속 '기표'에게 가해지는 정신적 폭력은 교실과 학교라는 현실 공간에서 용인되어 교사와 학생이 함께 행사하는 폭력으로 그려져 있다. 이처럼 비교 대상이 되는 두 폭력의 발생 공간과 주체가 다르다는 점을 고려할 때, '동기 유발' 활동에 담긴 교사의 의도를 적절하게 구현하기 위해서는 학생들이 뉴스 영상을 통해 소설 속 인물 '기표'에 대해 어떤 생각을 떠올려 볼 수 있는지를 구체적으로 예상하고 이에 대한 교사의 언어적 안내를 보다 정교화할 필요가 있다. 또한 동기 유발과 목적에 적합한 다른 영상이나 활동을 제시하는 것도 가능하다.

'도입' 단계에서 활용할 수 있는 새로운 동기 유발 활동으로, 과거와 오늘날에 학교에서 일어난 학생 인권 침해 사례를 제시하고 이에 대한 학생들의 생각을 이끌어 내는 방법을 구상할 수 있다. 예컨대 학교에서 실시하는 각종 학생 조사 활동을 통해 학생의 가족 관계나 가정 형편이 원치 않게 공개되는 경우, 그리고 학생의 교과 성적이 학교 게시판에 공개되는 경우 등을 제시할 수 있다. 물론 오늘날에는 인권 의식이 개선되고 규정상의 제재가 강화되면서 이러한 사례를 찾아보기 어려울 수 있으나, 매체 자료를 활용하여 과거에 이러한 사례가 있었음을 보여주면 사례에 대한 학생들의 이해를 도울 수 있다. 이를 통해 학생들은 자신의 생활 공간인 학교에서 일어났던 인권 침해의 사례를 소설 속 '기표'에게 가해지는 정신적 폭력, 즉 가난한 가정 형편이 원치 않게 공개되고 집단 내 동정의 대상으로 전락함으로써 얻는 고통과 관련지어 생각해 볼 수 있을 것이다.

### 〔3〕본 차시 수업 지도안 – 전개

| 교수·학습 방법 | • 학습 목표 달성에 적합한 활동을 구성하였는가? |
| --- | --- |
| | - 학습 목표에 제시되지 않은 '인물 파악하기' 활동이 '줄거리 파악하기' 활동과 비슷한 비중으로 다루어지는 주요 활동처럼 구성되어 있다.<br>- 학습 목표에 제시된 소설 읽기가 교수·학습 활동에 누락되어 있다.<br>- 학생 활동 방식이 학습 목표 달성에 적합하다고 보기 어렵다. |
| | • 교사와 학생 간, 학생과 학생 간 상호작용이 적절히 일어날 수 있도록 지도안을 작성하였는가? |
| | - 학습 활동을 순회 지도하는 과정에서 교사와 학생의 상호작용이 이루어짐을 알 수 있다. |

〈사례〉의 전개 단계는 '줄거리 파악하기'와 '인물 파악하기'로 이루어져 있다. 이 가운데 '인물 파악하기'는 본 차시 학습 목표에 제시되어 있지 않은 내용임에도 불구하고 활동의 과정 및 비중이 '줄거리 파악하기'와 비슷하게 구성되어 있다. 우선 '학습지 문제 풀기 – 풀이 과정에서 어려운 부분 질문하기 – 답 발표하기 및 교사의 설명 듣기' 등 학생 활동을 중심으로 살펴본 일련의 교수·학습 과정이 '줄거리 파악하기'의 활동 과정과 거의 동일하다. 또한 전개 단계에 배정된 시간(38분)이 전체 수업 시간(50분)의 80% 가까이를 차지하고 있음을 고려하면, 전개 단계에서 이처럼 유사한 과정에 따라 진행되는 '줄거리 파악하기'와 '인물 파악하기' 활동은 각각 비슷한 시간과 비중으로 다루어지는 주요 활동일 것으로 보인다. 물론 작품 속 인물들의 관계와 주인공의 변화 과정을 이해하는 '인물 파악하기' 활동이 본 차시 학습 목표인 소설의 사건과 줄거리 파악을 위해 필요하다면, 그러한 의도를 실현하기 위하여 수업에서 해당 활동이 이루어질 수는 있다. 하지만 앞서 말한 '인물 파악하기'의 활동 과정과 비

중을 고려할 때 본 차시 수업에서 해당 활동을 다루는 방식에 대해서는 점검이 필요하다.

또한 본 차시 '학습 목표'가 "「우상의 눈물」을 읽고"라는 표현을 통해 소설을 읽는 활동을 내포하고 있는 데 반해, '전개' 단계에서는 줄거리와 인물을 파악하기 전에 소설을 읽는 활동이 제시되어 있지 않아 혼란을 준다. 따라서 학습 목표에서 소설을 읽는다는 표현을 삭제하거나, 학습 목표에 맞추어 소설을 읽는 활동과 시간을 수업에 추가해야 한다.

다음으로 〈사례〉의 수업에 나타나는 상호작용의 양상을 살펴볼 필요가 있다. 〈사례〉의 본 차시 수업에서 가장 핵심적인 활동이라 할 수 있는 '줄거리 파악하기'와 '인물 파악하기'는 모두 개별 학습의 형태로 이루어지고 있다. 학생들이 각자 학습지에 제시된 문제를 풀고, 교사와 함께 답을 확인하는 방식이다. 이때 순회 지도를 하는 교사와 학습지를 푸는 학생이 질의응답을 주고받는 부분에서 교사와 학생 간 상호작용이 이루어질 것임을 파악할 수 있다. 다만, 앞서 언급했듯이 '전개' 단계에서 활용되고 있는 학습지의 구성과 내용이 구체화되어 있지 않으므로, 여기서 이루어지는 교사와 학생 간 질의응답의 양상과 예시를 구체적으로 제시하는 것이 교육적 상호작용의 적절성을 판단하는 데 도움이 될 것으로 보인다.

이와 더불어 학생들의 개별 학습이 학습 목표 달성에 적합한 방식으로 이루어지고 있는지를 점검할 필요가 있다. 본 차시 학습 목표에 따르면 학생들은 본 차시 수업을 통해 소설의 사건을 중심으로 줄거리를 설명할 수 있어야 한다. 그러나 '전개' 단계에서는 교사가 '줄거리' 및 '인물들의 관계와 주인공의 변화를 설명'하고 학생은 교사의 설명을 이해하는 것으로 활동이 설계되어 있다. 학생이 교사와 함께 학습지의 답을 찾거나 손을 들어 답을 발표하는 모습이 드러나 있기는 하지만, 이것이 작품의 줄거리 설명에 해당한다고 보기는 어렵다. 따라서 이러한 활동 방식은 본 차시 학습 목표의 달성에 적합하지 않다.

관련하여 2015 개정 국어과 교육과정에서 제시하고 있는 고등학교 1학년 문학 영역 및 국어과의 교수·학습 방향을 살펴볼 수 있다.

- 학습자가 작품에 대한 질문을 만들고, 함께 답을 찾아가는 대화로 수업이 진행될 수 있도록 한다.
- '국어'의 교육 목표와 성취기준의 성격을 고려하여 직접 교수법, 토의·토론 학습, 탐구 학습, 문제 해결 학습, 프로젝트 학습, 역할놀이 학습, 거꾸로 학습 등 적절한 교수·학습 방법을 선택하여 운용하되, 학습자 참여형 교수·학습이 되도록 한다.

위의 내용을 고려할 때, 본 차시 수업에서 학생이 작품에 대한 질문과 답을 스스로 만들고, 교사 또는 다른 학생들과 이를 공유하며 능동적으로 작품의 줄거리와 사건을 파악하고 설명하도록 할 수 있으며, 이를 통해 작품의 구성 요소와 작품 전체가 맺고 있는 관계를 파악할 수 있도록 수업을 설계할 필요가 있다. 이를 위해서 위에 제시된 토의·토론 학습, 탐구 학습, 프로젝트 학습 등 다양한 교수·학습 방법을 활용할 수 있다.

### [4] 본 차시 수업 지도안 — 정리

| 평가 | • 학습 목표 달성 여부를 점검하는 방법이 적절한가?<br> - 평가 도구를 적절하게 제작 및 활용하였는가?<br>• 평가 결과를 적절히 활용하였는가?<br> - [형성평가] 평가 결과를 교수·학습에 적절히 환류하고 있는가? |
|---|---|
| | - 오엑스 문제를 통해 소설의 구성 요소에 대한 학생의 이해를 점검하고 있으나, 줄거리 설명이라는 학습 목표의 달성 여부를 점검하는 데에는 한계가 있다.<br>- 형성평가 결과를 학생의 학습 활동에 반영하는 등 교수·학습과 긴밀하게 연계해야 한다. |

일반적으로 형성평가는 학습자에게 피드백을 제공하고 수업을 개선하는 데 도움을 주기 위하여 수업 중에 행해지는 평가로 이해된다(박정, 2013: 723). 〈사례〉는 '정리' 단계에서 소설의 내용에 대한 오엑스 문제를 형성평가 문제로 제시하고 있다. 그리고 이러한 문제를 통해 "학습 목표 도달 여부를 확인한다."라고 기술되어 있다. 그러나 〈사례〉의 형성평가 운영 방식은 앞서 언급한 형성평가의 개념 측면에서 살펴볼 때 수업 중에 실시된다는 단편적인 특성만을 충족할 뿐, 학생들에게 각자의 학습 수준에 대한 피드백을 제공하거나 평가 결과를 수업의 개선에 활용하는 데까지 나아가

고 있지는 않다.

또한 오엑스 문제가 소설 속의 갈등과 사건, 인물 등에 대한 학생의 이해를 점검하는 문제로 구성되어 있으나, 세 개의 선택형 문항을 통해 소설의 사건과 줄거리에 대한 학생의 전반적인 이해도를 확인하기는 어려울 것으로 보인다. 더구나 〈사례〉의 본 차시 학습 목표가 줄거리의 '이해'가 아닌 '설명'에 초점을 두고 있음을 떠올려 보면, 문항에 제시된 문장의 사실 관계를 파악하여 O, X로 답변하는 방식의 형성평가를 통해 본 차시 학습 목표의 달성 여부를 점검하는 데에는 한계가 있다.

이를 보완하기 위해서는 새로운 형식의 형성평가를 구안할 수도 있고, 기존의 형성평가 결과를 바탕으로 학생에게 피드백을 주는 방식을 마련할 수도 있다. 예컨대, 학생들이 소설의 구성 요소에 대한 퀴즈를 개인별 또는 모둠별로 만들고, 서로의 문제를 바꾸어 풀도록 함으로써 자신의 학습 수준을 점검하고 부족한 부분을 보완하며 학습 목표에 도달할 수 있도록 교수·학습 활동을 설계할 수 있다. 또 기존의 오엑스 문제를 학생이 소설을 읽은 직후에 제시하고, 그 결과를 토대로 학생들에게 학습 활동을 단계별, 수준별로 제시하는 맞춤형 학습을 진행할 수도 있다.

# 3

# 지도안 다시 작성해 보기

## 1) 지도안의 수정 방향

앞서 검토한 내용을 바탕으로 〈사례〉의 지도안을 수정하기 위한 주요 방향은 다음과 같다. 우선 〈사례〉에 제시되지 않은 '소단원 차시 계획'을 구성할 필요가 있다. 앞에서 살펴본 바와 같이 〈사례〉에서는 소단원 전체 차시와 본 차시 수업의 시수만을 밝히고 있다. 물론 지도안이 약안의 형식으로 작성된 경우에 소단원 차시 계획이 생략되기도 한다. 그런데 〈사례〉가 교과서 외의 새로운 학습 제재를 활용하여 교과서의 소단원을 재구성하고 있다는 점에서, 소단원 차시 계획을 명확히 밝히는 것이 이후에 제시될 본 차시 수업을 구체화하는 데 필요한 작업이라 할 수 있다. 그러므로 뒤에 제시될 소단원 설계 수정안에서는 구성주의적 관점을 바탕으로 하여 소단원의 학습 목표와 차시별 학습 내용을 구체적으로 마련하고자 한다.[ ▶ 국어 교육 이론 ]

이어서 새롭게 마련된 소단원 차시 계획을 바탕으로 '본 차시 학습 목표'를 제시하고, 이에 적합한 '교수·학습 방법'을 활용할 필요가 있다. 여기에서는 학생의 능동적인 작품 감상 및 이해에 초점을 맞추어 본 차시의 학습 목표와 수업을 새롭게 설계할 것이다.

또한, 앞서 〈사례〉의 형식적 측면을 검토한 내용을 고려하여 교사와 학생 간 언어적 소통이 적절하게 드러나도록 교사와 학생 활동을 수정하고, 교수·학습의 상위 활동 및 하위 활동의 서술 방식을 달리하여 활동의 위계를 보다 명확히 드러낼 수 있도록 할 것이다.

여기서는 단원 전체와 본 차시 부분을 스스로 설계하며 지도안을 다시 작성해 볼 것이다.

## 2) 단원 설계

소단원 학습 목표와 차시별 지도 계획을 수정해 보자.

| 단원 학습 목표 | | |
|---|---|---|
| 차시별 지도 계획 | 차시 | 주요 학습 내용 및 활동 |
| | | |
| | | |
| | | |
| | | |

## 3) 본 차시 설계

본 차시 수업 지도안을 다시 작성해 보자.

| 교과명 | | 교사 | |
|---|---|---|---|
| 교재 | | 대상 학급 | |
| 일시 | | 장소 | |
| 단원 | | 차시 | |
| 본 차시 학습 목표 | | | |
| (교수·학습 모형) | | | |

| 교수·학습 단계 | 교수·학습 활동 | | 자료 및 유의점 | 시간 (분) |
|---|---|---|---|---|
| | 교사 | 학생 | | |
| 도입 | | | | |
| 전개 | | | | |
| 정리 | | | | |

# 4

# 지도안 수정 예시

## 1) 단원 설계 부분 수정 예시

| 소단원 학습 목표 | • 문학 작품의 구성 요소와 전체가 유기적 관계를 맺고 있음을 이해한다.<br>• 서사 갈래의 개념과 특성을 이해하고, 문학적 형상화 방법을 중심으로 작품을 감상한다. | |
|---|---|---|
| 차시별 지도 계획 | 차시 | 주요 학습 내용 및 활동 |
| | 1 | • 서사 갈래의 개념과 특성 이해하기<br>• 「우상의 눈물」 전반부 읽으며, 작품의 내용 파악하기 |
| | 2 | • 「우상의 눈물」 후반부 읽으며, 작품의 내용 및 소설의 구성 요소 파악하기<br>• 독서 퀴즈를 통해 「우상의 눈물」의 문학적 형상화 방법 이해하기 |
| | 3 | • **월드 카페를 통해 소설에 대한 주제별 토의하기** [▶ 국어 교육 이론]<br>• **주제별 토의 결과물 학급 내 공유하기** |
| | 4 | • 상호텍스트성을 고려하여 서사 갈래의 두 번째 작품 읽기<br>• 소설의 구성 요소 파악하기 |
| | 5 | • 「우상의 눈물」과 두 번째 작품의 공통점과 차이점 분석하기<br>• 분석 내용을 바탕으로 서사 갈래 작품의 문학적 형상화 방법 이해하기 |

앞서 검토 의견으로 제시한 바와 같이, 2차시에서는 독서 퀴즈를 통해 형성평가를 실시할 수 있다. 학생들이 작품에 대한 퀴즈를 직접 만든 후, 문제를 풀고 답을 확인하는 과정에서 자기 평가와 상호 평가가 가능하다. 또한 오답률이 높은 문제에 대해 교사가 피드백을 제공함으로써 학생들의 형성평가 결과를 본 차시 교수·학습 활동에 환류할 수 있다.

앞서 지도안을 검토하며 살펴본 〈사례〉의 소단원과 관련된 성취기준 2가지를 활용하여, 소단원 학습 목표를 2가지로 제시하였다.

소단원 전체 차시를 5차시로 구성하고, 이 가운데 3차시를 본 차시 수업으로 설정하였다.

본 차시 수업은 서사 갈래의 첫 번째 작품(「우상의 눈물」)에 대한 1-2차시의 독서 활동 이후, 작품에 대한 학생들의 이해와 감상을 심화하기 위하여 월드 카페를 활용한 토의 활동으로 설계하였다. 또한 4-5차시에서는 상호텍스트성을 기반으로 서사 갈래의 두 번째 작품에 대한 독서 활동을 설계하였다. 여기에서 활용할 두 번째 작품은 주지영(2017: 376)에서 제시한 「아우를 위하여」, 「우리들의 일그러진 영웅」 중 하나를 모둠별로 선택하도록 구상하였다.

# 2) 본 차시 설계 부분 수정 예시

| 교과명 | 국어 | 교사 | ○○○ |
|---|---|---|---|
| 교재 | 고등학교 국어(신유식 외) | 대상 학급 | 1학년 ○반 ○○명 |
| 일시 | 20○○년 ○월 ○일 ○교시 | 장소 | 1-○ 교실 |
| 단원 | 1. 문학의 빛깔<br>(2) 서사 갈래의 이해 | 차시 | 3/5차시 |
| 본 차시 학습 목표 | | | |

| 본 차시 학습 목표 | • 소설 「우상의 눈물」에 대한 주제별 토의에 참여하여 자신의 의견을 타당하게 제시할 수 있다.<br>• 주제별 토의를 통해 소설 「우상의 눈물」을 깊이 있게 감상할 수 있다. |
|---|---|

| 교수·학습 단계 | | 교수·학습 활동 | | 자료 및 유의점 | 시간 (분) |
|---|---|---|---|---|---|
| | | 교사 | 학생 | | |
| 도입 | 전시 학습 확인 | ▶ **모둠별 독서 퀴즈 질문 제시하기**<br>- 지난 시간에 독서 퀴즈 활동을 통해 생성된 모둠별 질문의 주요 내용을 화면으로 제시한다. | ▶ **모둠별 독서 퀴즈 질문 확인하기**<br>- 화면을 보며 지난 시간 독서 퀴즈 활동을 하며 만든 모둠별 질문을 확인한다. | PPT<br>: 모둠별 심화 질문 | 2 |
| | 모둠별 토의 주제 선정 | ▶ **모둠별 토의 주제 선정 안내하기**<br>- 모둠별 질문 가운데 교사가 선정 및 재구성한 토의 주제를 제시하고, 모둠별로 원하는 주제를 고르게 한다. | ▶ **모둠별 토의 주제 선정하기**<br>- 교사가 제시한 토의 주제 가운데 모둠에서 원하는 주제를 고른다. | PPT<br>: 토의 주제 | 3 |
| | 학습 목표 확인 | ▶ **본 차시 학습 목표 제시하기** | ▶ **본 차시 학습 목표 확인하기** | PPT<br>: 학습 목표 | 1 |

소단원 차시 계획의 본 차시(3차시) 주요 학습 내용 및 활동을 바탕으로 본 차시 학습 목표를 두 가지로 설정하였다. 학생은 작품과 관련한 월드 카페 토의에 참여함으로써 토의 주제에 대한 자신의 의견을 타당하게 제시하고, 여러 주제에 대한 다양한 의견을 접하는 과정에서 작품에 대한 깊이 있는 감상의 기회를 가질 수 있다.

단원 항목에는 교과서의 대단원과 소단원명을 표기하였다.

교재 항목에는 〈사례〉와 관련된 교과서를 기재하고, 대표 저자를 밝혔다.

월드 카페의 토의 주제는 이전 차시의 독서 퀴즈 과정에서 학생들이 모둠별로 만든 질문 가운데 토의하기에 적합한 질문을 교사가 선정 및 재구성하여 제시하도록 하였다. 송창순(2016: 106)을 참고하여 제시할 수 있는 토의 주제는 다음과 같다.
1) 제목 '우상의 눈물'의 의미는 무엇일까?
2) 서술자를 '나(유대)'로 설정하여 얻을 수 있는 효과는 무엇일까?
3) 자신이 작중 인물이라면, 소설 속 상황에서 어떻게 행동할까?
4) 담임 교사로서 학급의 문제 학생을 어떻게 지도해야 할까?

본 차시 수업의 모둠은 전시 학습에서 독서 퀴즈를 위하여 구성한 모둠을 그대로 유지하여 운영한다. 모둠별 구성원은 4명이며, 모둠장은 본 차시의 월드 카페를 운영하는 테이블 호스트를 맡게 된다.

| 전개 | 주제별 월드 카페 토의 및 모둠 내 공유 | | | | 35 |
|---|---|---|---|---|---|
| | | ▶ **월드 카페 토의 활동 안내하기**<br><br>- 「우상의 눈물」에 대한 다른 모둠이 토의 주제 가운데 참여하고 싶은 주제를 학생별로 1개씩 더 고르게 한다.<br>- 주제별로 이동하며 토의를 진행한 후, 원래의 모둠으로 돌아와 모둠의 토의 내용을 정리하여 발표할 것임을 안내한다.<br>- 모둠장의 역할을 안내하고, 준비물을 배부한다.<br><br>▶ **첫 번째 주제별 토의 지도하기**<br>- 원래의 모둠에서 토의 주제에 대하여 의견을 자유롭게 교환하도록 안내한다.<br>- 소설의 내용을 근거로 하여 토의가 이루어지도록 하고, 각 모둠을 순회 지도하며 피드백을 적절히 제공한다.<br><br>▶ **두 번째 주제별 토의 지도하기**<br>- 정해진 시간이 지나면, 두 번째 주제 모둠으로 각자 이동하도록 안내한다. | ▶ **월드 카페 토의 방법 이해 및 활동 준비하기**<br>- 「우상의 눈물」에 대한 다른 모둠의 토의 주제 가운데 참여하고 싶은 주제를 1개 더 고른다.<br><br>- 교사의 설명을 듣고, 월드 카페 토의의 과정과 방법을 이해한다.<br><br>- 모둠별로 개인 및 모둠 준비물을 받아 간다.<br><br>▶ **첫 번째 주제별 토의하기**<br>- 원래의 모둠에서 토의 주제에 대한 의견을 자유롭게 교환하고, 다음 토의에 필요한 내용을 메모지에 각자 기록한다.<br>- 모둠장은 첫 번째 토의 내용을 메모지에 간단히 기록한다.<br><br>▶ **두 번째 주제별 토의하기**<br>- 자신이 고른 두 번째 토의 주제의 모둠으로 각자 이동한다. | PPT<br>: 월드 카페 토의 안내<br><br>모둠별 준비물<br>: 4절지, 사인펜, 유성매직<br><br>개인별 준비물<br>: 메모지, 필기구, 소설 본문<br><br>모둠별 순회 지도 | |

전개 단계에서는 학생들이 각자 두 가지 주제에 대한 토의에 참여할 수 있도록 설계하였다. 단, 모둠장은 테이블 호스트로서 자리를 옮기지 않고 자신의 테이블로 온 새로운 학생들에게 이전 토의 내용을 요약해 주고, 이들과 함께 토의에 참여하는 역할을 담당한다(장경원, 2012: 530).

학생이 개인별로 받은 메모지에는 각자 자신이 고른 주제로 토의한 내용이 기록된다.
모둠별로 받은 사절지에는 모둠장이 두 번의 주제별 토의를 이끌면서 그 과정이나 결과를 기록한 내용이 담기게 된다.
이러한 개인별 메모와 모둠별 기록은 키워드와 도식을 사용하여 토의 내용을 간결하고 직관적으로 시각화한 것이다(박재현, 2021: 142-143).
토의 과정에서 축적된 이러한 시각적 기록물은 토의 종료 후 모둠별로 토의 결과를 글과 그림으로 정리하는 활동에 활용된다.

| | | | | | |
|---|---|---|---|---|---|
| | | - 각 모둠장이 첫 번째 토의 내용을 간략히 안내하고, 이에 대한 의견을 보완하거나 새로운 의견을 제시하는 방식으로 토의를 진행하도록 안내한다.<br><br>▶ **모둠별 토의 결과 공유 및 정리 안내하기**<br>- 모둠장이 모둠에서 이루어진 두 번의 토의 결과를 모둠원에게 설명하도록 안내한다.<br>- 각자 참여한 주제별 토의 내용을 참고하여, 원래 모둠의 토의 결과를 글과 그림으로 함께 정리하도록 안내한다. | - 이전 토의 내용에 대한 모둠장의 설명을 바탕으로 토의 주제에 대한 의견을 교환한다.<br>- 모둠장은 두 번째 토의 내용을 메모지에 간단히 기록한다.<br><br>▶ **모둠 내 토의 결과 공유 및 정리하기**<br>- 원래의 모둠으로 돌아와 모둠장에게 토의 결과를 듣고, 자신이 참여한 다른 주제에 대한 토의 내용을 모둠 안에서 공유한다.<br>- 모둠의 토의 결과를 다 같이 글과 그림으로 간단히 정리한다. | 모둠 안에서 역할을 분배하여 토의 결과 정리 및 뒤에서 이루어질 발표 과정에 모둠원 모두가 참여할 수 있도록 한다. | 35 |
| 정리 | 주제별 토의 결과 발표 | ▶ **주제별 토의 결과 발표 진행하기**<br>- 결과물을 가지고 모둠별 토의 내용을 발표하도록 안내한다. | ▶ **주제별 토의 결과 발표하기**<br>- 모둠별로 정리한 결과물을 제시하고, 토의 내용을 정리하여 발표한다. | 발표가 끝난 모둠의 결과물을 학급에 게시하여 시각적으로 토의 내용을 한 번 더 확인할 수 있도록 한다. | 8 |
| | 차시 예고 | ▶ **다음 차시 내용 예고하기**<br>- 「우상의 눈물」과 관련된 다른 작품을 읽을 것임을 예고한다. | ▶ **다음 차시 내용 인지하기**<br>- 「우상의 눈물」과 관련된 다른 작품을 읽을 것임을 인지한다. | PPT<br>: 다음 차시 학습 예고 | 1 |

## 3) 평가 계획 수정 예시

| | |
|---|---|
| 평가 요소 | - 소설 「우상의 눈물」을 읽고 주제별 토의에 참여하여 자신의 의견을 타당하게 제시하기<br>- 주제별 토의를 통해 소설 「우상의 눈물」을 깊이 있게 감상하기 |
| 평가 방식 | - (1) 토의 과정 평가(수업 중): 주제별 토의가 이루어지는 모둠을 순회 지도하며, 토의가 적절히 이루어지도록 피드백한다.<br>- (2) 발표 평가(수업 중): 토의 결과에 대한 모둠별 발표를 들으며 평가 내용을 기록한다. |

- (3) 토의 기록물 평가(수업 후): 학급에 게시된 모둠별 토의 결과물, 학생들이 작성한 개인별 메모와 모둠별 기록을 걷어 토의 활동과 작품 감상 능력을 평가하여 기록한다.
- (1)~(3)의 평가 결과를 바탕으로 주제별 토의를 통해 작품에 대한 깊이 있는 감상이 적절히 이루어졌는지 종합적으로 평가하여 그 결과를 서술식으로 기록한다. 평가 결과를 바탕으로 다음 수업 시간에 학생들에게 피드백한다.

(평가 내용 기록 양식)

| 평가 방식 | 모둠별 발표 평가 | | 모둠별 토의 결과물, 개인별 메모 및 모둠별 기록 평가 |
|---|---|---|---|
| | | | |
| | 종합 평가 | [토의 참여 측면] | |
| | | [작품 감상 측면] | |

〈사례〉 및 지도안 수정 예시에서 다루고 있는 서사 갈래의 작품에 대한 문학 활동은 2015 개정 국어과 교육과정의 아래 성취기준들과 관련된다.

| 2015 개정 국어과 교육과정 | 성취기준 | [10국05-01] 문학 작품은 구성 요소들과 전체가 유기적 관계를 맺고 있는 구조물임을 이해하고 문학 활동을 한다.<br>[10국05-02] 갈래의 특성에 따른 형상화 방법을 중심으로 작품을 감상한다. |
|---|---|---|
| | 성취기준 해설 | [10국05-02] 이 성취기준은 문학 갈래의 개념과 특징을 이해하고 대표적인 작품을 통해 문학적 형상화의 방법을 이해하며 문학 활동을 하도록 하기 위해 설정하였다. 문학의 이론적 갈래인 서정, 서사, 극, 교술의 4분법 체계에 따라 각각의 갈래에서 삶을 형상화하는 데 어떠한 요소들이 주요한 역할을 하는지를 이해하도록 한다. |

교육과정에 따라 성취기준의 진술 범위, 진술 방식 등이 달라지므로 성취기준 간 일대일 대응은 어렵지만, 위 성취기준들은 2022 개정 국어과 교육과정에서 다음의 성취기준들과 관련된다고 볼 수 있다.

| 2022 개정 국어과 교육과정 | 성취기준 | [10공국1-05-02] 갈래에 따른 형상화 방법의 특성을 고려하며 작품을 수용한다.<br>[10공국1-05-03] 작품 구성 요소의 유기적 관계와 맥락에 유의하여 작품을 수용하고 생산한다. |
|---|---|---|
| | 성취기준 해설 | [10공국1-05-03] 이 성취기준은 문학 작품 내적으로는 구성 요소들이 유기적 관계를 형성하고 있고, 외적으로는 다양한 맥락들과 연관되어 있음을 이해하며 작품을 수용하고 생산하는 능력을 기르게 하기 위해 설정하였다. 문학을 수용하고 생산할 때는 문학 작품의 각 구성 요소들 |

| | | |
|---|---|---|
| 2022 개정<br>국어과<br>교육과정 | 성취기준<br>해설 | 이 유기적 관계를 맺음으로써 개별 요소의 합을 넘어서는 고유한 가치와 개성을 가지게 된다는 점에 유의할 필요가 있다. 또 문학 작품은 시간이 흐름에 따라 새로운 독자와 새로운 시대를 만나게 되고 다른 작품들과의 관계도 새롭게 형성되기 때문에 이전과는 다른 각도에서 조명되며 새로운 의미와 가치를 가지게 된다는 점도 중요하게 인식할 필요가 있다. 이러한 점들에 유의하면서 작품 구성 요소들의 관계, 그리고 작품을 둘러싼 맥락을 다각도로 살피며 작품을 수용하고 생산할 수 있게 한다. |
| | 성취기준<br>적용 시<br>고려 사항 | 문학의 갈래에 대한 학습은 초등학교 성취기준([6국05-05])에서 간단히 다루고, '공통국어1'을 거쳐 선택 과목 '문학'([12문학01-02])에서 종합적으로 다루게 되는, 문학 영역의 대표적인 반복·심화 학습 내용 중 하나이다. '공통국어1'에서는 서정, 서사, 극, 교술 갈래별로 나타나는 특성이 작품의 주제를 효과적으로 전달하거나 작품에서 아름다움을 느끼게 하는 데에 어떻게 작용하는지 살피면서 작품을 수용하도록 한다. |

성취기준 및 해설을 비교해 보면, 2015 개정 국어과 교육과정에서 "문학 작품은 구성 요소들과 전체가 유기적 관계를 맺고 있는 구조물"임을 진술한 부분이 2022 개정 국어과 교육과정에서 "작품 구성 요소의 유기적 관계"로 서술되어 대체로 유사하게 이어지고 있으며, 여기에 "맥락에 유의하여 작품을 수용하고 생산한다."라는 표현이 추가되어 있다. 이에 대한 성취기준 해설을 살펴볼 때, 2022 개정 국어과 교육과정에서는 문학 작품의 수용과 생산 활동 시 작품 구성 요소들의 관계라는 내적 측면과 더불어 작품을 둘러싼 다양한 맥락이라는 외적 측면을 이해하는 것이 하나의 성취기준에서 함께 다루어지고 있음을 알 수 있다.

다음으로 기존 성취기준 [10국05-02]에서 다루어진 "갈래의 특성에 따른 형상화 방법"은 새로운 성취기준 [10공국1-05-02]에서 "갈래에 따른 형상화 방법의 특성"으로 바뀌었고, "작품을 감상한다."가 "작품을 수용한다."로 바뀌었다. 이러한 표현상의 변화에도 불구하고 2015 개정 국어과 교육과정의 성취기준 해설과 2022 개정 국어과 교육과정의 성취기준 적용 시 고려 사항을 살펴보면, 서정, 서사, 극, 교술 갈래별 특성이 작품의 주제를 형상화하는 데에 어떻게 작용하는지를 이해하는 것에 주안점을 두는 교수·학습의 방향이 유지되고 있음을 알 수 있다.

구성주의적 관점에서 문학 수업 설계하기

앞서 살펴본 바와 같이 2015 개정 국어과 교육과정에서는 학습자 참여형 교수·학습의 운용을 강조하고 있다. 〈사례〉와 관련하여 고등학교 1학년 문학 영역의 교수·학습 방법 및 유의 사항에 제시되어 있는 "학습자가 작품에 대한 질문을 만들고, 함께 답을 찾아가는 대화" 역시 학습자 참여형 교수·학습을 중심으로 하는 수업의 한 방향을 제시한 것으로 이해할 수 있다.

2015 개정 국어과 교육과정의 이러한 맥락은 구성주의적 학습자 중심 문학 교육의 관점에서 이해할 수 있다. 이상구(2002: 10-12)에 따르면, 구성주의적 동향에 따른 학습자 중심 문학 교육은 학습자 간 상호작용을 통해 능동적으로 의미를 구성하고 지식을 산출하는 과정에 초점을 두며, 이때 문학적 지식이란 문학 작품을 이해하고 감상하는 데 필요한 절차적 지식, 상호텍스트성을 바탕으로 한 작품 간의 상호 비교 및 연계 능력 등이 된다.

위의 단원 설계 부분 예시에서는 이러한 구성주의적 학습자 중심 문학 교육의 원리를 반영하여 독서 퀴즈, 월드 카페 토의, 상호텍스트성에 기초한 독서 활동 등으로 차시별 학습 내용 및 활동을 계획하였다. 2차시 수업의 독서 퀴즈 활동을 통해 학생들은 자신이 만든 문제와 답의 적절성을 스스로 평가하고, 다른 학생들의 문제를 풀며 작품을 보다 능동적으로 감상할 수 있다. 또한 월드 카페를 활용한 본 차시 수업은 작품에 대한 감상과 이해의 과정을 학생 간에 공유하고 심화할 수 있는 장을 마련한다. 본 차시 수업의 학습 제재인 「우상의 눈물」과 관련성이 있는 새로운 작품을 읽고, 작품 간 공통점과 차이점을 분석하는 4-5차시 수업은 학생들로 하여금 상호텍스트성을 기반으로 하여 서사 갈래의 문학적 형상화 방법을 파악할 수 있는 기회를 제공한다.

## 월드 카페를 통해 문학 토의 활성화하기

'월드 카페(World cafe)'는 어떤 질문이나 과제에 대해 여러 사람들이 함께 아이디어를 도출하고 공유하는 대화 방법으로, 4~5명 단위로 팀을 구성하고 구성원들이 서로 교차하여 대화를 이어 나가는 방식으로 이루어진다(장경원, 2012: 526). 이때 교차를 통한 대화 방식이란, 개인이 원하는 대화 주제에 따라 팀을 이동하며 다양한 대화에 참여하는 방식으로 이해할 수 있다.

월드 카페에 관한 여러 논의에서 도출되는 절차적 요소로는, 모둠별 대화 주제 선정하기, 원하는 주제별로 이동하며 대화 진행하기, 대화 진행하며 내용을 시각적으로 기록하기, 대화 종료 후에 모둠으로 복귀하여 대화 내용 정리하기, 각 모둠의 대화 내용을 전체와 공유하기 등이 있다.

이러한 요소를 고려할 때, 월드 카페는 문학 토의 수업을 활성화하는 데 많은 유용성을 지니고 있다. 우선 기존의 여러 토의 방식에서는 이야기 상대가 정해져 있는 반면, 월드 카페에서는 학생들이 자유롭게 돌아다니며 편안한 분위기에서 여러 사람과 의견을 나눔으로써 주제에 대한 다양한 관점을 접할 수 있다(박재현, 2021: 138). 또한 의견을 표현하거나 들을 때 그림을 활용하여 대화 내용과 아이디어를 시각적으로 표현함으로써 학습 효과를 높일 수 있고, 특별한 사전 훈련 없이 대화에 참여할 수 있으며, 대화의 과정을 통해 집단 지성을 경험할 수 있다(장경원, 2012: 533-534). 그러므로 월드 카페를 활용한 수업은 토의 과정에서 학생들이 느끼는 말하기의 부담이나 어려움을 줄이고, 학생들의 적극적인 참여를 이끌어 내기에 수월하다는 이점이 있다.

# 12장

## 11~12학년군:
## 문법, 담화 맥락

이 장에서는 고등학교 문법 수업 지도안 사례를 살펴볼 것이다. 〈사례〉는 2015 개정 국어과 교육과정에서 음운, 단어, 문장과 함께 국어 구조의 한 층위로 다루어지고 있는 담화[▶국어 교육 이론]에 대한 수업을 제시하고 있다.[1] 2015 개정 국어과 교육과정에 따르면, 공통국어의 문법 영역 내용 체계에서 중학교 1~3학년군의 내용 요소로 '담화의 개념과 특성'이 제시되어 있으며, 관련 성취기준인 "[9국04-07] 담화의 개념과 특성을 이해한다."에서도 '담화의 개념과 특성'이라는 학습 요소를 다루고 있다. 이후 고등학교 일반 선택 과목인 언어와 매체 교육과정의 내용 체계에서는 '국어의 탐구와 활용' 영역을 통해 '담화의 특성과 국어생활'이라는 내용 요소를 다루고 있다. 또한 이와 관련된 성취기준인 "[12언매02-07] 담화의 개념과 특성을 탐구하고 적절하고 효과적인 국어생활을 한다."에서 '담화(개념, 구성 요소, 맥락)의 활용'이라는 학습 요소를 다루고 있다. 이를 고려할 때, 언어와 매체 교육과정에 따른 담화 학습을 통해 학습자는 담화의 개념과 특성에 대한 이전 학년군의 학습을 심화하고, 이를 국어생활에 활용할 수 있을 것으로 기대된다. 〈사례〉는 이러한 언어와 매체 교육과정의 내용 체계 및 성취기준을 바탕으로 설계된 수업 지도안이다.

또한 〈사례〉와 관련된 『고등학교 언어와 매체』 교과서에서는 중단원 '담화'의 학습 흐름을 '담화의 개념, 담화의 구성 요소, 담화의 특성, 담화의 맥락' 순으로 구성하고 있다(이삼형 외, 2019: 124-125). 〈사례〉는 이 가운데 소단원 '담화의 맥락과 효과

---

1    2015 개정 국어과 교육과정에서는 담화를 국어 구조의 한 층위로 다루고 있는 반면, 담화를 음운, 형태소, 단어, 문장 등의 언어 단위가 실현되는 배경으로 다루는 관점도 존재한다.

적인 국어생활'에 대한 차시 계획을 수립하고, 담화 맥락에 대한 본 차시 수업을 설계하고 있다. 그러므로 이 장에서는 아래에 제시된 사항에 주목하여 〈사례〉를 살펴보고, 이를 바탕으로 담화 맥락에 대한 효과적인 교수·학습 방법을 모색해 볼 것을 권한다.

- 소단원 차시 계획의 적절성
- 소단원 차시 계획을 고려한 본 차시 학습 목표의 설정
- 본 차시 학습 목표 달성에 적합한 교수·학습 내용 및 방법

# イ

## 수업 지도안 〈사례 12〉

### 1. 소단원 차시 계획

| 소단원명 | 차시 | 수업 내용 |
|---|---|---|
| (2) 담화의 맥락과 효과적인 국어생활 | 1 | - 담화의 언어적 맥락의 개념을 친구에게 설명하기<br>- 언어적 맥락을 고려하여 적절한 의사소통하기 |
| | 2 | - 담화의 상황 맥락과 사회·문화적 맥락에 대해 설명하기<br>- 실제 담화에서 상황 맥락과 사회·문화적 맥락을 활용하기 |

### 2. 본 차시 교수·학습 지도안

| 교과 | 국어 | 지도<br>일시 | 20○○.○○.○○ | 지도<br>대상 | | 지도<br>교사 | ○○○ |
|---|---|---|---|---|---|---|---|
| 단원명 | 중단원명 | 4. 담화 | | 교과서 | 지학사 『고등학교<br>언어와 매체』 | 차시 | 2/2 |
| | 소단원명 | (2) 담화의 맥락과 효과적인 국어생활 | | | | | |
| 학습<br>목표 | 1. 담화의 상황 맥락과 사회·문화적 맥락에 대해 설명할 수 있다.<br>2. 실제 담화에서 상황 맥락과 사회·문화적 맥락을 활용할 수 있다. | | | | | | |

| 교수·학습 과정 | | 교수·학습 활동 | | 시간 (분) | 자료 및 지도상의 유의점 |
|---|---|---|---|---|---|
| | | 교사 | 학생 | | |
| 도입 (5분) | 주의 집중 | ▶ 수업 시작을 알리며 인사한다. | ▶ 함께 인사한다. | 5분 | 판서 |
| | 전시 학습 확인 | ▶ 1차시에 학습한 언어적 맥락을 상기시킨다.<br>• 언어적 맥락의 개념을 질문한다.<br>- 언어적 맥락이란? | ▶ 1차시에 학습한 언어적 맥락을 복습한다.<br>• 언어적 맥락의 개념 질문에 대답한다.<br>- 담화 내에서 어떤 발화를 둘러싼 앞뒤의 발화이다. | | |
| | 학습 목표 안내 | ▶ 학습 목표를 판서하여 안내한다. | ▶ 학습 목표를 읽고 예측한다. | | |
| 전개 1 (20분) | 상황 맥락 학습 제재 소개하기 | ▶ 교과서를 통해 학습 제재를 소개한다.<br>• 교과서 131쪽의 상황 맥락 관련 자료를 제시한다.<br>• 자료에 제시된 발화의 의미를 질문한다.<br>▶ 상황 맥락의 개념이 '화자와 청자가 처한 시간적·공간적 장면'이라는 것을 설명한다.<br>• 시간적·공간적 장면 외에도 말하는 이, 듣는 이, 의도와 목적 등이 있음을 설명한다.<br>▶ 다양한 상황 맥락을 도출할 문장을 제시한다.<br>• '이제 진짜 끊을게' 문장을 제시한다. | ▶ 교과서를 통해 학습 제재를 이해한다.<br>• 교과서 131쪽의 상황 맥락 관련 자료를 본다.<br>• 자료에 제시된 발화의 의미를 추측하여 대답한다.<br>▶ 상황 맥락의 개념이 '화자와 청자가 처한 시간적·공간적 장면'이라는 것을 이해한다.<br>• 시간적·공간적 장면 외에도 말하는 이, 듣는 이, 의도와 목적 등이 있음을 이해한다.<br>▶ 다양한 상황 맥락을 도출할 문장을 본다.<br>• 교사가 제시한 문장을 보고 학습 활동을 추측한다. | 5분 | 교과서, 판서 |
| | 하나의 문장으로 다양한 상황 맥락 구성해 보기 | ▶ 상황 맥락을 고려하여 담화 역할극을 구성하는 활동을 제시한다.<br>▶ 문장을 토대로 상황 맥락에 따른 담화를 만드는 시범을 보인다.<br>• 전화를 끊는 상황 맥락을 시범을 보인다. | ▶ 상황 맥락을 고려하여 담화 역할극을 구성하는 활동을 함께 읽는다.<br>▶ 교사의 시범을 보고 주어진 활동을 구체적으로 이해한다. | 15분 | 활동지, 판서 |

| | | | | | |
|---|---|---|---|---|---|
| 전개 1<br>(20분) | 하나의 문장<br>으로<br>다양한<br>상황 맥락<br>구성해 보기 | ▶ 모둠별 활동하게 한다.<br>• 순회 지도를 하며 학습 활동을<br>어려워하는 학생들에게 도움을<br>준다.<br><br><br><br>▶ 모둠별로 준비한 역할극을 돌아<br>가면서 발표하도록 한다.<br><br><br>▶ 각 모둠 발표 후 판서를 활용하<br>여 즉각적으로 피드백한다.<br>▶ 전체 모둠 발표를 바탕으로 실제<br>담화에서 상황 맥락을 활용할 수<br>있도록 한다. | ▶ 모둠별로 주어진 문장을 활용하<br>여 다양한 상황 맥락이 작용하는<br>담화 역할극을 준비한다.<br>• 조원들과 의논한다.<br>• 활동하며 어려움이 생기면 교사<br>에게 질문한다.<br>• 활동지를 작성한다.<br>• 담화 역할극을 연습한다.<br>▶ 모둠별로 앞으로 나와 담화 상황<br>을 시연한다.<br>• 다른 모둠의 역할극을 보면서 활<br>동지를 작성한다.<br>▶ 교사의 피드백을 듣고 담화의 상<br>황 맥락을 익힌다.<br>▶ 실제 담화에서 상황 맥락을 활용<br>할 수 있는 자신감을 얻는다. | 15분 | 활동지,<br>판서 |
| 전개 2<br>(20분) | 사회·문화<br>적 맥락 학<br>습 제재 소<br>개하기 | ▶ 교과서를 통해 학습 제재를 소개<br>한다.<br>• 교과서 132쪽의 세대에 따른 사<br>회·문화적 맥락과 문화에 따른<br>사회·문화적 맥락 관련 자료를<br>제시한다.<br>• 자료에 제시된 담화가 원활하지<br>않은 이유를 질문한다.<br>• 자료의 담화가 '겸손의 문화'에<br>의해 이해된다는 것을 예시로 들<br>어 담화에 사회·문화적 관습이<br>작용한다는 것을 설명한다.<br>▶ 사회·문화적 맥락의 개념이 '담<br>화를 둘러싼 사회·문화적 상황'<br>이라는 것을 설명한다. | ▶ 교과서를 통해 학습 제재를 이해<br>한다.<br>• 교과서 132쪽의 세대에 따른 사<br>회·문화적 맥락과 문화에 따른<br>사회·문화적 맥락 관련 자료를<br>본다.<br>• 자료에 제시된 담화가 원활하지<br>않은 이유를 추측하여 대답한다.<br>• 우리가 쓰는 말들은 사회·문화<br>적 관습을 따른다는 것을 이해한<br>다.<br><br>▶ 사회·문화적 맥락의 개념이 '담<br>화를 둘러싼 사회·문화적 상황'<br>이라는 것을 이해한다. | 5분 | 교과서,<br>판서 |
| | 사회·문화<br>적 맥락이<br>담긴 담화의<br>의미를 설명<br>해 보기 | ▶ 외국인에게 사회·문화적 맥락에<br>의해 이해되는 담화를 설명하는<br>활동지를 제시한다.<br>• '밥 먹었어.', '별거 아닙니다.'<br>▶ 사회·문화적 맥락 관련 담화의<br>의미를 가상의 외국인에게 설명<br>하는 시범을 보인다. | ▶ 외국인에게 사회·문화적 맥락에<br>의해 이해되는 담화를 설명하는<br>활동지를 함께 읽는다.<br><br>▶ 교사의 시범을 보고 주어진 활동<br>을 구체적으로 이해한다. | 15분 | 활동지,<br>판서 |

| 전개 2 (20분) | 사회·문화적 맥락이 담긴 담화의 의미를 설명해 보기 | • '시원하다'는 'cool'의 의미와 '뜨거우면서 속을 후련하게 한다.'의 의미가 있다는 것을 설명한다.<br>▶ 모둠별 '토의하며 활동지 풀기'를 순회 지도하며 진행한다.<br>• 순회 지도를 하며 학습 활동을 어려워하는 모둠에게 도움을 준다.<br><br>▶ 모둠별로 완성된 활동지를 한 명씩 발표하도록 한다.<br>▶ 각 모둠 발표 후 판서를 활용하여 즉각적으로 피드백한다. | ▶ 모둠별로 토의하며 사회·문화적 맥락 관련 담화의 의미를 가상의 외국인에게 설명하는 글을 쓴다.<br>• 조원들과 의논한다.<br>• 활동하며 어려움이 생기면 교사에게 질문한다.<br>• 활동지를 작성한다.<br>▶ 모둠별로 한 명씩 발표한다.<br><br>▶ 교사의 피드백을 참고하여 자신의 모둠과 다른 모둠의 설명이 적절한지 평가한다. | 15분 | 활동지, 판서 |
|---|---|---|---|---|---|
| 정리 (5분) | 학습 내용 정리하기 | ▶ 이번 차시 학습 내용을 정리한다.<br>• 상황 맥락의 개념을 질문한다.<br><br>- 발화의 의미에 영향을 주는 화자와 청자가 처한 시간적, 공간적 장면이란?<br>• 사회·문화적 맥락의 개념을 질문한다.<br>- 담화를 둘러싼 사회·문화적 상황이란? | ▶ 이번 차시 학습 내용을 정리한다.<br>• 상황 맥락 개념을 떠올리며 질문에 대답한다.<br>- 상황 맥락이다.<br><br>• 사회·문화적 맥락 개념을 떠올리며 질문에 대답한다.<br>- 사회·문화적 맥락이다. | 5분 | |
| | 다음 차시 예고하기 | ▶ 다음 차시 예고를 한다.<br>• 매체 언어의 특성<br>- 정보의 구성과 유통방식 | ▶ 다음 차시에 배울 내용을 생각해 본다. | | |
| | 마무리 인사하기 | ▶ 수업의 끝을 알리며 인사한다. | ▶ 함께 인사하며 정리한다. | | |

# 2

## 지도안 검토하기

### 1) 수업 지도안의 전반부 검토

#### (1) 1. 소단원 차시 계획

| 학습 내용 | • 대단원 또는 소단원의 차시별 지도 계획이 적절히 수립되었는가? |
|---|---|
| | - 소단원 전체의 차시 구성이 적절하다.<br>- 차시별 수업 내용에 주요 학습 내용 및 활동이 적절히 포함되어 있다. |
| | • 학습 내용의 흐름이 자연스러운가? |
| | - 2차시의 첫 번째 수업 내용과 본 차시 교수·학습 지도안의 내용이 불일치하므로, 이 중 한쪽의 내용을 수정해야 한다. |

'1. 소단원 차시 계획'에서는 '담화의 맥락과 효과적인 국어생활'이라는 소단원에 대한 수업을 2차시로 구성하고 있다. 〈사례〉와 관련된 『고등학교 언어와 매체』 교사용 지도서를 살펴보면, 연간 수업 지도안에서 해당 소단원을 포함하고 있는 중단원 '담화'에 대한 수업 시수를 5차시로 설정하고 있다(이삼형, 2019: 45). 이는 2015 개정 국어과 교육과정에서 제시한 선택 과목의 이수 단위를 기준으로 『고등학교 언어와 매체』 과목의 전체 수업 시수를 계산하고 이를 적절히 분배한 결과이다.[2] 이어서

---

2 "2015 개정 교육과정에서는 선택 과목의 이수 단위를 5단위로 제시하며, 일반 선택 과목은 2단위 범위 내에서 감하여 편성·운영할 수 있다고 덧붙이고 있다. 1단위는 50분을 기준으로 하여 17회를 이수하는 수업량이므로, 5단위는 85차시에 해당한다."(이삼형, 2019: 45)

〈사례〉와 관련된 『고등학교 언어와 매체』 교과서를 살펴보면, 해당 소단원의 주된 학습 내용이 '언어적 맥락'과 '비언어적 맥락'으로 나뉘어 기술되어 있음을 알 수 있다 (이삼형 외, 2019: 130-132). 그러므로 소단원 차시 계획에서 해당 소단원의 수업 시수를 언어적 맥락과 비언어적 맥락에 각각 한 차시씩 분배하여 총 2차시로 구성한 점과 1차시에서 '언어적 맥락'을, 2차시에서 '상황 맥락과 사회·문화적 맥락'을 명시적으로 다루고 있는 점은 적절하다.

또한 다음의 표에서 밑줄 친 부분을 중심으로 〈사례〉와 관련된 2015 개정 국어과 교육과정의 성취기준 및 해설을 살펴보면, 해당 소단원의 수업에서는 담화의 언어적 맥락과 비언어적 맥락에 대한 개념 이해와 담화의 수용 및 생산에서의 담화 맥락 활용이 다루어져야 함을 파악할 수 있다. 이를 고려할 때 〈사례〉의 소단원 1, 2차시 수업 내용에 첫 번째로 서술된 "담화의 언어적 맥락의 개념을 친구에게 설명하기", "담화의 상황 맥락과 사회·문화적 맥락에 대해 설명하기"는 담화 맥락에 대한 개념 이해 활동에 해당한다고 볼 수 있다. 그리고 각 차시의 두 번째 수업 내용에 서술된 "언어적 맥락을 고려하여 적절한 의사소통을 하기"와 "실제 담화에서 상황 맥락과 사회·문화적 맥락을 활용하기" 역시 담화의 수용 및 생산에서의 담화 맥락 활용에 해당한다고 볼 수 있다. 따라서 교육과정 성취기준에 근거할 때 〈사례〉에 제시된 소단원의 차시별 수업 내용은 주요 학습 내용 및 활동을 적절히 포함하고 있다.

| 영역 | 성취기준 |
| --- | --- |
| 국어의 탐구와 활용 | [12언매02-07] 담화의 개념과 특성을 탐구하고 적절하고 효과적인 국어생활을 한다. |
| | 성취기준 해설 |
| | [12언매02-07] 이 성취기준은 담화의 특성에 대한 이전 학년의 성취기준을 심화한 것으로, 이전 학년에서 배운 담화의 개념과 특성에 대한 이해를 바탕으로 담화의 생산과 수용에 효과적으로 참여하는 태도를 기르기 위해 설정하였다. 담화의 개념, 담화의 구성 요소, 담화의 맥락을 이해하고 담화 생산 및 수용에 활용하는 데 중점을 둔다. |

한편, 〈사례〉에서 '1. 소단원 차시 계획'의 2차시가 본 차시에 해당하므로 2차시의 수업 내용이 '2. 본 차시 교수·학습 지도안'의 교수·학습 내용으로 다루어지고 있는지를 점검할 필요가 있다. 앞서 소단원 2차시의 첫 번째 수업 내용이 '담화의 상황 맥

락과 사회·문화적 맥락에 대해 설명하기'임을 확인하였는데, 이를 1차시의 첫 번째 수업 내용에 제시된 '친구에게 설명하기'라는 구절과 대응하여 이해할 경우 2차시에서도 '설명하기'의 주체가 학생일 것이라고 추측할 수 있다. 그런데 본 차시 교수·학습 지도안의 '전개 1, 2'에서는 상황 맥락과 사회·문화적 맥락의 개념을 교사가 학생에게 설명하는 것으로 기술되어 있다. '정리' 단계의 '학습 내용 정리하기'에서도 상황 맥락과 사회·문화적 맥락의 개념을 교사가 먼저 제시하고, 학생이 담화 맥락의 종류를 맞히도록 설계되어 있다. 이에 따라 소단원 차시 계획의 2차시 수업 내용과 본 차시 교수·학습 지도안의 수업 내용이 다소 일치되지 않는 모습을 보이고 있다. 이 경우 '1. 소단원 차시 계획'과 '2. 본 차시 교수·학습 지도안' 중에서 한쪽을 수정하여 일관성을 갖추어야 한다. 이를 적절히 판단하기 위해서는 본 차시 학습 목표도 함께 살펴볼 필요가 있으므로 다음에 이어질 내용에서 논의를 매듭짓고자 한다.

😊 **도움말**

- 소단원 차시 계획을 설계할 때 교육과정 성취기준에 근거하여 주요 학습 내용 및 활동을 적절히 포함해야 한다.
- 소단원 차시 계획에 제시된 본 차시의 주요 학습 내용 및 활동과 뒤에 나오는 본 차시 수업의 교수·학습 활동이 일관성을 갖추고 있는지를 점검해야 한다.

### [2] 2. 본 차시 교수·학습 지도안 – 학습 목표

| 학습 목표 | • 전체 차시 계획을 고려할 때 본 차시 학습 목표가 적절히 설정되었는가? |
|---|---|
| | - 소단원 차시 계획과의 연관성을 확보하고 있다. |
| | • 교육과정의 성취기준에 근거하여 학습 목표가 설정되었는가? |
| | - 학습 목표 2는 교육과정의 성취기준에 근거하여 적절히 설정된 것으로 보인다. |
| 학습 내용 | • 학습 내용의 흐름이 자연스러운가? |
| | - 학습 목표 1은 본 차시 교수·학습 활동과 적절히 연계된 것으로 보기 어렵다. |

'2. 본 차시 교수·학습 지도안'에 제시된 본 차시 학습 목표는 앞서 살펴본 소단원 차시 계획의 2차시 수업 내용을 그대로 활용하고 있으므로, 소단원 전체 차시 계획과의 연관성을 확보하고 있는 것으로 볼 수 있다.

다음으로, 앞에서 논의를 이어 가기로 한 부분과 관련하여 '학습 목표'를 본 차시 교수·학습 활동과 연결 지어 점검하기로 한다. 학습 목표 1에는 학생이 수업을 통해 "담화의 상황 맥락과 사회·문화적 맥락에 대해 설명할 수 있다."라고 기술되어 있는데, 앞서 지적한 바와 같이 본 차시 교수·학습 활동에서는 교사가 담화 맥락의 개념을 설명하고, 학생이 이를 이해하는 것으로 기술되어 있다. 이러한 불일치를 해결하기 위하여 학생의 개념 이해에 초점을 맞추어 학습 목표 1을 수정하거나, 학생이 담화 맥락에 대해 설명하는 내용이 포함되도록 교수·학습 활동을 수정할 필요가 있다. 예를 들어 수업의 '전개' 단계에서 교사가 담화 맥락의 개념을 설명하는 방식을 유지할 경우, 이어지는 정리 단계에서 학생이 해당 개념을 스스로 설명할 수 있는지를 확인하는 활동을 설계하면 학습 목표 1을 수정하지 않고 이를 본 차시 교수·학습 활동에 반영할 수 있다.

학습 목표 2는 담화 맥락을 '실제 담화에서 활용할 수 있다.'라고 제시되어 있다. 앞서 살펴본 성취기준 [12언매02-07] 및 해설에 따르면, 학생들의 담화 맥락에 대한 이해가 실제 국어생활에서 담화의 수용 및 생산에 활용되는 데까지 나아가야 함을 확인할 수 있다. 따라서 학습 목표 2는 교육과정의 성취기준에 근거하여 적절히 설정된 것으로 볼 수 있다.

## 2) 교수·학습 단계별 검토

### (1) 2. 본 차시 교수·학습 지도안 – 도입

| 교수·학습 방법 | • 학습자의 수준과 흥미를 고려하여 활동을 구성하였는가? |
| --- | --- |
| | - '도입' 단계에 학습자의 동기 유발을 위한 활동 설계가 필요하다. |

김승현·박재현(2010: 190)에서는 능숙한 교사가 진행하는 수업의 도입부가 '인사

주고받기, 주의 환기하기, 수업 준비 점검, 선수 학습 상기, 동기 유발, 학습 목표 제시, 본시 학습 안내' 등의 단계로 진행되며, 특히 '선수 학습 상기, 동기 유발, 학습 목표 제시, 본시 학습 안내'와 같은 핵심적인 단계의 경우 서로 유기적인 연관성을 띠고 있음을 확인하였다. 이를 고려할 때, '2. 본 차시 교수·학습 지도안'의 '도입' 단계에서 이루어지는 교수·학습의 각 과정이 유기적으로 연결되었는지를 살펴볼 필요가 있다.

〈사례〉의 '도입' 단계는 '주의 집중 – 전시 학습 확인 – 학습 목표 안내'로 이루어져 있는데, 이 중 학생이 본 차시 학습 목표를 읽고 학습의 방향을 예측하고 있는 '학습 목표 안내' 부분만이 본 차시 수업 내용과 직접적인 연관성을 띠고 있다. 전시 학습을 확인하는 과정에서는 이전 수업에서 학습한 '언어적 맥락'의 개념을 학생에게 상기시키고 있을 뿐, 전시 학습 내용이 본 차시 수업 내용이나 학습 목표와 어떤 연관성을 띠는지 제시되어 있지 않으므로 이어질 학습 목표 안내와의 연결성이 다소 떨어진다.

또한 전시 학습 확인을 통해 이전 차시와 본 차시 수업의 연관성을 제시했더라도, 동기 유발 활동을 통해 학생들에게 본 차시 학습의 필요성, 본 차시 학습 내용이 실제 삶과 맺고 있는 연관성 등을 일깨워 줄 필요가 있다(박재현, 2021: 253). 따라서 다음의 동기 유발 활동의 예를 참고하여 〈사례〉의 전시 학습 확인 이후에 동기 유발 활동을 설계하면, 이후의 학습 목표 안내 단계로 자연스럽게 이어질 수 있고 본 차시 수업에 대한 학생들의 몰입이나 집중도를 높일 수 있을 것이다.

---

- 상황 맥락 또는 사회·문화적 맥락을 고려하지 않아 담화의 의미를 제대로 이해하지 못한 사례를 이미지 또는 영상 자료로 제시한다.[3]
- 자료에서 담화의 의미를 제대로 이해하지 못한 이유를 학생이 추측하여 답하도록 한다.
- 학생의 답변을 요약하고, 본 차시의 학습 목표와 연결하여 자료의 의미를 설명한다.

---

### (2) 2. 본 차시 교수·학습 지도안 – 교수·학습 과정 및 활동

| 형식 | • 지도안의 서술이 의미하는 바가 명료한가? |
|---|---|

---

**3** 김승현·박재현(2010: 173-174)에 따르면, 동기 유발 단계에서 교사가 제시하는 동영상에 대해 이야기를 나누고 이를 본 차시 수업 내용과 관련짓는 방식이 가장 많이 활용된다.

| 형식 | - 교수·학습 활동을 서술하는 위계와 형식을 명확히 갖출 필요가 있다.<br>- 전개 1, 2의 첫 번째 활동에서 교수·학습 활동을 가리키는 표현을 학생 활동 중심의 표현으로 수정할 필요가 있다. |
| --- | --- |

앞선 사례들을 통해 확인한 바와 같이, 지도안의 가독성을 높이기 위하여 교사와 학생의 활동을 서술할 때 일정한 위계와 형식을 갖출 필요가 있다. 〈사례〉에서는 '▶' 기호를 상위 활동으로, '•' 기호를 하위 활동으로 구분하여 사용하고 있으나, 상위 및 하위 활동의 서술 방식, 즉 문장의 길이와 종결 형태가 거의 비슷하다. 이 경우에 '▶' 기호로 표시되는 상위 활동은 명사형 어미로, '•' 기호로 표시되는 하위 활동은 평서형 어미로 종결하는 방식으로 기술하면, 교수·학습 활동의 위계와 흐름을 더 간명하게 파악할 수 있다.

한편, '전개 1'의 교수·학습 활동은 크게 '상황 맥락 학습 제재 소개하기'와 '하나의 문장으로 다양한 상황 맥락 구성해 보기'로 이루어져 있다. 본 차시 학습 목표와 연결 짓는다면, 학생은 이러한 교수·학습 활동을 통해 상황 맥락의 개념을 이해하고 담화의 다양한 상황 맥락을 구성하게 될 것임을 알 수 있다. 그런데 '상황 맥락 학습 제재 소개하기'라는 표현은 교사가 학생에게 학습 제재를 소개하는 행위에 초점을 맞추고 있다. 이는 '다양한 상황 맥락 구성해 보기'라는 표현이 학생 활동에 초점을 맞추고 있는 것과 상반된다.

수업의 전개 단계는 본 차시 학습 목표의 달성을 위한 핵심적인 활동이 이루어지는 단계이다. 그러므로 전개 단계의 교수·학습 활동을 몇 단계로 나누어 기술할 때, 교사의 교수 활동보다는 학생의 학습 활동을 드러낼 수 있는 표현을 적는 경우가 일반적이다. 예컨대, 학생들이 주어진 논제로 토론 활동을 하는 수업의 전개 단계에서 '주어진 논제로 토론하도록 지도하기'와 같은 교사 활동 중심의 표현보다 '주어진 논제로 토론하기'와 같은 학생 활동 중심의 표현을 쓰는 것이 활동의 의미를 보다 간결하고 핵심적으로 드러낼 수 있다. 따라서 〈사례〉에서 전개 1의 '상황 맥락 학습 제재 소개하기'를 '상황 맥락의 개념 이해하기'와 같이 학생 활동 중심의 표현으로 수정하는 방안을 고려할 필요가 있다.

마찬가지로 전개 2의 '사회·문화적 맥락 학습 제재 소개하기'라는 표현도 교사 활동에 초점이 맞추어져 있으므로, 본 차시 학습 목표와 실제 교수·학습 활동을 고려하여 이를 학생 활동 중심의 표현으로 수정할 필요가 있다.


### (3) 2. 본 차시 교수·학습 지도안 – 전개 1

| 교수·학습<br>자료 및 환경 | • 학습 목표, 학습 내용, 교수·학습 방법, 학습자를 적절히 고려하여 교재를 선정/구성/재구성하였는가? |
| | - 첫 번째 교수·학습 활동에서 설명하고 있는 상황 맥락에 대한 개념이 '자료 및 지도상의 유의점' 항목에 제시된 교과서의 내용과 상충된다. 제시한 개념 설명을 뒷받침하는 데 필요한 다른 교재를 학습 자료로 추가해야 한다. |
| 형식 | • 지도안의 항목에 맞게 하위 내용을 기술하였는가? |
| | - '상황 맥락 학습 제재 소개하기'의 일부 활동이 '하나의 문장으로 다양한 상황 맥락 구성해 보기'에 해당한다. |
| | • 지도안의 서술이 의미하는 바가 명료한가? |
| | - '하나의 문장으로 다양한 상황 맥락 구성해 보기' 교수·학습 활동에서 몇 개의 상위 활동을 하나로 묶을 수 있다. |

'전개 1'의 첫 번째 교수·학습 활동은 다음과 같이 세 가지의 상위 활동으로 구성되어 있다.

> ▶ 교과서를 통해 학습 제재를 (교사)소개한다, (학생)이해한다.
> ▶ 상황 맥락의 개념을 (교사)설명한다, (학생)이해한다.
> ▶ 다양한 상황 맥락을 도출할 문장을 (교사)제시한다, (학생)본다.

이 가운데 두 번째 상위 활동에서는 상황 맥락의 개념을 "화자와 청자가 처한 시간적·공간적 장면"이라고 설명하고 있다. 그런데 하위 활동의 진술에서는, "시간적·공간적 장면 외에도 말하는 이, 듣는 이, 의도와 목적 등이 있음"을 덧붙임으로써 상황 맥락의 개념에 화자와 청자 등을 포함하여 제시하고 있다. 〈사례〉의 본 차시 수업에서는 『고등학교 언어와 매체』교과서(이삼형 외, 2019)를 학습 자료로 명시하고 있으므로 해당 교과서에 나와 있는 상황 맥락의 개념과 교사가 수업에서 제시한 개념이 일치하는지 등을 확인해 보아야 한다.

> 화자와 청자가 처한 시간적·공간적 장면을 상황 맥락이라고 한다. 같은 발화라도 상황이 달라지면 그 의미도 달라지기 때문에 상황을 고려하지 않으면 발화의 정확한 의미를 알 수 없다. … 이처럼 실제 발화의 의미는 화자, 청자, 장면 등 담화를 구성하고 있는 다양한 요소들을 고려해야만 제대로 이해할 수 있다. 특히 지시 표현, 높임 표현, 생략 표현 등이 나타내는 의미나 화자의 심리적 태도는 담화 맥락과 상황에 의존하는 바가 크다.(이삼형 외, 2019: 131)

위에서 〈사례〉와 관련된 『고등학교 언어와 매체』 교과서의 상황 맥락 관련 내용을 살펴보면, 상황 맥락은 화자와 청자가 처한 시·공간적 장면이며, 이는 화자, 청자와 함께 담화의 구성 요소에 포함된다. 〈사례〉의 진술과 달리 여기서는 상황 맥락이 화자, 청자와 병렬적으로 제시되어 있다. 따라서 해당 개념이 다른 언어와 매체 교과서에서 어떻게 다루어지고 있는지도 살펴볼 필요가 있다.

| '상황 맥락'에 대한 『고등학교 언어와 매체』 교과서의 수록 내용 비교 | |
| --- | --- |
| 1 | 상황 맥락은 담화를 생산하고 수용하는 활동에 직접 영향을 끼치는 맥락으로, 의사소통이 이루어지는 시간적·공간적 배경을 말한다. 화자(글쓴이), 청자(독자), 주제, 목적 등도 담화 상황의 일부가 되므로 상황 맥락에 포함한다.(방민호 외, 2019: 117) |
| 2 | 상황 맥락은 화자, 청자, 시간, 공간 등을 가리킨다. 화자와 청자가 누구인지, 시간적 배경이나 공간적 배경이 어떻게 되는지에 따라 동일한 담화 내용이 다르게 표현되거나 이해될 수 있다.(민현식 외, 2019: 174) |
| 3 | 상황 맥락은 화자와 청자의 관계, 그들이 속한 구체적인 시간적, 공간적 상황 등과 관련된다.(최형용 외, 2019: 92) |

위의 표에 제시된 다른 교과서들의 내용을 살펴보면, 상황 맥락의 개념이 화자, 청자, 시간, 공간을 모두 포함하고 있음을 알 수 있다. 요컨대 상황 맥락은 교과서에 따라 화자, 청자와 병렬적으로 제시되기도 하고, 화자와 청자를 포함하는 개념으로 정의되기도 함을 알 수 있다. 따라서 〈사례〉의 '전개 1'과 같이 상황 맥락을 설명할 수 있다.

다만, 〈사례〉의 '자료 및 지도상의 유의점'에 제시된 교과서는 '전개 1'에서 설명하고 있는 상황 맥락의 개념을 뒷받침한다고 보기 어려우므로, 이를 뒷받침하는 데 필요한 다른 교재나 자료를 본 차시 수업의 '자료 및 지도상의 유의점'에 추가하는 것이 바람직하다. 더불어 학생들에게 상황 맥락의 개념을 설명할 때 교재에 따른 개념 정의의 차이를 언급한다면, 학습 과정에서 야기될 수 있는 학생들의 불필요한 혼란을 줄일 수 있을 것이다.

한편 '상황 맥락 학습 제재 소개하기'의 세 번째 (상위) 활동 '다양한 상황 맥락을 도출할 문장을 제시한다.'는 전개 1의 '하나의 문장으로 다양한 상황 맥락 구성해 보기'에 속하는 것이 더욱 자연스러우므로, 서술 위치의 수정이 필요하다. '하나의 문장으로 다양한 상황 맥락 구성해 보기' 교수·학습 과정은 다음과 같이 여섯 개의 상위 활동으로 구성되어 있다. 이 가운데 첫 번째 (상위) 활동 뒤에 해당 활동을 넣어, 활동지를 제시한 후 교사가 시범 보이기 전에 상황 맥락을 도출하는 문장을 제시하는 것이 적절하다.

> ▶ 상황 맥락을 고려하여 담화 역할극을 구성하는 활동지를 (교사)제시한다, (학생)함께 읽는다.
> ▶ 문장을 토대로 상황 맥락에 따른 담화를 만드는 (교사)시범을 보인다, (학생)교사의 시범을 보고 활동을 이해한다.
> ▶ 모둠별 활동을 진행한다.
> ▶ 모둠별로 준비한 역할극을 발표한다.
> ▶ 각 모둠의 발표에 대해 (교사)피드백한다, (학생)피드백을 듣고 상황 맥락을 익힌다.
> ▶ 실제 담화에서 상황 맥락을 활용할 수 있도록 (교사)강조한다, (학생)자신감을 얻는다.

또한 위의 여섯 가지 상위 활동은 크게 '교사의 활동 안내 – 학생의 모둠 활동 – 학생의 발표 및 교사의 피드백'의 흐름으로 파악될 수 있다. 이에 따라 첫 번째와 두 번째 상위 활동을 교사의 활동 안내로, 다섯 번째와 여섯 번째 상위 활동을 교사의 피드백으로 묶어 각각 하나의 상위 활동으로 제시하면, 교수·학습 활동의 흐름을 더욱 간결하고 명료하게 나타낼 수 있을 것으로 보인다.

## [4] 2. 본 차시 교수·학습 지도안 – 전개 2

| 학습 내용 | • 학습 내용상의 오류는 없는가? |
| --- | --- |
| | - 첫 번째 교수·학습 활동에서 첫 번째 상위 활동에 속하는 하위 활동의 일부 용어와 진술이 적절하지 않다. |

'전개 2'의 첫 번째 교수·학습 활동은 다음과 같이 두 가지의 상위 활동으로 구성되어 있다.

> ▶ 교과서를 통해 학습 제재를 (교사)소개한다, (학생)이해한다.
> ▶ 사회·문화적 맥락의 개념을 (교사)설명한다, (학생)이해한다.

'전개 1'과 마찬가지로, '전개 2'에서도 교과서의 학습 제재를 통해 담화 맥락(사회·문화적 맥락)의 개념을 설명 및 이해하는 활동이 전개되고 있음을 알 수 있다. 여기에서는 이 중 첫 번째 상위 활동에 속해 있는 하위 활동들의 진술을 면밀히 살펴보기로 한다.

먼저 전개 2에서 다루고 있는 교과서의 학습 제재는 '다가서기'와 '확인하기'로 이루어져 있다. '다가서기'에서는 담화의 예를 제시하고 여기에 쓰인 '하게체' 말투가 어색하게 느껴지는 이유를 이와 관련된 사회·문화적 맥락으로 이해하도록 하고 있으며, '확인하기'에서는 또 다른 담화의 사례에서 외국인 청자가 담화의 의미를 이해하지 못하는 이유를 사회·문화적 맥락의 관점에서 설명해 보도록 활동을 구성하고 있다(이삼형 외, 2019: 132).

이에 대하여 첫 번째 하위 활동에서는 '세대와 문화에 따른 사회·문화적 맥락'이라는 표현을 사용하고 있는데, 이러한 표현이 '다가서기'와 '확인하기' 제재에서 다루고 있는 사회·문화적 맥락의 양상을 가리키는 데 적합한지를 점검할 필요가 있다. '다가서기'의 담화 예시는 1학년과 3학년 선후배 사이의 대화로, 이러한 젊은 층이 '나이 지긋한 어른들이 쓰는 하게체 말투'를 사용하면 어색하게 느껴진다는 것을 드러내고 있어 사회·문화적 맥락 중에서 세대와 관련된 것으로 볼 수 있다. 그리고 '확인하기'의 담화 예시는 서로 다른 언어 공동체에 속한 화자와 청자, 즉 한국인과 외국인 사이에 이루어지는 담화로, 손님에게 음식을 대접하는 말에 드러나는 우리나라의 겸손의 문화와 따뜻한 음식의 맛을 표현하는 '시원하다'의 의미를 외국인이 이해하지 못하는 상황이 드러나 있다. 지도안에서는 '확인하기'의 담화 예시에 작용하는 맥락을 '문화에 따른 사회·문화적 맥락'이라고 지칭하고 있는데, 표준국어대사전에 따르면 문화란 '의식주, 언어, 풍습, 종교, 학문, 예술, 제도' 등을 모두 포함하는 개념이다. 이를 고려할 때 '문화에 따른 사회·문화적 맥락'을, 문화의 하위 범주에 속하는 '언어'

라는 표현을 활용하여 '언어에 따른 사회·문화적 맥락'이라고 기술하면 '확인하기' 제재에서 다루고 있는 사회·문화적 맥락의 양상을 더욱 구체적으로 드러낼 수 있을 것으로 보인다.

한편, '다가서기'와 '확인하기'의 담화 예시들에 작용하는 사회·문화적 맥락을 아울러 설명하고 있는 첫 번째 상위 활동의 세 번째 하위 활동에서는 "자료의 담화가 '겸손의 문화'에 의해 이해된다"라는 진술이 나타나 있다. 그러나 앞서 밝힌 것처럼 '겸손의 문화'는 '확인하기'의 첫 번째 담화 예시와 관련된 내용이며, 다른 담화 예시에 작용하는 사회·문화적 맥락은 이와 구별될 필요가 있다. 또한 다음에 이어지는 두 번째 상위 활동에서 사회·문화적 맥락의 개념을 설명할 것임을 고려하면, 해당하는 세 번째 하위 활동에서는 학습 제재 속 담화 예시들에 각 언어 공동체가 공유하는 "그 나름의 사회·문화적 관습과 규범"(이삼형 외, 2019: 132)이 작용하고 있음을 포괄적으로 진술하는 것이 더욱 적절해 보인다.

### [5] 2. 본 차시 교수·학습 지도안 – 전개 1, 2 교수·학습 활동

| | |
|---|---|
| 교수·학습 방법 | • 학습 목표에 적합한 교수·학습 방법을 사용하였는가? |
| | - 전개 1의 모둠별 담화 역할극을 통해 실제 담화에 작용하는 다양한 상황 맥락을 이해하고 활용하는 데까지 나아갈 수 있으나, 담화 역할극 구성에 대한 교사의 시범과 안내가 불충분하다. |
| | • 교사와 학생 간, 학생과 학생 간 상호작용이 적절히 일어날 수 있도록 지도안을 작성하였는가? |
| | - 학습 활동의 전반적인 과정에서 교사와 학생의 상호작용이 드러나 있으며, 역할극과 토의 활동을 통해 같은 모둠의 학생 간 상호작용이 드러나 있다.<br>- 모둠 발표 및 평가 활동에서 서로 다른 모둠의 학생 간 상호작용을 촉진하는 방법을 고안할 필요가 있다. |
| 교수·학습 자료 및 환경 | • 매체 자료를 적절히 선정/구성/재구성하였는가? |
| | - 전개 2의 모둠 토의에서 화자와 청자의 상호작용이 담긴 다양하고 실제적인 담화 자료를 활용할 필요가 있다. |

학습 목표 1, 즉 담화 맥락의 개념 학습과 관련된 교수·학습 활동은 전개 1, 2에서 개별 학습의 형태로 이루어지고 있다. 이와 달리 학습 목표 2에 제시된 실제 담화에서의 담화 맥락 활용과 관련된 교수·학습 방법으로는 담화 역할극과 모둠 토의가 적용되어 있다. 우선 '전개 1'에서는 활동지에 제시된 문장이 어떤 상황 맥락 속에서 쓰일 수 있는지를 파악하고, 이를 담화 역할극으로 구성하도록 하고 있다. 박재현(2021: 84-85)에서는 실세계 전이력 신장, 통합적 언어 능력 신장은 물론 공감 역량, 대인 관계 역량, 협동심과 사회성 등 학생의 전인적 성장에 도움을 준다는 점에서 역할극과 같은 역할 수행 학습이 학습자에게 미치는 긍정적 영향에 주목하였다. 이를 고려할 때 다른 모둠의 담화 역할극을 접하며 하나의 문장이 다양한 상황 맥락으로 구현되는 양상을 확인하는 것은, 실제 언어생활에서 작용하는 다양한 상황 맥락을 이해하고 활용하는 효과적인 경험이 될 수 있을 것이다. 다만, 〈사례〉에서는 모둠 활동 전에 제시된 교사의 시범이 '전화를 끊는 상황 맥락'을 간결하게 보여 주는 데 그치고 있다. 따라서 학생들이 화자, 청자, 상황 맥락이 담긴 실제적인 담화 역할극을 어떤 수준과 분량으로 구성해야 하는지를 파악하기가 어려우므로, 이에 대한 교사의 구체적인 안내가 제시되어야 할 것으로 보인다.

다음으로 '전개 2'에서는 사회·문화적 맥락에 의해 이해되는 담화의 의미를 외국인에게 설명하는 글을 작성하는 활동에서 모둠 토의가 활용되고 있다. 교수·학습 활동 중 왼쪽의 교사 칸을 참고하면, 학생들에게 '밥 먹었어, 별거 아닙니다.'와 같이 단편적인 문장을 제시하고 사회·문화적 맥락과 관련된 담화의 의미를 설명하도록 하고 있음을 알 수 있다. 학습 목표 2에 "실제 담화에서"라는 전제가 있음을 고려할 때, 이와 같이 단편적인 문장을 제시하기보다 화자와 청자의 상호작용이 담긴 담화 자료를 다양하게 제시하거나 학생이 매체나 자신의 언어생활에서 경험한 담화의 사회·문화적 맥락을 스스로 떠올리고 이를 설명하는 활동으로 구성한다면 모둠 내 토의가 보다 능동적으로 이루어질 수 있을 것이다.

한편, 2015 개정 국어과 교육과정에서는 다음과 같이 언어와 매체 교수·학습의 방향을 제시하고 있다.

- '언어와 매체'의 교육 목표와 성취기준의 성격을 고려하여 책, 신문, 잡지, 전화, 라디오, 사진, 광고, 영화, 텔레비전, 컴퓨터, 인터넷, 이동 통신 기기 등의 다양한 매체를 통해 전달·공유되는 자료를 활용하고, 퀴즈, 면담, 매체 제작 활동, 프로젝트 활동, 문제 해결 활동 등 적절한 교수·학습 방법을 선택하여 운용하되, 학습자 참여형 교수·학습이 되도록 한다.

전개 1, 2에 각각 적용된 역할극과 토의 학습은 2015 개정 국어과 교육과정에서 강조하는 학습자 참여형 교수·학습을 이끌어 내기에 적합한 교수·학습 방법이라 할 수 있다. 모둠 중심으로 이루어지는 역할극과 토의를 통해 학생들은 소속 모둠의 구성원들과 다양한 상호작용을 하며 학습에 능동적으로 참여하게 된다. 또한 〈사례〉에서 교사가 모둠 활동을 순회 지도하며 학습 활동을 어려워하는 학생들에게 도움을 주는 부분을 통해 학습 활동 중에 이루어지는 교사와 학생 간의 지속적인 상호작용을 파악할 수 있다. 교사와 학생 간 상호작용은 역할극과 토의의 결과물을 모둠별로 발표한 후 교사가 판서를 활용하여 즉각적으로 피드백을 하는 부분에서도 찾을 수 있다.

다만, 전개 단계에서 모둠별 발표에 대한 피드백의 주체가 교사로만 나와 있어 서로 다른 모둠에 속한 학생들 간의 상호작용이 잘 드러나지 않는다. 이를 고려할 때, 전개 2에서 학생이 자신과 다른 모둠의 발표를 듣고 모둠별 설명이 적절한지 평가하는 활동을 보완하여 제시할 수 있다. 예를 들어, 평가한 내용을 발표하거나 모둠 간에 서로 평가한 내용을 돌려보며 확인하는 방법 등이 가능하다.

### [6] 2. 본 차시 교수·학습 지도안 − 정리

| 교수·학습 방법 | • 학습 활동이 유기적으로 연결되어 있는가? |
| --- | --- |
| | - '전개 2'의 모둠 활동 및 평가와 '정리' 단계의 '학습 내용 정리하기'가 분절적으로 진행되는 느낌을 준다. |
| | • 교수·학습 단계에 맞는 활동을 구성하였는가? |
| | - '정리' 단계의 '학습 내용 정리하기' 활동이 지닌 일반적인 성격과 본 차시 학습 목표 등을 고려하여 해당 활동을 수정할 필요가 있다. |

수업의 '정리' 단계는 본 차시 학습 목표와 관련된 주요 학습 내용의 정리와 학생의 학습 목표 성취 여부를 확인하기 위한 평가를 중심으로 이루어지며, 이후의 학습을 적용 및 발전시키기 위한 과제를 제시하거나 다음 차시 학습의 내용을 예고하기도 한다(김주영, 2017: 86).

〈사례〉의 '정리' 단계는 '학습 내용 정리하기 – 다음 차시 예고하기 – 마무리 인사하기'로 이루어져 있다. 앞서 '전개 2'의 뒷부분 교수·학습 활동이 본 차시 학습 목표 2, 즉 실제 담화에서의 담화 맥락 활용을 위한 모둠 활동 및 활동에 대한 평가로 마무리되고 있음을 확인하였다. 그런데 이어지는 '정리' 단계의 첫 부분인 '학습 내용 정리하기'에서는 교사가 상황 맥락 및 사회·문화적 맥락의 개념을 질문의 형식으로 제시하고 학생이 그 종류를 맞히도록 함으로써 학습 목표 1과 관련된 학습 내용을 점검하고 있다. 즉, 서로 다른 학습 목표와 연계된 활동이 전개 및 정리 단계에 나열됨으로써 각 과정이 분절적으로 진행되는 느낌을 준다.

또한 '정리' 단계에서 이루어지는 '학습 내용 정리하기' 활동은 일반적으로 본 차시 학습 목표를 고려하여 주요 학습 내용을 종합적으로 정리하고, 이에 대한 학생의 이해를 점검 및 강화하는 성격을 지닌다. 따라서 '학습 내용 정리하기'가 본 차시 수업에서 다루어진 주요 학습 내용 중 담화의 상황 맥락과 사회·문화적 맥락의 개념을 정리하는 데 초점을 맞추었다고 보더라도, 이와 관련된 학습 목표 1의 내용을 고려하여 학생이 스스로 개념을 설명할 수 있는지를 점검하는 방식으로 활동을 설계하는 것이 더욱 바람직하다. 물론 전개 1, 2에서 다루어진 주요 학습 내용 및 활동을 아울러 종합적으로 정리하는 방식으로도 수정이 가능하다.

### ⑺ 2. 본 차시 교수·학습 지도안 – 평가

| 평가 | • 학습 목표 달성 여부를 점검하는 방법이 적절한가?<br>- 평가 기준을 적절하게 구성하였는가?<br>- 평가 도구를 적절하게 제작 및 활용하였는가? |
|---|---|
| | - '전개 2'에서 모둠별 발표에 대한 자기 평가와 상호 평가가 제시되어 있다.<br>- 평가 기준 및 도구, 평가 결과 활용 방안 등이 구체적으로 제시되어 있지 않아 실제 현장에서 이루어지는 평가의 양상을 짐작하기 어렵다. |

〈사례〉에서 '평가'라는 용어는 '전개 2'의 교수·학습 활동 중 오른쪽의 학생 칸에서 찾을 수 있다. 사회·문화적 맥락이 담긴 담화의 의미를 가상의 외국인에게 설명하는 글을 모둠별로 활동지에 작성하고, 활동지의 내용을 모둠별로 발표한 후, 교사의 피드백을 참고하여 자신과 다른 모둠의 설명이 적절한지 평가하도록 되어 있는 것이다. 여기에서 평가의 주체는 학습자 자신과 또래 학습자이므로, '자기 평가'와 '상호 평가'가 활용되고 있음을 알 수 있다. 2015 개정 국어과 교육과정에서 언어와 매체의 평가 방향으로 다음의 내용을 강조하고 있음을 고려하면, 이러한 평가 방식의 의미를 긍정적으로 바라볼 수 있다.

평가 목적, 평가 내용, 평가 상황을 고려하여 교사 평가 이외에 자기 평가, 상호 평가를 적극적으로 활용한다.

그러나 평가 기준과 도구, 평가 결과 활용에 대한 구체적인 언급이 없어 교사가 실제 현장에서 평가를 어떤 모습으로 실현할지를 짐작하기가 어렵다. 다만, '전개 2'의 두 번째 교수·학습 활동에서 '자료 및 지도상의 유의점' 항목에 활동지가 제시되어 있으므로 평가 도구로 활동지가 사용될 것이라는 추측이 가능하다.

# 3

## 지도안 다시 작성해 보기

### 1) 지도안의 수정 방향

앞서 검토의 방향을 설정하며 주된 논의 대상으로 삼았던 '소단원 차시 계획'과 '본 차시 학습 목표', '교수·학습 방법' 가운데 앞의 두 항목은 서술된 내용과 표현을 일부 다듬어 본 차시 수업과의 연계성을 강화하는 데 초점을 맞추고자 한다. 그리고 본 차시 교수·학습 방법과 관련해서는 '거꾸로 수업'이라는 큰 틀을 적용하여 〈사례〉의 본 차시 수업을 새롭게 설계하고자 한다.[▶ 국어 교육 이론]

거꾸로 수업은 학생들이 동영상을 통해 교과의 핵심 내용을 집에서 개별적으로 학습하도록 하고, 교실 수업에서 학생들의 이해를 확인하거나 학습 활동을 통해 심화 및 응용 학습을 운영하는 수업을 의미한다(이민경, 2015: 66). 이러한 거꾸로 수업을 적용하면, 2015 개정 국어과 교육과정에서 지향하는 학습자 참여형 교수·학습 활동 및 방법을 교실 수업에서 보다 자유롭게 활용할 수 있을 것으로 기대된다.

한편, 거꾸로 수업의 토대 위에서 설계되는 본 차시 수업의 수정안에서는 전개 단계의 첫 번째 활동에 '직소 모형 I(전문가 상호 교수법)'이라 불리는 협동 학습 모형을 적용할 것이다. 이때 협동 학습은 학생들이 담화 맥락을 활용하여 다양한 매체 자료에 나타난 담화를 수용하는 과정을 촉진하는 데 활용될 것이다. 이와 더불어 앞서 형식 측면에서 검토한 내용을 골고루 반영하여 지도안의 가독성을 높이는 데에도 주안점을 둔다.

여기서는 단원 전체와 본 차시 부분을 스스로 설계하며 지도안을 다시 작성해 볼 것이다.

## 2) 단원 설계

소단원 학습 목표와 차시별 지도 계획을 수정해 보자.

| 소단원 학습 목표 | | |
|---|---|---|
| 차시별 지도 계획 | 차시 | 주요 학습 내용 및 활동 |
| | | |

## 3) 본 차시 설계

거꾸로 수업을 활용하여 본 차시 수업 지도안의 전개 및 정리 단계를 다시 작성해 보자.

| 교과명 | | 교사 | |
|---|---|---|---|
| 교재 | | 대상 학급 | |
| 일시 | | 장소 | |
| 단원 | | 차시 | |
| 본 차시 학습 목표 | | | |
| 교수·학습 모형 | | | |

| 교수·학습 단계 | | 교수·학습 활동 | | 자료 및 유의점 | 시간 (분) |
|---|---|---|---|---|---|
| | | 교사 | 학생 | | |
| 수업 전 | 사전 동영상 시청 | ▶ 담화의 비언어적 맥락에 대한 학습 동영상 제작 및 배포하기 | ▶ 동영상 시청을 통해 담화의 비언어적 맥락에 대해 학습하기 | 컴퓨터, 스마트폰 등 | |
| 도입 | 학습 목표 확인 | ▶ 본 차시 학습 목표 제시하기 | ▶ 본 차시 학습 목표 확인하기 | PPT : 학습 목표 | |
| | 동영상 학습 내용 확인 | ▶ 교과서 탐구 활동을 통한 동영상 학습 내용 점검 안내하기 - | ▶ 교과서 탐구 활동을 통해 동영상 학습 내용 모둠별로 점검하기 - | 교과서 모둠별 순회 지도 | |
| 전개 | | | | | |
| 정리 | | | | | |

# 4

# 지도안 수정 예시

## 1) 단원 설계 부분 수정 예시

| 소단원<br>학습 목표 | 담화의 맥락을 이해하고, 담화의 수용과 생산에 이를 활용할 수 있다. | |
|---|---|---|
| 차시별<br>지도 계획 | 차시 | 주요 학습 내용 및 활동 |
| | 1 | • 담화의 언어적 맥락의 개념 이해하기<br>• 언어적 맥락을 활용하여 담화를 수용하고 생산하기 |
| | 2<br>(본 차시) | • 담화의 상황 맥락과 사회·문화적 맥락의 개념 이해하기<br>• 상황 맥락과 사회·문화적 맥락을 활용하여 담화를 수용하고 생산하기 |

〈사례〉에는 소단원의 학습 목표를 기술하는 항목이 없었으나, 여기에서는 지도안의 보편적 형식을 고려하여 소단원 학습 목표를 설정하였다.

앞서 살펴본 담화 관련 성취기준 및 해설을 참고하여, 담화 맥락에 대한 이해와 국어생활에서의 활용에 초점을 두어 학습 목표를 설정하였다.

기존 차시 구성을 따라 소단원을 총 2차시로 설계하였으며, 1차시는 언어적 맥락을, 2차시는 비언어적 맥락(상황 맥락 및 사회·문화적 맥락)을 학습하는 것으로 계획하였다.

또한 소단원 학습 목표에 근거하여 각 차시에서 담화 맥락의 개념을 이해하고, 담화의 수용 및 생산에서 담화 맥락을 활용하는 데 초점을 맞추도록 하였다.

## 2) 본 차시 설계 부분 수정 예시

| 교과명 | 국어 | 교사 | ○○○ |
|---|---|---|---|
| 교재 | 고등학교 언어와 매체(이삼형 외) | 대상 학급 | 3학년 ○반 ○○명 |

교재 항목에는 〈사례〉와 관련된 교과서를 기재하고, 대표 저자를 밝혔다.

| 일시 | 20○○년 ○월 ○일 ○교시 | | 장소 | 3-○ 교실 |
|---|---|---|---|---|
| 단원 | 4. 담화<br>(2) 담화의 맥락과 효과적인 국어 생활 | | 차시 | 2/2차시 |
| 본 차시 학습 목표 | • 담화의 상황 맥락과 사회·문화적 맥락의 개념을 이해할 수 있다.<br>• 매체 자료를 바탕으로 상황 맥락과 사회·문화적 맥락을 활용하여 담화를 수용하고 생산할 수 있다. | | | |
| 교수·학습 모형 | 협동 학습(직소 모형 I) | | | |

| 교수·학습 단계 | | 교수·학습 활동 | | 자료 및 유의점 | 시간 (분) |
|---|---|---|---|---|---|
| | | 교사 | 학생 | | |
| 수업 전 | 사전 동영상 시청 | ▶ 담화의 비언어적 맥락에 대한 학습 동영상 제작 및 배포하기 | ▶ 동영상 시청을 통해 담화의 비언어적 맥락에 대해 학습하기 | 컴퓨터, 스마트폰 등 | 7 |
| 도입 | 학습 목표 확인 | ▶ 본 차시 학습 목표 제시하기 | ▶ 본 차시 학습 목표 확인하기 | PPT<br>: 학습 목표 | 1 |
| | 동영상 학습 내용 확인 | ▶ 교과서 탐구 활동을 통한 동영상 학습 내용 점검 안내하기<br>- 교과서 '확인하기'의 문제에 답변하며 사전 동영상으로 학습한 내용을 모둠원과 점검하도록 안내한다.<br>- 답변을 잘못하거나 어려워하는 경우 피드백을 제공한다. | ▶ 교과서 탐구 활동을 통해 동영상 학습 내용 모둠별로 점검하기<br>- 교과서 '확인하기'의 문제에 대한 답변을 모둠 안에서 공유함으로써 사전 동영상으로 학습한 내용을 서로 점검한다.<br>- 어려움이 생길 경우 교사의 도움을 받아 적절한 답을 확인한다. | 교과서<br>: 131~132쪽<br><br>모둠별 순회 지도 | 7 |

앞서 검토한 내용에 따르면, 도입 단계에는 전시 학습 확인, 동기 유발, 학습 목표 안내 등이 유기적으로 연결되어 제시될 필요가 있으나, 본 차시 수업 수정안에서는 거꾸로 수업의 틀을 적용하기로 하였기에 도입 단계의 활동을 비교적 간략히 구성하였다.
즉, 본 차시 수업의 학습 목표를 확인하고, 이 가운데 첫 번째 학습 목표와 관련하여 학생들이 사전에 시청한 동영상 내용에 대한 자신의 이해도를 모둠원과 함께 점검하는 활동이 도입 단계에서 이루어지도록 하였다.

소단원의 차시별 주요 학습 내용 및 활동을 바탕으로 본 차시 학습 목표를 두 가지로 설정하였다.
또한 '언어와 매체' 과목의 특성을 고려하여, 비언어적 맥락을 활용한 담화의 수용과 생산이 다양한 매체의 담화 자료를 토대로 이루어질 수 있도록 하였다.

단원 항목에는 교과서의 중단원 및 소단원명을 표기하였다.

본 차시 수업과 관련된 사전 동영상은 학생들이 수업 전에 미리 학습해야 할 담화의 상황 맥락과 사회·문화적 맥락의 개념을 간략히 제시한 것으로, 교과서 131~134쪽 중 필요한 내용을 재구성하여 다루고 있다.
이를 통해 학생들은 본 차시 수업과 관련한 핵심적인 교과 개념을 확인하고, 교과서에 제시된 문제를 동영상으로 확인하며 자신의 이해도를 점검한 후에 수업에 참여할 수 있다.

이민경(2015: 97)에서는 거꾸로 수업에서 활용하는 사전 동영상을 7분 내외의 분량으로 짧게 만들 것을 제안하고 있다. 이를 고려하여 수업 전 동영상 시청 시간을 7분으로 계획하였으며, 이는 본 차시 수업 시간인 50분과 별도로 학생들이 사전에 동영상 학습을 하는 시간이다.

| | | | | 다양한 매체의 담화 자료 : 광고, 기사문, 소설, 시나리오 등 | |
|---|---|---|---|---|---|
| | | ▶ **시범을 통해 모둠 활동 안내하기**<br>- 매체 자료 속 담화를 하나 제시하고, 담화의 의미를 이해하기 위해 고려해야 하는 비언어적 맥락을 설명하는 시범을 보인다.<br>- 모둠 활동이 원래의 모둠과 전문가 모둠으로 나뉘어 이루어질 것임을 안내한다. | ▶ **모둠 활동 방법 이해하기**<br>- 교사의 시범을 보며 매체 자료 속 담화의 비언어적 맥락을 파악하는 방법을 이해한다.<br><br>- 모둠 활동이 협동 학습(직소 모형 I)의 방식으로 이루어짐을 확인한다. | | 20 |
| •전개 | ●매체 자료 속 담화의 비언어적 맥락 파악 | ▶ **매체 자료 속 담화의 비언어적 맥락 파악 지도하기**<br>- 광고, 기사문, 소설, 시나리오 등 다양한 매체에서 비언어적 맥락을 분석할 담화 자료를 제시한다.<br>- 전문가 모둠을 돌며 설명 및 피드백을 제공한다.<br>- 전문가 모둠의 활동이 끝나면 원래의 모둠으로 다시 돌아가도록 안내하고, 모둠 활동지를 배부한다.<br>- 각자 맡은 자료의 담화에서 비언어적 맥락을 탐구한 내용을 원래의 모둠에서 서로 설명하고 모둠 활동지에 정리하도록 안내한다. | ▶ **모둠 활동을 통해 매체 자료 속 담화의 비언어적 맥락 파악하기**<br>- 모둠에서 서로 다른 매체 자료를 한 명씩 고른 후, 선택한 자료별로 각 모둠에서 한 명씩 모여서 전문가 모둠을 만든다.<br>- 전문가 모둠끼리 비언어적 맥락을 탐구하여 담화의 의미를 구체적으로 이해한다.<br>- 원래의 모둠으로 돌아가서 모둠 활동지를 배부받고, 각자 맡은 자료의 담화 맥락에 대해 모둠원에게 설명하고 이를 모둠 활동지에 정리한다. | PPT : 활동 안내<br><br>모둠별 순회 지도<br><br>모둠 활동지 (앞면) : 매체 자료 속 담화의 비언어적 맥락 파악 | |
| | ●비언어적 맥락을 고려한 담화 재구성 및 발표 | ▶ **설명을 통해 활동 방법 안내하기**<br>- 모둠 활동과 발표가 어떻게 이루어질 것인지 안내한다. | ▶ **활동 방법 이해하기**<br>- 모둠별로 매체 자료 속 담화를 하나씩 골라 비언어적 맥락을 고려하여 담화를 재구성할 것임을 이해하고, 모둠 활동과 발표가 이루어지는 방식에 대해 교사의 설명을 듣는다. | PPT : 활동 방법 안내<br><br>모둠 활동지 (뒷면) | 20 |

전개 단계는 크게 담화의 수용과 생산 활동으로 나누어 구성하였다. 이때 담화의 개념과 특성이 문어뿐만 아니라 구어와 매체 언어에 두루 적용된다는 것(이삼형 외, 2019: 126)을 이해할 수 있도록 매체 자료를 다양하게 준비하였다.

담화의 수용을 위한 전개 단계의 첫 번째 활동은 협동 학습법 가운데 직소 모형 I을 적용하였다.

담화의 생산을 위한 전개 단계의 두 번째 활동에서는 모둠별로 기존 매체 자료의 담화를 재구성한 뒤 이를 발표하는 활동이 이루어진다. 특히 활동의 결과를 발표할 때, 다른 모둠의 발표를 들으며 개별 활동지를 기록하고 이를 바탕으로 마지막에 활동 소감을 공유하도록 하였다.

| | | | | | |
|---|---|---|---|---|---|
| 전개 | 비언어적 맥락을 고려한 담화 재구성 및 발표 | ▶ 비언어적 맥락을 고려한 담화 재구성 및 발표 준비 지도하기<br>- 모둠 안에서 적절히 역할을 분담하도록 안내한다.<br>: 진행 및 발표, 아이디어, 기록, 그림 등<br>- 모둠별로 선택한 매체 자료의 담화에서 상황 맥락이나 사회·문화적 맥락을 바꾸고 이에 따라 적절하게 담화를 재구성하도록 지도한다.<br>- 모둠 활동의 결과를 발표하도록 준비시킨다.<br>▶ **모둠별 발표 및 활동 소감 공유 이끌어 내기**<br>- 개별 활동지를 배부하고, 각 모둠의 발표를 들으며 중요하거나 인상 깊은 내용을 기록하도록 안내한다.<br>- 각 모둠의 발표가 끝날 때마다 중요한 내용을 요약하여 간단히 짚어 준다.<br>: "1모둠은 소설 속 담화에서 상황 맥락을 ~로 바꿈으로써 ~한 내용의 담화를 재구성하였군요."<br>- 발표가 모두 끝난 후, 학생들이 개별 활동지에 기록한 내용을 바탕으로 활동 소감을 말하도록 한다. | ▶ 비언어적 맥락을 고려한 담화 재구성 및 발표 준비하기<br>- 모둠원의 역할을 자율적으로 나눈다.<br>- 모둠별로 선택한 매체 자료의 담화에서 상황 맥락이나 사회·문화적 맥락을 바꾸어 담화를 재구성하고, 이를 모둠 활동지에 적는다.<br>- 모둠 활동을 마무리하고, 발표를 준비한다.<br>▶ **모둠별 발표 및 활동 소감 공유하기** •<br>- 개별 활동지를 배부받고, 다른 모둠의 발표를 들으며 개별 활동지에 중요한 내용이나 인상 깊은 내용을 기록한다.<br>- 모둠별로 활동 내용을 발표하고, 교사의 피드백을 듣는다.<br>- 발표가 모두 끝난 후, 개별 활동지에 기록한 내용을 바탕으로 활동 소감을 이야기한다. | : 비언어적 맥락을 고려한 매체 자료 속 담화 재구성<br><br>모둠별 순회 지도<br><br>개별 활동지<br>: 모둠별 발표 내용 및 활동 소감 기록 | 20 |

학생들이 다른 모둠의 발표를 들으며 기록한 개별 활동지의 내용, 그리고 모둠 활동을 하며 배우게 된 점이나 흥미로웠던 점 등을 소감으로 이야기하도록 한다.
이때 모든 학생의 소감을 듣는 데 한계가 있으므로, 학생 2~4명의 자원을 받아 활동 소감을 학급에 공유하도록 이끌어 낸다.

| 정리 | 활동지 수합 및 차시 예고 | ▶ 활동지 수합 및 피드백 제공 예고하기<br>- 모둠 및 개별 활동지를 수합하여 확인한 후, 다음 차시에 피드백을 제공할 것임을 예고한다.<br><br>▶ 다음 차시 수행평가 예고하기<br>- 중단원 '담화'의 학습 내용에 대한 수행평가가 이루어질 것임을 예고한다. | ▶ 활동지 제출하기<br>- 모둠 및 개별 활동지를 제출하고, 이에 대한 교사의 피드백이 다음 차시에 있을 것임을 인지한다.<br><br>▶ 다음 차시 수행평가 확인하기<br>- 중단원 '담화'의 학습 내용에 대한 수행평가가 이루어질 것임을 확인한다. | 다음 차시 수행 평가에 앞서, 본 차시 활동에 관해 제공할 만한 피드백이 있는지 활동지를 걷어 확인한다.<br><br>PPT<br>: 수행평가 안내 | 2 |

## 3) 평가 계획 예시

| 평가 요소 | (1) 상황 맥락과 사회·문화적 맥락의 개념 이해하기<br>(2) 매체 자료 속 담화의 상황 맥락과 사회·문화적 맥락 파악하기<br>(3) 상황 맥락과 사회·문화적 맥락 고려하여 담화 재구성하기 |
|---|---|
| 평가 방식 | - 평가 요소 (1): 도입의 '동영상 학습 내용 확인' 활동에서 모둠원들이 동료 평가 방식으로 상호 점검한다. 교사는 순회 지도를 하며 모둠에서 도움을 요청할 경우 피드백을 한다.<br>- 평가 요소 (2): 수업 중에는 전문가 모둠을 순회 지도하며 피드백을 한다. 정리 단계에서 모둠 활동지를 걷어 수업 후 평가하고, 다음 차시에 피드백을 한다.<br>- 평가 요소 (3): 모둠별 발표 후 교사가 피드백을 하고, 정리 단계에서 활동지를 걷어 수업 후 평가하고, 다음 차시에 피드백을 한다. |

| 평가 기준 | | |
|---|---|---|
| | 담화의 상황 맥락과 사회·문화적 맥락 파악 | 담화 재구성 |
| 상 | 담화의 의미를 이해하기 위해 고려해야 하는 비언어적 맥락을 실제 담화에서 적절히 찾아 타당하게 설명한다. | 상황 맥락이나 사회·문화적 맥락의 변경에 따라 담화를 적절히 재구성한다. |
| 중 | 담화의 의미를 이해하기 위해 고려해야 하는 비언어적 맥락의 일부를 실제 담화에서 찾아 설명한다. | 상황 맥락이나 사회·문화적 맥락의 변경에 따라 담화를 재구성하였으나 부분적으로 부족한 점이 있다. |
| 하 | 담화의 의미를 이해하기 위해 고려해야 하는 비언어적 맥락을 실제 담화에서 찾아 설명하는 데 어려움을 겪는다. | 상황 맥락이나 사회·문화적 맥락의 변경에 따라 담화를 재구성하는 데 어려움을 겪는다. |

   〈사례〉 및 지도안 수정 예시에서 다루고 있는 담화 관련 내용은 2015 개정 국어과 교육과정의 아래 성취기준과 관련된다.

| 2015 개정 국어과 교육과정 | 성취기준 | [12언매02-07] 담화의 개념과 특성을 탐구하고 적절하고 효과적인 국어생활을 한다. |
|---|---|---|
| | 성취기준 해설 | [12언매02-07] 이 성취기준은 담화의 특성에 대한 이전 학년의 성취기준을 심화한 것으로, 이전 학년에서 배운 담화의 개념과 특성에 대한 이해를 바탕으로 담화의 생산과 수용에 효과적으로 참여하는 태도를 기르기 위해 설정하였다. 담화의 개념, 담화의 구성 요소, 담화의 맥락을 이해하고 담화 생산 및 수용에 활용하는 데 중점을 둔다. |

   교육과정에 따라 성취기준의 진술 범위, 진술 방식 등이 달라지므로 성취기준 간 일대일 대응은 어렵다. 특히, 위 성취기준은 담화 자체의 개념과 특성에 대한 탐구를 성취기준의 한 부분으로 포함하고 있으나, 2022 개정 국어과 교육과정의 관련 성취기준에서는 담화를 고려 요인으로 삼아 어휘, 문법 요소를 선택하여 구성하는 것을 주요 내용 요소로 삼고 있어 직접적인 대응은 어렵다. 위 성취기준과 관련된 2022 개정 국어과 교육과정의 성취기준은 다음과 같다.

| 2022 개정 국어과 교육과정 | 성취기준 | [12화언01-05] 담화의 맥락에 적절한 어휘와 문법 요소를 선택하여 화자의 태도를 드러낸다.<br>[12화언01-06] 담화의 구조를 고려하여 적절한 어휘와 문장으로 응집성 있는 담화를 구성한다. |
|---|---|---|

   성취기준 및 해설을 비교해 보면, 2015 개정 국어과 교육과정에 진술되어 있는 "담화의 개념과 특성"이 2022 개정 국어과 교육과정의 위 성취기준에는 담겨 있지

않다. 즉, 담화 그 자체가 분석 대상이 되는 것이 아니라, 담화 맥락이 적절한 어휘와 문법 요소 선택의 고려 요인이 되고 담화의 구조가 적절한 어휘와 문장 사용의 고려 요인이 되는 것이다.[4] 물론, 이러한 활동은 담화의 개념과 특성에 대한 기본적 이해를 전제한다.

위에 제시한 [12화언01-05] 성취기준은 2015 개정 국어과 교육과정의 성취기준 중 "[12언매02-06] 문법 요소들의 개념과 표현 효과를 탐구하고 실제 국어생활에 활용한다."와도 관련된다. 결국 2015 개정 국어과 교육과정의 '언어와 매체'에서는 담화의 개념과 특성에 관한 내용을 문법 요소의 활용과 구분하여 독립된 성취기준으로 다루었으나, 2022 개정 교육과정의 '화법과 언어'에서는 담화의 개념과 특성을 별개의 성취기준으로 다루지 않고 문법 요소 등을 선택하는 데 작용하는 고려 요인으로 다루고 있음을 확인할 수 있다.

---

4   이러한 관점에 대해서는 이어지는 '지도안과 국어 교육 이론 연결하기'의 '문법 교육에서 담화를 다루는 방식'의 설명 참조.

## 문법 교육에서 담화를 다루는 방식

학교 문법 교육에서는 일반적으로 담화를 음운, 단어, 문장 등과 함께 언어 단위로 다루고 있으나, 문법 교육학적 논의와 연구에 따라 담화를 다루는 다양한 관점이 존재한다.

김은성(2008: 351-353)에 따르면, 문법 교육은 국어에 대한 메타적 이해를 추구하므로 문법 교육에 담화[5]를 도입함으로써 학습자에게 국어 및 언어의 세계를 실제에 가깝게 보여 줄 수 있다. 또한 해당 논의에서는 문법 교육에서의 담화를 기존의 언어 단위 및 문법 단위로 처리하는 대신에 분석의 기본 단위로 처리하여 음운, 형태소, 단어, 문장 차원의 이해에 작용하는 관점과 배경으로 다룰 것을 제안하였다(김은성, 2008: 357-358).

한편, 주세형(2014)에서는 문장 이하를 대상으로 한 문법 교육이 상황이나 문맥에 따른 의미를 다루지 못한 한계를 극복하려는 배경 속에서 담화가 도입되었음을 지적하면서, 여기에서 나아가 통합적 문법 교육을 실현하기 위하여 문장 및 담화에 대한 체계 기능적 관점을 견지할 것을 강조하였다. 그리고 주세형(2016)에서는 디지털 공간의 언어 현상이 언어와 맥락의 관계를 바꾸고 있음에 주목하며, 특정 맥락이 아니라 다양한 맥락을 최대한 고려하여 수행하는 언어적 선택을 담화 교육의 내용으로 다루어야 한다고 역설하였다.

이와 같이 그간 담화를 대상으로 진행되어 온 문법 교육학적 논의와 연구들을 고려할 때, 담화를 언어 단위로만 인식할 것이 아니라 다양한 언어 형식의 기능과 실현

---

[5] 김은성(2008: 337)에서는 논의의 대상으로 삼고자 하는 "문장 이상의 의사소통 통보체를 구어와 문어의 구분을 포괄"하여 '텍스트'로 칭하고 있다. 그러면서도 연구자에 따라 '담화'와 '텍스트'의 개념이 상호보완적으로 사용되기도 하고, 두 개념을 병렬적으로 사용하여 문장 차원을 넘어선 것을 통칭하기도 함을 용어 사용 문제와 관련하여 지적한 바 있다(김은성, 2008: 336). 따라서 김은성(2008)에서 일컬어지는 '텍스트'를 이 책에서는 '담화'로 지칭하여 서술의 일관성을 견지하기로 한다.

양상을 이해할 수 있는 구체적인 맥락으로서도 다룰 필요가 있다.

## 거꾸로 수업과 문법 교육

이민경(2015)에서는 거꾸로 수업이 학습자 중심의 다양한 교수·학습 활동을 교실에 구현할 수 있도록 하는 '열린 텍스트'라고 보았다. 국어과에서도 화법, 독서, 작문, 문학, 문법 등 전 영역에서 거꾸로 수업을 다양한 방식으로 적용할 수 있다. 이 중 거꾸로 수업을 적용한 문법 교육은, 교실 밖에서 교사가 문법 지식 및 개념 설명을 주도하고, 교실 안에서는 학습자의 능동적인 활동을 통해 학습자 간, 학습자와 교사 간 상호작용과 협력을 이끌어 내는 방식으로 실행될 수 있다(김수정, 2017: 11).

전통적인 교실 수업과 비교할 때, 거꾸로 수업은 사전에 학습한 교과 내용에 대한 이해와 심화를 위한 학생 활동과 배움을 중심으로 구성되며, 이는 교사를 학습 촉진자 및 조력자로 역할 짓고 수업에서 또래 학습 및 교사와 학생 간의 활발한 상호작용을 촉진하며, 자유로운 수업 분위기로 학생들의 적극적인 참여를 이끌어 낼 수 있다(이민경, 2015: 68). 특히 문법 교육과 관련하여 김수정(2017: 27)에서는 거꾸로 수업을 적용한 문법 수업이 교사 주도의 강의식 수업에 비하여 학생의 문법 태도에 긍정적인 영향을 미칠 수 있음을 확인하였다.

따라서 위의 본 차시 설계 부분 수정 예시에서는 거꾸로 수업을 적용한 문법 교육이 실현될 수 있는 하나의 방향을 제시하고자 하였다. 먼저 상황 맥락과 사회·문화적 맥락에 대한 개념 설명을 담은 동영상을 학생들이 수업 전에 시청하여 학습하도록 하였다. 이후 본 차시 수업에서는 '(도입) 개념에 대한 이해 확인 – (전개) 매체 자료를 바탕으로 한 담화 수용 및 담화를 재구성하는 생산 활동 – (정리) 활동지 수합 및 차시 예고'의 흐름으로 교수·학습 활동을 설계하였다. 이 가운데 전개 단계의 첫 번째 담화 수용 활동에서는 협동 학습법의 한 종류인 '직소 모형 I(전문가 상호 교수법)'을 학습자 중심 교수·학습 모형으로 적용하였다. 직소 모형 I은 모집단에서 분담한 과제를 전문가 집단에서 탐구한 후, 다시 모집단으로 모여 상호 교수 및 질의응답을 하는 방식으로 이루어진다(이재승·정필우, 2003: 500-501). 직소 모형 I이 적용된 본 차시 설계 부분 수정 예시의 해당 단계에서 학생들은 각자 선택한 매체 자료에 따라 전문가 모둠을 꾸려 담화의 비언어적 맥락을 탐구하는 활동을 진행한다. 탐구가 끝나면 학생들은 원래의 모둠으로 돌아와 자신이 맡은 매체 자료에 관해 탐구한 내용을 서로에게 설명하는데, 이러한 과정을 통해 다양한 매체 자료 속의 담화에 반영된 담화 맥락을 학습하게 된다.

# 참고문헌

## 1부

강현석·이지은·배은미(2019), 『최신 백워드 교육과정과 수업설계의 미래』, 교육과학사.

교육부(2015), 『국어과 교육과정(교육부 고시 제2015-74호 [별책 5])』.

김승현(2022), 「중등 예비 교사의 수업대화 양상 분석: 도입부 발화를 중심으로」, 『한민족문화연구』 80, 485-528.

남가영(2017), 「국어 문법교육에서 '이해 중심 교육과정'의 한계와 의미」, 『언어와 정보 사회』 32, 서강, 31-59.

류수열·주세형·남가영(2021), 『국어교육 평가론』, 사회평론아카데미.

박성익·임철일·이재경·최정임·조영환(2021), 『교육공학과 수업』, 교육과학사.

박재현(2021), 『국어과 수업 설계 12단계』, 사회평론아카데미.

신헌재·서현석·이정숙·곽춘옥·김국태·김병수·김윤옥·김지영·김혜선·안부영·이향근·정상섭·조용구·최규홍·최민영·하근희(2015), 『초등 국어 수업의 이해와 실제』, 박이정.

신헌재·이재승·임천택·이경화·권혁준·김도남·박태호·선주원·염창권·이수진·이주섭·이창근·전제응·진선희·천경록·최경희·한명숙(2017), 『초등국어교육학 개론』, 박이정.

임찬빈·노은희(2006), 『수업평가 매뉴얼: 국어과 수업평가 기준』(ORM 2006-24-3), 한국교육과정평가원.

정혜승(2002ㄱ), 「제 7차 국어과 교육과정 실행 사례 연구」, 『교육과정연구』 20(4), 107-140.

정혜승(2002ㄴ), 「국어과 교육과정이 교과서에 반영되는 방식에 관한 연구: 중학교 국어과 교육과정 '내용'을 중심으로」, 『한국어학』 15, 한국어학회, 229-258.

주세형(2014), 「국어 교과서 연구의 이론적 특성과 발전 방향」, 『국어교육학연구』 49(1), 657-701.

주세형·남가영(2014), 『국어과 교과서론』, 사회평론아카데미.

최미숙·원진숙·정혜승·김봉순·이경화·전은주·정현선·주세형(2016), 『(개정3판) 2015 개정 국어과 교육과정을 담은 국어 교육의 이해』, 사회평론아카데미.

최지현·서혁·심영택·이도영·최미숙·김정자·김혜정(2007), 『국어과 교수·학습 방법』, 역락.

Tyler, R. W. (1996), 『교육과정과 수업지도의 기본원리』, 진영은(역), 양서원(원서출판 1949).

Wiggins, G. P. & McTighe, J. (2005), *Understanding by Design* (2nd Ed.), Association for Supervision and Curriculum Development.

국가교육과정정보센터(NCIC) 누리집(http://ncic.re.kr).

국립국어원 누리집, 한국어 어문 규범(https://kornorms.korean.go.kr).

**2부**

**1장**

교육부(2015),『국어과 교육과정(교육부 고시 제2015-74호 [별책 5])』.

교육부(2017ㄱ),『초등학교 국어 1-1 ㉮』.

교육부(2017ㄴ),『초등학교 국어 활동 1-1』.

교육부(2019),「'한글 책임' 초등학교에 자리 잡다」, 보도자료.

교육부(2022),『국어과 교육과정(교육부 고시 제2022-33호 [별책 5])』.

엄훈(2017),「초기 문해력 교육의 현황과 과제」,『한국초등국어교육』63, 83-109.

엄훈(2018),『초기 문해력 교육을 위한 수준 평정 그림책의 활용』, 교육공동체 벗.

엄훈(2019),「아동기 문해력 발달 격차에 대한 문제 해결적 접근」,『독서연구』50, 9-39.

염은열·김미혜(2021),「초기 문해력 지원을 위한 읽기 따라잡기 프로그램 연구: 학술잡지『초기문해력
    교육』을 중심으로」,『독서연구』60, 197-228.

최미숙·원진숙·정혜승·김봉순·이경화·전은주·정현선·주세형(2016),『(개정3판) 2015 개정 국어과
    교육과정을 담은 국어 교육의 이해』, 사회평론아카데미.

최선희·이관희(2021),「교과서 개발의 관점으로 초등 국어 교과서 들여다보기: 2015 개정 교육과정
    1-2학년군 문법 영역을 대상으로」,『한국초등교육』32(4), 89-112.

최지현·서혁·심영택·이도영·최미숙·김정자·김혜정(2007),『국어과 교수·학습 방법』, 역락.


교육저작권지원센터(https://copyright.keris.or.kr).

한국저작권위원회 누리집(https://www.copyright.or.kr).

한글 또박또박 프로그램 누리집(http://www.ihangeul.kr).


**2장**

교육부(2015),『국어과 교육과정(교육부 고시 제2015-74호 [별책 5])』.

교육부(2017ㄱ),『초등학교 국어 1-2 ㉮』.

교육부(2017ㄴ),『초등학교 국어 활동 1-2 ㉮』.

교육부(2022),『국어과 교육과정(교육부 고시 제2022-33호 [별책 5])』.

구본관(2015),「문법과 문학 영역의 통합」,『국어교육』148, 75-122.

민병곤(2014),「국어 교육에서 표현 교육의 확장과 통합 방안」,『새국어교육』99, 7-26.

민현식(2010),「통합적 문법교육의 의의와 방향」,『문법 교육』12, 1-37.

박선화·문영주·장근주·임윤진·한금영(2018),『교과 역량 함양을 위한 교수학습-평가 연계 교수학습
    과정안 예시자료집: 중학교 국어, 역사, 수학, 기술·가정, 음악 교과를 중심으로』(ORM 2018-126),
    한국교육과정평가원.

서현석(2012),「국어 교과서 통합 단원에 관한 연구: 초등 듣기·말하기 영역을 중심으로」,『한국초등국
    어교육』48, 87-112.

이삼형·김중신·김창원·이성영·정재찬·서혁·심영택·박수자(2007),『국어교육학과 사고』, 역락.

이성영(1992), 「국어과 교재의 특성」, 『국어교육학연구』 2, 71-92.

이성영(2012), 「국어교육에서 실제성과 가상성의 관계」, 『독서연구』 28, 52-81.

이재승(2004), 「총체적 언어 교육에 대한 몇 가지 오해」, 『청람어문교육』 30, 125-147.

이재승(2006), 「통합적 국어교육의 개념과 성격」, 『한국초등국어교육』 31, 172-192.

정혜승(2008), 「문식성 개념 변화와 교육과정적 함의」, 노명완·박영목 외, 『문식성 교육 연구』, 한국문화사, 169-191.

조하연·주재우·김현정(2016), 「'고전' 과목이 시사하는 통합적 국어 활동의 지향」, 『새국어교육』 108, 173-201.

주세형(2006), 『문법 교육론과 국어학적 지식의 지평 확장』, 역락.

주세형(2007), 「텍스트 속 문장 쓰기와 문법」, 『한국초등국어교육』 34, 409-443.

최지현·서혁·심영택·이도영·최미숙·김정자·김혜정(2007), 『국어과 교수·학습 방법』, 역락.


**3장**

교육부(2015), 『국어과 교육과정(교육부 고시 제2015-74호 [별책 5])』.

교육부(2022), 『국어과 교육과정(교육부 고시 제2022-33호 [별책 5])』.

구인환·구창환(1987), 『新稿 文學槪論』, 삼지원.

권영민(2009), 『문학의 이해』, 민음사.

김한식(2009), 『문학의 해부: 문학을 보는 열다섯 개의 시선』, 미다스북스.

노은희·이인제·조용기·민병곤·김봉순·김정우·이재기·신명선·문영진·정현선·임칠성·서혁·이성영·천경록·박영민·이삼형·김종철·김창원·민현식·이관규·최미숙·송인발(2008), 『고등학교 국어과 교육과정 해설 연구 개발』(CRC 2008-8), 한국교육과정평가원.

박철희(2009), 『문학이론입문: 무엇을 어떻게 읽을 것인가』, 형설출판사.

이창덕·임칠성·심영택·원진숙·박재현(2017), 『2015 개정 국어과 교육과정에 따라 새롭게 집필한 화법 교육론』, 역락.

최미숙·원진숙·정혜승·김봉순·이경화·전은주·정현선·주세형(2016), 『국어 교육의 이해: 국어 교육의 미래를 모색하는 열여섯 가지 이야기』, 사회평론아카데미.


Knapp, M. L., & Hall, J. A.(2006), *Nonverbal Communication in Human Interaction*, Thomson Wadsworth.


**4장**

가은아·김종윤·노은희·박종임·강문희·구본관·김기훈·김혜정·류수열·박영민·서영진·송홍규·안부영·안용순·안혁·양경희·이선희·최규홍(2016), 『2015 개정 교육과정에 따른 초·중학교 국어과 평가기준 개발 연구』(CRC 2016-2-2), 한국교육과정평가원.

교육부(2015), 『국어과 교육과정(교육부 고시 제2015-74호 [별책 5])』.

교육부(2018ㄱ), 『초등학교 국어 4-2 ㉯』.

교육부(2018ㄴ), 『초등학교 국어 4-2 교사용 지도서』.

교육부(2022), 『국어과 교육과정(교육부 고시 제2022-33호 [별책 5])』.

박재현(2014), 「정책 토론의 입론 구성 교육 내용 연구」, 『우리말글』 60, 93-121.

양경희(2016), 「주장하는 글쓰기 교육 내용 개선 방안」, 『새국어교육』 108, 141-172.

최지현·서혁·심영택·이도영·최미숙·김정자·김혜정(2007), 『국어과 교수·학습 방법』, 역락.


Williams, J. M. & Colomb, G. G.(2008), 『논증의 탄생: 글쓰기의 새로운 전략』, 윤영삼(역), 홍문관(원서출판 2007).


## 5장

가은아·김종윤·노은희·박종임·강문희·구본관·김기훈·김혜정·류수열·박영민·서영진·송홍규·안부영·안용순·안혁·양경희·이선희·최규홍(2016), 『2015 개정 교육과정에 따른 초·중학교 국어과 평가기준 개발 연구』(CRC 2016-2-2), 한국교육과정평가원.

교육부(2015), 『국어과 교육과정(교육부 고시 제2015-74호 [별책 5])』.

교육부(2019ㄱ), 『초등학교 국어 5-2 교과서』.

교육부(2019ㄴ), 『초등학교 국어 5-2 교사용 지도서』.

교육부(2022), 『국어과 교육과정(교육부 고시 제2022-33호 [별책 5])』.

김창원·가은아·서영진·구본관·김기훈·김유미·김잔디·김정우·김혜정·류수열·민병곤·박기범·박영민·박재현·박정민·송승훈·안부영·양경희·오리사·이선희·이재승·장은주·전은주·한연희(2015), 『국어과 교육과정: 2015 개정 교과 교육과정 시안 개발 연구 II』(CRC 2015-25-3), 한국교육과정평가원.

박영민·이재기·이수진·박종임·박찬홍(2016), 『작문 교육론』, 역락.

이재승(2002), 『글쓰기 교육의 원리와 방법: 과정 중심 접근』, 교육과학사.


Flower L. S. & Hayes J. R.(1981), "A Cognitive Process Theory of Writing", *College Composition and communication* 32(4), 365-387.


## 6장

교육부(2015), 『국어과 교육과정(교육부 고시 제2015-74호 [별책 5])』.

교육부(2022), 『국어과 교육과정(교육부 고시 제2022-33호 [별책 5])』.

김준오(2005), 『시론』, 삼지원.

오세영(2013), 『시론』, 서정시학.

윤여탁, 최미숙, 김정우, 조고은(2011), 「현대시 교육에서 지식의 성격과 교육의 방향」, 『국어교육연구』 27, 서울대학교 국어교육연구소.

최미숙·원진숙·정혜승·김봉순·이경화·전은주·정현선·주세형(2016), 『2015 개정 국어과 교육과정을 담은 국어 교육의 이해』, 사회평론아카데미.

## 3부

### 7장

강현석·이지은·배은미(2019), 『최신 백워드 교육과정과 수업설계의 미래』, 교육과학사.

교육부(2015), 『국어과 교육과정(교육부 고시 제2015-74호 [별책 5])』.

교육부(2022), 『국어과 교육과정(교육부 고시 제2022-33호 [별책 5])』.

권순희·김경주·송지언·이영호·이윤빈·이정찬·주재우·변경가(2018), 『작문교육론』, 사회평론아카데미.

박영목(2007), 「작문 지도 모형과 전략」, 『국어교육』 124, 181-214.

신유식·정미선·김영찬·전경원·윤인희·박선주·김정희·이은화·나단비(2020), 『중학교 국어 3-1』, 미래엔.

윤관식(2020), 『수업설계』, 양서원.

최미숙·원진숙·정혜승·김봉순·이경화·전은주·정현선·주세형(2016), 『2015 개정 국어과 교육과정을 담은 국어 교육의 이해』(3판), 사회평론.

최지현·서혁·심영택·이도영·최미숙·김정자·김혜정(2007), 『국어과 교수·학습 방법』, 역락.

Flower, L.(1998), 『글쓰기의 문제 해결전략』, 원진숙·황정현(역), 동문선(원서출판 1993).

### 8장

교육과학기술부(2012), 『국어과 교육과정(교육과학기술부 고시 제2012-14호 [별책 5])』.

교육부(2015), 『국어과 교육과정(교육부 고시 제2015-74호 [별책 5])』.

교육부(2020.3.27.), 「체계적인 원격수업을 위한 운영 기준안 마련」, 보도자료.

교육부(2022), 『국어과 교육과정(교육부 고시 제2022-33호 [별책 5])』.

권정민(2020), 『최고의 원격수업 만들기: 학생도 즐겁게 참여하는 온라인 수업 디자인』, 사회평론아카데미.

김호정·김은성·남가영·박재현(2009), 「국어과 오개념 연구 방향 탐색」, 『새국어교육』 83, 211-238.

김홍범·이경현(2010), 「블렌디드러닝을 활용한 아카데미식 문법토론 교수법」, 『문법교육』 13, 57-92.

남가영(2008), 「문법 탐구 경험의 교육 내용 연구」, 서울대학교 박사학위 논문.

박덕유·윤화영·김수정·김성희(2021), 「블렌디드 러닝을 활용한 국어 문법의 교수·학습 모형 개발 기초 연구」, 『학습자중심교과교육연구』 21(15), 69-84.

박종미·강민이(2016), 「고등학교 학습자의 문법 오개념 조사 연구: 음운을 중심으로」, 『새국어교육』 108, 59-88.

신유식·정미선·김영찬·전경원·윤인희·박선주·김정희·이은화·나단비(2020), 『중학교 국어 3-1』, 미래엔.

오영범(2020), 「비대면 원격수업 사례분석을 통한 교수자의 원격수업 역량 탐색: 실시간 쌍방향 수업을 중심으로」, 『교육공학연구』 36(3), 715-744.

이동석(2015), 「중학교 국어 교과서의 음운 단원 연구」, 『새국어교육』 105, 161-184.

이상수(2007), 「Blended learning의 의미와 상호작용 설계원리에 대한 고찰」, 『교육정보미디어연구』 13-2, 225-250.

이해숙(2013), 「2009 개정 교육과정 중학교 국어 교과서 16종의 음운 체계 교육 내용 비교: 음운론적 관점의 비판」, 『국어교육연구』 32, 163-190.

이해숙(2021), 「형태음운론을 도입한 음운 교육 내용 연구」, 『문법 교육』 41, 155-183.

전영주·이상일·김승현(2017), 「서답형 문항 분석을 통한 중학교 학습자의 문법 오개념 양상 연구: 국어 음운 개념을 중심으로」, 『국어교육학연구』 52(1), 149-180.

최지현·서혁·심영택·이도영·최미숙·김정자·김혜정(2007), 『국어과 교수·학습 방법』, 역락.

Graham, C. R., Borup, J., Short, C. R., & Archambault, L.(2021), 『온라인과 대면 학습의 블렌디드 러닝』, 설양환(편역), 내하출판사(원서출판 2019).

## 9장

교육부(2015), 『국어과 교육과정(교육부 고시 제2015-74호 [별책 5])』.

교육부(2022), 『국어과 교육과정(교육부 고시 제2022-33호 [별책 5])』.

박재현(2021), 『국어과 수업 설계 12단계』, 사회평론아카데미.

신유식·정미선·김영찬·전경원·윤인희·박선주·김정희·이은화·나단비(2020), 『중학교 국어 3-1』, 미래엔.

윤여탁·최미숙·유영희(2001), 『시와 함께 배우는 시론』, 태학사.

정재찬·김정우·남민우·김남희·정정순·김미혜(2017), 『(2015 개정 국어과 교육과정에 따라 새롭게 집필한) 현대시 교육론』, 역락.

Brooks, C. & Warren, R. P.(1960), *Understanding Poetry*, Holt:New York.

## 10장

교육부(2015), 『국어과 교육과정(교육부 고시 제2015-74호 [별책 5])』.

교육부(2022), 『국어과 교육과정(교육부 고시 제2022-33호 [별책 5])』.

이성영·염은열·김태석·김유미·남가영·김에스터(2015), 『고등학교 국어』, 천재교육.

이주행·구현정·김상준·민현식·박경현·심영택·유동엽·윤희원·이석주·이은희·이창덕·임칠성·전은주(2004), 『화법 교육의 이해』, 박이정.

최미숙·원진숙·정혜승·김봉순·이경화·전은주·정현선·주세형(2016), 『국어 교육의 이해: 국어 교육의 미래를 모색하는 열여섯 가지 이야기』, 사회평론아카데미.

Freeley, A. J., & Steinberg, D. L.(2018), 『논증과 토론: 합리적 의사 결정을 위한 비판적 사고』, 민병곤·박재현·이선영·이민형·권은선(역), 사회평론아카데미(원서출판 2014).

Williams, J. M., & Colomb, G. G.(2008), 『논증의 탄생: 글쓰기의 새로운 전략』, 윤영삼(역), 홍문관(원서출판 2007).

**11장**

고미령·심영택(2020), 「교재를 활용한 온작품 읽기 수업 실행 연구: 교재를 통한 깊이 읽기 사례」, 『학교와 수업 연구』 5(2), 1-33.

교육부(2015), 『국어과 교육과정(교육부 고시 제2015-74호 [별책 5])』.

교육부(2022), 『국어과 교육과정(교육부 고시 제2022-33호 [별책 5])』.

박재현(2021), 『국어과 수업 설계 12단계』, 사회평론아카데미.

박정(2013), 「형성평가의 재등장과 교육 평가적 시사」, 『교육평가연구』 26(4), 719-738.

송창순(2016), 「학습자 질문 중심의 문학토론 수업 방안 연구」, 고려대학교 석사학위 논문.

신유식·박종석·전여경·이호승·호지은·이필규·전경원·윤인희·최희윤·황재진(2018), 『고등학교 국어 교사용 지도서』, 미래엔.

신유식·이필규·박종석·전경원·전여경·윤인희·이호승·최희윤·호지은·황재진(2018), 『고등학교 국어』, 미래엔.

이상구(2002), 「구성주의적 학습자 중심 문학교육의 원리와 방법」, 『문학교육학』 10, 169-196.

임천택(2011), 「국어과 교수·학습 모형의 적용 사례에 대한 타당성 검토」, 『청람어문교육』 44, 147-174.

장경원(2012), 「토의 수업을 위한 월드 카페 활용 가능성 탐색」, 『교육방법연구』 24(3), 523-545.

주지영(2017), 「교사와 학생 관계를 다루는 소설의 서사구조와 주제형성방식: 「아우를 위하여」, 「우상의 눈물」, 「우리들의 일그러진 영웅」을 중심으로」, 『구보학보』 (17), 375-411.

국립국어원 표준국어대사전(https://stdict.korean.go.kr).

**12장**

교육부(2015), 『국어과 교육과정(교육부 고시 제2015-74호 [별책 5])』.

교육부(2022), 『국어과 교육과정(교육부 고시 제2022-33호 [별책 5])』.

김수정(2017), 「문법 학습자의 태도 변화를 위한 학습자 중심 문법 교수·학습 방안 연구: '거꾸로 교실'을 중심으로」, 『문법교육』 30, 1-36.

김승현·박재현(2010), 「국어 수업 도입부의 소통 전략 연구」, 『국어교육연구』 25, 163-195.

김은성(2008), 「국어 문법교육에서 '텍스트' 처리의 문제」, 『국어교육학연구』 33, 333-365.

김주영(2017), 「수업 정리단계 교수화법의 양상과 교사 인식 연구」, 『한국어문교육』 23, 81-115.

민현식·신명선·오현아·이지은·안장호·조진수·박진희·강수진·김성희·김형준·문다미·박영찬·박정은·박지영·박해랑·서선정·왕인희·이명희·이승정·조서아·조혜주(2019), 『고등학교 언어와 매체』, 천재교육.

박재현(2021), 『국어과 수업 설계 12단계』, 사회평론아카데미.

방민호·안효경·신서인·오현숙·이용광·김태경·최희윤·황재진·김정은(2019), 『고등학교 언어와 매체』, 미래엔.

이민경(2015), 『거꾸로 교실, 잠자는 아이들을 깨우는 수업의 비밀』, 살림터.

이삼형(2019), 『고등학교 언어와 매체 교사용 지도서』, 지학사.

이삼형·김창원·양정호·안혁·하동원·박찬용·강경훈·박나래·박수정·박지호·이승정·이우건·이희은 (2019), 『고등학교 언어와 매체』, 지학사.

이재승·정필우(2003), 「국어과 협동 학습의 의미와 방법」, 『청람어문교육』 27, 491-512.

주세형(2014), 「통합적 문법 교육의 전제와 학문론적 의의」, 『국어교육연구』 34, 57-86.

주세형(2016), 「〈언어와 매체〉 교재 구성의 원리: 문법 영역에서의 통합 원리 탐색을 중심으로」, 『문법교육』 28, 237-286.

최형용·강영준·권태윤·박재연·박종오·소신애·송찬욱·오세호·임요한(2019), 『고등학교 언어와 매체』, 창비.

국립국어원 표준국어대사전(https://stdict.korean.go.kr).

# 찾아보기

## 지은이 소개

**조진수** – 1부, 2부 1장, 2장 집필
전남대학교 국어교육과 교수
『문법 문식성과 문법교육』, 『문법교육과 인간: 문법교육학, 인간학의 새로운 지평을 꿈꾸다』
　　외 다수

**이종원** – 2부 6장, 3부 9장 집필
한국교육과정평가원 부연구위원
『문학교육을 위한 현대시작품론』(공저), 「작품의 생산 맥락을 고려한 신경림 시 읽기의 교육
　　적 가치」 외 다수

**박성석** – 2부 3장, 3부 10장 집필
춘천교육대학교 국어교육과 교수
『화법 교수학습 모형』(공저), 「Development of a questionnaire to measure reflective
　　attitude toward conversation」(공동) 외 다수

**양경희** – 2부 4장, 5장 집필
인천인주초등학교 교사
『국어과 수업 모형』(공저), 『효과적인 읽기수업 어떻게 할까?』(공저), 「감성 설득 전략을 활용
　　한 주장하는 글쓰기 지도」 외 다수

**이주영** – 3부 7장, 8장 집필
광희중학교 교사
「탐색적 요인분석을 통한 문법 탐구의 구인 탐색: 고등학교 학습자의 자기 인식을 중심으로」
　　(공동), 「문법탐구와 과학탐구의 비교 분석 연구」(공동)

**황혜지** – 3부 11장, 12장 집필
광양고등학교 교사